企业运营综合模拟
实 验 教 程

主　编　郭大伟
副主编　鲁　璐　程雪婷　高玲玲

立信会计出版社
LIXIN ACCOUNTING PUBLISHING HOUSE

图书在版编目(CIP)数据

企业运营综合模拟实验教程 / 郭大伟主编. —上海:立信会计出版社,2014.4
ISBN 978 - 7 - 5429 - 4190 - 9

Ⅰ.①企… Ⅱ.①郭… Ⅲ.①企业管理—教材 Ⅳ.①F270

中国版本图书馆 CIP 数据核字(2014)第 062710 号

策划编辑	黄成艮
责任编辑	黄成艮
封面设计	周崇文

企业运营综合模拟实验教程

出版发行	立信会计出版社		
地　　址	上海市中山西路 2230 号	邮政编码	200235
电　　话	(021)64411389	传　　真	(021)64411325
网　　址	www. lixinaph. com	电子邮箱	lxaph@sh163. net
网上书店	www. shlx. net	电　　话	(021)64411071
经　　销	各地新华书店		
印　　刷	上海天地海设计印刷有限公司		
开　　本	787 毫米×1092 毫米　　1/16		
印　　张	19.5		
字　　数	352 千字		
版　　次	2014 年 4 月第 1 版		
印　　次	2016 年 1 月第 2 次		
印　　数	3101—6200		
书　　号	ISBN 978 - 7 - 5429 - 4190 - 9/F		
定　　价	36.00 元		

如有印订差错,请与本社联系调换

前　言

　　为适应培养具有一定专业理论知识和较强信息化管理技能的应用型财经人才要求，我们与用友股份有限公司上海分公司合作编写了《企业运营综合模拟实验教程》一书。本书是将企业的 ERP 系统搬进课堂的实践性教程，以某生产制造企业的实际业务数据和经济业务为素材，模拟企业运营管理过程中涉及的内部和外部的经济活动内容、业务流程及经营业务管理，通过不同的实验环境和实验项目的组合，以文字、流程图及实验截图等形式展现，使学生了解企业运营流程，掌握企业经营活动全过程的管理方法，具备一定的信息技术在企业经营管理中的应用能力，提升学生的综合实践能力。

　　本书系统介绍了 ERP 管理信息系统在企业经营管理中的应用，主要包括 ERP 系统应用设置、企业销售管理、采购管理、生产制造管理、库存与存货管理、应收应付管理、人事管理、保险福利管理、薪资管理等。这些内容体现了企业不同岗位的实际业务，使学生既可体验在不同部门的岗位上"掌控企业"的感觉，又能体验到"产品经营"的全过程，为学生提供了一套完整、可操作的实验环境。本教程分为 12 章，50 个实验项目，每个实验项目既能单独操作，也可以相互结合应用，适用面广、实用性较强。

　　本书利用腾讯 QQ 平台设立"企业运营综合模拟实验"群（339500469），提供 ERP 系统软件和每个实验项目的标准账套数据以及教学 PPT，便于读者操作和检查核对，并起到具体而有效的辅导作用。

　　本书是在上海市高校"085"内涵建设项目资助下，与企业合作开发的成果，由上海立信会计学院郭大伟教授担任主编，鲁璐、程雪婷、高玲玲担任副主编，许伟、袁征、姚家清等参加了本书编写。

　　由于我们水平和经验有限，书中难免有不当之处，敬请读者提出批评和指正。

编　者
2016 年 1 月

目　录

第一章 ERP 系统应用基础

ERP 系统应用基础是通过用友 ERP-U8 软件的系统管理和企业应用平台实现企业基础数据的统一维护和管理,从而达到信息的及时沟通,数据资源的共享和有效利用。

系统管理的主要功能包括:

(1) 账套管理。是企业的一组相互关联数据在系统内部的体现。

(2) 用户及权限的集中管理。通过对系统操作分工和权限管理,可以避免与业务无关的人员进入系统,还可以按照企业需求对各个用户进行管理授权,保证各负其责。

(3) 系统运行安全的统一管理。通过系统管理,可以对整个系统的运行过程进行监控、清除系统运行过程中的异常任务、设置系统自动备份计划等。

企业应用平台为企业员工、合作伙伴提供了访问系统的唯一通道;通过企业应用平台,用户可以通过单一的访问入口访问企业的各种信息,定义自己的业务工作,并设计自己的工作流程。其主要功能包括:

(1) 设置。包括基本信息(如分类编码方案、数据精度等)、基础档案(如机构人员、客商信息、财务信息、业务信息等)、数据权限和单据设置。

(2) 业务。分为财务会计、供应链、集团应用等功能群。

(3) 工具。提供了常用的系统配置工具。

实验一 ERP 系统管理

【实验目的与要求】

系统地学习和了解核算体系建立过程中的功能节点与操作方法,让学生理解核算体系的建立在用友 ERP-U8 系统中的重要地位,让掌握核算体系建立过程中的节点与后续操作的关联。了解和掌握用友 ERP-U8 系统中数据备份,通过实验资料的操作,能够独立进行自动备份计划的设置和手动备份的设置,了解其中的区别。

【实验准备】

我们模拟的企业账套建立日期为 2013 年 1 月,为了防止错误,所以修改系统时间为"2013-01-01"。

【实验资料】

- 启动系统管理,以"Admin"的身份进行注册。
- 增加用户:编号是学号,姓名是学生姓名:([权限]→[用户])。
- 建立账套信息:([账套]→[建立])

（1）账套信息:账套号为学生的序号,账套名称为"上海蓝天电脑公司",启用日期为 2013 年 1 月。

（2）单位信息:单位名称为"上海蓝天电脑公司",单位简称为"蓝天电脑",税号为 31023457167537

（3）核算类型:企业类型为"工业",行业性质为"2007 年新会计制度科目"并预置科目,账套主管选自己的姓名。

（4）基础信息:存货、客户及供应商均分类,有外币核算。

（5）编码方案:

A 科目编码级次 4222;

B 客户分类和供应商分类的编码方案为 2;

C 部门编码的方案为 22;

D 存货分类的编码方案为 2222;

E 收发类别的编码级次为 22;

F 结算方式的编码方案为 2;

G 其他编码项目保持不变。

说明:设置编码方案主要是为了以后分级核算,统计和管理分析打下基础。

（6）数据精度:存货单价小数位:3;其他保持系统默认设置。

说明:设置数据精度主要是为了核算更精确

- 账套备份:对"001 上海蓝天电脑公司"账套进行自动备份计划的设置和手动备份。

【实验步骤】

（1）登录系统管理平台。

（2）增加企业人员。

（3）建立企业账套。

（4）设置编码方案。

（5）设置数据精度。

（6）设置数据备份。

【实验指导】

1. 核算体系的建立

（1）执行"开始"|"程序"|"用友 ERP-U861"|"系统服务"|"系统管理"命令，进入"用友 ERP-U861[系统管理]"窗口。

（2）执行"系统"|"注册"命令，打开"登录"窗口。系统中预先设定了一个系统管理员 admin，第一次运行时，系统管理员密码为空，账套选择默认的（default），如图 1-1 所示。

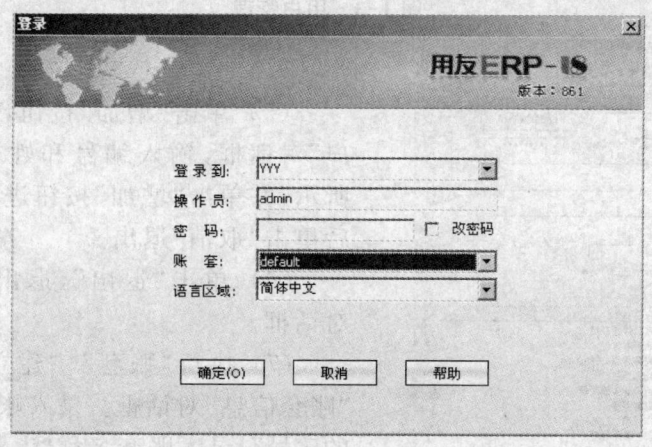

图 1-1　以系统管理员身份登录系统管理

（3）单击"确定"，以系统管理员身份进入系统管理。

提示：

系统管理员的初始密码为空。为保证系统运行的安全性，在实际运用中应及时为系统管理员设定密码。设置系统管理员密码为"12345"的操作步骤是：在系统管理员登录系统管理对话框中选中"改密码"复选框，单击"确定"，打开"设置操作员密码"对话框，在"新密码"和"确认"文本框中均输入"12345"，如图1-2所示。最后单击"确定"，返回系统管理。由于在教学过程中是多人共用一个账套，建议系统管理员不要设置密码。

（4）执行"权限"|"用户"命令，弹出"用户管理"对话框，如图 1-3 所示。

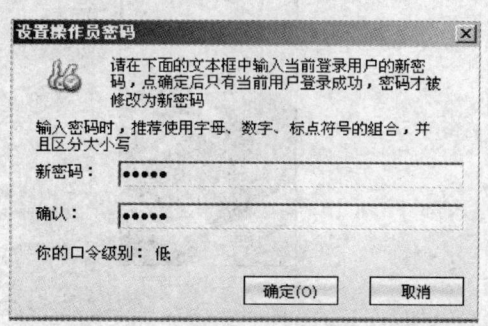

图 1-2　为系统管理员修改密码

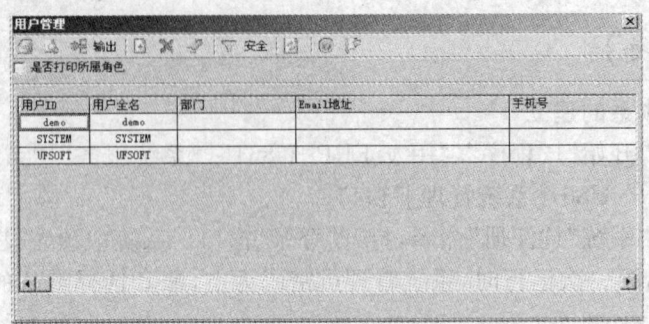

图 1-3 用户管理

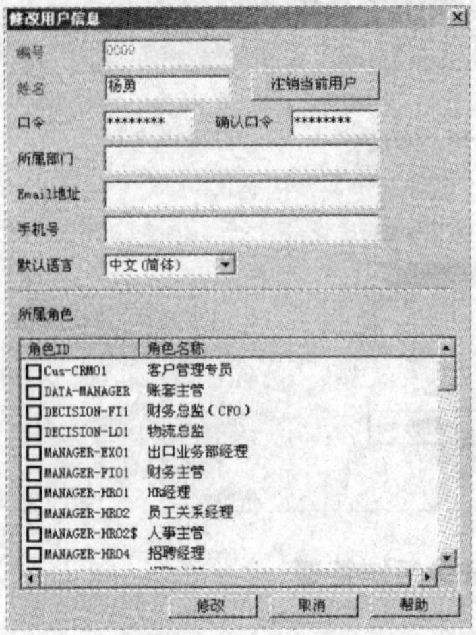

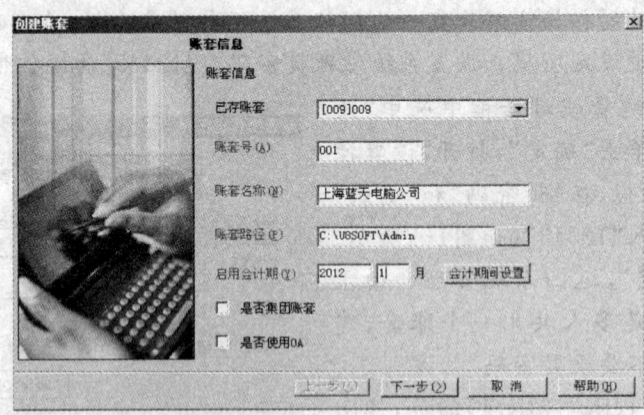

图 1-4 增加用户

（5）单击"增加"按钮，显示"增加用户"对话框，输入编号和姓名，如图 1-4 所示，并单击"增加"按钮进行保存，完成后单击"取消"退出。

（6）单击"退出"，退出"用户管理"对话框。

（7）执行"账套"|"建立"命令，打开"账套信息"对话框。录入账套号为"自己的序号"，录入账套名称"上海蓝天电脑公司"，启用会计期"2013-01"，如图 1-5 所示。

图 1-5 账套信息

提示：

● 账套号是账套的唯一标识，可以自行设置3位数字，但不允许与已存账套的账套号重复，账套号设置后将不允许修改。

● 账套名称是账套的另一个标识方式，它将与账套号一起显示在系统正在运行的屏幕上账套名称可以自行设置，并可以由账套主管在修改账套功能中进行修改。

● 系统默认的账套路径是用友ERP-U8的安装路径，可以进行修改。

● 建立账套时系统会将会计期自动默认为系统日期，应注意根据所给资料进行修改，否则将会影响到系统初始化及日常业务处理等内容的操作，启用会计期设置后将不允许修改。

（8）单击"下一步"，打开"单位信息"窗口。录入单位信息，如图1-6所示。

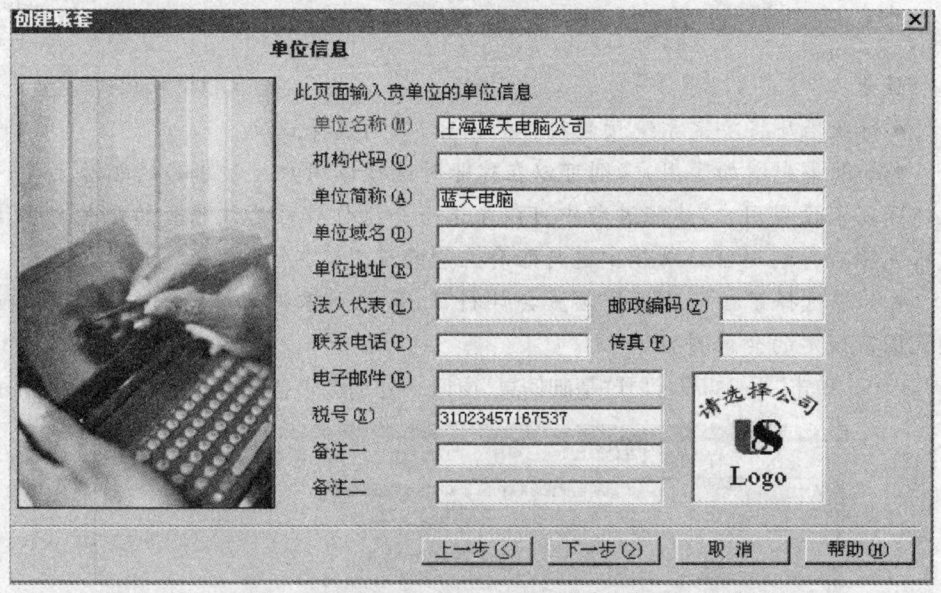

图1-6　设置单位信息

提示：

● 单位信息中只有"单位名称"是必须录入的。必须录入的信息以蓝色字体标识（以下同）。

● 单位名称应录入企业的全称。

（9）单击"下一步"，打开"核算类型"窗口。确认"账套主管"为"自己的姓名"，行业性质选"2007年新会计制度科目"其他采取系统默认，如图1-7所示。

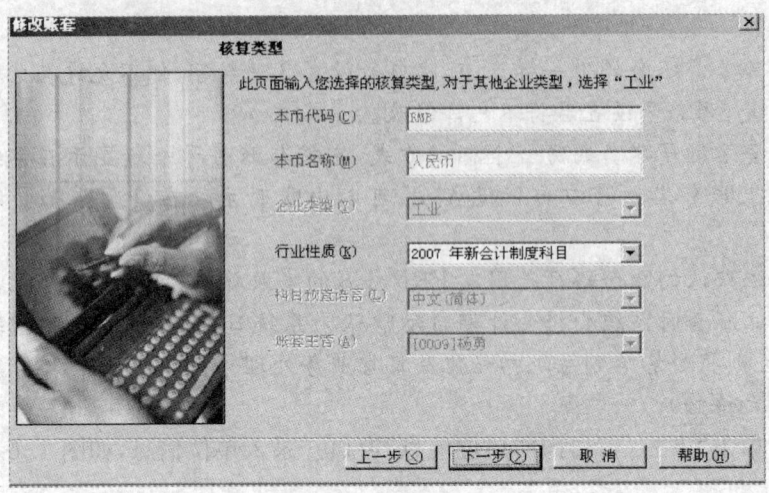

图 1-7　设置核算类型

提示:

● 行业性质将决定系统预置科目的内容,必须选择正确。

● 如果事先增加了用户,则可以在建账时选择该用户为该账套的账套主管;如果建账前未设置用户,建账过程中可以先选一个操作员作为该账套的账套主管,待建账完毕后再到"权限"功能中进行账套主管的设置。

● 如果选择了按行业性质预置会计科目,系统则根据所选择的行业类型自动预置国家规定的会计科目。

（10）单击"下一步",打开"基础信息"窗口。分别选中各个复选框,如图 1-8 所示。

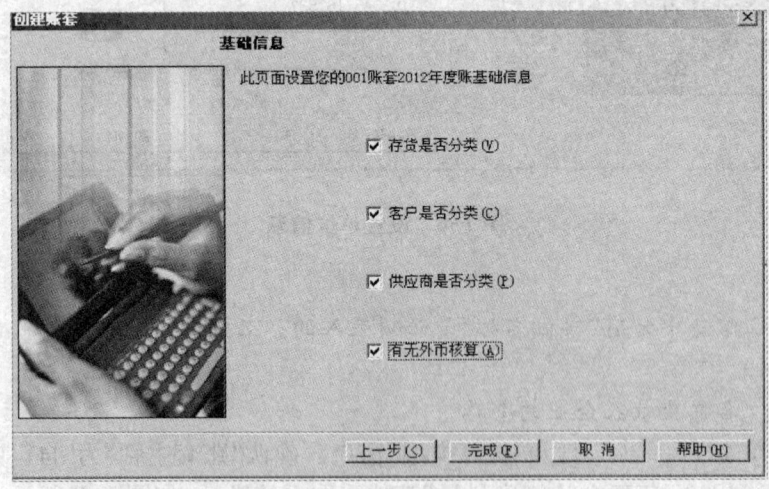

图 1-8　设置基础信息

（11）单击"完成"，弹出系统提示"可以创建账套了么？"，单击"是"，稍候，打开"分类编码方案"窗口。

提示：

● 本练习需要对存货、供应商和客户进行分类，且有外币核算。

● 是否对存货、供应商和客户进行分类将会影响到其档案的建立；有无外币核算将会影响到基础信息的设置和日常业务是否能够处理外币业务。

● 如果基础信息设置错误，可以由账套主管进行修改，一旦使用将不能进行修改。

（12）按所给的资料修改编码方案，如图1-9所示。

图1-9 修改分类编码方案

提示：

● 编码方案的设置，将会直接影响到基础信息设置中相应内容的编码级次及每级编码的位长。

● 删除编码级次时，必须从最后一级向前依次删除。

（13）单击"确定"，再单击"取消"，打开"数据精度"窗口，如图1-10所示。

（14）默认系统预置的数据精度设置，单击"确定"，稍候，系统弹出信息提示框，如图1-11所示。

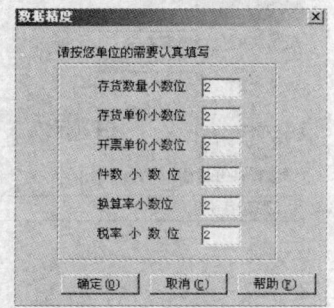

图1-10 设置数据精度

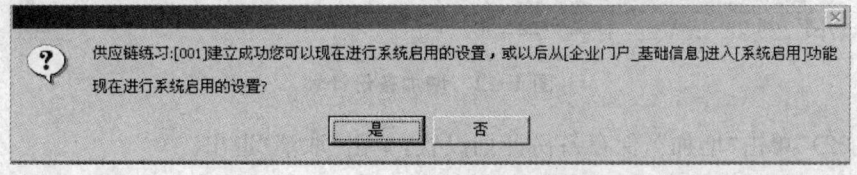

图1-11 是否进行系统启用提示

提示：

如果选择"是"则可以直接进行"系统启用"设置，也可以选择"否"，先结束建账过程,之后在企业应用平台中的基础信息中再进行系统启用。

(15) 单击"否",结束建账过程。系统弹出"请进入企业应用平台进行业务操作!"提示,单击"确定"返回系统管理即可。

(16) 在 C:盘中新建"账套备份"文件夹。

(17) 在系统管理中,用系统管理用 admin 登录,执行"系统"|"设置备份计划"命令,打开"备份计划设置"对话框。

(18) 单击"增加",进入"增加备份计划"窗口。

(19) 录入计划编号"2013-1",计划名称"账套备份",单击"发生频率"栏的下三角按钮,选择"每天",在"开始时间"栏录入"10:00:00",在"发生天数"栏默认为"1",保留天数为"1",(注:保留天数一定要设置,默认"0"就是永远不删除,硬盘空间会被占满,这里保留一天)在请选择备份路径选项区中单击"浏览",打开"请选择账套备份路径"对话框。

(20) 选择"C:\账套备份"文件夹为备份路径,单击"确定"返回。

(21) 选中"上海蓝天电脑公司"前的复选框,如图 1-12 所示。

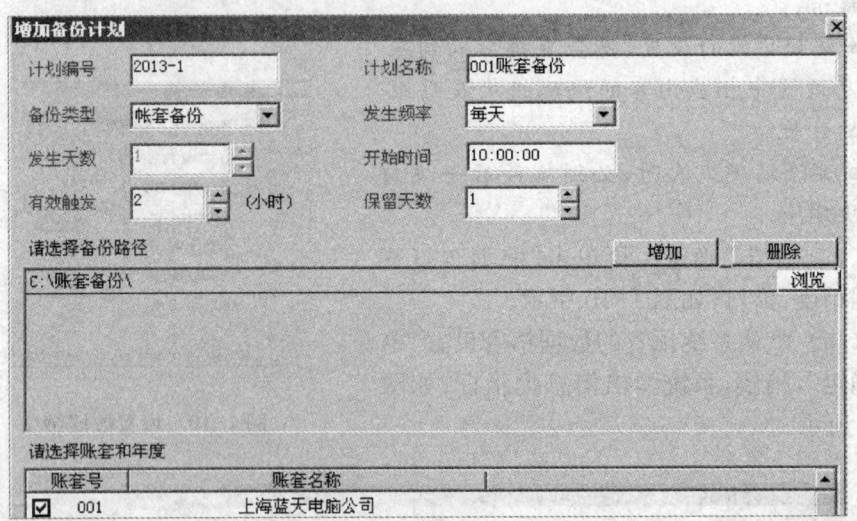

图 1-12 增加备份计划

(22) 单击"增加",保存备份计划设置,单击"取消"退出。

(23) 在 D:盘中新建"账套备份"文件夹,再在"账套备份"文件夹中新建"第一章 ERP 系统应用基础\实验一 ERP 系统管理"文件夹。

(24) 执行"账套"|"输出"命令,打开"账套输出"对话框。

(25) 单击"账套号"栏的下三角,选择"上海蓝天电脑公司",如图 1-13 所示。

（26）单击"确认"按钮，打开"选择备份目标"对话框。

（27）在"选择备份目标"对话框中，选择"D:\账套备份\第一章 ERP 系统应用基础\实验一 ERP 系统管理"文件夹，单击"确认"按钮。

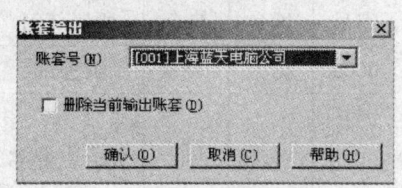

图 1-13　"账套输出"对话框

（28）系统进行账套数据输出，完成后，弹出"输出成功"信息提示框，单击"确定"返回。

提示：

● 利用账套输出功能可以进行"删除账套"的操作。方法：在账套输出对话框中，选中"删除当前输出账套"复选框，单击"确认"，系统在删除账套前同样要进行账套输出，当输出完成后系统提示"真要删除该账套吗？"，单击"是"则可以删除该账套。

● 只有系统管理员（admin）有权进行账套输出。

● 正在使用的账套可以进行账套输出而不允许进行账套删除。

● 备份账套时应先建立一个备份账套的文件夹，以便将备份数据存放在目标文件夹中。

实验二　岗位分配管理

【实验目的与要求】

系统的了解和掌握操作员的设置，包括增加、修改、删除和注销，理解操作员在用友 ERP-U8 系统中的重要作用。了解和掌握操作员权限分配的过程，理解权限分配在用友 ERP-U8 系统中的重要地位，通过设置后操作员及权限，以后的业务操作，各位同学根据不同的业务形式，用不同的操作员身份操作相对应的操作。

【实验准备】

引入 D:\账套备份\第一章　ERP 系统应用基础\实验一　ERP 系统管理，将系统日期修改为"2013 年 1 月 1 日"，注册进入"系统管理"。

【实验资料】

增设操作员：（［权限］→［用户］）

编号	姓名	口令	所属部门	职务	权限
0009	杨勇	0009	财务部	财务主管	拥有账套主管全模块的全部权限
0002	严媛媛	0002	人力资源部	HR 经理	拥有 HR 基础设置、人事管理、人事合同管理、绩效管理、招聘管理、考勤休假管理、培训管理、保险福利管理、薪资管理模块的全部权限
0010	苏晶萍	0010	财务部	会计主管	拥有公共单据、公用目录设置、采购管理、销售管理、库存管理、物料清单、生产订单、主生产计划、需求规划、应收款管理、应付款管理、固定资产、存货核算、总账、UFO 报表的权限
0012	陈凯延	0012	业务一部	销售主管	拥有公共单据、公用目录设置、销售管理、库存管理、应收款管理业务的权限
0025	杨丽君	0025	采购部	采购主管	拥有公共单据、公用目录设置、采购管理、库存管理、应付款管理、委外管理的权限
0026	袁雨	0026	物料计划部	物料计划员	拥有公共单据、公用目录设置、物料清单、生产订单、主生产计划、需求规划的权限
0027	徐向荣	0027	仓库	库房管理员	拥有公共单据、公用目录设置、采购管理、销售管理、库存管理的权限
0028	朱迅	0028	业务二部	销售业务员	拥有公共单据、公用目录设置、销售管理、库存管理、应收款管理业务的权限

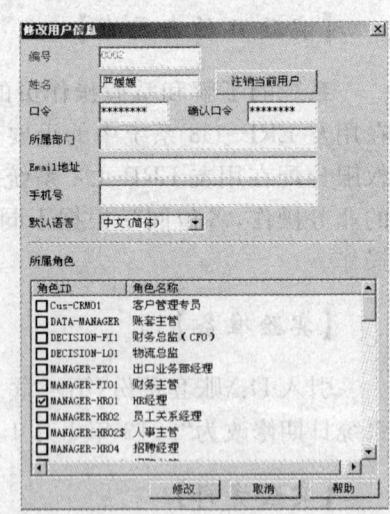

图 1-14 增加用户

【实验步骤】

（1）设置操作员。

（2）分配操作员权限。

【实验指导】

1. 设置操作员及分配权限

（1）以系统管理员 admin 的身份登录系统管理，执行"权限"|"用户"命令，打开"用户管理"窗口。

（2）单击"增加"，打开"增加用户"对话框，录入编号"0002"、姓名"严媛媛"，如图 1-14 所示。

（3）单击"增加"。依次设置其他操作员。设置完成后单击"取消"退出。

（4）在系统管理中，执行"权限"|"权限"命令，打开"操作员权限"对话框。

（5）在"账套主管"右边的下拉列表框中选中"上海蓝天电脑公司"账套。

（6）在左边的操作员列表中，选中"0009"号操作员杨勇，可看到"杨勇"为账套主管，拥有本账套所有的权限。

（7）在"操作员权限"窗口中，选中"0002"号操作员严媛媛，单击"修改"按钮，打开"增加和调整权限"对话框。如图 1-15 所示。

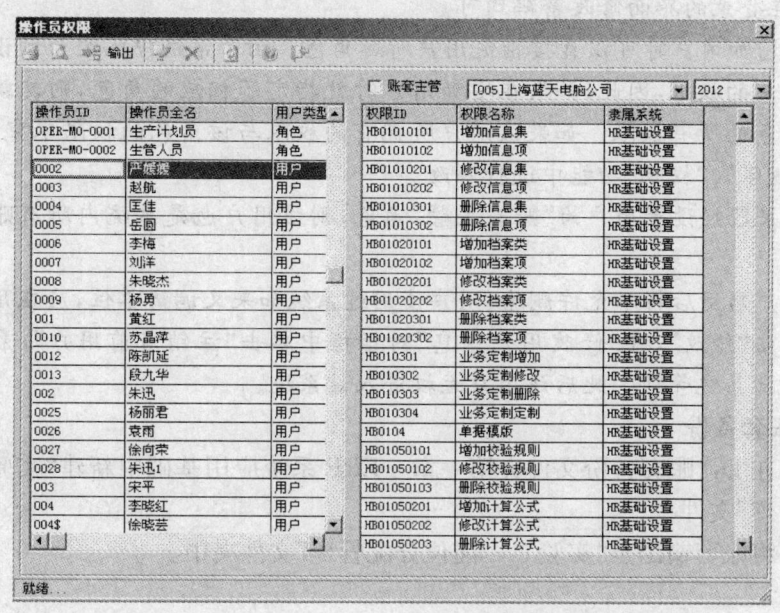

图 1-15 操作员权限

（8）在"增加和调整权限"对话框中，单击"HR 基础设置"、"人事合同管理"、"招聘管理"、"合同管理""保险福利管理"、"考勤休假管理"、"培训管理"、"绩效管理""薪资管理"等前的复选框，呈选中状态，如图 1-16所示。

（9）单击"确定"按钮返回。

（10）参照实验资料和"0002"号操作员严媛媛的权限赋予过程，对表格中的操作员进行权限的分配。

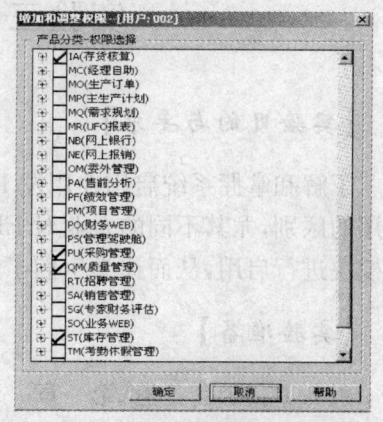

图 1-16 增加和调整用户权限

提示：

● 只有系统管理员(admin)才有权限设置或取消账套主管。而账套主管只有权限对所辖账套进行操作员的权限设置。

● 设置权限是应注意分别选中"账套"及相应的"用户"。

● 账套主管拥有该账套的所有权限，因此无须为账套主管另赋权限。

● 一个账套可以有多个账套主管。

● 在录入用户信息时，可以录入"口令"，再"确认口令"，完成操作员密码的设置；或者在登录的界面修改密码均可。

● 在增加用户时可以直接指定用户所属角色。由于系统中已经为预设的角色赋予了相应的权限，因此，如果在增加用户时就指定了相应的角色，则其就自动拥有了该角色的所有权限。如果该用户所拥有的权限与该角色的权限不完全相同，可以在"权限"|"权限"功能中进行修改。

● 如果已经设置用户为"账套主管"角色，则该用户也是系统内所有账套的账套主管。

● 用户启用后将不允许删除，用户使用过系统如果又调离单位，应在用户管理窗口中单击"修改"，在"修改用户信息"对话框中单击"注销当前用户"，最后单击"修改"返回系统管理。此后该用户无权进入该系统。

2. 账套备份

(1) 在 D:\账套备份文件夹第一章　ERP 系统应用基础中新建"实验二　岗位分配管理"文件夹。

(2) 将账套输出至"实验二　岗位分配管理"文件夹中。

实验三　ERP 系统启用

【实验目的与要求】

了解和掌握系统启用在用友 ERP-U8 系统的重要作用，理解建立账套和系统启用的区别，尤其不同的企业对 ERP 管理需求不同，可以选择适合企业管理要求的模块进行启用，从而让学生们了解系统启用的重要性。

【实验准备】

引入 D:\账套备份\第一章　ERP 系统应用基础\实验二　岗位分配管理，将系统日期修改为"2013 年 1 月 1 日"，注册进入"企业应用平台"。

【实验资料】

启用"总账"、"应收管理"、"应付管理"、"销售管理"、"采购管理"、"库存管理"、"存货核算"、"物料清单"、"主生产计划"、"需求规划"、"生产订单"、"HR 基础设置"、"人事管理"模块。

【实验步骤】

启用模块。

【实验指导】

1. 启用模块

（1）执行"开始"|"程序"|"用友 ERP-U8"|"企业应用平台"命令，打开"登录"窗口。

（2）录入操作员"为自己的姓名"，单击"账套"栏的下三角按钮，选择"上海蓝天电脑公司"，语言区域"简体中文"，操作日期"2013-01-01"，如图 1-17 所示。

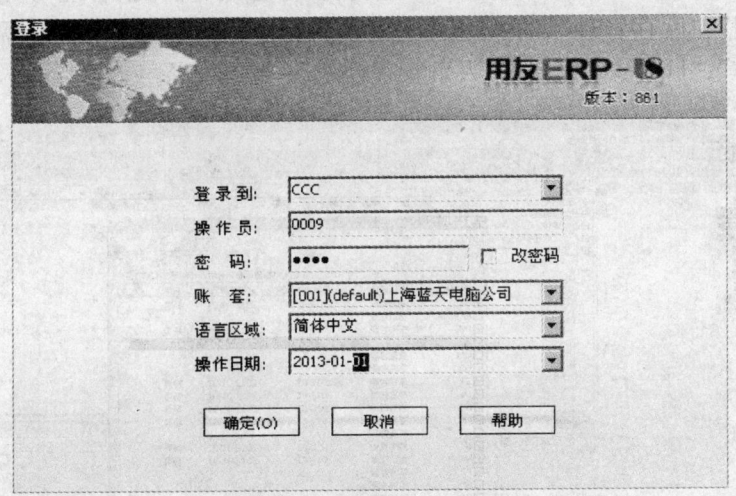

图 1-17　登录企业应用平台

（3）单击"确定"，进入"企业应用平台"窗口。

（4）在"设置"选项卡中，执行"基本信息"|"系统启用"命令，打开"系统启用"对话框，如图 1-18 所示。

（5）选中"总账"前的复选框，双击弹出"日历"对话框。

（6）选择"日历"对话框中的"2013 年 01 月 01 日"，如图 1-19 所示。

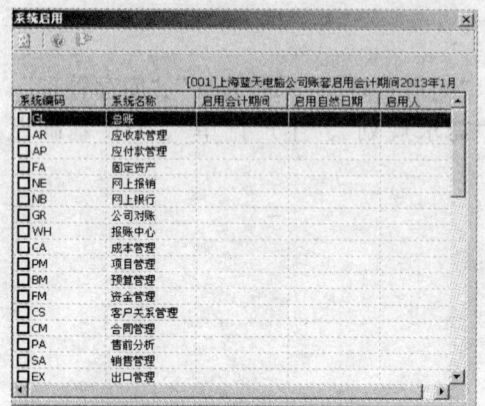
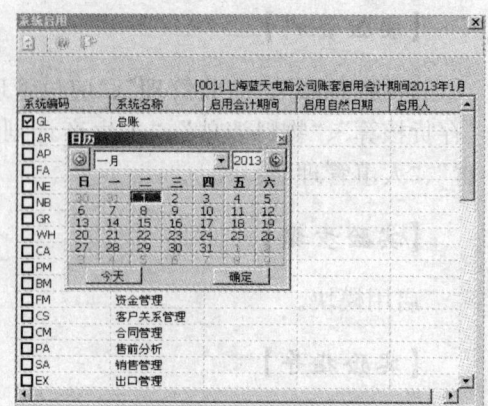

图 1-18 系统启用窗口   图 1-19 启用总账

（7）单击"确定"，系统弹出"确实要启用当前系统吗?"信息提示框，单击"是"，完成总账系统的启用。

（8）以此类推，分别启用"总账"、"应收款管理"、"应付款管理"、"销售管理"、"采购管理"、"库存管理"、"存货核算"、"物料清单"、"主生产计划"、"需求规划"、"生产订单"、"HR 基础设置"、"人事管理模块"。结果如图 1-20 所示。

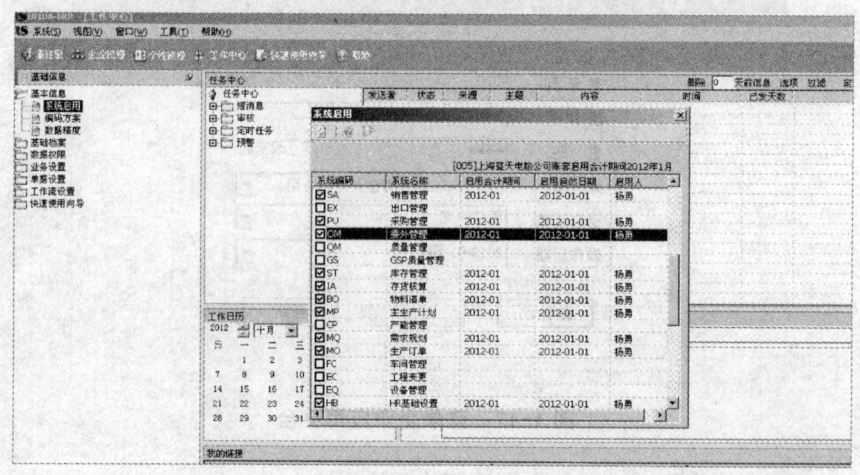

图 1-20 启用系统

提示:
● 只有账套主管才有权在企业应用平台中进行系统启用。
● 各系统的启用时间必须大于或等于账套的启用时间。

2. 账套备份

（1）在 D:\账套备份文件夹第一章　ERP 系统应用基础中新建"实验三　ERP 系统启用"文件夹。

（2）将账套输出至"实验三　ERP 系统启用"文件夹中。

实验四　企业组织管理设置

【实验目的与要求】

了解和掌握机构设置在用友 ERP-U8 系统中进行设置的重要性，理解部门设置与人员设置先后顺序的原因。通过建立部门档案、职务档案、岗位档案、人员档案，让学生们了解一家公司成立后，应该先进行组织架构的构建，人员的招聘，职务的确定，这是企业建立的最基本的条件。

【实验准备】

引入 D:\账套备份\第一章　ERP 系统应用基础\实验三　ERP 系统启用，将系统日期修改为"2013 年 1 月 1 日"，注册进入"企业应用平台"。

【实验资料】

● 部门档案

部门编码	部门名称	成立日期
01	制造部	2013 年 1 月 1 日
0101	一车间	2013 年 1 月 1 日
0102	二车间	2013 年 1 月 1 日
0103	三车间	2013 年 1 月 1 日
02	销售部	2013 年 1 月 1 日
0201	业务一部	2013 年 1 月 1 日
0202	业务二部	2013 年 1 月 1 日
03	管理部	2013 年 1 月 1 日
0301	财务部	2013 年 1 月 1 日
0302	人事部	2013 年 1 月 1 日

（续表）

部门编码	部门名称	成立日期
0303	总经理办公室	2013 年 1 月 1 日
04	研发部	2013 年 1 月 1 日
05	采购部	2013 年 1 月 1 日
06	物料计划部	2013 年 1 月 1 日
07	仓库	2013 年 1 月 1 日

● 职务簇

档案编码	档案名称
1	管理
2	行政
3	业务
4	技术
5	生产

● 职务档案

职务簇	职务编码	职务名称
管理	101	总经理
管理	102	部门经理
管理	103	主任
行政	201	主管
行政	202	专员
业务	301	业务员
技术	401	高级工程师
技术	402	工程师
技术	403	技术员
生产	501	班长
生产	502	操作工

● 岗位档案

岗位编码	岗位名称	所属部门
001	总经理	总经理办公室
002	HR 经理	人事部
003	财务经理	财务部
004	会计	财务部
005	出纳	财务部
006	销售经理	业务一部
007	销售员	业务一部
008	制造部经理	一车间
009	一车间主任	一车间
010	二车间主任	二车间
011	三车间主任	三车间
012	采购经理	采购部
013	采购员	采购部
014	仓管员	仓库
015	物料计划员	物料计划部
016	销售员	业务二部

● 人员档案

人员编码	人员姓名	行政部门	性别	岗位	职务
0001	王　高	总经理办公室	男	总经理	总经理
0002	严媛媛	人事部	女	HR 经理	部门经理
0009	杨　勇	财务部	男	财务经理	部门经理
0010	苏晶萍	财务部	女	会计	主管
0011	马婷婷	财务部	女	出纳	专员
0012	陈凯延	业务一部	男	销售经理	部门经理
0013	张正俊	业务一部	男	销售员	业务员
0016	王一飞	一车间	男	制造部经理	部门经理

（续表）

人员编码	人员姓名	行政部门	性别	岗位	职务
0017	唐浩	一车间	男	一车间主任	主任
0018	周冬冬	二车间	男	二车间主任	主任
0019	吕刚	三车间	男	三车间主任	主任
0024	朱虹	采购部	女	采购经理	部门经理
0025	杨丽君	采购部	女	采购员	业务员
0026	袁雨	物料计划部	男	物料计划员	专员
0027	徐向荣	仓库	男	仓管员	专员
0028	朱迅	业务二部	男	销售员	业务员

【实验指导】

1. 机构设置

（1）以"自己的姓名"登录企业应用平台。

（2）在"设置"选项卡中，执行"基础档案"|"机构人员"|"部门档案"命令，进入"部门档案"窗口。

（3）单击"增加"按钮，录入部门编码"01"、部门名称"制造部"，单击"保存"。以此方法依次增加其他部门档案信息。完成后，结果如图 1-21 所示。

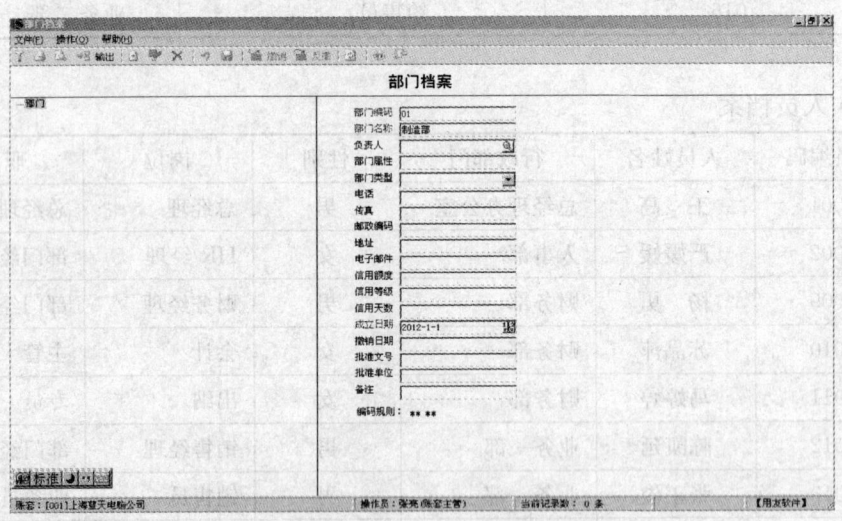

图 1-21　部门档案

提示：

● 部门编码必须符合在分类编码方案中定义的编码规则。

● 由于此时还未设置"人员档案"，部门中的"负责人"暂时不能设置。如果需要设置，必须在完成"人员档案"设置后，在回到"部门档案"中以修改的方式补充设置。

2. 设置职务簇档案

（1）点击"基础档案"|"机构人员"。

（2）双击"职务簇"，打开"职务簇"窗口。

（3）选中系统默认的职务簇记录，单击"删除"按钮，将系统提供的职务簇先删除。

（4）单击"增加"按钮。录入档案编码"1"、档案名称"管理"，如图1-22所示。

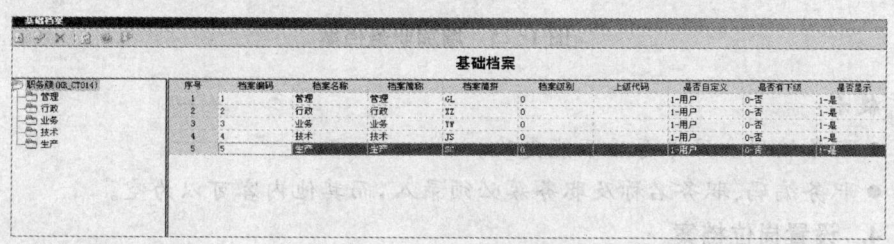

图1-22 增加职务簇档案

（5）单击"确定"按钮。依此方法依次录入其他的职务簇档案。

提示：

● 职务簇档案既可以在企业应用平台的基础档案中进行设置，也可以在"HR基础设置"系统中的"系统设置"|"基础档案"|"职务簇（HR_CT014）"中进行设置，系统中基础档案信息是共享的。

● 档案编码一旦保存后不能更改。

● 档案编码及档案名称必须录入，而其他内容可以为空。

● 系统中已经预置了2个职务簇档案，可根据企业各自的职务大类（职务簇）进行调整修改。

3. 设置职务档案

（1）点击"基础档案"|"机构人员"。

（2）双击"职务档案"，打开"职务档案"窗口。

（3）单击"增加"按钮，录入职务编码"101"、职务名称"总经理"、点击职务簇一栏的放大镜去参照选择"管理"。如图1-23所示。

（4）单击"保存"按钮。依此方法依次录入其他的职务档案。

图 1-23 增加职务档案

提示：

● 职务编码一旦保存后不能更改。

● 职务编码、职务名称及职务簇必须录入，而其他内容可以为空。

4. 设置岗位档案

（1）点击"基础档案"|"机构人员"。

（2）双击"岗位档案"，打开"岗位档案"窗口。

（3）单击"增加"按钮，录入岗位编码"001"、岗位名称"总经理"、点击所属部门一栏的放大镜去参照选择"总经理办公室"。如图 1-24 所示。

图 1-24 增加岗位档案

（4）单击"保存"按钮。依此方法依次录入其他的岗位档案。

提示：

● 岗位编码一旦保存后不能更改。

● 岗位编码、岗位名称及所属部门必须录入，而其他内容可以为空。

5. 设置人员档案

（1）人员档案的设置。根据人员档案的资料，添加人员档案（全部为在职人员），并点击保存。

（2）岗位设置，选择"其它"页签，点击"修改"，点击"增行"，依次选择录入部门、岗位、职务及任职开始时间（全部为 2013 年 1 月 1 日）。如图 1-25。

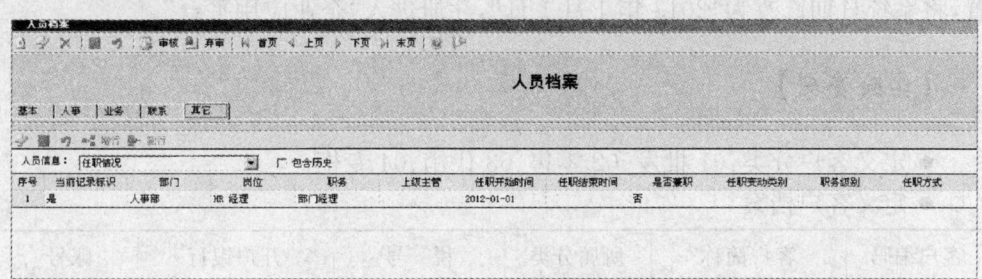

图 1-25　人员档案

提示：

● "业务员"项目中被参照，需要选中"是否业务员"选项。

● 在"其他"页签中可以根据各企业记录信息的需要选择相应的信息集进行录入，但有些信息集是不可录，它是将其他相关联的模块数据传递而来的。必须现对人员档案的基本信息保存后，再选择"其他"页签，点击"修改"，点击"增行"进行录入，最后"保存"。

6. 账套备份

（1）在 D:\账套备份文件夹中新建"实验四　企业组织管理设置"文件夹。

（2）将账套输出至"实验四　企业组织管理设置"文件夹中。

实验五　设置往来单位信息

【实验目的与要求】

了解和掌握往来单位设置在用友 ERP-U8 系统中的重要作用，理解对往来单位进行集中设置和管理的重要性,在企业经营模式中,客户与供应商是企业经营的两大主题,在企业经营中应该先找客户及供应商,因此在软件中应该让学生们了解怎样建立供应商分类、供应商档案、客户分类、客户档案,在之后的经营业务中可以直接选取供应商及客户,供应商客户档案随着企业业务的发展逐步增加。

【实验准备】

引入 D:\账套备份\第一章　ERP 系统应用基础\实验四　企业组织管理设置,将系统日期修改为"2013 年 1 月 1 日",注册进入"企业应用平台"。

【实验资料】

- 定义客户分类:01 批发、02 零售、03 代销、04 专柜
- 定义客户档案

客户编码	客户简称	所属分类	税　号	开户银行	账号
0001	云飞电子	批发	310003154	工商银行	112
0002	西山科电	批发	310108777	招商银行	567
0003	长江集团	专柜	315000123	光大银行	158
0004	长江 PC	代销	315452453	建设银行	763
0005	泰山数码	批发	316548955	光大银行	432
0006	天乐电子	专柜	319644355	工商银行	554
0007	黄河科技	批发	315675444	建设银行	241
0008	海河电子	专柜	312224565	光大银行	890
0009	成都包装	专柜	317733356	工商银行	452
0010	大地电子	代销	311114464	建设银行	566
0011	星空电子	批发	319997666	光大银行	199
0012	雨辰科技	代销	315532222	工商银行	311

- 定义供应商分类:01 原料供应商、02 成品供应商、03 委外供应商、04 其他供应商
- 定义供应商档案

供应商编码	供应商简称	所属分类	税号	供应商属性
0001	华硕电脑公司	成品供应商	310821385	货物
0002	影驰公司	原料供应商	314825705	货物
0003	金士顿公司	原料供应商	318478228	货物
0004	利氏公司	原料供应商	310488008	货物
0005	西部数据公司	原料供应商	313555654	货物
0006	三星公司	成品供应商	314555322	货物
0007	奔腾公司	原料供应商	317677733	货物
0008	昂达公司	原料供应商	318855444	货物
0009	先锋公司	原料供应商	314455563	货物
0010	蓝宝公司	原料供应商	310055555	货物
0011	联想电脑公司	成品供应商	315522222	货物
0012	戴尔电脑公司	成品供应商	310887766	货物
0013	希捷	原料供应商	313335466	货物
0014	英特尔	原料供应商	325657577	货物
0015	罗技	原料供应商	367876452	货物
0016	爱普生	成品供应商	787889999	货物
0017	华为公司	委外供应商	657656444	货物、委外
0018	金陵公司	委外供应商	435435345	货物、委外
0019	上海海关	其他供应商	435435432	服务

【实验步骤】

(1) 定义客户分类及客户档案。

(2) 定义供应商分类及供应商档案。

【实验指导】

用自己的姓名登录企业应用平台。

1. 定义客户分类：批发、零售、代销、专柜

(1) 在"设置"选项卡中，执行"基础档案"|"客商信息"|"客户分类"命令，进入"客户分类"窗口。

（2）单击"增加"，按实验资料输入客户分类信息，单击"保存"，同理输入其他客户分类信息。完成后，结果如图 1-26 所示。

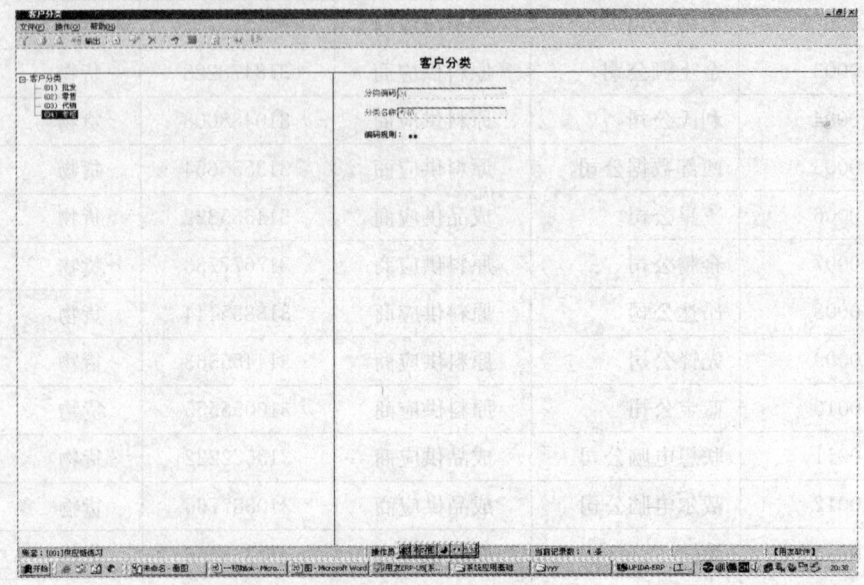

图 1-26　客户分类

提示：

● 客户是否需要分类应在建立账套时确定。

● 客户分类编码必须符合编码规则。

2. 定义客户档案

（1）执行"基础档案"｜"客商信息"｜"客户档案"命令，打开"客户档案"窗口。窗口分为左右两部分，左窗口显示已经设置的客户分类，单击鼠标选中某一客户分类，右窗口显示该分类下所有的客户列表。

（2）单击"增加"，打开"增加客户档案"窗口。窗口中共包括 4 个选项卡，即"基本"、"联系"、"信用"、"其他"，用于对客户不同的属性分别归类记录。

（3）按客户档案的实验资料输入"客户编码"、"客户简称"、"所属分类码"、"税号"、等相关信息，单击"保存"。如图 1-27 所示。

（4）保存后，单击"银行"按钮，依据实验资料，增加"客户银行档案"，如图 1-28所示。

（5）以此方法依次录入其他客户档案。单击菜单栏上的"栏目"按钮，进行栏目显示的设置，单击"确定"，保存，结果如图 1-29 所示。可以检查输入的信息的正确性。

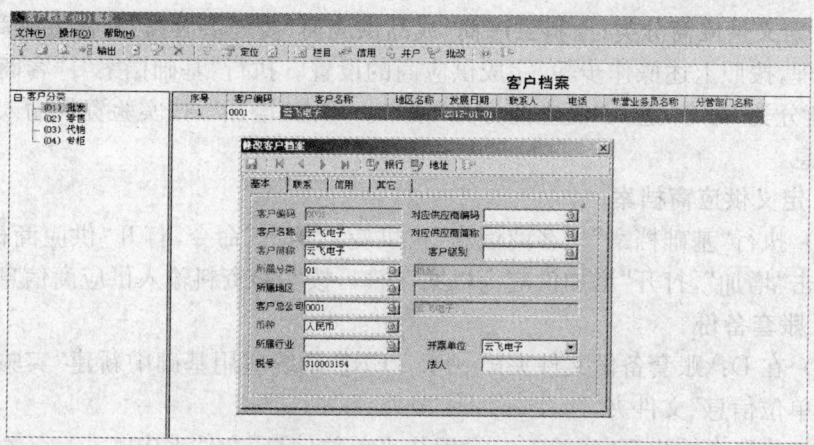

图 1-27　增加客户档案

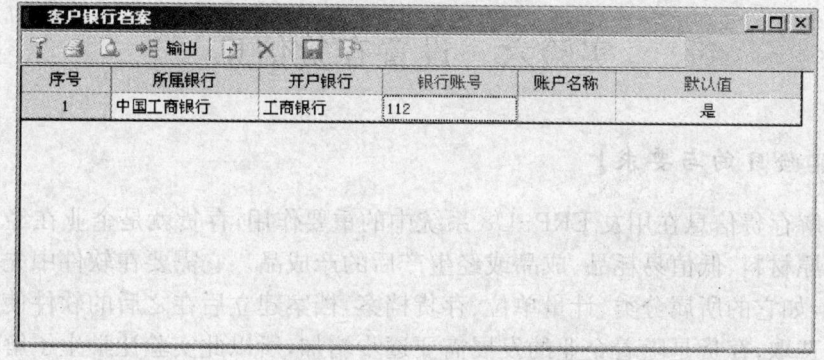

图 1-28　客户银行档案

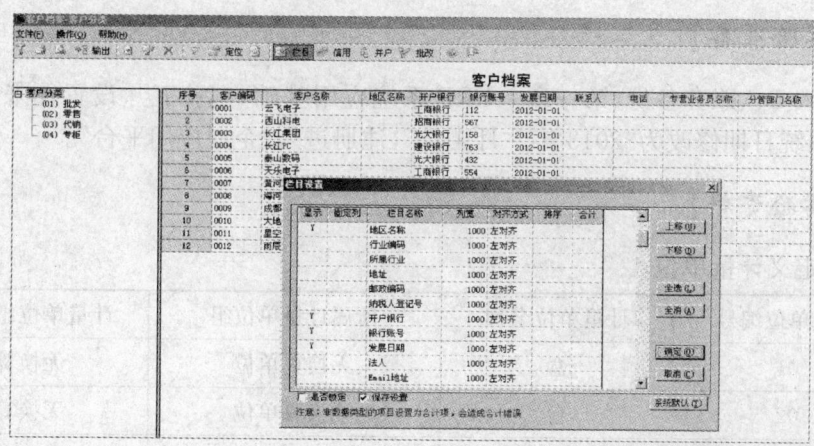

图 1-29　客户银行档案

3. 定义供应商分类： 原料供应商、成品供应商、委外供应商、其他供应商

同理，按照上述操作步骤，完成供应商的设置。执行"基础档案"|"客商信息"|"供应商分类"命令，进入"供应商分类"窗口。单击"增加"，按实验资料输入供应商分类信息。

4. 定义供应商档案

（1）执行"基础档案"|"客商信息"|"供应商档案"命令，打开"供应商档案"窗口。单击"增加"，打开"增加供应商档案"窗口，按实验资料输入供应商信息。

5. 账套备份

（1）在 D:\账套备份文件夹第一章 ERP 系统应用基础中新建"实验五 设置往来单位信息"文件夹。

（2）将账套输出至"实验五 设置往来单位信息"文件夹中。

实验六 设置存货信息

【实验目的与要求】

了解存货信息在用友 ERP-U8 系统中的重要作用，存货就是企业在经营过程购买的原材料、低值易耗品、成品或经生产后的产成品。它需要在软件中先建立基本档案，如它的所属分类、计量单位、存货档案，档案建立后在之后的软件使用中可以直接选取，存货是随着企业的发展需要逐步增加，所以此实验让学生了解其存货档案建立的重要性。

【实验准备】

引入 D:\账套备份\第一章 ERP 系统应用基础\实验五 设置往来单位信息，将系统日期修改为"2013 年 1 月 1 日"，注册进入"企业应用平台"。

【实验资料】

● 定义计量单位

计量单位编号	计量单位名称	所属计量单位组	计量单位组类别
01	盒	无换算单位	无换算
02	台	无换算单位	无换算
03	只	无换算单位	无换算

（续表）

计量单位编号	计量单位名称	所属计量单位组	计量单位组类别
04	千米	无换算单位	无换算
05	个	无换算单位	无换算
06	条	无换算单位	无换算
07	块	无换算单位	无换算

● 定义存货分类

存货分类编码	存货分类名称	存货分类编码	存货分类名称
01	原材料	0110	电源
0101	芯片	02	半成品
0102	硬盘	0201	主机
0103	显示器	03	产成品
0104	键盘	0301	计算机
0105	鼠标	04	外购商品
0106	主板	0401	打印机
0107	内存	0402	传真机
0108	机箱	0403	无线路由器
0109	显卡	05	应税劳务

● 定义存货档案

注:蓝天计算机类是"MPS"件,存货属性必须录入。

存货编码	存货名称	所属类别	计量单位	税率	存货属性	固定提前期
0101001	core i3 2120	芯片	盒	17	外购,生产耗用	1
0101002	奔腾 G620	芯片	盒	17	外购,生产耗用	1
0101003	Intel 酷睿 i7 2600	芯片	盒	17	外购,生产耗用	1
0102001	西部数据 WD5000AAKX 500G 7200 转 16M SATA Ⅲ 6Gb/s 3.5寸台式机硬盘	硬盘	盒	17	外购,生产耗用	1

（续表）

存货编码	存货名称	所属类别	计量单位	税率	存货属性	固定提前期
0102002	希捷 Barracuda 500GB 7200 转 16MB SATA3（ST3500413AS）	硬盘	盒	17	外购,生产耗用	1
0102003	希捷 Barracuda 7200.12 1TB	硬盘	盒	17	外购,生产耗用	1
0103001	三星 S19A100N	显示器	台	17	外购,生产耗用	5
0103002	DELL ultraSharp U2412M 液晶显示器	显示器	台	17	外购,生产耗用	7
0104001	罗技（Logitech）经典 K100 键盘	键盘	只	17	外购,生产耗用	1
0105001	罗技（Logitech）M215 无线鼠标	鼠标	只	17	外购,生产耗用	1
0106001	华硕 P8H61	主板	块	17	外购,生产耗用,销售	1
0106002	昂达 H61L	主板	块	17	外购,生产耗用,销售	1
0106003	技嘉 GA-Z68P-DS3	主板	块	17	外购,生产耗用,销售	1
0107001	金士顿 DDR3 1333 4G 内存	内存	块	17	外购,生产耗用,销售	1
0108001	动力火车绝尘盾	机箱	个	17	外购,生产耗用,销售	1
0108002	酷冷至尊 毁灭者	机箱	个	17	外购,生产耗用,销售	1
0109001	影驰 GTX550Ti 黑将版	显卡	个	17	外购,生产耗用,销售	1
0109002	影驰 GT440 重炮手 DDR5 版	显卡	个	17	外购,生产耗用,销售	1
0109003	蓝宝 HD5850 Xtreme 1GB GDDR5	显卡	个	17	外购,生产耗用,销售	1
0110001	航嘉冷静王砖石超静音版	电源	个	17	外购,生产耗用,销售	1
0110002	酷冷至尊 GX-400W	电源	个	17	外购,生产耗用,销售	1
0301001	戴尔计算机	计算机	台	17	外购、销售	
0301002	联想计算机	计算机	台	17	外购、销售	
0301003	蓝天计算机 A 型	计算机	台	17	自制、销售	1
0301004	蓝天计算机 B 型	计算机	台	17	自制、销售	1

（续表）

存货编码	存货名称	所属类别	计量单位	税率	存货属性	提前期
0301005	蓝天计算机 C 型	计算机	台	17	自制、销售	2
0301006	蓝天计算机 D 型	计算机	台	17	自制、销售，委外	1
0401001	（EPSON）LQ-630K 针式打印机	打印机	台	17	外购，销售	1
0401002	（HP）LaserJet 1020 Plus 黑白激光打印机	打印机	台	17	外购，销售	1
0403001	TP-LINK TL-WR841N 300M 无线路由器	无线路由器	台	17	外购，销售	1
0403002	水星 MW150R 150M 无线路由器	无线路由器	台	17	外购，销售	1
05001	运输费	应税劳务	千米	7	外购，销售，应税劳务	
05002	关税	应税劳务	千米	0	外购，销售，应税劳务	

【实验步骤】

（1）定义计量单位。

（2）定义存货分类及档案。

【实验指导】

用自己的姓名登录企业应用平台

1. 定义计量单位

（1）在"设置"选项卡中，执行"基础档案"|"存货"|"计量单位"命令，打开"计量单位"窗口。

（2）单击"分组"按钮，打开"计量单位组"窗口。单击"增加"，输入计量单位分组的编码、名称、换算类型等信息。如图 1-30 所示。

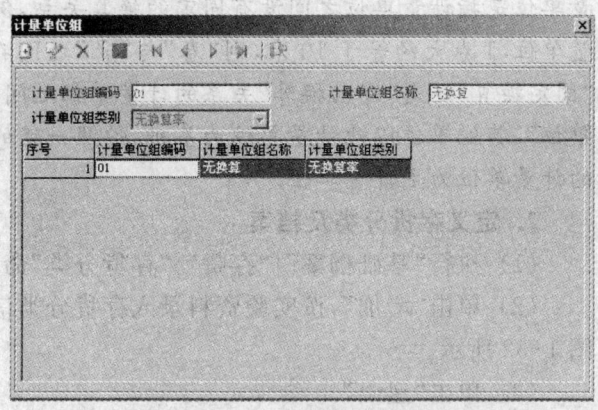

图 1-30 计量单位分组

（3）单击"保存"，在"退出"返回"计量单位"窗口。

（4）选中新建的计量单位组，单击"单位"，进入"计量单位"录入窗口。录入所有的计量单位，如图 1-31 所示。

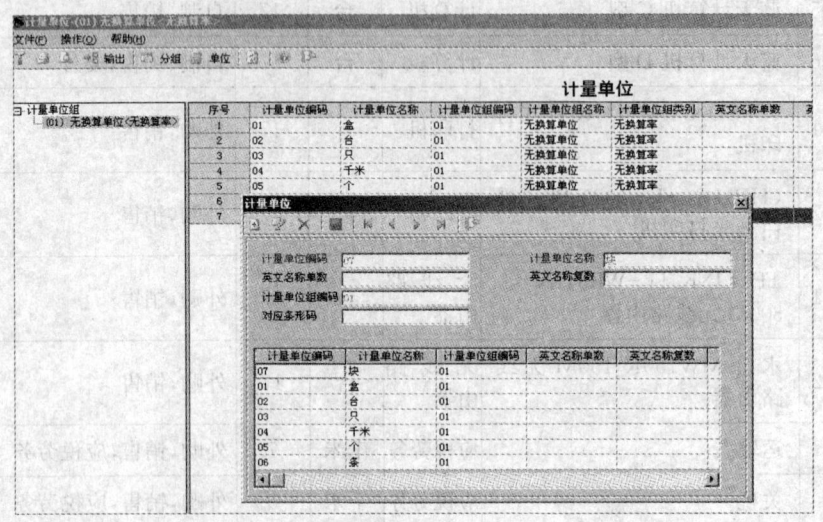

图 1-31　计量单位

（5）单击"保存"，再"退出"。

提示：

存货计量单位可以分为"无换算"、"固定换算"和"浮动换算"等三种。"无换算"计量单位一般是指自然单位、度量衡单位等；"固定换算"计量单位是指各个计量单位之间存在着不变的换算比率，如1盒＝4板，1箱＝20盒等；"浮动换算"计量单位是指计量单位之间没有固定的换算关系，例如透明胶带可以"卷"、"米"为计量单位，1卷大约等于10米，则"卷"与"米"之间存在浮动换算比率关系。无论是"固定换算"还是"浮动换算"关系的计量单位之间，都应该设置一个单位为"主计量单位"，其他单位以此计量单位为基础，按照一定的比率进行换算。一般来说，以小的计量单位为主计量单位。

2. 定义存货分类及档案

（1）执行"基础档案"|"存货"|"存货分类"命令，进入"存货分类"窗口。

（2）单击"增加"，按实验资料录入存货分类信息。录入所有的分类信息后，如图 1-32 所示。

（3）单击"退出"。

（4）执行"基础档案"|"存货"|"存货档案"命令，进入"存货档案"窗口。

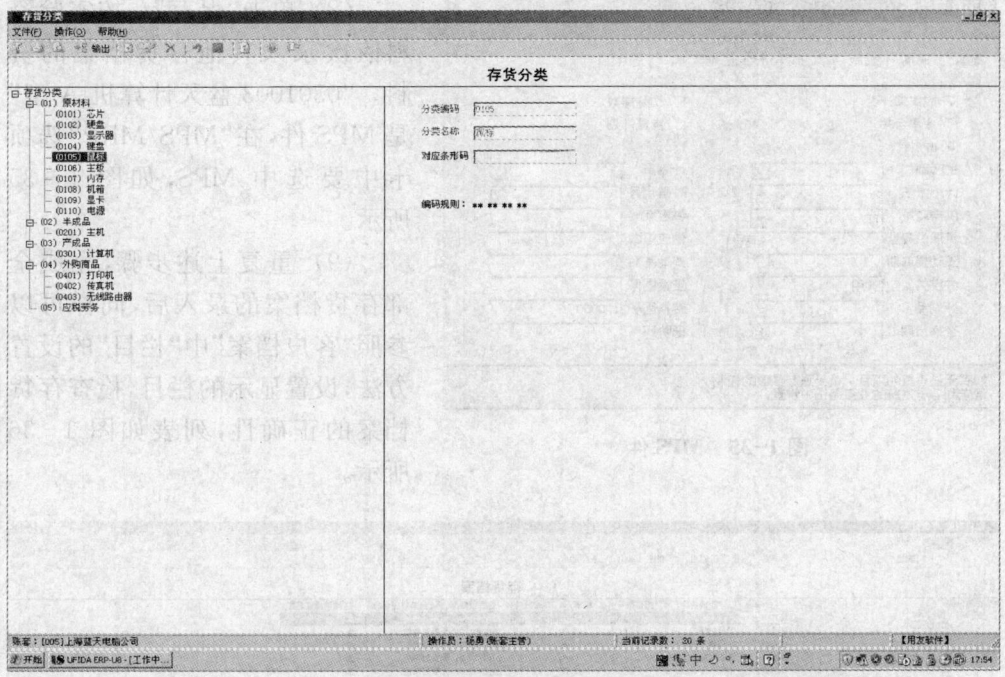

图 1-32 增加存货分类

（5）选中"（0101）芯片"存货分类，单击"增加"，进入"增加存货档案"窗口。

（6）根据资料录入"core i3 2120"的存货档案的"基本"选项卡，如图 1-33 所示。

（7）在"计划"选项卡中，录入"固定提前期"1 天，如图 1-34 所示。

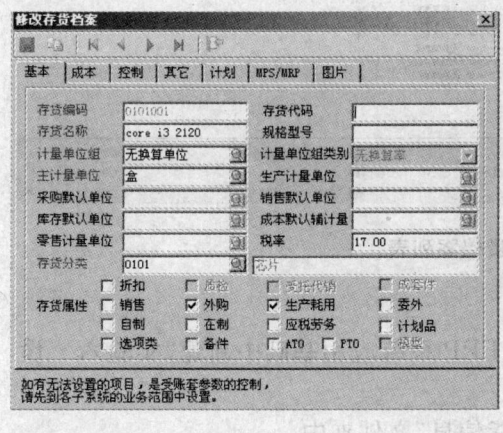

图 1-33 增加存货档案——基本选项卡

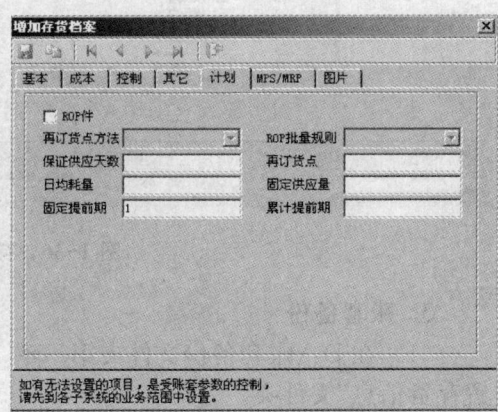

图 1-34 固定提前期

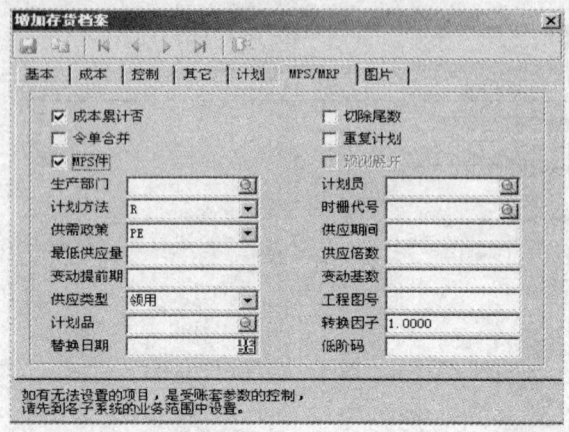

图 1-35　MPS 件

（8）单击"保存"。按实验资料依次录入其他存货档案的资料。"0301003 蓝天计算机 A 型"是 MPS 件，在"MPS/MRP"选项卡中要选中 MPS，如图 1-35 所示。

（9）重复上述步骤，完成全部存货档案的录入后，同样可以参照"客户档案"中"栏目"的设置方法，设置显示的栏目，检查存货档案的正确性，列表如图 1-36 所示。

图 1-36　存货档案列表

3. 账套备份

（1）在 D:\账套备份文件夹第一章　ERP 系统应用基础中新建"实验六　设置存货信息"文件夹。

（2）将账套输出至"实验六　设置存货信息"文件夹中。

实验七　设置财务信息

【实验目的与要求】

了解财务信息的设置在用友 ERP-U8 系统中的重要作用,理解其在财务管理与业务链之间所起的连接作用,掌握财务信息设置的过程。掌握建立凭证类别、外币及汇率、结算方式、单位的开户银行、会计科目等。让学生们了解设置财务信息在整个 ERP 使用中的重要性。

【实验准备】

引入 D:\账套备份\第一章　ERP 系统应用基础\实验六　设置存货信息,将系统日期修改为"2013 年 1 月 1 日",注册进入"企业应用平台"。

【实验资料】

● 设置凭证类别

收款凭证	借方必有	1001,	1002
付款凭证	贷方必有	1001,	1002
转账凭证	凭证必无	1001,	1002

● 设置外币及汇率

美元,USD,1 月份记账汇率为 6.40

日元,JPY,1 月份记账汇率为 0.06

● 设置结算方式

"现金结算","支票结算","贷记凭证"三种结算方式

● 设置本企业开户银行

账户名称:上海蓝天电脑公司,开户行:工行淮海路分理处,账号为765848981258,所属银行:中国工商银行

● 设置会计科目

【实验步骤】

(1) 设置凭证类别。

(2) 设置外币及汇率。

(3) 设置结算方式。

(4) 设置本单位开户银行信息。

(5) 设置会计科目。

【实验指导】

（用自己的姓名登录企业应用平台）

1. 设置凭证类别

(1) 在"设置"选项卡中,执行"基础档案"|"财务"|"凭证类别"命令,打开"凭证类别预置"窗口,如图1-37所示。

(2) 依据实验资料,选中"收款凭证、付款凭证、转账凭证"项,单击"确定",进入"凭证类别"窗口。

(3) 单击"修改"按钮,再依据实验资料,对凭证类别的限制条件进行设置,完成后,如图1-38所示。

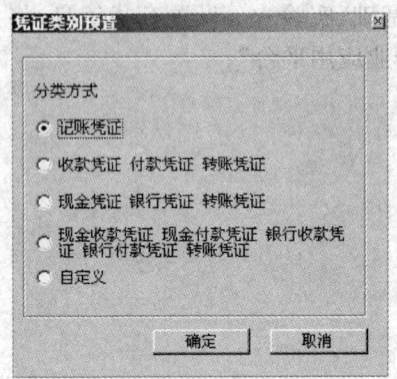

图 1-37 "凭证类别预置"窗口

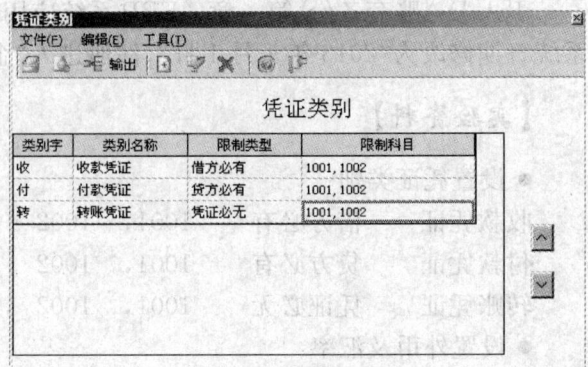

图 1-38 凭证类别

(4) 单击"退出"。

提示:

● 已使用的凭证类别不能删除,也不能修改类别。

● 如果收款凭证的限制类型为借方必有"1001,1002",则在填制凭证时系统要求收款凭证的借方一级科目至少有一个是"1001"或"1002",否则系统会判断该张凭证不属于收款凭证类别,不允许保存。付款凭证及转账凭证也应满足相关条件。

● 如果直接录入科目编码,则编码间的标点符号应为英文状态下的标点符号,否则系统会提示科目编码有误。

2. 设置外币及汇率

(1) 在"设置"选项卡中,执行"基础档案"|"财务"|"外币设置"命令,进入"外币设置"窗口。

(2) 单击"增加",在窗口的靠右部分录入"币符"、"币名",同时确定"汇率小数位"、"最大误差"及"折算方式",再单击"确认",在窗口靠左的部分将显示新增加的外币,最后在中间部分的对应月份录入"记账汇率",并按"回车键"。所有完成后,如图 1-39 所示。

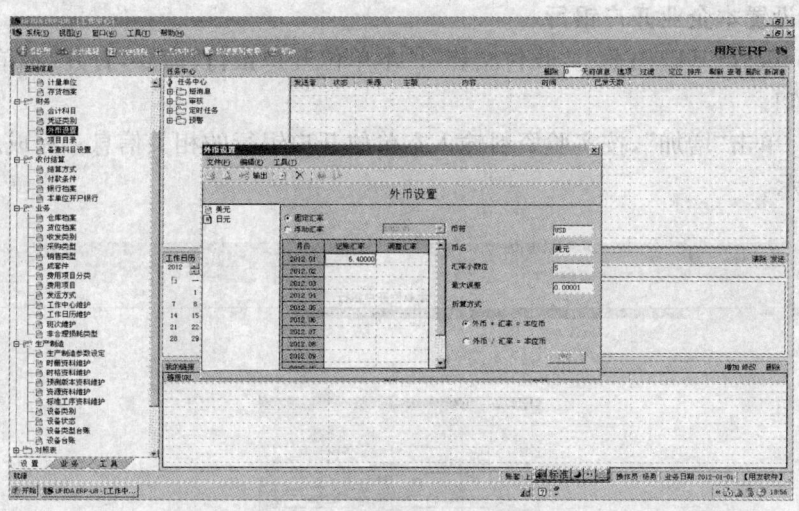

图 1-39 外币设置

(3) 单击"退出"。

3. 设置结算方式

(1) 执行"基础档案"|"收付结算"|"结算方式"命令,打开"结算方式"窗口。

(2) 单击"增加",依据实验资料输入结算方式信息。完成后,如图 1-40 所示。

(3) 单击"退出"。

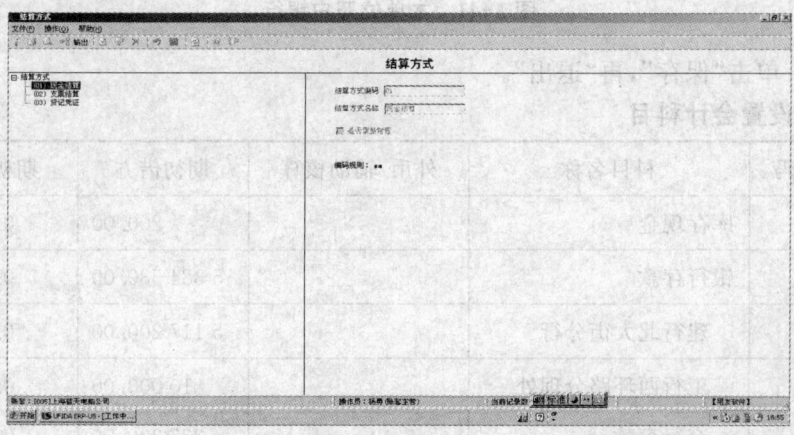

图 1-40 结算方式

提示：

● 在总账系统中，结算方式将会在使用"银行账"类科目填制凭证时使用，并可以作为银行对账的一个参数。

4. 设置本企业开户银行

（1）执行"基础档案"|"收付结算"|"本单位开户银行"命令，打开"本单位开户银行"窗口。

（2）单击"增加"，按实验资料输入本单位开户银行的相关信息。完成后，如图1-41所示。

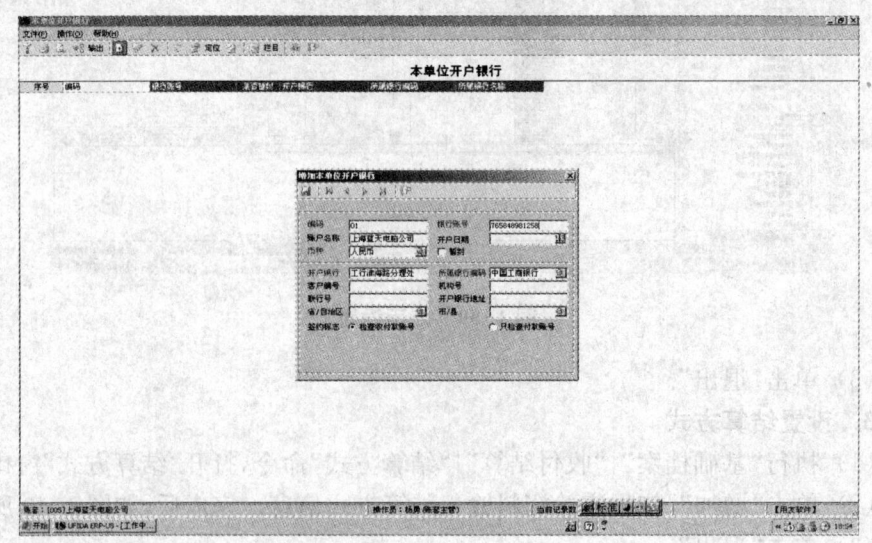

图 1-41 本单位开户银行

（3）单击"保存"，再"退出"。

5. 设置会计科目

科目编码	科目名称	外币/辅助核算	期初借方	期初贷方
1001	库存现金		200.00	0.00
1002	银行存款		5 384 530.00	0.00
100201	建行北大街分行		5 117 200.00	0.00
100202	工行西环路分理处		10 000.00	0.00
100203	交行存款		237 330.00	0.00

036

（续表）

科目编码	科目名称	外币/辅助核算	期初借方	期初贷方
100204	工行美元存款		20 000.00	0.00
		美元	3 125.00	0.00
1121	应收票据	客户(不受控)	25 000.00	0.00
1122	应收账款	客户	1 368 000.00	0.00
112201	应收单位款	客户	1 368 000.00	0.00
112202	应收外币款	客户	0.00	0.00
11220201	应收美元	美元客户	0.00	0.00
112203	应收补贴款	客户	0.00	0.00
1123	预付账款	供应商	0.00	0.00
112301	预付人民币	供应商	0.00	0.00
112302	预付美元	美元供应商	0.00	0.00
1131	应收股利		0.00	0.00
1221	其他应收款		1 100.00	0.00
122101	其他应收个人	个人	1 100.00	0.00
122102	其他应收单位	客户	0.00	0.00
122103	其他应收货款	个人	0.00	0.00
1231	坏账准备		0.00	0.00
1401	材料采购		0.00	0.00
1403	原材料		11 763 300.00	0.00
1405	库存商品		7 870 000.00	0.00
1408	委托加工物资		0.00	0.00
1411	周转材料		0.00	0.00
1511	长期股权投资		0.00	0.00
1601	固定资产		5 368 000.00	0.00
1602	累计折旧		0.00	2 183 746.00
1606	固定资产清理		0.00	0.00
1901	待处理财产损益		0.00	0.00
2001	短期借款		0.00	140 000.00
2201	应付票据	供应商(不受控)	0.00	35 000.00

（续表）

科目编码	科目名称	外币/辅助核算	期初借方	期初贷方
2202	应付账款	供应商	0.00	1 377 330.00
220201	应付款	供应商	0.00	1 140 000.00
220202	应付暂估款	供应商(不受控)	0.00	237 330.00
220203	应付美金	供应商美金		
2203	预收账款	客户	0.00	0.00
220301	预收人民币	客户	0.00	0.00
2211	应付职工薪酬		0.00	0.00
2221	应交税费		0.00	34 100.00
222101	应交增值税		0.00	0.00
22210101	进项税额		0.00	0.00
22210102	已交税金		0.00	0.00
22210103	转出未交增值税		0.00	0.00
22210104	减免税款		0.00	0.00
22210105	销项税额		0.00	0.00
22210106	出口退税		0.00	0.00
22210107	进项税额转出		0.00	0.00
222102	未交增值税			
222103	应交营业税			
222104	应交消费税			
222105	应交资源税			
222106	应交所得税		0.00	34 100.00
222107	应交土地增值税			
222108	应交城市维护建设税			
222109	应交房产税			
222110	应交土地使用税			
222111	应交车船使用税			
222112	应交个人所得税			
222113	应交出口退税		0.00	0.00
2231	应付利息		0.00	0.00

（续表）

科目编码	科目名称	外币/辅助核算	期初借方	期初贷方
2232	应付股利		0.00	20 000.00
2241	其他应付款		0.00	400.00
2501	长期借款		0.00	0.00
4001	实收资本		0.00	5 900 000.00
4002	资本公积		0.00	21 957 554.00
400201	资本（或股本）溢价		0.00	2 554 254.00
400202	接受捐赠非现金资产准备		0.00	19 403 300.00
400203	接受现金捐赠			
400204	股权投资准备			
400205	拨款转入			
400206	外币资本折算差额			
400207	其他资本公积			
4101	盈余公积		0.00	32 000.00
410101	法定盈余公积		0.00	32 000.00
410102	任意盈余公积			
410103	法定公益金			
410104	储备基金			
410105	企业发展基金			
410106	利润归还投资			
4103	本年利润			
4104	利润分配		0.00	160 000.00
410401	其他转入			
410402	提取法定盈余公积			
410403	提取法定公益金			
410404	提取储备基金			
410405	提取企业发展基金			
410406	提取职工奖励及福利基金			
410407	利润归还投资			

（续表）

科目编码	科目名称	外币/辅助核算	期初借方	期初贷方
410408	应付优先股股利			
410409	提取任意盈余公积			
410410	应付普通股股利			
410411	转作资本普通股股利			
410412	未分配利润		0.00	160 000.00
5001	生产成本			
500101	生产成本—材料费			
50010101	制造基本成本			
5001010101	直接材料	部门	60 000.00	
5001010102	直接人工			
5001010103	制造费用			
5001010104	辅助生产费用			
5001010105	其他费用			
5001010106	转出完工产品			
5001010107	委托加工直接材料			
5001010108	委托加工加工费			
50010102	施工项目—直接成本			
5001010201	材料费			
500102	生产成本—直接人工			
5101	制造费用			
510101	差旅费	部门		
510102	修理费	部门		
510103	通讯费	部门		
510104	低值易耗品	部门		
510105	保温费	部门		
510106	工资	部门		
510107	折旧费	部门		

（续表）

科目编码	科目名称	外币/辅助核算	期初借方	期初贷方
510108	物料消耗	部门		
510119	制造费用—其他	部门		
5201	劳务成本			
5401	工程施工			
6001	主营业务收入	部门		
600101	项目销售收入	部门		
600102	产品销售收入	部门		
600103	工程核算收入	部门		
600104	国外销售收入	部门美元		
6051	其他业务收入	部门		
605101	工程结算收入			
605102	培训收入			
605103	出口收入			
6061	汇兑损益			
6111	投资收益			
6301	营业外收入			
6401	主营业务成本	部门		
6402	其他业务成本	部门		
6411	利息支出			
6421	手续费及佣金支出			
6601	销售费用	部门		
660101	办公费	部门		
660102	通讯费	部门		
660103	修理费	部门		
660104	交通费	部门		
660105	会议费	部门		
660106	招待费	部门		
660107	差旅费	部门		
660108	工资	部门		

（续表）

科目编码	科目名称	外币/辅助核算	期初借方	期初贷方
660110	广告费	部门		
660111	折旧费	部门		
660112	物料消耗	部门		
660199	销售费用—其他	部门		
6602	管理费用	部门		
660201	办公费	部门		
660202	通讯费	部门		
660203	修理费	部门		
660204	交通费	部门		
660205	会议费	部门		
660206	招待费	部门		
660207	差旅费	部门		
660208	工资	部门		
660209	培训费	部门		
660211	折旧费	部门		
660212	物料消耗	部门		
660299	其他	部门		
6603	财务费用			
660301	利息收入和支出			
660302	银行手续费			
660303	汇兑损益			
6711	营业外支出			
6801	所得税费用			
6901	以前年度损益调整			

操作步骤：

（1）在"设置"选项卡中，执行"基础档案"|"财务"|"会计科目"命令，进入"会计科目"窗口。

（2）执行"编辑"|"指定科目"命令，打开"指定科目"对话框。

（3）单击"＞"按钮将"1001 现金"从"待选科目"窗口选入"已选科目"窗口。

（4）单击选择"银行总账科目"选项，单击"＞"按钮将"1002 银行存款"从"待选科目"窗口选入"已选科目"窗口，如图 1-42 所示。

（5）单击"确定"。

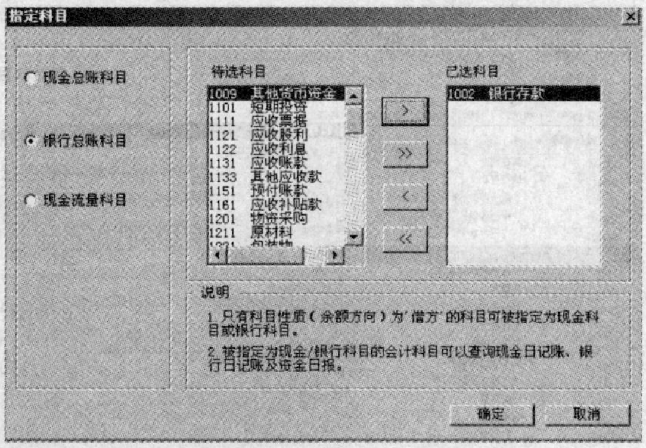

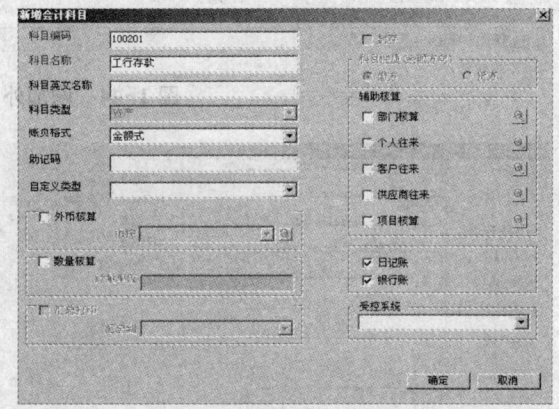

图 1-42　指定科目

提示：

● 被指定的"现金总账科目"及"银行总账科目"必须是一级会计科目。

● 只有指定了现金及银行总账科目才能进行出纳签字等操作。

● 只有指定了现金及银行总账科目才能查询现金日记账和银行日记账。

（6）在"会计科目"窗口中，单击"增加"，打开"新增会计科目"对话框。

（7）录入科目编码"100201"、科目名称"建行北大街分行"，如图 1-43。

（8）单击"确定"。同理，依据实验资料增加其他会计科目。

图 1-43　增会计科目

提示：

● 由于预置科目"1002"已经被设置为"日记账"及"银行账"，所以新增科目"100201"自动被识别为"日记账"和"银行账"。

● 会计科目编码应符合编码规则。

● 如果科目已经使用，则不能被修改或删除。

● 设置会计科目时应该注意会计科目的"账页格式"，一般情况下应为"金额式"，也有可能是"数量金额式"等，如果是数量金额式还应该继续设置计量单位，否则仍不能同时进行数量金额的核算。

● 增加外币时，"账页格式"选择"外币金额式"，同时"外币核算"要选中，如图 1-44 示。

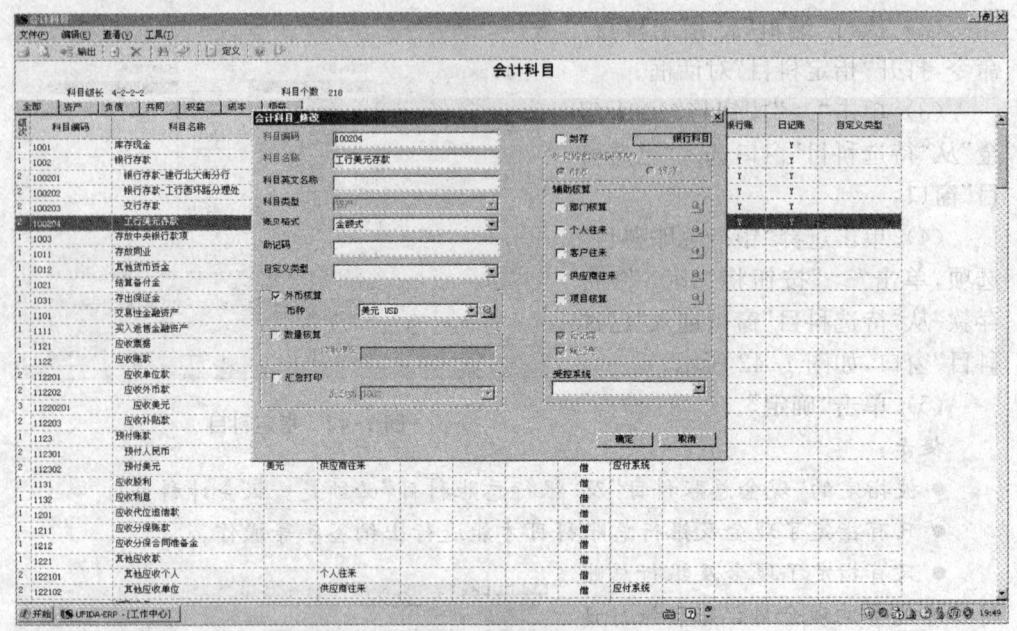

图 1-44　增加外币科目

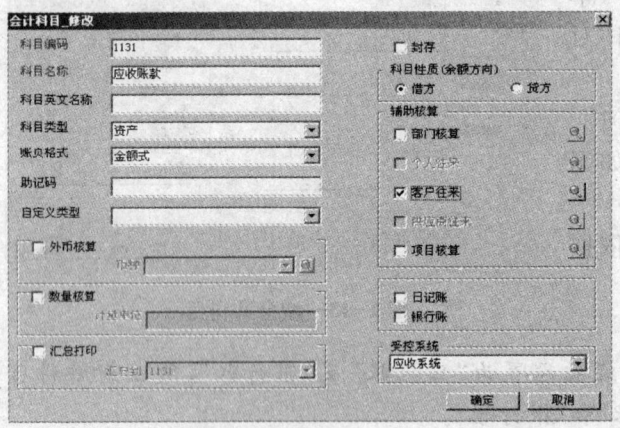

图 1-45　改会计科目

● 如果新增科目与原有某一个科目相同或类似则可以采用复制的方法。("编辑"-"成批复制")

（9）在"会计科目"窗口，双击"112201 应收账款-应收单位款"，或在选中"1122 应收账款"后单击"修改"，打开"修改_会计科目"对话框。

（10）单击"修改"，选中"客户往来"前的复选框，受控系统默认，如图 1-45 示。

（11）单击"确认"。同理，依据实验资料修改其他科目。

6. 账套备份

（1）在 D:\账套备份文件夹第一章　ERP 系统应用基础中新建"实验七　设置财务信息"文件夹。

（2）将账套输出至"实验七　设置财务信息"文件夹中。

实验八 设置业务信息

【实验目的与要求】

了解和掌握业务信息的设置在用友 ERP-U8 系统中的重要作用,理解业务信息设置的必要与涵义。通过学习建立仓库档案、收发类别、存货对应的会计科目设置、收发类别对应会计科目的设置、采购类型、销售类型、应收应付对应会计科目设置,让学生了解企业财务业务一体化中,所有的业务都会影响财务的凭证生成,以上这些设置可以让业务生成财务过程中,科目可以进行缺省设置。这些设置在整个 ERP 使用中起了非常重要的作用。

【实验准备】

引入 D:\账套备份\第一章 ERP 系统应用基础\实验七 设置财务信息,将系统日期修改为"2013 年 1 月 1 日",注册进入"企业应用平台"。

【实验资料】

● 定义仓库档案

仓库编码	仓库名称	计价方式
001	原料仓库	移动平均
002	半成品仓库	移动平均
003	成品仓库	移动平均
004	外购品仓库	移动平均
005	北京办事处仓库	移动平均

● 定义收发类别

01	正常入库	03	正常出库
0101	采购入库	0301	销售出库
0102	产成品入库	0302	生产材料领用
0103	调拨入库	0303	调拨出库
0104	委外采购入库	0304	委外材料出库

02	非正常入库	04	非正常出库
0201	盘盈入库	0401	盘亏出库
0202	其他入库	0402	其他出库

● 定义采购类型：01 普通采购，入库类别为"采购入库"默认采购类型

● 定义销售类型：01 经销、02 代销，出库类别均为"销售出库"。默认销售类型为"经销"。

● 设置存货信息对应科目

根据存货大类分别设置存货科目：（在存货系统中，进入科目设置，选择存货科目）

存货分类	对应科目
原材料	原材料（1403）
半成品	库存商品（1405）
产成品	库存商品（1405）
外购商品	库存商品（1405）
应税劳务	库存商品（1405）

根据收发类别确定各存货的对方科目：（在存货系统中进入科目设置，选择对方科目）

收发类别	对应科目	暂估科目
采购入库	材料采购（1401）	应付暂估款（220202）
委外采购入库	委托加工物资（1408）	
产成品入库	转出完工产品（5001010106）	
盘盈入库	待处理流动财产损益（1901）	
调拨入库	库存商品（1405）	
调拨出库	库存商品（1405）	
销售出库	主营业务成本（6401）	
生产材料领用	直接材料（5001010101）	
盘亏出库	待处理流动财产损益（1901）	
委外材料出库	委托加工物资（1408）	

● 设置应收业务基本科目：应收账款的入账科目为"112201"，预收账款的入账科目为"220301"；"销售收入科目"为"600102"，税金科目为"22210105"，销售退回

科目为"600102"

● 设置结算方式科目：现金结算的入账科目为"1001"

支票结算的入账科目为"100201"

贷记凭证的入账科目为"100201"

● 设置应付业务基本科目：应付账款的入账科目为"220201"，预付账款的入账科目为"112301""采购科目"为"1401""税金科目"为"22210101"汇兑损益科目"660303"

● 设置结算方式科目：现金结算的入账科目为"1001"支票结算的入账科目为"100201"贷记凭证的入账科目为"100201"

【实验步骤】

(1) 定义仓库档案。

(2) 定义收发类别。

(3) 定义采购类型。

(4) 定义销售类型。

(5) 设置业务模块对应会计科目。

(6) 根据收发类别确定各存货的对方科目。

(7) 设置应收业务对应的会计科目。

(8) 设置应付业务对应的会计科目。

【实验指导】

用自己的姓名登录企业应用平台。

1. 操作步骤

(1) 在"设置"选项卡中，执行"基础档案"|"业务"|"仓库档案"命令，打开"仓库档案"窗口。

(2) 单击"增加"，打开"增加仓库档案"窗口，输入相关信息。仓库编码为 001，仓库名称为原料仓库，计价方式选择移动平均法，并单击"保存"，如图 1-46 所示。

(3) 同理，依据实验资料设置其他仓库信息，结果如图 1-47 所示。

提示：

● 仓库编码、仓库名称必须输入。

● 仓库编码必须唯一，最大长度 10 个字符。

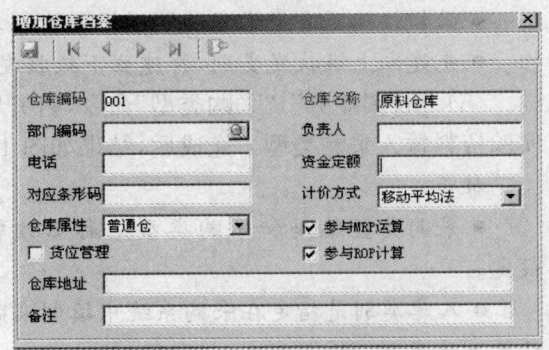

图 1-46　仓库档案

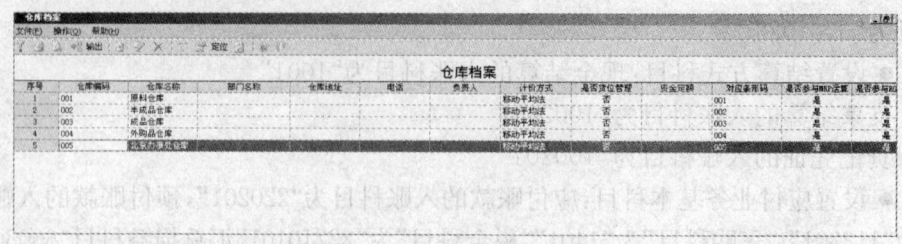

图 1-47 仓库档案

● 每个仓库必须选择一种计价方式。系统共提供 6 种计价方式,工业企业为计划价法、全月平均法、移动平均法、先进先出法和个别计价法;商业企业为售价法、全月平均法、移动平均法、先进先出法和个别计价法。

(4) 执行"业务"|"收发类别"命令,打开"收发类别"窗口。单击"增加",依据实验资料输入收发类别。完成后,结果如图 1-48 所示。

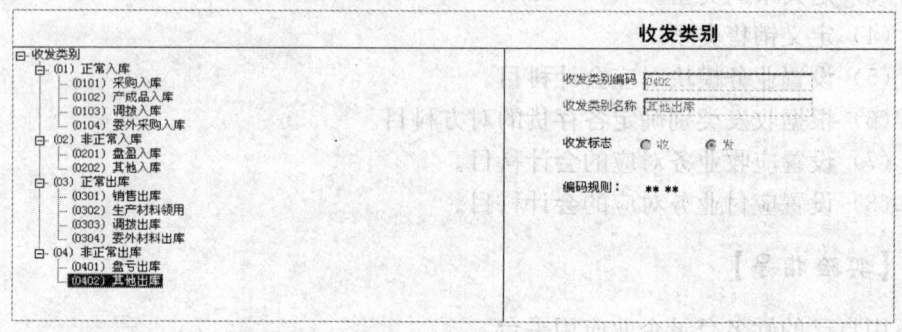

图 1-48 收发类别

提示:
● 必须按编码方案设定的编码规则输入。
● 先建立上级收发类别,再建立下级收发类别。

(5) 执行"业务"|"采购类型"命令,打开"采购类型"窗口。单击"增加",依据实验资料输入采购类型。完成后,结果如图 1-49 所示。

提示:
● 采购类型编码和采购类型名称必须输入。编码位数视采购类型的多少设定。
● 入库类别是指定在采购系统中填制采购入库单时,输入采购类型后,系统默认的入库类别。
● 是否默认值:是指设定某个采购类型作为填制单据是默认的采购类型,只能设定一种类型为默认值。

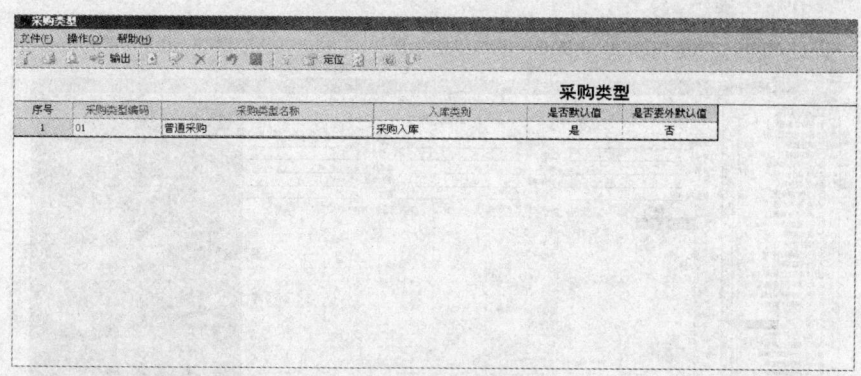

图 1-49 采购类型

（6）同理，执行"业务"|"销售类型"命令，打开"销售类型"窗口。单击"增加"，依据实验资料输入销售类型。完成后，结果如图 1-50 所示。

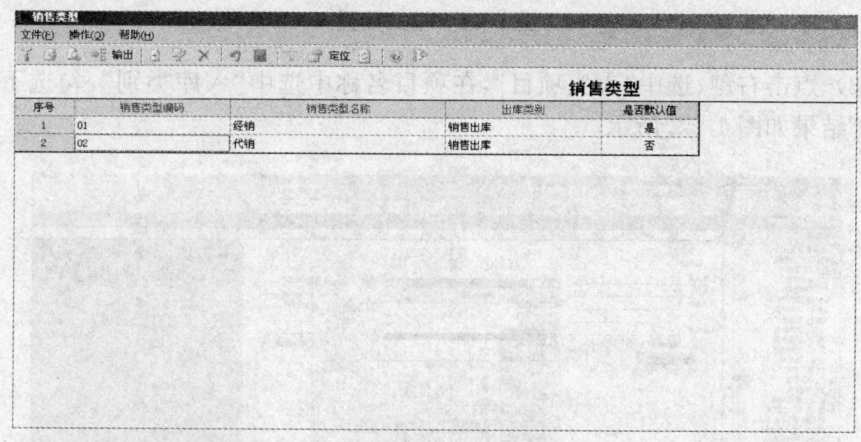

图 1-50 销售类型

提示：
● 销售类型编码和销售类型名称必须输入。
● 出库类别是设定在销售系统中填制销售出库单时，输入销售类型后，系统默认的出库类别。以便销售业务数据传递到库存管理系统和存货核算系统时进行出库统计和财务制单处理。
● 是否默认值是指设定某个销售类型作为填制单据时默认的销售类型，只能设定一种类型为默认值。

（7）执行"设置"|"单据设置"|"单据格式设置"命令，打开"库存管理"|"采购入库单"显示下边的"采购入库单"结果如图 1-51 所示。

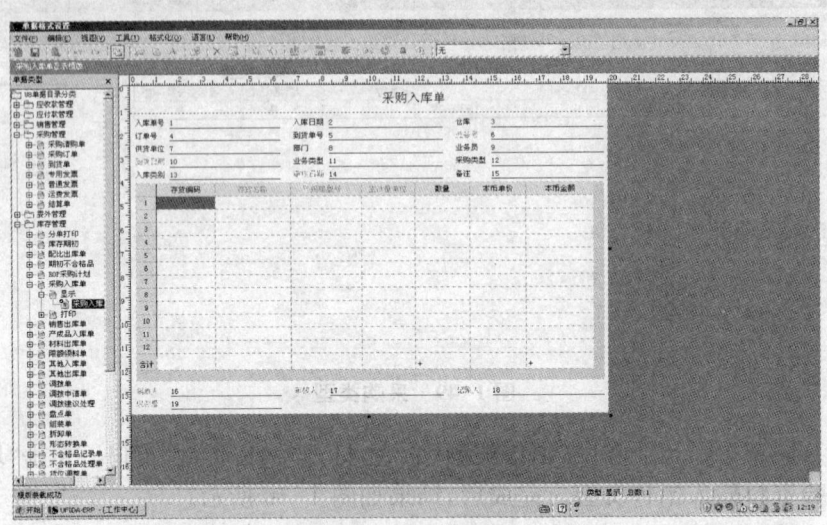

图 1-51　格式设置

（8）点击右键，选中"表头项目"，在项目名称中选中"入库类别"，勾选下方的"必输"结果如图 1-52 所示。

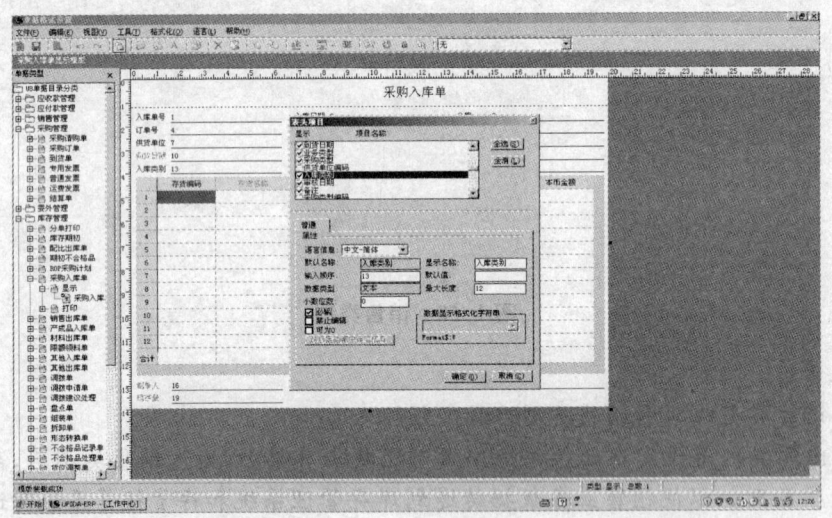

图 1-52　设置必输

（9）按以上操作步骤，将"材料出库单"中的"出库类别"也设置为"必输"项，将"其他出库单""其他入库单"中的"部门"设置为"必输"项。

（10）在"业务"选项卡中，执行"供应链"|"存货核算"|"初始设置"|"科目设

置"|"存货科目"命令，进入"存货科目"窗口。

（11）单击"增加"，按实验资料输入存货科目信息，录入完成后如图 1-53
所示。

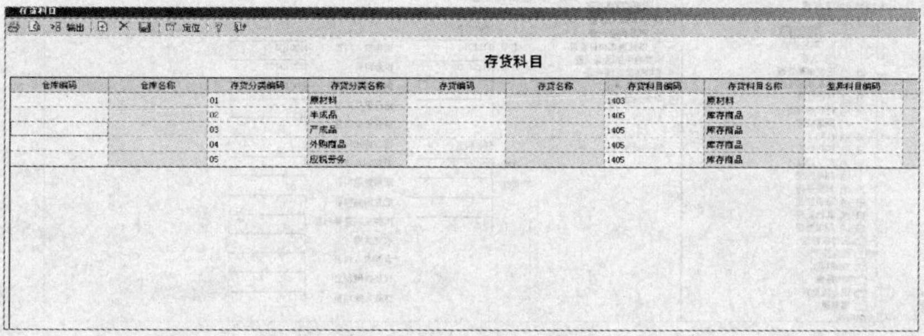

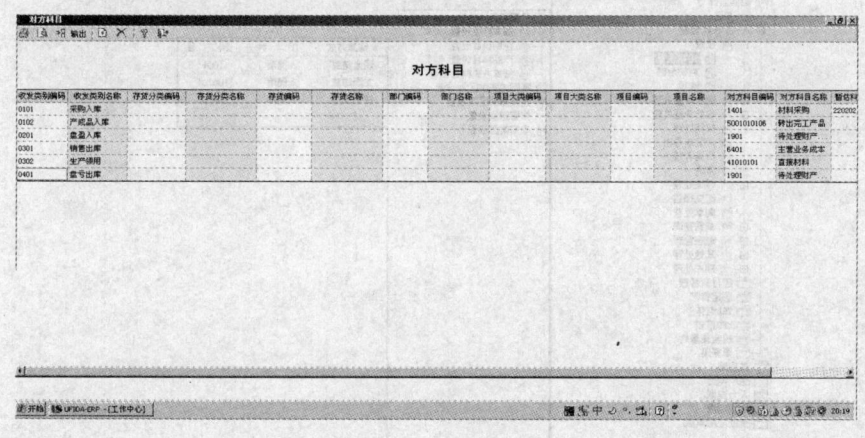

图 1-53　存货科目

（12）单击"退出"

（13）执行"供应链"|"存货核算"|"初始设置"|"科目设置"|"对方科目"命令，
打开"对方科目"窗口。

（14）单击"增加"，依据实验资料输入对方科目信息，录入完成后如图 1-54 所示。

图 1-54　对方科目

（15）单击"退出"。

（16）执行"财务会计"|"应收款管理"|"设置"|"初始设置"命令，进入"初始设
置"窗口。

（17）选中"基本科目设置"，在"应收科目"的"本币"处录入"112201"，在"预收
科目"的"本币"处录入"220301""销售收入科目"为"600102"，税金科目为
"22210105"，如图 1-55 所示。

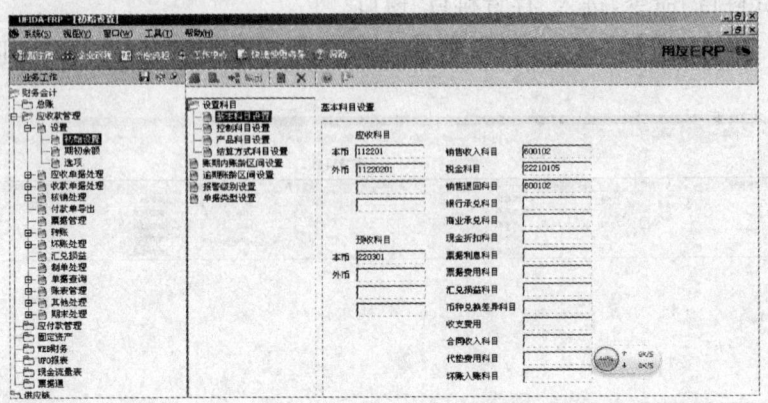

图 1-55　基本科目设置

（18）选中"结算方式科目设置"，在右边按实验资料输入结算科目信息，完成后如图 1-56 所示。

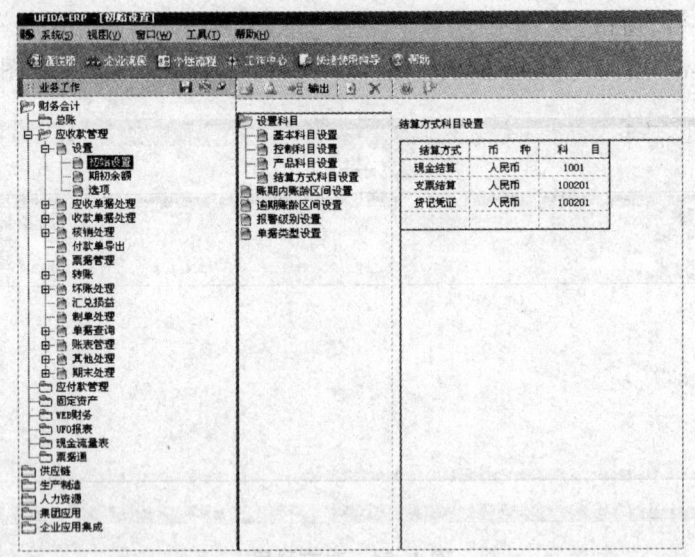

图 1-56　结算方式科目设置

（19）单击"退出"。

（20）执行"财务会计"|"应付款管理"|"设置"|"初始设置"命令，进入"初始设置"窗口。

（21）选中"基本科目设置"，在"应付科目"的"本币"处录入"220201"，在"预付科目"的"本币"处录入"112301"，"采购科目"为"1401"，"税金科目"为"22210101"，如图 1-57 所示。

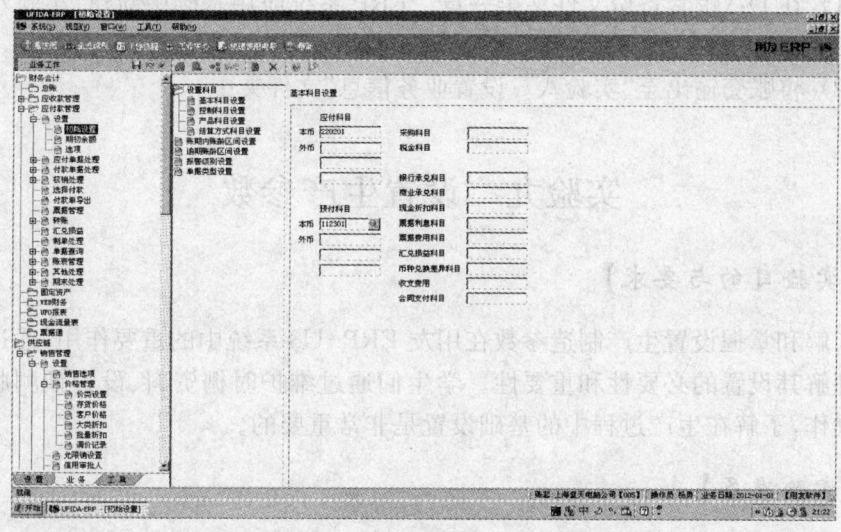

图 1-57　基础科目设置

（22）选中"结算方式科目设置"，在右边按实验资料输入结算科目信息，完成后如图 1-58 所示。

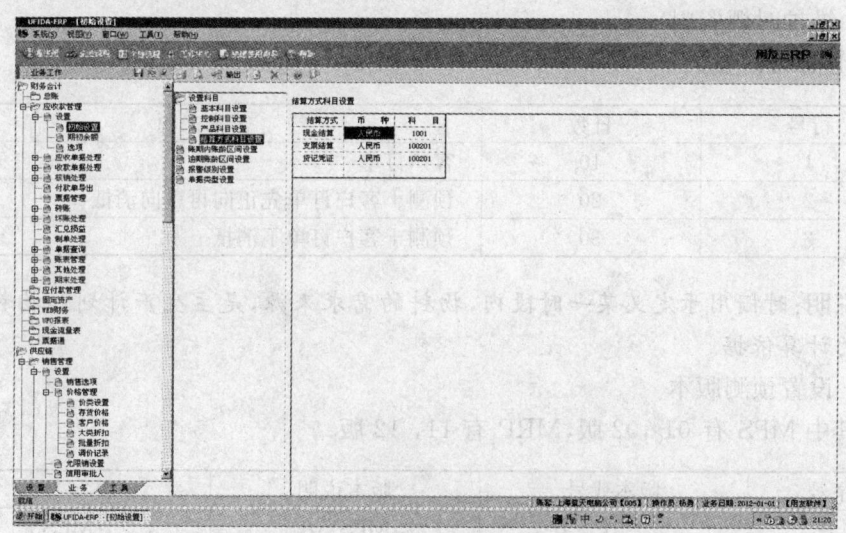

图 1-58　结算方式科目设置

（23）单击"退出"。

2. 账套备份

(1) 在 D:\账套备份文件夹第一章　ERP 系统应用基础中新建"实验八　设置业务信息"文件夹。

(2) 将账套输出至"实验八　设置业务信息"文件夹中。

实验九　设置生产参数

【实验目的与要求】

了解和掌握设置生产制造参数在用友 ERP-U8 系统中的重要作用,通过实验资料理解其设置的必要性和重要性。学生们通过维护时栅资料、设置预测版本的实际操作,了解在生产过程中的基础设置是非常重要的。

【实验准备】

引入 D:\账套备份\第一章　ERP 系统应用基础实验八　设置业务信息,将系统日期修改为"2013 年 1 月 1 日",注册进入"企业应用平台"。

【实验资料】

● 维护时栅资料

01(标准时栅)

行号	日数	需求来源
1	10	客户订单
2	20	预测＋客户订单先正向再反向消抵
3	30	预测＋客户订单不消抵

说明:时栅用于定义某一时段内,物料的需求来源,是主生产计划和物料需求计划的计算依据。

● 设置预测版本

其中 MPS 有 01 ,02 版,MRP 有 11, 12 版

序号	版本代号	版本说明	版本类别
1	01	MPSV01	MPS
2	02	MPSV02	MPS
3	11	MRPV11	MRP
4	12	MRPV12	MRP

【实验步骤】

(1) 时栅资料的维护。

(2) 预测版本资料的维护。

【实验指导】

(用自己的姓名登录企业应用平台)

1. 操作步骤

(1) 在"设置"选项卡中,执行"基础档案"|"生产制造"|"时栅资料维护"命令,打开"时栅资料维护"窗口。单击"增加",依据实验资料输入时栅资料信息。完成后,如图 1-59 所示。

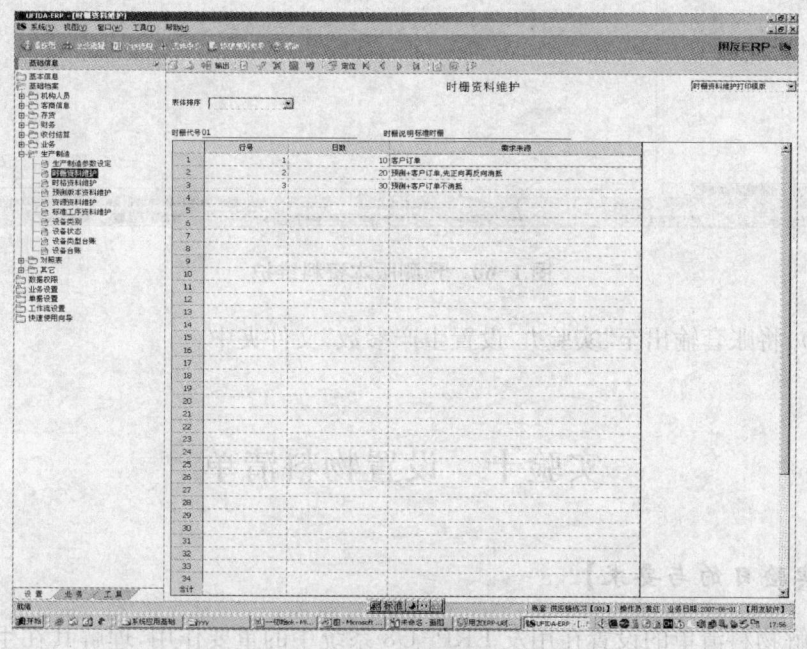

图 1-59 时栅资料维护

(2) 执行"基础档案"|"生产制造"|"预测版本资料维护"命令,打开"预测版本资料维护"窗口,单击"增加",依据实验资料录入预测版本资料。完成后,如图 1-60 所示。

2. 账套备份

(1) 在 D:\账套备份文件夹第一章 ERP 系统应用基础中新建"实验九 设置生产参数"文件夹。

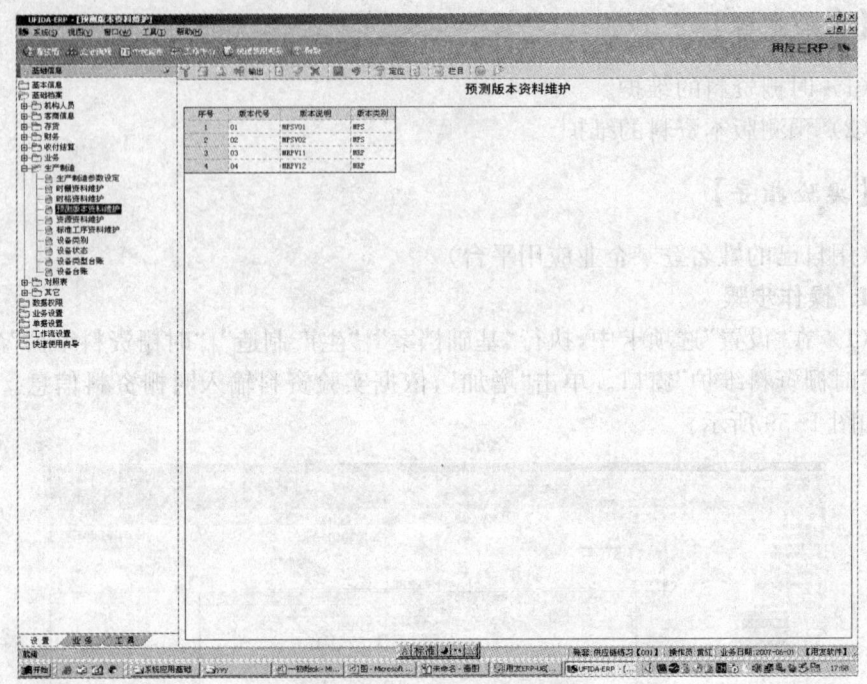

图 1-60 预测版本资料维护

（2）将账套输出至"实验九 设置生产参数"文件夹中。

实验十 设置物料清单

【实验目的与要求】

了解物料清单的设置在用友 ERP-U8 系统中的重要作用，理解其在生产制造与业务链之间所起的连接作用，掌握物料清单设置的过程，学生们通过设置物料清单，了解其整个生产的产成品的组成，在生产过程中物料清单起了非常重要的作用，是 MRP 计算的基础。

【实验准备】

引入 D:\账套备份\第一章 ERP 系统应用基础实验九 设置生产参数，将系统日期修改为"2013 年 1 月 1 日"，注册进入"企业应用平台"。

【实验资料】

● "0301003—蓝天计算机（A）型"的物料清单

层次		物料编码	物料名称	物料属性	可选否	选择规则	计划（%）	数量	供应类型
0	1								
+		301003	蓝天计算机（A）型MPS件	自制/销售	否	全部	100	1	
	+	101001	core i3 2120	外购/生产耗用	否	全部	100	1	领用
	+	102001	西部数据 WD5000 AAKX 500G 7200 转 16M SATA Ⅲ 6Gb/s 3.5 寸台式机硬盘	外购/生产耗用	否	全部	100	1	领用
	+	106001	华硕 P8H61	外购/生产耗用	否	全部	100	1	领用
	+	107001	金士顿 DDR3 1333 4G 内存	外购/生产耗用	否	全部	100	1	领用
	+	108001	动力火车绝尘盾	外购/生产耗用	否	全部	100	1	领用
	+	109001	影驰 GTX550Ti 黑将版	外购/生产耗用	否	全部	100	1	领用
	+	110001	航嘉冷静王砖石超静音版	外购/生产耗用	否	全部	100	1	领用
	+	103001	三星 S19A100N	外购/生产耗用	否	全部	100	1	领用
	+	104001	罗技（Logitech）经典 K100 键盘	外购/生产耗用	否	全部	100	1	领用
	+	105001	罗技（Logitech）M215 无线鼠标	外购/生产耗用	否	全部	100	1	领用

● "0301004—蓝天计算机（B）型"的物料清单

层次		物料编码	物料名称	物料属性	可选否	选择规则	计划（%）	数量	供应类型
0	1								
+		301004	蓝天计算机（B）型MPS件	自制/销售	否	全部	100	1	
	+	101002	奔腾 G620	外购/生产耗用	否	全部	100	1	领用

（续表）

层次		物料编码	物料名称	物料属性	可选否	选择规则	计划（%）	数量	供应类型
0	1								
	+	102002	希捷 Barracuda 500GB 7200 转 16MB SATA 3（ST3500413AS）	外购/生产耗用	否	全部	100	1	领用
	+	106002	昂达 H61L	外购/生产耗用	否	全部	100	1	领用
	+	107001	金士顿 DDR3 1333 4G 内存	外购/生产耗用	否	全部	100	1	领用
	+	108002	酷冷至尊 毁灭者	外购/生产耗用	否	全部	100	1	领用
	+	109002	影驰 GT440 重炮手 DDR5 版	外购/生产耗用	否	全部	100	1	领用
	+	110002	酷冷至尊 GX-400W	外购/生产耗用	否	全部	100	1	领用
	+	103001	三星 S19A100N	外购/生产耗用	否	全部	100	1	领用
	+	104001	罗技（Logitech）经典 K100 键盘	外购/生产耗用	否	全部	100	1	领用
	+	105001	罗技（Logitech）M215 无线鼠标	外购/生产耗用	否	全部	100	1	领用

● "0301005—蓝天计算机（C）型"的物料清单

层次		物料编码	物料名称	物料属性	可选否	选择规则	计划（%）	数量	供应类型
0	1								
+		301005	蓝天计算机（C）型 MPS 件	自制/销售	否	全部	100	1	
	+	101003	Intel 酷睿 i7 2600	外购/生产耗用	否	全部	100	1	领用
	+	102003	希捷 Barracuda 7200.12 1TB	外购/生产耗用	否	全部	100	1	领用
	+	106003	技嘉 GA-Z68P-DS3	外购/生产耗用	否	全部	100	1	领用
	+	107001	金士顿 DDR3 1333 4G 内存	外购/生产耗用	否	全部	100	1	领用
	+	108001	动力火车绝尘盾	外购/生产耗用	否	全部	100	1	领用
	+	109001	影驰 GTX550Ti 黑将版	外购/生产耗用	否	全部	100	1	领用

（续表）

层次		物料编码	物料名称	物料属性	可选否	选择规则	计划（%）	数量	供应类型
0	1								
	+	110001	航嘉冷静王砖石超静音版	外购/生产耗用	否	全部	100	1	领用
	+	103002	DELL ultraSharp U2412M 液晶显示器	外购/生产耗用	否	全部	100	1	领用
	+	104001	罗技（Logitech）经典 K100 键盘	外购/生产耗用	否	全部	100	1	领用
	+	105001	罗技（Logitech）M215 无线鼠标	外购/生产耗用	否	全部	100	1	领用

● "0301006—蓝天计算机(D)型"的物料清单

层次		物料编码	物料名称	物料属性	可选否	选择规则	计划（%）	数量	供应类型
0	1								
+		301006	蓝天计算机（D）型 MPS件	自制/销售	否	全部	100	1	
	+	101001	core i3 2120	外购/生产耗用	否	全部	100	1	领用
	+	102001	西部数据 WD5000 AAKX 500G 7200 转 16M SATA Ⅲ 6Gb/s 3.5 寸台式机硬盘	外购/生产耗用	否	全部	100	1	领用
	+	106001	华硕 P8H61	外购/生产耗用	否	全部	100	1	领用
	+	107001	金士顿 DDR3 1333 4G 内存	外购/生产耗用	否	全部	100	1	领用
	+	108002	酷冷至尊 毁灭者	外购/生产耗用	否	全部	100	1	领用
	+	109002	影驰 GT440 重炮手 DDR5 版	外购/生产耗用	否	全部	100	1	领用
	+	110002	酷冷至尊 GX-400W	外购/生产耗用	否	全部	100	1	领用
	+	103002	DELL ultraSharp U2412M 液晶显示器	外购/生产耗用	否	全部	100	1	领用
	+	104001	罗技（Logitech）经典 K100 键盘	外购/生产耗用	否	全部	100	1	领用
	+	105001	罗技（Logitech）M215 无线鼠标	外购/生产耗用	否	全部	100	1	领用

【实验步骤】

物料清单资料的维护。

【实验指导】

（用自己的姓名登录企业应用平台）

1. 操作步骤

（1）在"业务"选项卡中,执行"生产制造"|"物料清单"|"物料清单维护"|"物料清单资料维护"命令,打开"物料清单资料维护"窗口。

（2）单击"增加",依据实验资料录入"0301003—主机（A）"的物料清单,即 BOM 表,输入版本代号"10",输入版本说明"V1",并"保存"。完成后,如图 1-61 所示。

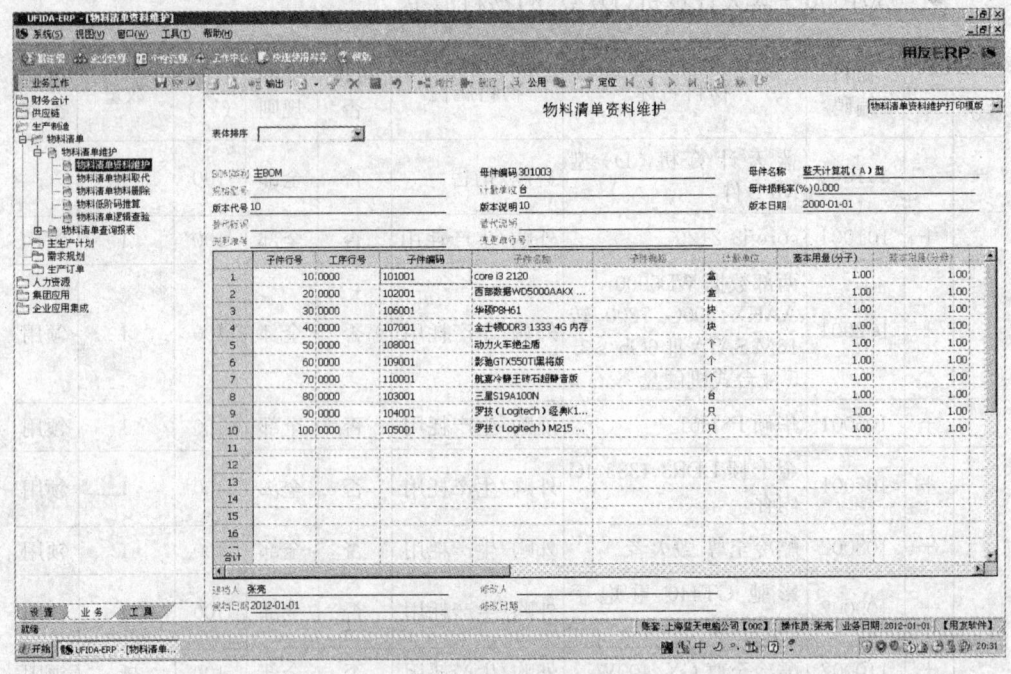

图 1-61　物料清单资料维护

2. 账套备份

（1）在 D:\账套备份文件夹第一章　ERP 系统应用基础中新建"实验十　设置物料清单"文件夹。

（2）将账套输出至"实验十　设置物料清单"文件夹中。

实验十一　期初余额设置

【实验目的与要求】

了解期初余额的整理录入在用友 ERP-U8 系统中的重要作用,掌握各业务模块期初余额录入的过程,学生们通过录入采购业务期初、销售业务期初、库存业务期初、存货核算业务期初输入,了解企业在信息化过程中未完成的业务是通过各模块的期初输入的方式进行处理。

【实验准备】

引入 D:\账套备份\第一章　ERP 系统应用基础\实验十　设置物料清单,将系统日期修改为"2013 年 1 月 1 日",注册进入"企业应用平台"。

【实验步骤】

(1) 采购业务期初余额整理及录入。

(2) 销售业务期初余额整理及录入。

(3) 库存业务期初余额整理及录入。

(4) 存货业务期初余额整理及录入。

(5) 应收业务期初余额整理及录入。

(6) 应付业务期初余额整理及录入。

(7) 总账业务期初余额整理及录入。

【实验指导】

(一) 采购业务期初余额整理及录入

1. 期初货到票未到数的录入

(1) 2012 年 12 月 25 日收到(0005)西部数据公司提供的(0102001) WD5000AAKX 500G 7200 转 16M SATAⅢ 6Gb/s 3.5 寸台式机硬盘 100 盒,单价为 459 元,商品已验收入原料仓库,至今尚未收到发票。45900 暂估期初。

(2) 2012 年 11 月 19 日收到(0014)英特尔公司提供的(0101002)奔腾 G620 芯片数量为 60 盒,单价为 395 元,商品已验收入原料仓库,至今尚未收到发票。23700 暂估期初。

(3) 2012 年 12 月 9 日业务二部收到(0006)三星公司提供的(0103001)三星

S19A100N 显示器数量为 70 台,单价为 770 元,商品已验收入原料仓库,至今尚未收到发票。53900 暂估期初。

(4) 2012 年 12 月 15 日收到(0001)华硕公司提供的(0106001)华硕 P8H61 数量为 90 块,单价为 599 元,商品已验收入原料仓库,至今尚未收到发票。53910 暂估期初。

(5) 2012 年 11 月 11 日收到(0016)爱普生公司提供的(0401001)(EPSON) LQ-630K 针式打印机数量为 40 台,单价为 1 498 元,商品已验收入外购品仓库,至今尚未收到发票。59920 暂估期初。

2. 操作步骤

(1) 在"业务"选项卡中,执行"供应链"|"采购管理"|"采购入库"|"入库单"命令,打开"期初采购入库单"窗口。

(2) 单击"增加",按实验资料输入期初采购业务数据,采购入库(5 笔均为)完成后如图 1-62 所示。

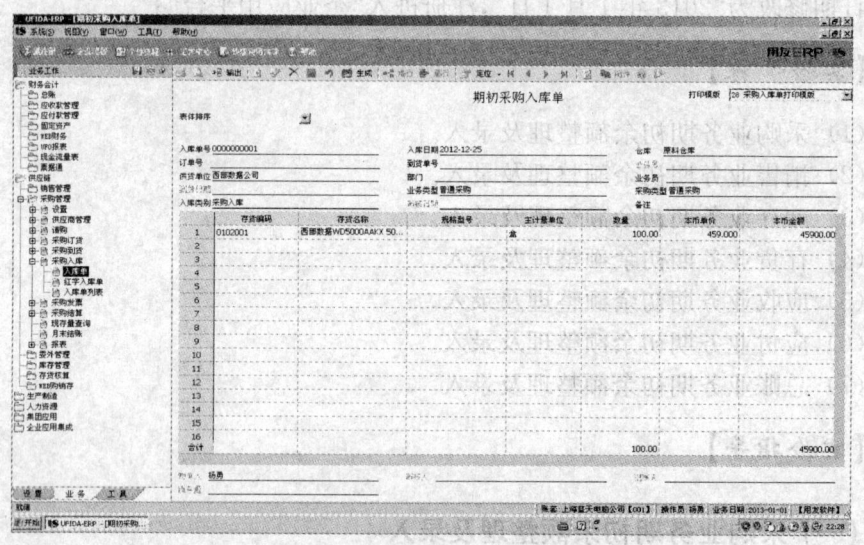

图 1-62　期初采购入库单

(3) 单击"保存",再"退出"。

(4) 前述 5 笔期初入库单全部录入完成后,执行"采购管理"|"设置"|"采购期初记账"命令,完成记账。

提示:● 在采购管理系统期初记账前,采购管理系统的"采购入库",只能录入期初入库单。期初记账后,采购入库单需要在库存系统录入或生成。

● 采购管理系统期初记账前,期初入库单可以修改、删除,期初记账后,则不允许。

● 如果采购货物尚未到达但发票已经收到,则可以录入期初采购发票,表示在途货物；待货物运达后，在办理采购结算。

（二）录入销售业务期初余额

1. 期初发货单的录入

（1）2012 年 11 月 28 日业务一部向（0001）云飞电子出售（0301001）戴尔计算机 20 台，含税单价为 6 500 元，由成品仓库发货，该发货单尚未开票。

（2）2012 年 12 月 3 日业务二部向（0003）长江集团出售（0301004）蓝天计算机 B 型 30 台，含税单价为 5 600 元，由成品仓库发出，该发货单尚未开票。

（3）2012 年 12 月 10 日业务一部向（0006）天乐电子出售（0301006）蓝天计算机 D 型 15 台，含税单价为 6 800 元，由成品仓库发出，该发货单尚未开票。

（4）2012 年 12 月 14 日业务二部向（0011）星空电子出售（0401001）EPSON LQ-630K 针式打印机 22 台，含税单价为 2 500 元，由外购品仓库发出，该发货单尚未开票。

（5）2012 年 12 月 31 日业务一部向（0009）成都包装出售（0403001）TP-LINK TL-WR84N 300M 无线路由器，数量为 20，含税单价为 250 元，由外购品仓库发出，该发货单尚未开票。

2. 操作步骤

（1）执行"供应链"|"销售管理"|"设置"|"期初录入"|"期初发货单"命令，进入"期初发货单"窗口。

（2）单击"增加"，按实验资料要求输入期初发货单信息，如图 1-63 所示。

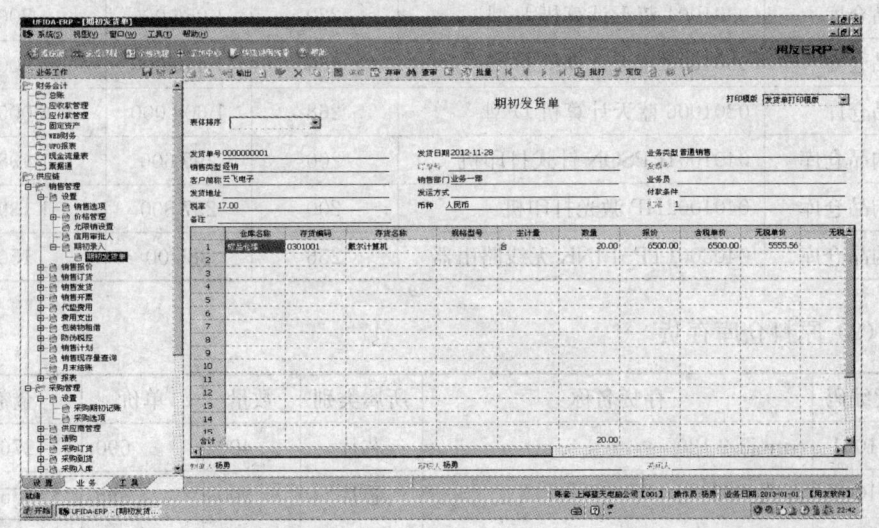

图 1-63　期初发货单

（3）单击"保存"，"审核"，再"退出"。

提示：

● 在实际业务执行过程中，审核常常是对当前业务完成的确认。有的单据只有经过审核，才是有效单据，才能进入下一个流程，才能被其他单句参照或被其他功能、其他系统使用。

● 对发货单的审核可以单击"批审"，以快速完成发货单的审核工作。

● 审核后的发货单不能被修改或删除。

● 如果要修改或删除期初发货单，则必须先取消审核，即单击"弃审"。但如果期初发货单已经有了下游单据生成，根据发货单生成了销售发票或存货系统已经记账等，那么，该期初发货答不能被弃审的，也不能修改或删除。

● 如果销售管理系统已经执行月末结账，也不能对发货单等单据执行"弃审"。

（三）录入库存业务期初余额

1．期初录入

（1）成品、外购品仓库存货

仓库名称	存货名称	数量	金额	单价
成品仓库	0301001 戴尔计算机	213	1 150 200	5 400
成品仓库	0301002 联想计算机	200	900 000	4 500
成品仓库	0301003 蓝天计算机 A 型	230	1 150 000	5 000
成品仓库	0301004 蓝天计算机 B 型	220	1 056 000	4 800
成品仓库	0301005 蓝天计算机 C 型	180	1 440 000	8 000
成品仓库	0301006 蓝天计算机 D 型	268	1 608 000	6 000
外购品仓库	0401001EPSON 针式打印机	200	299 600	1 498
外购品仓库	0401002HP 激光打印机	200	227 800	1 139
外购品仓库	0403001TP-LINK 无线路由器	256	38 400	150

（2）原料仓库存货

存货编码	存货名称	所属类别	数量	单价	金额
0101001	core i3 2 120	芯片	400	690	276 000
0101002	奔腾 G620	芯片	900	395	355 500
0101003	Intel 酷睿 i7 2600	芯片	900	1 900	1 710 000

（续表）

存货编码	存货名称	所属类别	数量	单价	金额
0102001	西部数据 WD5000AAKX 500G 7200转 16M SATAⅢ 6Gb/s 3.5寸台式机硬盘	硬盘	400	459	183 600
0102002	希捷 Barracuda 500GB 7200转 16MB SATA3（ST3500413AS）	硬盘	300	650	195 000
0102003	希捷 Barracuda 7200.12 1TB	硬盘	400	580	232 000
0103001	三星 S19A100N	显示器	900	770	693 000
0103002	DELL ultraSharp U2412M 液晶显示器	显示器	1 200	2 070	2 484 000
0104001	罗技(Logitech)经典 K100 键盘	键盘	300	40	12 000
0105001	罗技(Logitech)M215 无线鼠标	鼠标	200	85	17 000
0106001	华硕 P8H61	主板	100	599	59 900
0106002	昂达 H61L	主板	200	499	99 800
0106003	技嘉 GA-Z68P-DS3	主板	2 000	899	1 798 000
0107001	金士顿 DDR3 1333 4G 内存	内存	332	149	49 468
0108001	动力火车绝尘盾	机箱	500	169	84 500
0108002	酷冷至尊 毁灭者	机箱	240	373.175	89 562
0109001	影驰 GTX550Ti 黑将版	显卡	330	799	263 670
0109002	影驰 GT440 重炮手 DDR5 版	显卡	1 000	599	599 000
0109003	蓝宝 HD5850 Xtreme 1GB GDDR5	显卡	1 900	1 099	2 088 100
0110001	航嘉冷静王砖石超静音版	电源	900	260	234 000
0110002	酷冷至尊 GX-400W	电源	800	299	239 200
					11 763 300

2. 操作步骤

（1）执行"供应链"|"库存管理"|"初始设置"|"期初结存"命令，打开"库存期初"窗口。

（2）在"库存期初"窗口右上角的仓库选择"原料仓库"，单击"修改"，在表体部分按资料录入属于原料仓库的信息，再进行"保存"和"批审"，完成后如图1-64所示。

（3）切换"库存期初"窗口右上角的"仓库"，输入实验资料中其他仓库的期初数据，并完成"批审"。

（4）单击"退出"。

图 1-64　库存期初

（四）录入存货业务期初余额

数据参照库存期初。

（1）执行"供应链"|"存货核算"|"期初数据"|"期初余额"命令,进入"期初余额"窗口。

（2）在"期初余额"窗口,选中"原料仓库",单击"取数",可以将库存管理系统中的期初库存信息调用到存货核算系统,如图 1-65 所示。

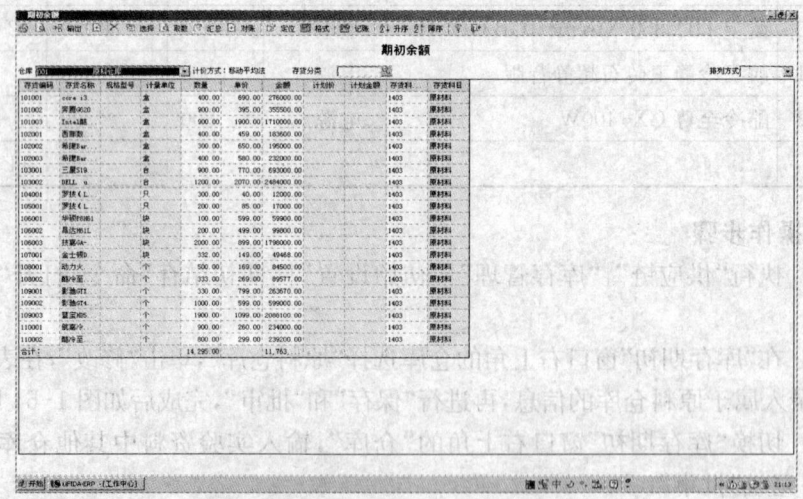

图 1-65　存货核算系统的期初余额

（3）同理，将实验资料中的成品仓库和外购品仓库依次取数，三个仓库全部取数完成。

（4）单击"记账"，系统提示结账成功，单击"退出"。

（五）录入应收业务期初余额

1. 以应收单的形式录入各单位的余额

客户编码	客户简称	应收账款	客户编码	客户简称	应收账款
0001	云飞电子	360 000	0008	海河电子	200 000
0003	长江集团	250 000	0010	大地电子	513 000
0006	天乐电子	45 000	0011	星空电子	

2. 操作步骤

（1）执行"财务会计"|"应收款管理"|"设置"|"期初余额"命令，进入"期初余额—查询"窗口，单击"确定"，进入"期初余额明细表"窗口。

（2）单击"增加"，弹出"单据类别"对话框，在"单据名称"中选中"应收单"，其他默认，进入"单据录入"窗口。

（3）依据实验资料，输入各单位的应收单，并"保存"，刷新后结果如图 1-66 所示。

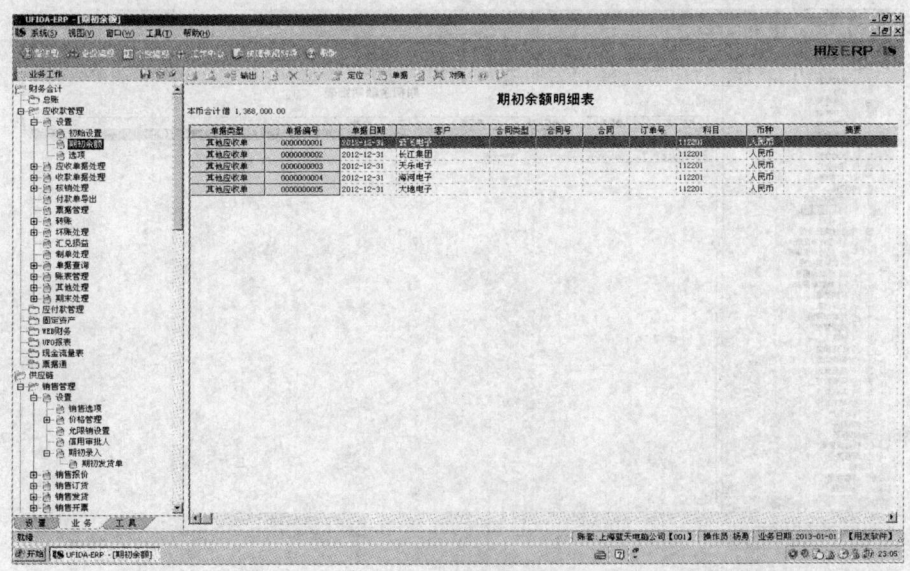

图 1-66　应收管理系统期初余额

（4）单击"退出"。

（六）录入应付业务期初余额

1. 以应付单的形式录入各单位的余额

供应商编码	供应商简称	应付账款	供应商编码	供应商简称	应付账款
0001	华硕电脑公司	505 000	0006	三星公司	
0003	金士顿公司	35 000	0007	奔腾公司	
0004	利氏公司	600 000	0014	英特尔公司	
0005	西部数据		0016	爱普生公司	

2. 操作步骤

（1）执行"财务会计"|"应付款管理"|"设置"|"期初余额"命令，进入"期初余额—查询"窗口，单击"确定"，进入"期初余额明细表"窗口。

（2）单击"增加"，弹出"单据类别"对话框，在"单据名称"中选中"应付单"，其他默认，进入"单据录入"窗口。

（3）依据实验资料，输入应收单，并"保存"，刷新后结果如图 1-67 所示。

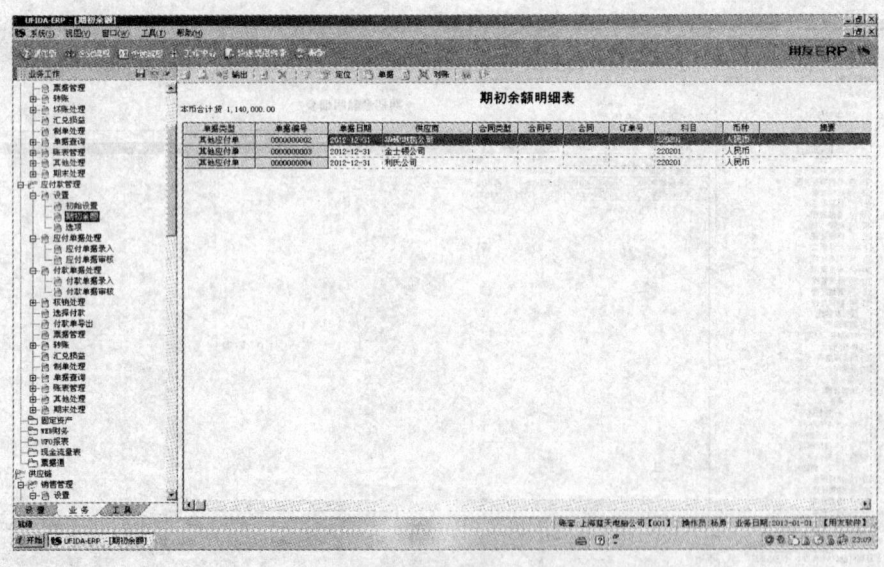

图 1-67 应付管理系统期初余额

（4）单击"退出"。

（七）录入各会计科目期初余额

1. 根据前文会计科目表格录入科目的期初余额

（1）录入基本科目期初余额。

（2）根据"辅助科目明细余额"录入辅助账的期初余额。

注意：试算平衡可检查借贷方相等，对账可检查总账和明细账是否一致。

辅助科目明细余额如下：

● 供应商

供应商编码	供应商简称	应付账款	应付票据	应付暂估
0001	华硕电脑公司	505 000		53 910
0003	金士顿公司	35 000		
0004	利氏公司	600 000		
0005	西部数据公司			45 900
0006	三星公司			53 900
0007	奔腾公司		35 000	
0014	英特尔			23 700
0016	爱普生			59 920

● 客户

客户编码	客户简称	应收账款	应收票据
0001	云飞电子	360 000	
0003	长江集团	250 000	
0006	天乐电子	45 000	
0008	海河电子	200 000	
0010	大地电子	513 000	
0011	星空电子		25 000

直接材料部门：一车间，金额 60 000 元

其他应收款个人业务二部-朱迅 1 100 元

2. 应收账款科目和应付账款科目余额可双击后通过"引入"功能从应收和应付系统取数

3. 操作步骤

（1）执行"财务会计"|"总账"|"设置"|"期初余额"命令，打开"期初余额录入"窗口。

（2）按实验资料对科目的期初余额进行输入，然后进行"试算"，"对账"检查，结果如图1-68所示。

（3）应收/应付系统期初对账；与总账系统进行对账。

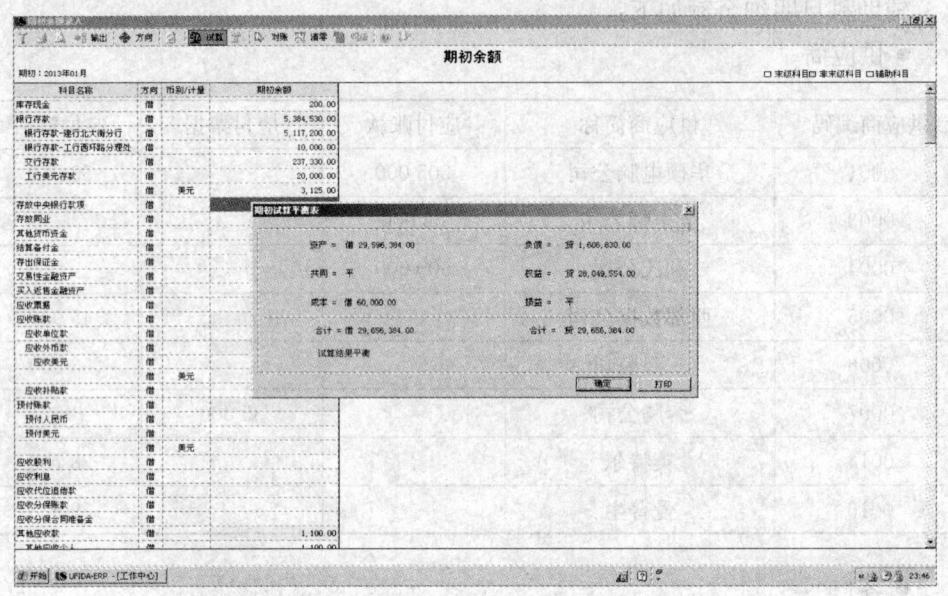

图 1-68　科目期初试算平衡表

（八）账套备份

（1）在 D:\账套备份文件夹第一章　ERP 系统应用基础中新建"实验十一　期初余额设置"文件夹。

（2）将账套输出至"实验十一　期初余额设置"文件夹中。

第二章 销 售 业 务

销售管理系统主要提供对企业销售业务全流程的管理。销售管理系统支持以销售订单为核心的业务模式,支持普通批发销售、零售、委托代销业务、直运销售业务、分期收款销售和销售调拨等多种类型的销售业务,满足不同用户需求,用户可以根据实际情况构建自己的销售平台。

销售管理的主要功能包括:

(1) 销售计划管理。销售计划的编制是按照客户订单、市场预测情况和企业生产情况,对一定时期内企业的销售品质、各品种的销售量与销售价格做出安排。企业也可以根据某个部门或某个业务员制订销售计划。

(2) 销售流程管理。根据客户的需求,实现销售订单管理、销售物流管理、销售资金管理,并根据执行情况进行销售统计分析。

(3) 价格政策。系统能够提供历次售价、最新成本加成和按价格政策定价等三种价格依据,同时,按价格政策定价时,支持商品促销价,可以按客户定价,也可以按存货定价。按存货定价时还支持按不同自由项定价。

(4) 信用管理。系统提供了针对信用期限和信用额度两种管理制度,同时,既可以针对客户进行信用管理,又可以针对部门、业务员进行信用额度和信用期限的管理。如果超过信用额度,可以逐级向上审批。

实验一 一般销售业务

【实验准备】

引入 D:\账套备份\第一章 ERP 系统应用基础\实验十一 期初余额设置,将系统日期修改为"2013 年 1 月 1 日",注册进入"企业应用平台"。

【实验目的与要求】

● 掌握销售业务的一般流程
● 录入销售报价单、录入或生成销售订单、销售发货单

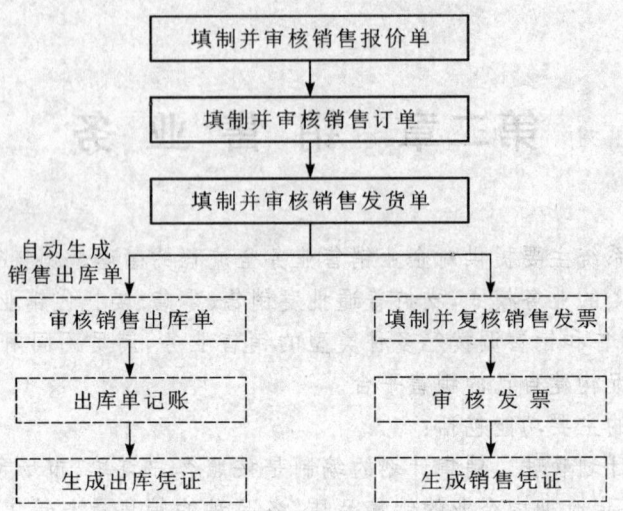

[注]流程图中实线部分表示系统操作的部分,虚线部分表示
由其他系统操作的部分。其他章节的示意图同理。

- 录入或生成销售发票,并按要求修改发票编号
- 对销售发票进行复核
- 审核销售出库单
- 查询订单执行情况统计表
- 查询发货统计表
- 查询销售统计表

【实验资料】

业务一:

- 2013年1月15日云飞电子向业务一部咨询购买戴尔计算机25台,报价6 500元/台。

- 2013年1月16日云飞电子确认订货,业务一部进行下单(销售订单)操作,订货数量为25台,含税单价为6 500元,交期为2013年1月19日。

- 2013年1月19日业务一部下达发货通知指令,根据销售订单生成销售发货单,数量为25台,含税单价为6 500。

- 2013年1月19日仓库根据销售发货单进行了实物发货,并审核了销售出库单(销售出库单自动生成)。

- 2013年1月19日业务一部向财务根据云飞电子销售发货单申请开据专用

销售发票一张,数量为 25,含税单价为 6 500,票号 38275。

业务二:

● 2013 年 1 月 15 日泰山数码向业务一部咨询购买戴尔计算机 20 台,报价 6 500 元/台。

● 2013 年 1 月 16 日泰山数码确认订货,业务一部进行下单(销售订单)操作,订货数量为 20 台,含税单价为 6 500 元,交期为 2013 年 1 月 20 日。

● 2013 年 1 月 20 日业务一部下达发货通知指令,根据销售订单生成销售发货单,数量为 20 台,含税单价为 6 500。

● 2013 年 1 月 20 日仓库根据销售发货单进行了实物发货,并审核了销售出库单(销售出库单自动生成)。

● 2013 年 1 月 20 日业务一部向财务根据泰山数码销售发货单申请开据专用销售发票一张,数量为 20,含税单价为 6 500,票号 38276。

业务三:

● 2013 年 1 月 16 日西山科电向业务二部咨询购联想计算机 50 台,报价 5 500 元/台。

● 2013 年 1 月 16 日西山科电确认订货,业务二部进行下单(销售订单)操作,订货数量为 50 台,含税单价为 5 500 元,交期为 2013 年 1 月 25 日。

● 2013 年 1 月 25 日业务二部下达发货通知指令,根据销售订单生成销售发货单,数量为 50 台,含税单价为 5 500。

● 2013 年 1 月 25 日仓库根据销售发货单进行了实物发货,并审核了销售出库单(销售出库单自动生成)。

● 2013 年 1 月 25 日业务二部向财务根据西山科电销售发货单申请开据专用销售发票一张,数量为 50,含税单价为 5 500,票号 38277。

业务四:

● 2013 年 1 月 16 日长江集团向业务二部咨询购买 EPSON 针式打印机 30 台,报价 1 800 元/台。

● 2013 年 1 月 16 日长江集团确认订货,业务二部进行下单(销售订单)操作,订货数量为 30 台,含税单价为 1 800 元,交期为 2013 年 1 月 30 日。

● 2013 年 1 月 30 日业务二部下达发货通知指令,根据销售订单生成销售发货单,数量为 30 台,含税单价为 1 800。货物由外购品仓库发出。

● 2013 年 1 月 30 日仓库根据销售发货单进行了实物发货,并审核了销售出库单(销售出库单自动生成)。

● 2013 年 1 月 30 日业务二部向财务根据长江集团销售发货单申请开据专用销售发票一张,数量为 30,含税单价为 1 800,票号 38278。

【实验指导】

(以下流程,用自己的姓名进行操作,登录日期以对应业务的发货日期为准)

1. 输入报价单

(1) 在销售管理系统中,执行"销售报价"|"销售报价"命令,打开"销售报价单"窗口。

(2) 单击"增加"按钮,依据实验资料输入相关信息。表头:日期为 2013-01-15,业务类型为"普通销售",销售类型"经销",客户是云飞电子,销售部门为业务一部,税率为 17%。表体:存货戴尔计算机,数量 25 台,报价是 6 500 元/台。单击"保存"和"审核"按钮,如图 2-1 所示。

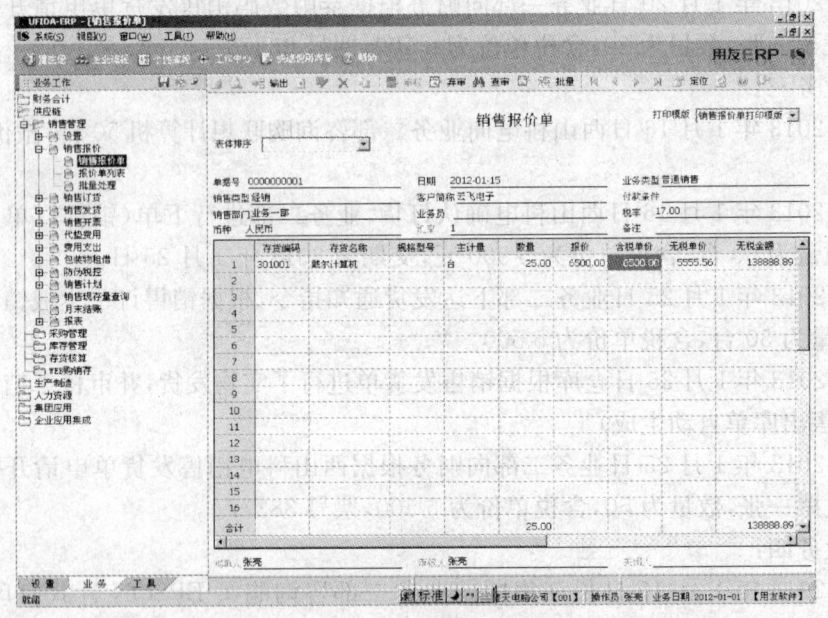

图 2-1　报价单

2. 输入销售订单

(1) 执行"销售订货"|"销售订单"命令,打开销售订单窗口。

(2) 单击"增加"按钮,再单击"报价"按钮,系统自动弹出"选择报价单"窗口。

(3) 单击"显示"按钮,过滤出 2013-01-15 先行公司云飞电子的报价单,双击出现"Y"的标志,表示选中,同时选择下半部的存货戴尔计算机,如图 2-2 所示。

(4) 单击"确定",按钮,系统自动参照报价单生成销售订单,修改表头日期为 16日。表体:修改"预发货日期"为 2013-01-19,单击"保存"并"审核",如图 2-3 所示。

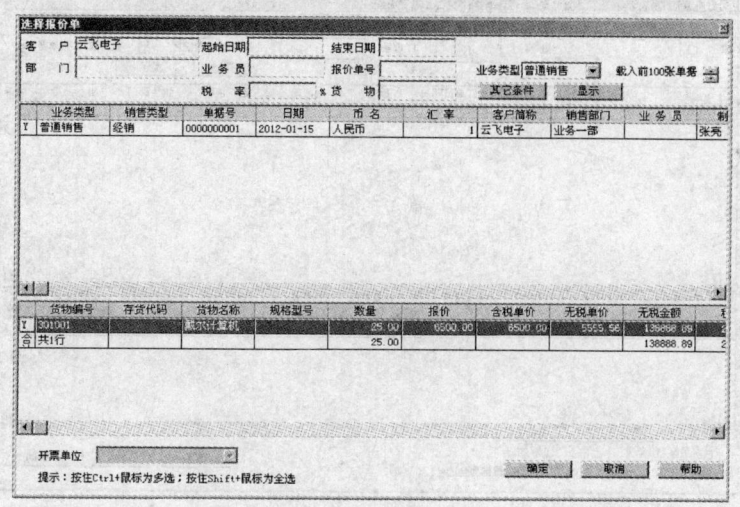

图 2-2　选择报价单

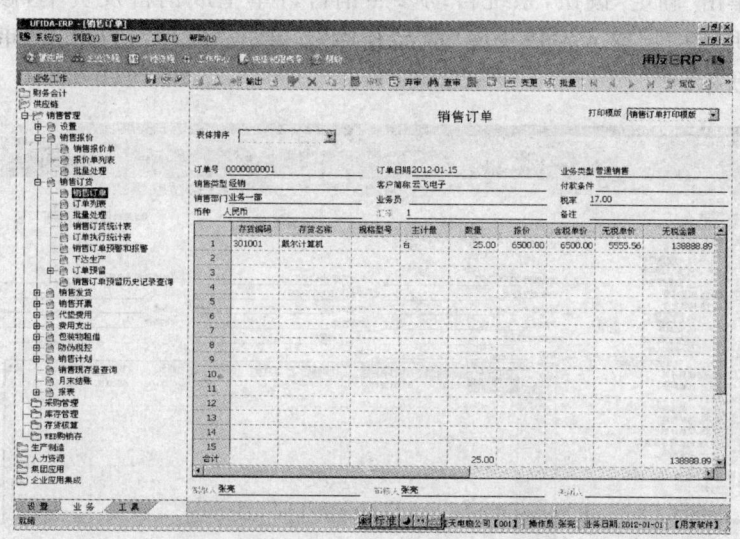

图 2-3　生成销售订单并审核

3. 输入销售发货单

（1）执行"销售发货"|"发货单"命令，打开发货单窗口

（2）单击"增加"按钮，系统自动弹出"选择订单"窗口。

（3）单击"显示"按钮，系统显示复核条件的销售订单。单击出现 Y 选中销售订单和存货，如图 2-4 所示。

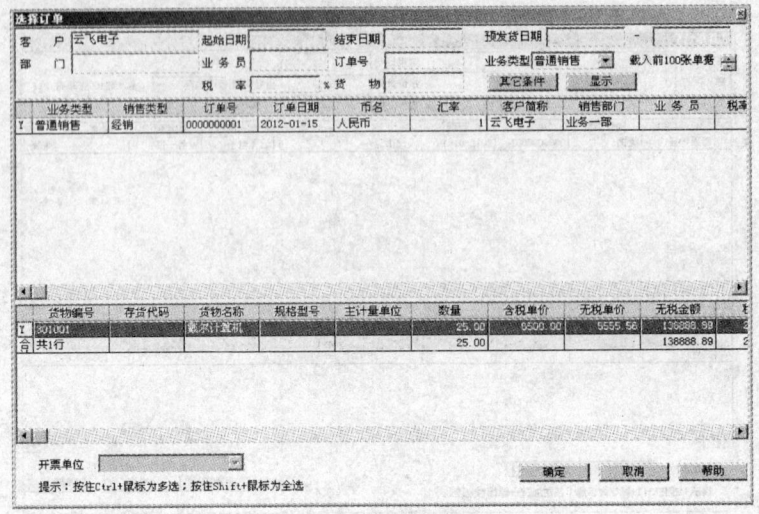

图 2-4　选择订单

（4）单击"确定"按钮，系统自动参照销售订单生成销售发货单，修改日期为2013 年 1 月 19 日，输入发货仓库"成品仓库"。单击"保存"，再单击"审核"按钮，如图 2-5 所示。

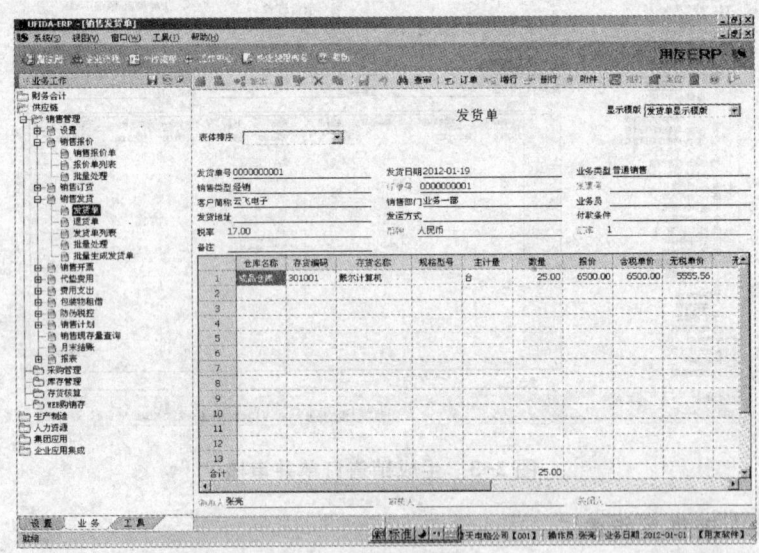

图 2-5　生成发货单并审核

4. 设置销售专用发票编码规则

（1）在"设置"选项卡中，执行"单据设置"|"单据编码设置"的命令，打开"单据

编码设置"窗口。可选择需要修改的单据编码,使用手工编码。如图 2-6 所示。

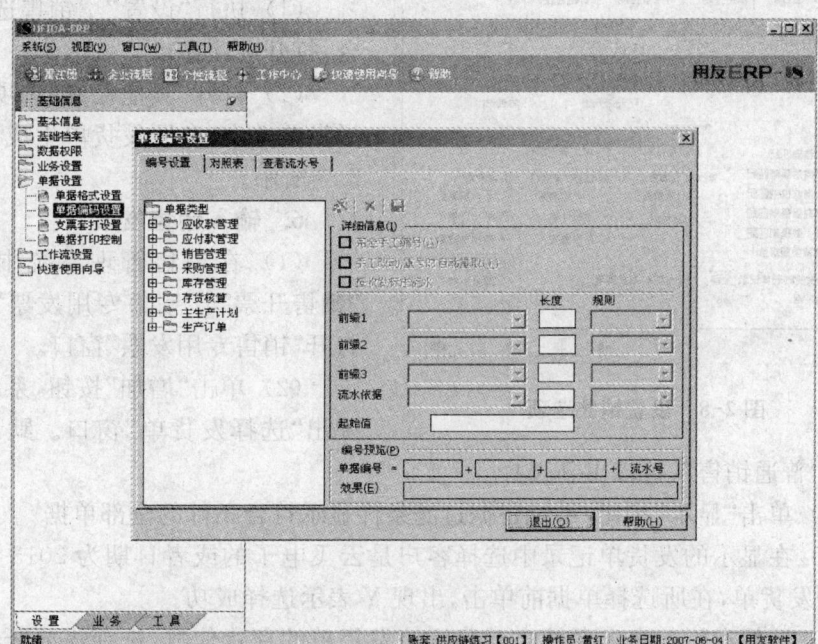

图 2-6 单据编号设置

(2) 执行"销售管理"|"销售专用发票编码"命令,单击"修改"按钮,选中"完全手工编号",并保存,结果如图 2-7 所示。

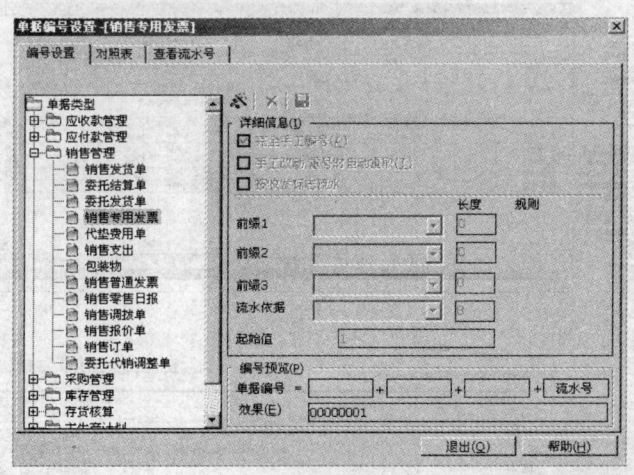

图 2-7 手工编号的设置

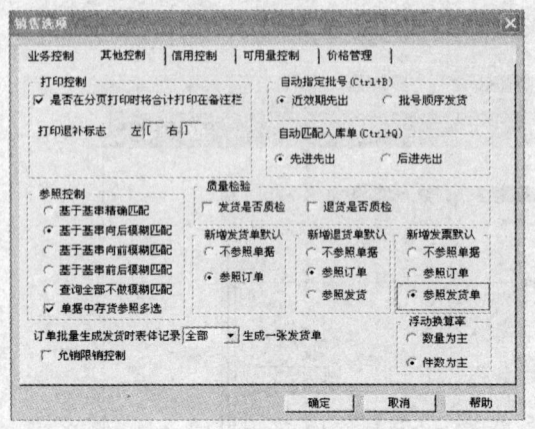

图 2-8　设置销售选项

5. 设置销售选项

（1）执行"设置"|"销售选项"命令，打开选项窗口

（2）打开"其他控制"选项卡，新增发票选中"参照发货单生成"，如图 2-8 所示。

6. 输入销售发票

（1）在销售管理系统中，执行"销售开票"|"销售专用发票"命令，打开"销售专用发票"窗口。

（2）单击"增加"按钮，系统自动弹出"选择发货单"窗口。默认业务类型为"普通销售"，可以重新选择。

（3）单击"显示"按钮，系统根据过滤条件显示符合条件的全部单据。

（4）在显示的发货单记录中选择客户是云飞电子的或者日期为 2013 年 1 月 19 日的发货单，在所选择单据前单击，出现 Y 表示选择成功。

（5）选择存货信息。系统自动显示该发货单的存货信息，选择需要开具发票的存货，在前面单击，出现 Y 表示成功，选择完毕，单击"确定"按钮。如图 2-9 所示。

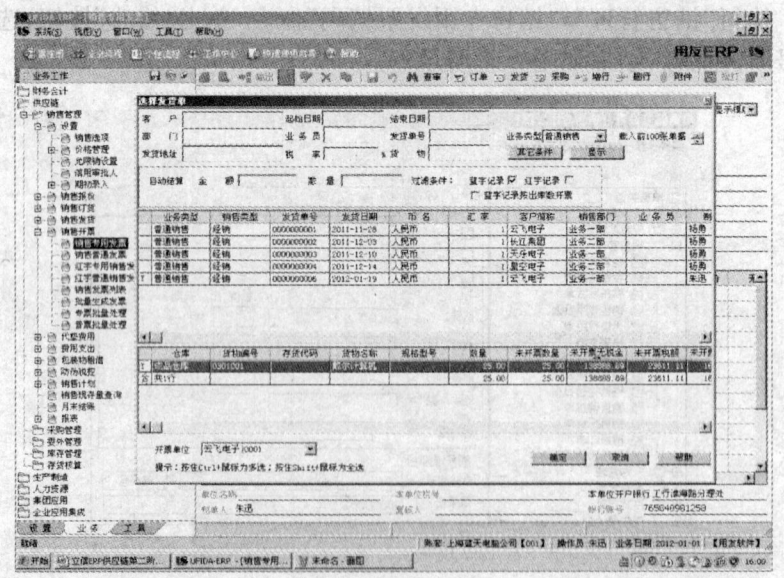

图 2-9　选择发货单

（6）系统根据所选择的发货单自动生成一张销售专用发票。依据实验资料，填写发票号并确认开票日期为 2013 年 1 月 19 日，确认后单击"保存"按钮，保存发票信息。

（7）单击"复核"按钮，保存销售专用发票的信息，如图 2-10 所示。

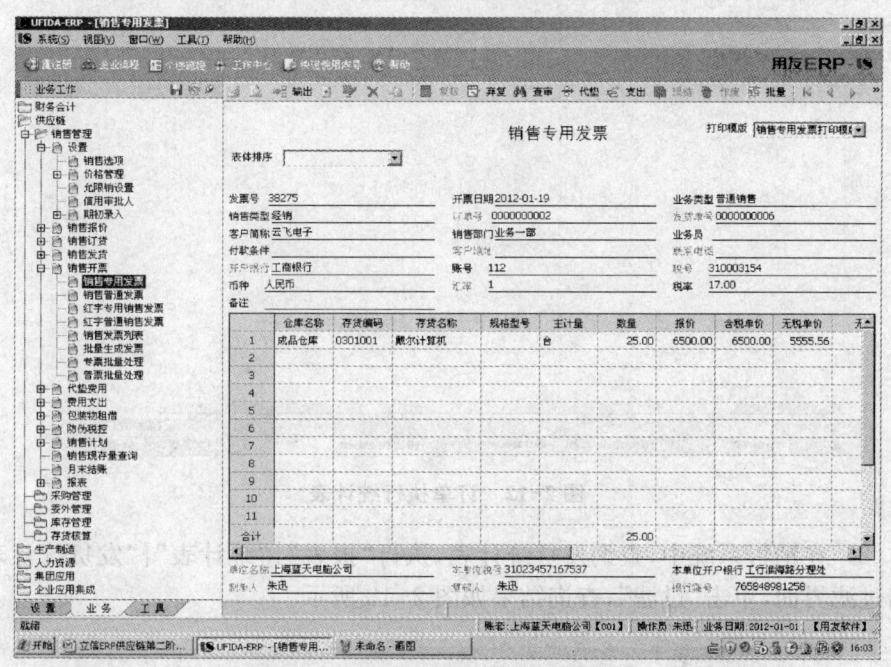

图 2-10　生成销售专用发票并复核

7. 在库存系统中审核销售出库单

（1）执行"库存管理"|"出库业务"|"销售出库单"命令，确认日期为 2013 年 1 月 19 日的出库单，单击"审核"，系统提示审核成功，如图 2-11 所示。

8. 查询账表

（1）在销售系统中，查询销售订单执行情况统计表，执行"销售订货"|"订单执行统计表"命令，弹出过滤界面，单击"过滤"，查询结果如图 2-12 所示。

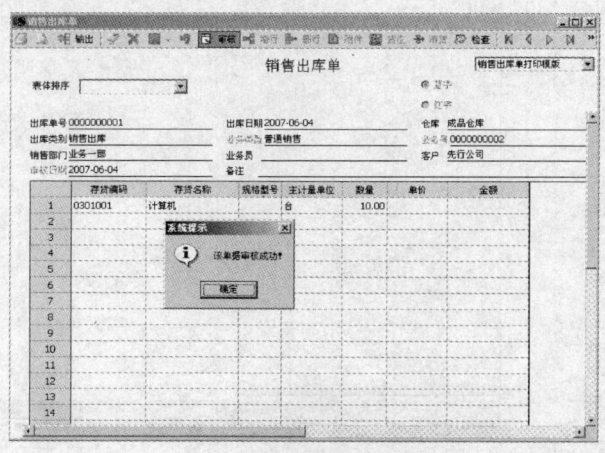

图 2-11　审核销售出库单

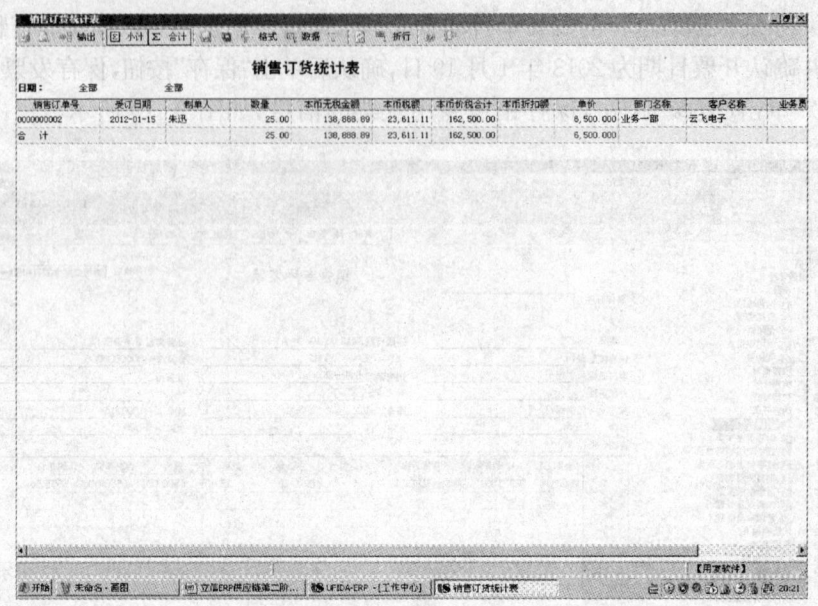

图 2-12　订单执行统计表

（2）在销售系统中，查询发货统计表，执行"报表"|"统计表"|"发货统计表"，弹出过滤界面，单击"过滤"，查询结果如图 2-13 所示。

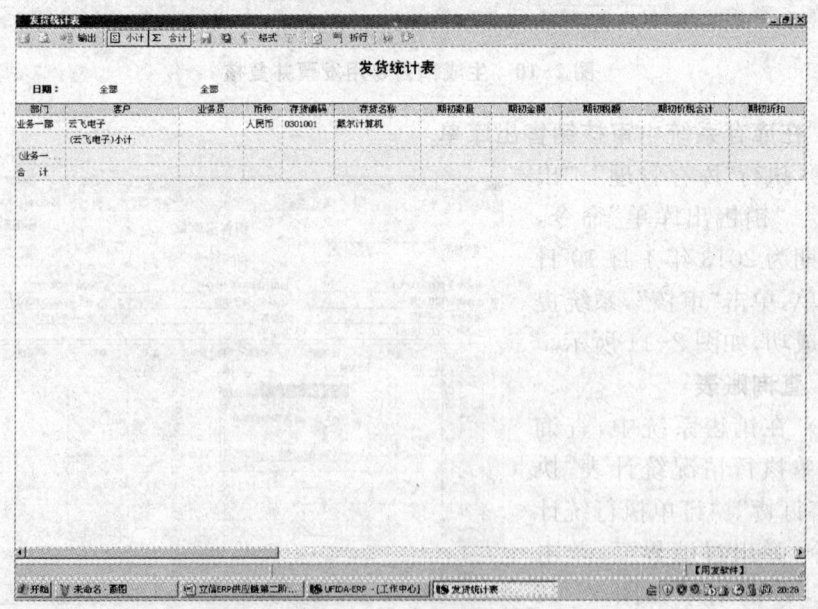

图 2-13　发货统计表

（3）在销售系统中，查询销售统计表，执行"报表"|"统计表"|"销售统计表"，弹出过滤界面，单击"过滤"，查询结果如图 2-14 所示。

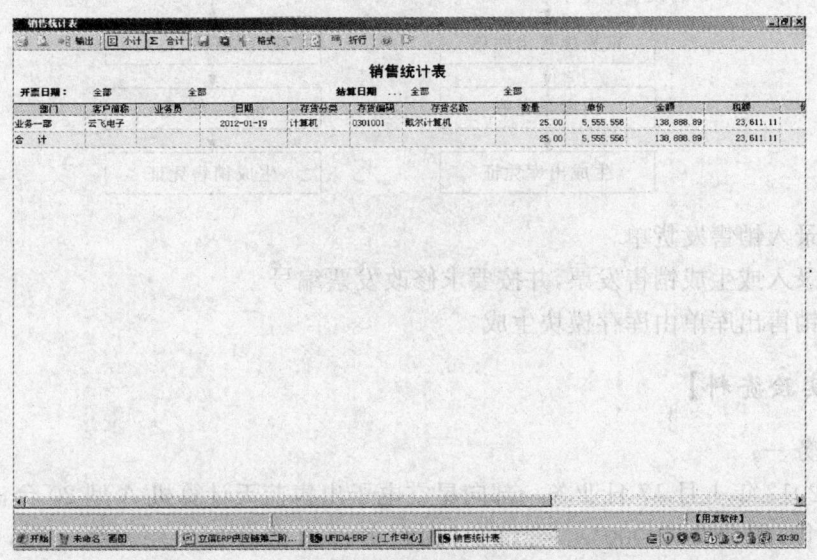

图 2-14 销售统计表

9. 按照业务一操作步骤，依据实验资料完成业务二、业务三、业务四的操作。

10. 账套备份

（1）在 D:\账套备份文件夹第二章 销售业务中新建"实验一 一般销售业务"文件夹。

（2）将账套输出至"实验一 一般销售业务"文件夹中。

实验二 销售分批出库业务

【实验准备】

引入 D:\账套备份\第二章 销售业务\实验一 一般销售业务，将系统日期修改为"2013 年 1 月 1 日"，注册进入"企业应用平台"。

【实验目的与要求】

● 掌握销售分批出库的一般流程

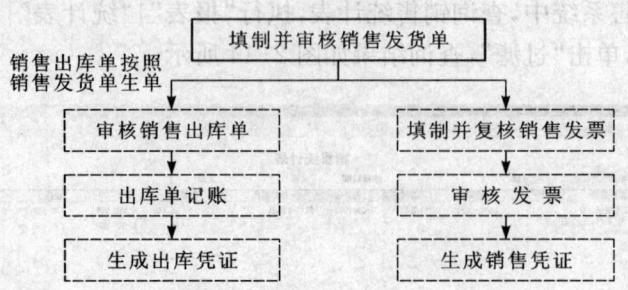

- 录入销售发货单
- 录入或生成销售发票,并按要求修改发票编号
- 销售出库单由库存模块生成

【实验资料】

业务一:

- 2013 年 1 月 17 日业务一部向星空电子出售蓝天计算机 A 型 20 台,由成品仓库发货,报价为 7 000 元/台,同时向财务部申请开据专用发票一张,票号为 38281,销售发票复核。
- 2013 年 1 月 20 日星空电子根据发货单从成品仓库领出 5 台蓝天计算机 A 型。
- 2013 年 1 月 22 日星空电子根据发货单从成品仓库领出 15 台蓝天计算机 A 型。

业务二:

- 2013 年 1 月 18 日业务一部向星空电子出售蓝天计算机 B 型 10 台,由成品仓库发货,报价为 6 500 元/台,同时开据专用发票一张,票号为 38282。
- 2013 年 1 月 20 日星空电子根据发货单从成品仓库领出 5 台蓝天计算机 B 型。
- 2013 年 1 月 22 日星空电子根据发货单从成品仓库领出 5 台蓝天计算机 B 型。

业务三:

- 2013 年 1 月 18 日业务二部向成都包装出售蓝天计算机 B 型 30 台,由成品仓库发货,报价为 6 125 元/台,同时开据专用发票一张,票号为 38283。
- 2013 年 1 月 20 日成都包装根据发货单从成品仓库领出 15 台蓝天计算机 B 型。
- 2013 年 1 月 22 日成都包装根据发货单从成品仓库领出 15 台蓝天计算机

B 型。

业务四：

● 2013 年 1 月 18 日业务二部向大地电子出售蓝天计算机 C 型 10 台，由成品仓库发货，报价为 12 000 元/台，同时开据专用发票一张，票号为 38284。

● 2013 年 1 月 20 日大地电子根据发货单从成品仓库领出 1 台蓝天计算机 C 型。

● 2013 年 1 月 22 日大地电子根据发货单从成品仓库领出 3 台蓝天计算机 C 型。

● 2013 年 1 月 25 日大地电子根据发货单从成品仓库领出 6 台蓝天计算机 C 型。

【实验指导】

（以下流程，用自己的姓名进行操作，登录日期以对应业务的发货日期为准）

1．设置销售选项

（1）在销售管理系统中，执行"设置"|"销售选项"命令，打开"选项"窗口。

（2）打开"业务控制"选项卡，把"是否销售生成出库单"选项钩去掉。如图 2-15 所示。

2．输入销售发货单

（1）在销售管理系统中，执行"销售发货"|"发货单"命令，打开"发货单"窗口。

（2）单击"增加"，弹出"选择订单"窗口，单击"取消"，依据实验资料

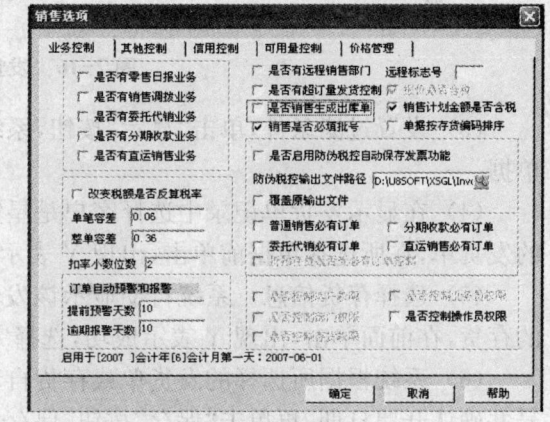

图 2-15 选项

输入相关信息。表头：发货日期为 2013-01-17，客户为星空电子，销售部门为业务一部，税率 17%。表体：仓库是成品仓库，存货是蓝天计算机 A 型，20 台，报价是 7 000 元/台，单击"保存"和"审核"按钮。如图 2-16 所示。

3．输入销售发票

（1）在销售管理系统中，执行"销售开票"|"销售专用发票"命令，打开"销售专用发票"窗口。

（2）单击"增加"按钮，系统自动弹出"选择发货单"窗口。默认业务类型为"普通销售"，可以重新选择。

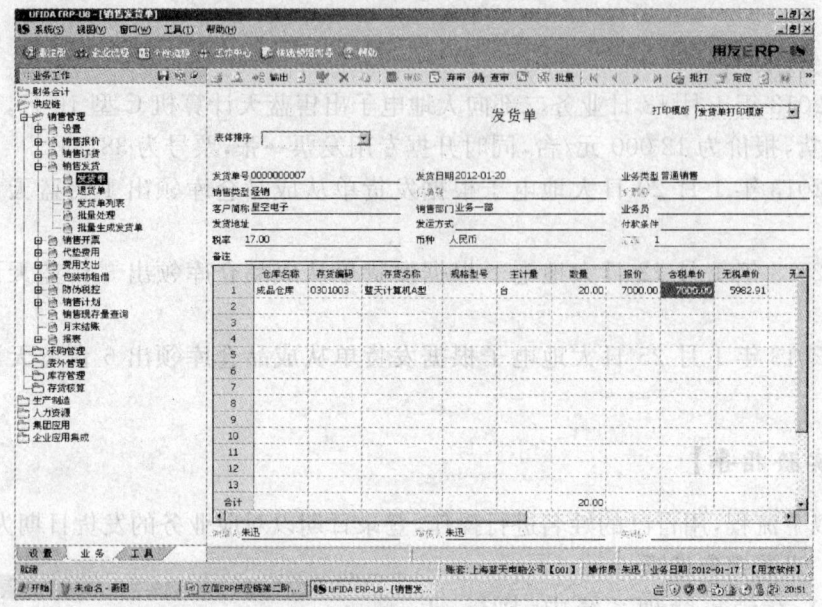

图 2-16　发货单

（3）设置过滤条件，单击"显示"按钮，系统根据过滤条件显示符合条件的全部单据。

（4）在显示发货单记录中选择客户是星空电子或者日期为 2013 年 1 月 17 日的发货单，在所选择单据前单击，出现 Y 表示选择成功。

（5）选择存货信息。系统自动显示该发货单的存货信息，选择需要开具发票的存货，在前面单击，出现 Y 表示成功，选择完毕，单击"确定"按钮。

（6）系统根据所选择的发货单或存货自动生成一张销售专用发票。填写发票号并确认开票日期，再单击"保存"按钮，保存发票信息。

（7）单击"复核"按钮，保存销售专用发票的信息，如图 2-17 所示。

4. 库存生成出库单

（1）进入库存管理系统，执行"出库业务"|"销售出库单"命令，进入销售出库单窗口。

（2）2013 年 1 月 20 日单击"生单"，系统显示单据过滤窗口，单击"过滤"按钮，进入销售发货单生单列表。双击"选择"栏，选中一条发货单，单击"确定"，系统提示"确认要生单吗?"，点击"是"。系统根据选择的发货单生成一张未保存的销售出库单，点击"修改"按钮，修改数量为 5 台，单击"保存"和"审核"按钮。如图 2-18 所示。

（3）2013 年 1 月 22 日在库存管理系统，执行"出库业务"|"销售出库单"命令，进入销售出库单窗口。

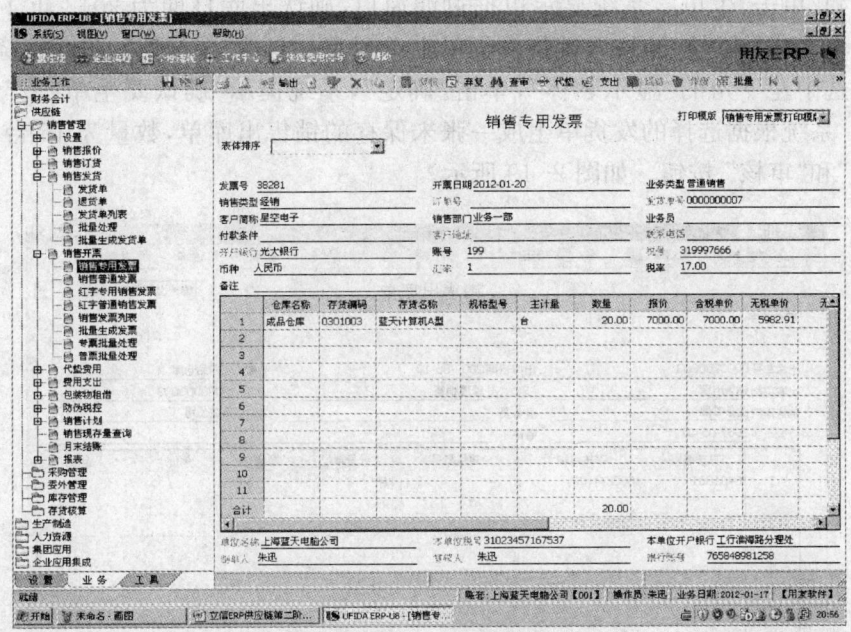

图 2-17 销售专用发票

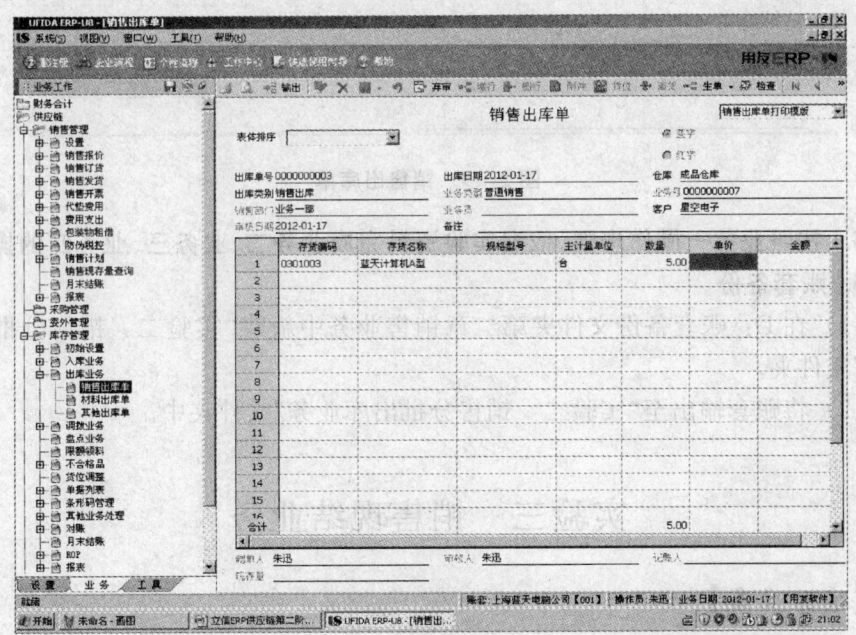

图 2-18 销售出库单

（4）单击"生单"，系统显示单据过滤窗口，确认出库日期为 2013 年 1 月 22 日，后单击"过滤"按钮，进入销售发货单生单列表。双击"选择"栏，选中一条发货单，并选中左下角的"显示表体"，单击"确定"，系统提示"确认要生单吗?"，点击"是"。系统根据选择的发货单生成一张未保存的销售出库单，数量为 15 台，单击"保存"和"审核"按钮。如图 2-19 所示。

图 2-19　销售出库单

5. 按照业务一操作步骤，依据实验资料完成业务二、业务三、业务四的操作。

6. 账套备份

（1）在 D:\账套备份文件夹第二章销售业务中新建"实验二　销售分批出库业务"文件夹。

（2）将账套输出至"实验二　销售分批出库业务"文件夹中。

实验三　销售现结业务

【实验准备】

引入 D:\账套备份\第二章　销售业务\实验二　销售分批出库业务，将系统日期修改为"2013 年 1 月 1 日",注册进入"企业应用平台"。

【实验目的与要求】

● 掌握销售现结业务的一般流程

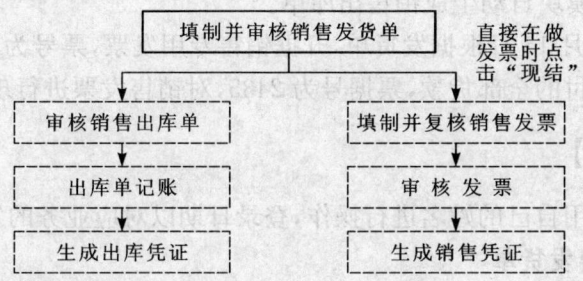

● 录入销售发货单
● 录入或生成销售发票,并按要求修改发票编号
● 销售发票现结

【实验资料】

业务一:

● 2013 年 1 月 5 日业务一部向云飞电子出售戴尔计算机 15 台,报价为 6 600 元/台,货物从成品仓库发出。

● 审核库存模块自动生成销售出库单。

● 2013 年 1 月 15 日根据发货单,开据销售专用发票,票号为 38301,同时收到客户以支票所支付的全部货款,票据号为 2532,对销售发票进行现结并复核。

业务二:

● 2013 年 1 月 5 日业务二部向泰山数码出售联想计算机 10 台,报价为 5 550 元/台,货物从成品仓库发出。

● 审核库存模块自动生成销售出库单。

● 2013 年 1 月 15 日根据发货单,开据销售专用发票,票号为 38302,同时收到客户以支票所支付的全部货款,票据号为 2341,对销售发票进行现结并复核。

业务三:

● 2013 年 1 月 10 日业务一部向海河电子出售蓝天计算机 A 型 5 台,报价为 7 000 元/台,货物从成品仓库发出。

● 审核库存模块自动生成销售出库单。

● 2013 年 1 月 15 日根据发货单,开据销售专用发票,票号为 38303,同时收到客户以支票所支付的全部货款,票据号为 2242,对销售发票进行现结并复核。

业务四:

● 2013 年 1 月 10 日业务二部向成都包装出售 TP-LINK 无线路由器 15 台,报价为 220 元/台,货物从外购品仓库发出。

● 审核库存模块自动生成销售出库单。

● 2013 年 1 月 15 日根据发货单,开据销售专用发票,票号为 38304,同时收到客户以支票所支付的全部货款,票据号为 2435,对销售发票进行现结并复核。

【实验指导】

(以下流程,用自己的姓名进行操作,登录日期以对应业务的发货日期为准)

1. 输入销售发货单

(1) 将销售模块—设置—销售选项中是否销售生成出库单打钩。

(2) 执行"销售发货"|"发货单"命令,打开"发货单"窗口

(3) 单击"增加",弹出"选择订单"窗口,单击"取消",依据实验资料输入相关信息。表头:客户为云飞电子,销售部门为业务一部,税率 17%。表体:仓库是成品仓库,存货是戴尔计算机,15 台,报价是 6 600 元/台。单击"保存"和"审核"按钮。如图 2-20 所示。

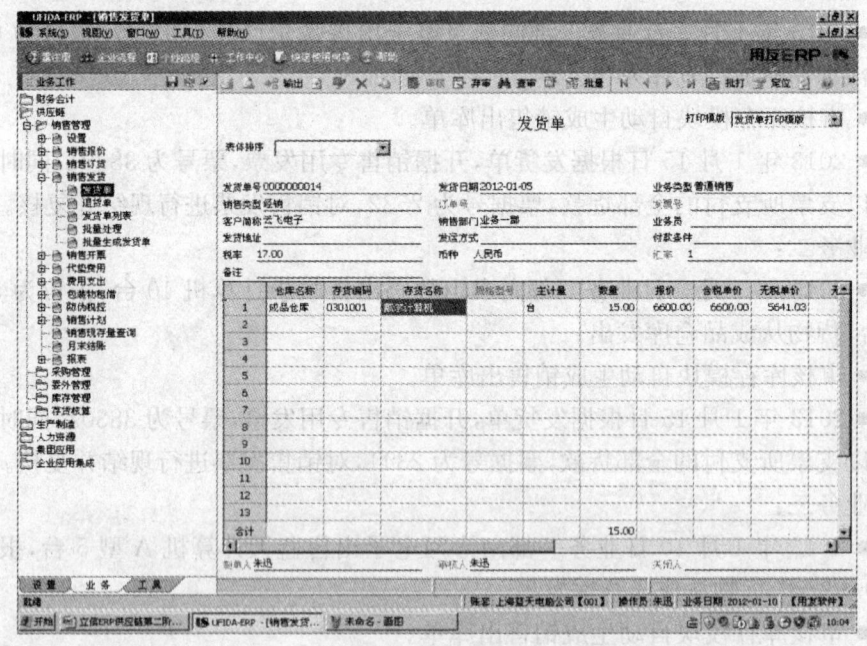

图 2-20 发货单

2. 输入销售发票,执行现结

(1) 在销售管理系统中,执行"销售开票"|"销售专用发票"命令,打开"销售专用发票"窗口。

(2) 单击"增加"按钮,系统自动弹出"选择发货单"窗口。默认业务类型为"普通销售",可以重新选择。

(3) 设置过滤条件,单击"显示"系统根据过滤条件显示符合条件的全部单据。

(4) 在显示发货单记录中选择客户是云飞电子有限公司的或者日期为 2013年1月5日的发货单,在所选择单据前单击,出现 Y 表示选择成功。

(5) 选择存货信息。系统自动显示该发货单的存货信息,选择需要开具发票的存货,在前面单击,出现 Y 表示成功,选择完毕,单击"确定"按钮。

(6) 系统根据所选择的发货单或存货自动生成一张销售专用发票。依据实验资料,输入发票号,确认后单击"保存"按钮,保存发票信息。

(7) 单击"现结"按钮,打开"现结"窗口,输入结算方式为支票,金额为全额支付,票号是 2532,如图 2-21 所示,输入完毕后,单击"确定"按钮。

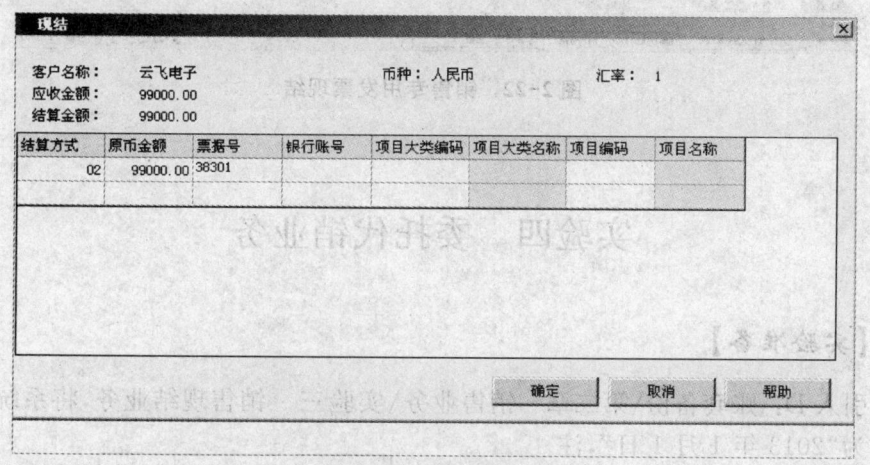

图 2-21 结算单信息

(8) 发票上自动显示"现结"标志,单击"复核"按钮。如图 2-22 所示。

(9) 在库存系统中审核销售出库单:执行"库存管理"|"出库业务"|"销售出库单"命令,确认日期为 2013-01-05 的出库单,单击"审核",系统提示审核成功。

3. 按照业务一操作步骤,依据实验资料完成业务二、业务三、业务四的操作。

4. 账套备份

(1) 在 D:\账套备份文件夹第二章 销售业务中新建"实验三 销售现结业务"文件夹。

(2) 将账套输出至"实验三 销售现结业务"文件夹中。

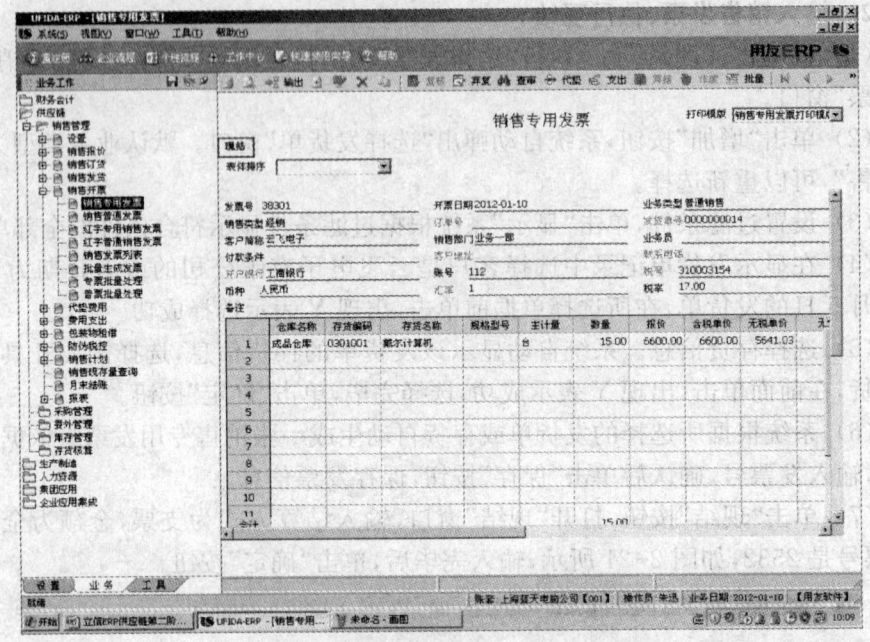

图 2-22　销售专用发票现结

实验四　委托代销业务

【实验准备】

引入 D:\账套备份\第二章　销售业务\实验三　销售现结业务,将系统日期修改为"2013 年 1 月 1 日",注册进入"企业应用平台"。

【实验目的与要求】

● 掌握委托代销业务的一般流程

● 录入委托销售发货单

● 录入或生成委托代销结算单

● 生成销售发票并复核

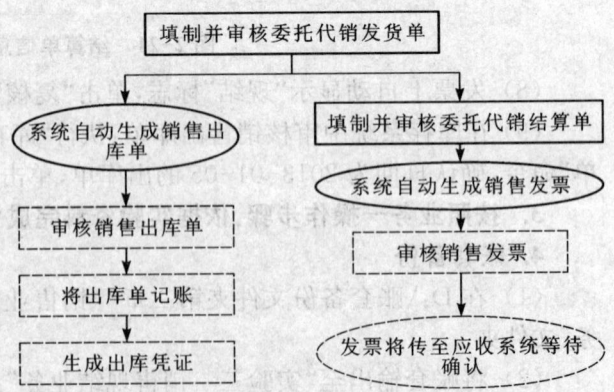

【实验资料】

业务一：

● 2013 年 1 月 10 日业务一部委托长江 PC，代为销售蓝天计算机 D 型 50 台，售价为 8 100 元/台，货物从成品仓库发出。

● 2013 年 1 月 19 日收到长江 PC 的委托代销清单一张，结算蓝天计算机 D 型 25 台，售价为 8 100 元/台，根据委托代销清单生成销售普通发票一张。

业务二：

● 2013 年 1 月 11 日业务一部委托长江 PC，代为销售蓝天计算机 C 型 10 台，售价为 11 000 元/台，货物从成品仓库发出。

● 2013 年 1 月 20 日收到长江 PC 的委托代销清单一张，结算蓝天计算机 C 型 1 台，售价为 11 000 元/台，根据委托代销清单生成销售普通发票一张。

业务三：

● 2013 年 1 月 15 日业务二部委托雨辰科技，代为销售蓝天计算机 D 型 10 台，售价为 8 300 元/台，货物从成品仓库发出。

● 2013 年 1 月 20 日收到雨辰科技的委托代销清单一张，结算蓝天计算机 D 型 10 台，售价为 8 300 元/台，根据委托代销清单生成销售普通发票一张。

业务四：

● 2013 年 1 月 16 日业务二部委托雨辰科技，代为销售蓝天计算机 C 型 50 台，售价为 12 100 元/台，货物从成品仓库发出。

● 2013 年 1 月 20 日收到雨辰科技的委托代销清单一张，结算蓝天计算机 C 型 50 台，售价为 12 100 元/台，根据委托代销清单生成销售普通发票一张。

【实验指导】

（以下流程，用自己的姓名进行操作，登录日期以对应业务的发货日期为准）

1. 设置销售选项

（1）执行"设置"|"销售选项"|"业务控制"，选择"是否有委托代销业务"，如图 2-23 所示。

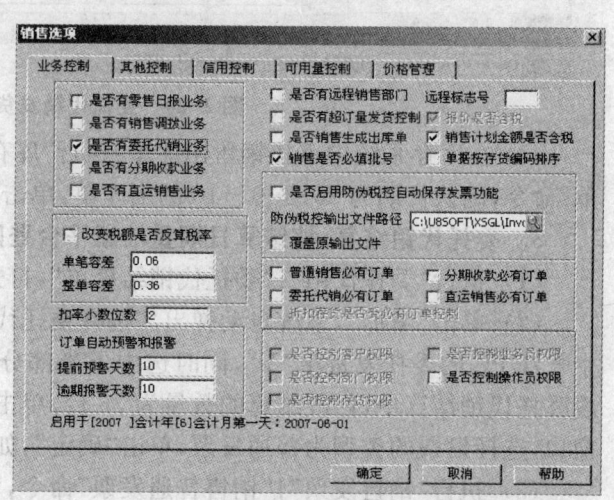

图 2-23 销售选项

2. 输入委托代销发货单

（1）执行"委托代销"|"委托代销发货单"命令，打开"委托代销发货单"。

（2）单击"增加"，系统自动弹出"选择订单"窗口，单击"取消"。依据实验资料输入相关信息。表头：客户是长江 PC，销售部门是业务一部，税率 17％。表体：仓库为成品仓库，存货是蓝天计算机 D 型，50 台，含税价 8 100 元/台。输入完成后，"保存"并"审核"，如图 2-24 所示。

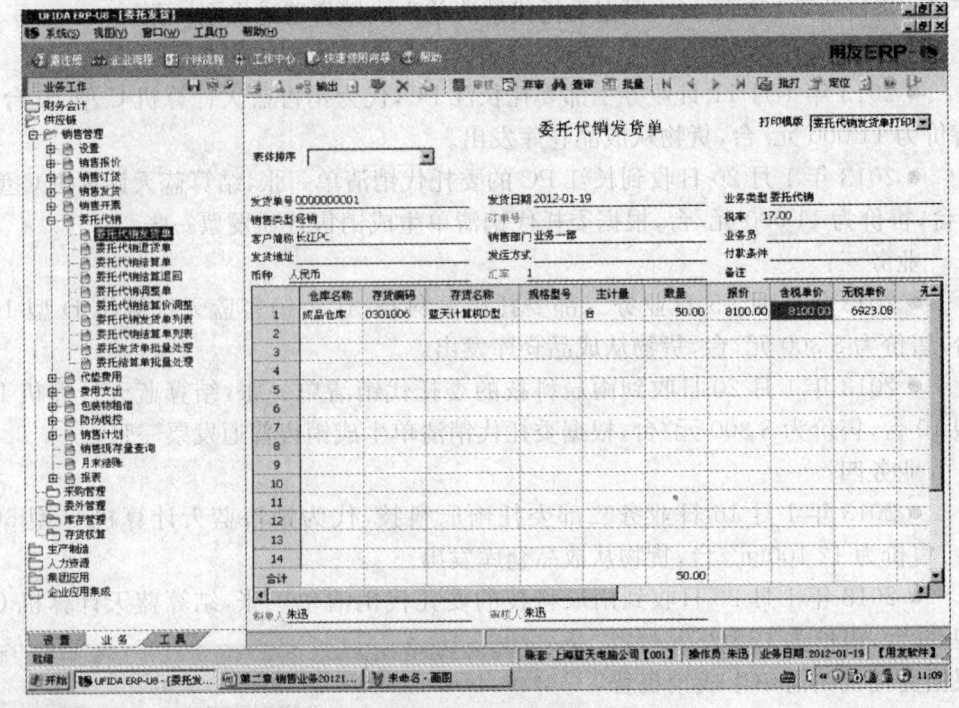

图 2-24　委托代销发货单

（3）在库存系统中审核销售出库单：执行"库存管理"|"出库业务"|"销售出库单"命令，确认日期为 2013-01-10 的出库单，单击"审核"，系统提示审核成功。

3. 委托代销结算，按结算日期重注册平台登陆系统

（1）执行"委托代销"|"委托代销结算单"，打开"委托代销结算单"窗口。

（2）单击"增加"，系统自动弹出'"选择委托代销发货单"窗口，单击"显示"，选中长江 PC 的委托发货单"Y"，同时选中下半部分打上"Y"，单击"确定"后自动生成委托代销结算单，修改结算的数量为 25 台，单击"保存"和"审核"按钮，自动弹出窗口，选择发票的类型为普通发票，单击"确定"，如图 2-25 所示。

（3）执行"销售发票"|"销售普通发票"命令，对由委托代销结算自动生成的发票进行"复核"，如图 2-26 所示。

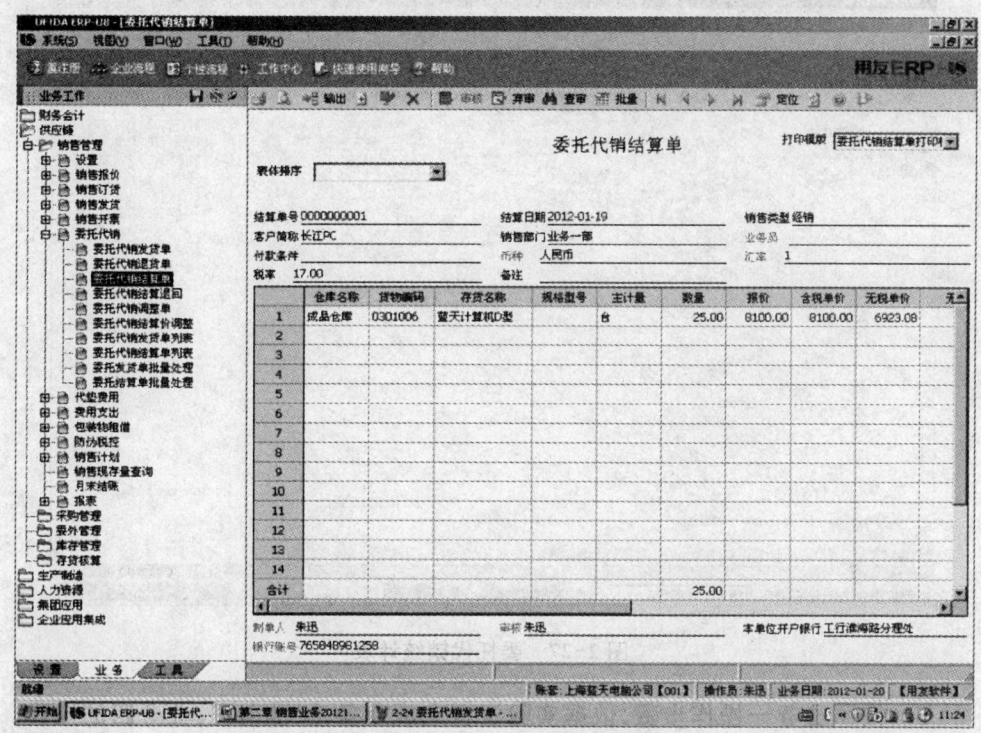

图 2-25　委托代销结算单

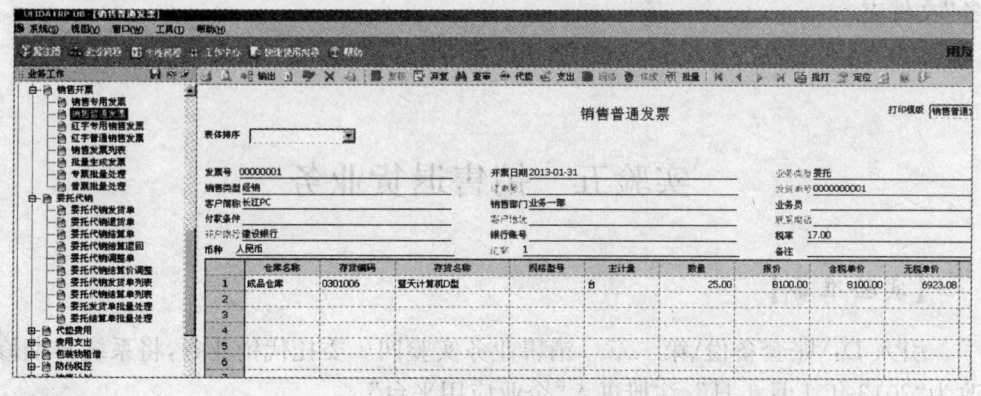

图 2-26　销售普通发票

4. 查询委托代销统计表

在销售系统中,查询销售订单执行情况统计表,执行"报表"|"统计表"|"委托代销统计表"命令,弹出过滤界面,单击"过滤",查询结果如图 2-27 所示。

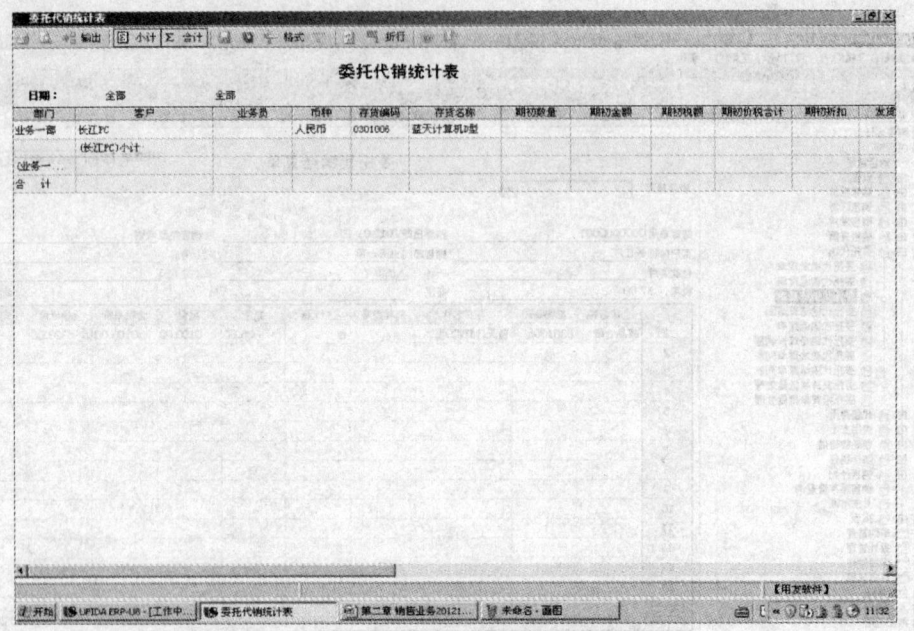

图 2-27 委托代销统计表

5. 按照业务一操作步骤,依据实验资料完成业务二、业务三、业务四的操作。

6. 账套备份

(1) 在 D:\账套备份文件夹第二章 销售业务中新建"实验四 委托代销业务"文件夹。

(2) 将账套输出至"实验四 委托代销业务"文件夹中。

实验五 销售退货业务

【实验准备】

引入 D:\账套备份\第二章 销售业务实验四 委托代销业务,将系统日期修改为"2013 年 1 月 1 日",注册进入"企业应用平台"。

【实验目的与要求】

● 掌握销售退货业务的一般流程

(1) 业务一、业务二流程图:

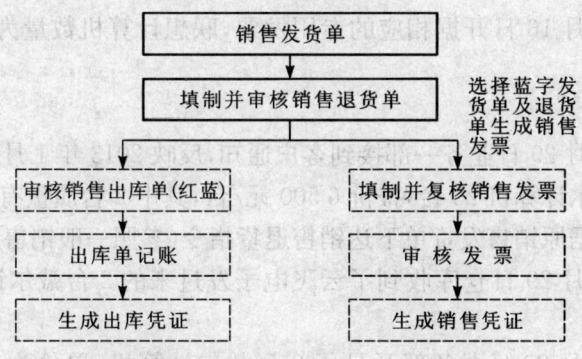

（2）业务三、业务四流程图：

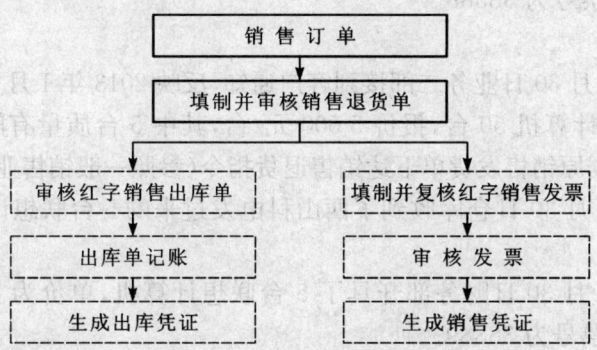

- 录入销售退货单
- 录入或生成红字销售发票

【实验资料】

业务一：

- 2013 年 1 月 5 日业务一部售给云飞电子的戴尔计算机 50 台,单价为 6 500 元;联想计算机 50 台,单价为 5 500 元,从成品仓库发出。

- 2013 年 1 月 10 日业务一部售给云飞电子的联想计算机因质量问题,退回 10 台,单价为 5 500 元,收回成品仓库。

- 2013 年 1 月 16 日开据相应的专用发票,戴尔计算机数量为 50 台,联想计算机数量为 40 台,发票号为 38386。

业务二：

- 2013 年 1 月 6 日业务一部售给西山科电联想计算机 20 台,单价为 5 500 元,从成品仓库发出。

- 2013 年 1 月 10 日业务一部售给西山科电的联想计算机因质量问题,退回 5 台,单价为 5 500 元,收回成品仓库。

● 2013 年 1 月 16 日开据相应的专用发票,联想计算机数量为 15 台,发票号为 38387。

业务三:

● 2013 年 1 月 29 日业务一部接到客户通知,反映 2013 年 1 月 15 日云飞电子向业务一部购买戴尔计算机 25 台,报价 6 500 元/台,其中 2 台质量有问题,要求退货 2 台。业务一部根据原销售发货单下达销售退货指令(参照一般销售业务、业务一)。

● 2013 年 1 月 29 日仓库收到了云飞电子发过来的 2 台戴尔计算机,并审核了红字出库单。

● 2013 年 1 月 30 日财务部开具了 2 台戴尔计算机,单价为 6 500 元/台的红字专用发票,发票号为 38388。

业务四:

● 2013 年 1 月 30 日业务二部接到客户通知,反映 2013 年 1 月 16 日西山科电向业务二部购联想计算机 50 台,报价 5 500 元/台,其中 5 台质量有问题,要求退货 5 台,业务二部根据原销售发货单下达销售退货指令(参照一般销售业务、业务三)。

● 2013 年 1 月 30 日仓库收到了西山科电发过来的 5 台联想计算机,并审核了红字出库单。

● 2013 年 1 月 30 日财务部开具了 5 台联想计算机,单价为 5 500 元/台的红字专用发票,发票号为 38389。

【实验指导】

(以下流程,用自己的姓名进行操作,登录日期以对应业务的发货日期为准)

1. 输入销售发货单

(1) 执行"销售发货"|"发货单"命令,打开"发货单"窗口。

(2) 单击"增加",系统自动弹出"选择订单"窗口,单击"取消"。依据实验资料输入相关信息。表头:客户为云飞电子,销售部门为"业务一部",税率 17%。表体:仓库为成品仓库,存货是戴尔计算机,50 台,报价 6 500 元/台。

(3) 第二行输入存货联想计算机,50 台,报价是 5 500 元,点击"保存"和"审核"按钮。如图 2-28 所示。

2. 输入销售退货单

(1) 执行"销售发货"|"退货单"命令,打开"退货单"窗口。

(2) 单击"增加"按钮,系统自动显示"选择订单"窗口,单击"取消"。

(3) 单击工具栏上的"发货"按钮,弹出"选择发货单"窗口。单击"显示"按钮,选中云飞电子 2013 年 1 月 5 日的发货单打上"Y"标志,同时选中下部分打上"Y"标志。单击"确定"按钮,系统自动生成退货单,表体仓库为"成品仓库",

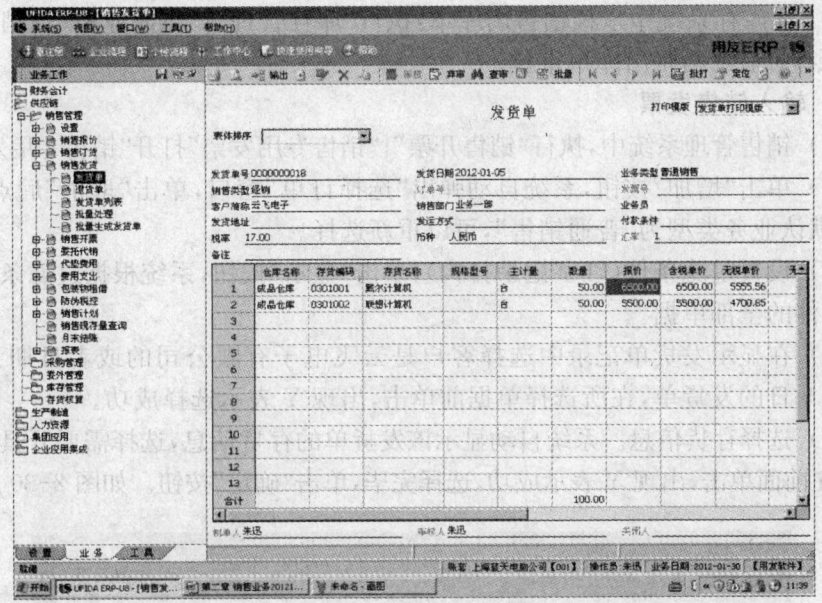

图 2-28 发货单

并修改退货日期 2013 年 1 月 10 日,货品"联想计算机",数量"－10"台,单击"保存"和"审核"按钮,如图 2-29 所示。

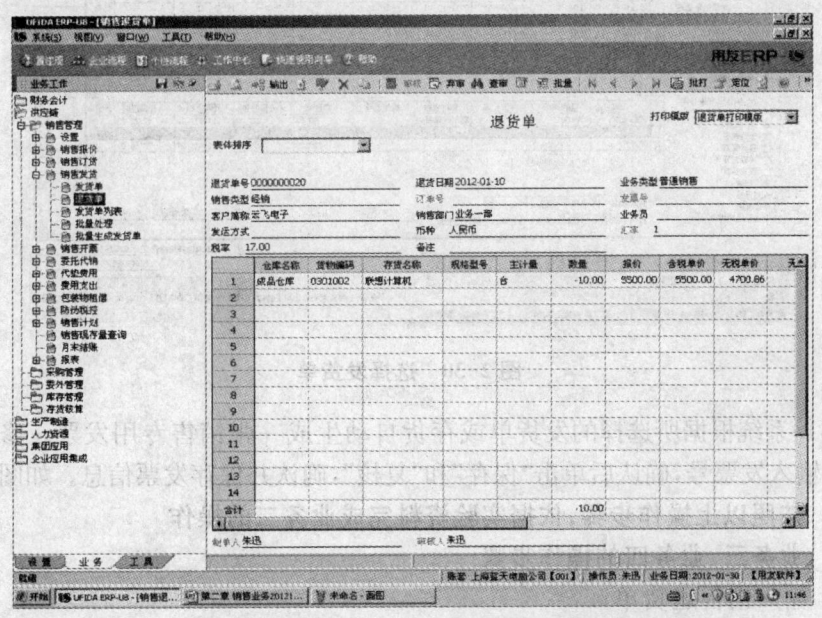

图 2-29 退货单

（4）在库存系统中审核销售出库单：执行"库存管理"|"出库业务"|"销售出库单"命令，对蓝红两张出库单审核。

3. 输入销售发票

（1）销售管理系统中，执行"销售开票"|"销售专用发票"打开"销售专用发票"。

（2）单击"增加"按钮，系统自动弹出"选择订单"窗口，单击"取消"后点击"发货"。默认业务类型为"普通销售"，可以重新选择。

（3）设置过滤条件（红字记录打钩），单击"显示"按钮，系统根据过滤条件显示符合条件的全部单据。

（4）在显示发货单记录中选择客户是云飞电子有限公司的或者日期为 2013 年 1 月 5 日的发货单，在所选择单据前单击，出现 Y 表示选择成功。

（5）选择存货信息。系统自动显示该发货单的存货信息，选择需要开具发票的存货，在前面单击，出现 Y 表示成功，选择完毕，单击"确定"按钮。如图 2-30 所示。

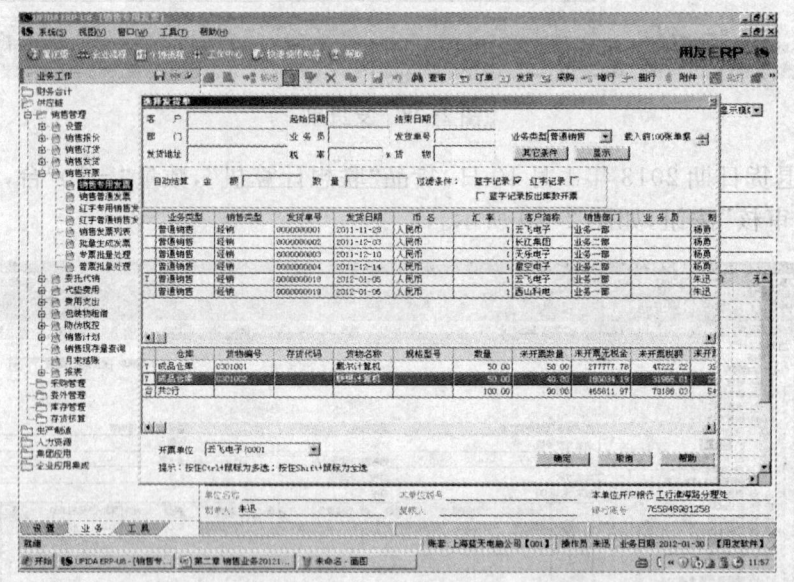

图 2-30　选择发货单

（6）系统根据所选择的发货单或存货自动生成一张销售专用发票。修改发票日期并输入发票号，确认后单击"保存"和"复核"，确认并保存发票信息。如图 2-31。

4. 按照以上操作步骤，依据实验资料完成业务二的操作

5. 业务三、业务四的操作步骤

1）输入销售退货单

（1）执行"销售发货"|"退货单"命令，打开"退货单"窗口。

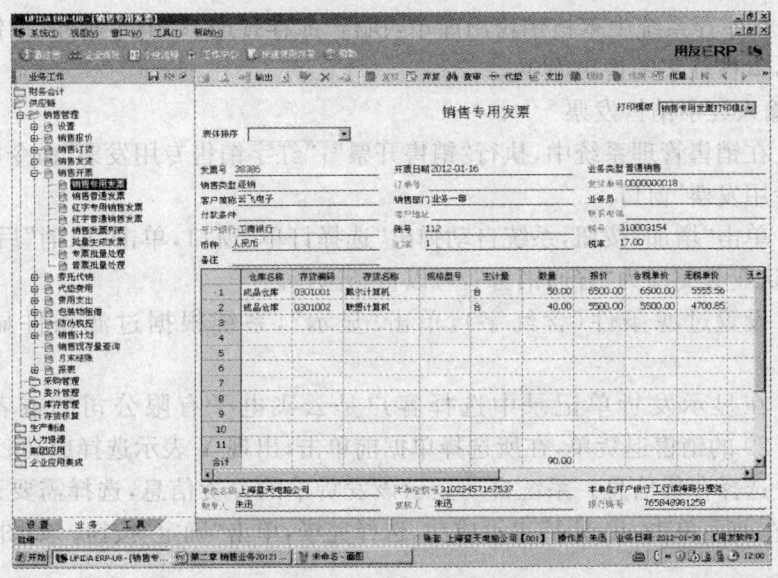

图 2-31 销售专用发票

（2）单击"增加"按钮，系统自动显示"选择订单"窗口，单击"显示"按钮，选中云飞电子 2013 年 1 月 16 日的销售订单打上"Y"标志，同时选中下部分打上"Y"标志。单击"确定"按钮，系统自动生成退货单，表体仓库为"成品仓库"，货品为 2 台"戴尔计算机"，并修改退货日期 2013 年 1 月 29 日，单击"保存"和"审核"按钮，如图 2-32 所示。

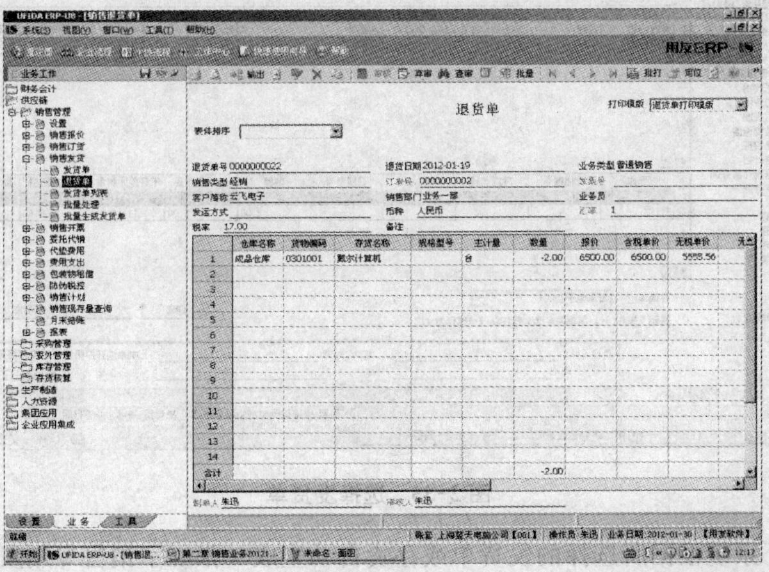

图 2-32 退货单

（3）在库存系统中审核销售出库单：执行"库存管理"|"出库业务"|"销售出库单"命令，审核红字销售出库单。

2）输入红字销售发票

（1）在销售管理系统中，执行"销售开票"|"红字销售专用发票"命令，打开"红字销售专用发票"窗口。

（2）单击"增加"按钮，系统自动弹出"选择订单"窗口，单击"取消"后点击"发货"。默认业务类型为"普通销售"，可以重新选择。

（3）设置过滤条件（含红字），单击"显示"，系统根据过滤条件显示全部单据。

（4）在显示发货单记录中选择客户是云飞电子有限公司的或者日期为2013.01.29的销售退货单，在所选择单据前单击，出现Y表示选择成功。

（5）选择存货信息。系统自动显示该发货单的存货信息，选择需要开具发票的存货，在前面单击，出现Y表示成功，选择完毕，单击"确定"按钮。如图2-33。

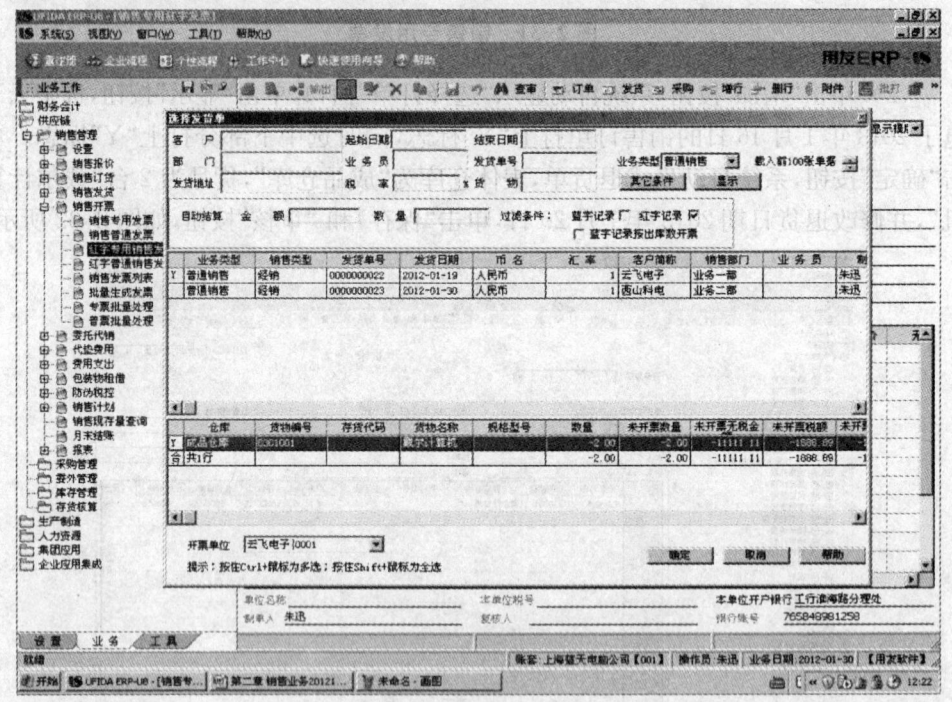

图2-33　选择发货单

（6）系统根据所选择的发货单或存货自动生成一张红字销售专用发票。修改发票日期并输入发票号，确认后单击"保存"和"复核"按钮，确认并保存发票信息。

如图 2-34 所示。

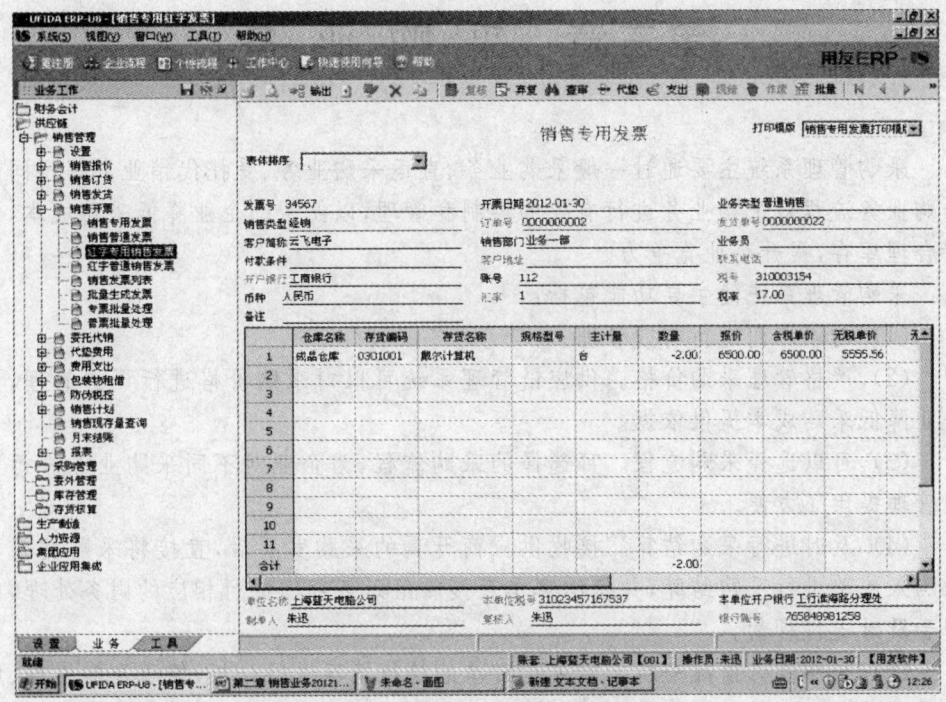

图 2-34 红字销售专用发票

6. 按照以上操作步骤,依据实验资料完成业务四的操作

7. 账套备份

(1) 在 D:\账套备份文件夹第二章 销售业务中新建"实验五 销售退货业务"文件夹。

(2) 将账套输出至"实验五 销售退货业务"文件夹中。

第三章 采购业务

采购管理系统主要通过一般采购业务、直运采购业务、受托代销业务等不同的采购业务流程对采购业务进行有效的控制和管理，以便帮助企业降低采购成本，保持合理库存，提升企业竞争力。

采购管理系统的主要功能包括：

（1）对供应商进行有效管理。

（2）严格管理采购价格。供应链管理系统可以对采购价格进行严格管理，为企业降低采购成本提供依据。

（3）可以选择采购流程。可选择的采购流程，为企业对不同采购业务进行不同管理提供了方便。

（4）及时进行采购结算。接收供应商开具的采购发票后，直接将采购发票与采购入库单进行采购结算，并将结算单直接转给财务部门进行相应的财务处理，以便于及时支付货款。

（5）采购执行情况分析。对采购订单的执行情况进行分析，便于及时发现、解决采购过程中出现的问题。以便于及时组织采购，保证生产顺利进行，并能保持较低的库存，为降低成本提供保证。

实验一 一般采购业务

【实验准备】

引入 D:\账套备份\第二章销售业务\实验五 销售退货业务，将系统日期修改为"2013 年 1 月 1 日"，注册进入"企业应用平台"。

【实验目的与要求】

● 掌握采购业务的一般流程
● 录入或生成请购单、采购订单、采购到货单、采购入库单等普通采购业务单据，并进行审核确认
● 录入或生成采购发票

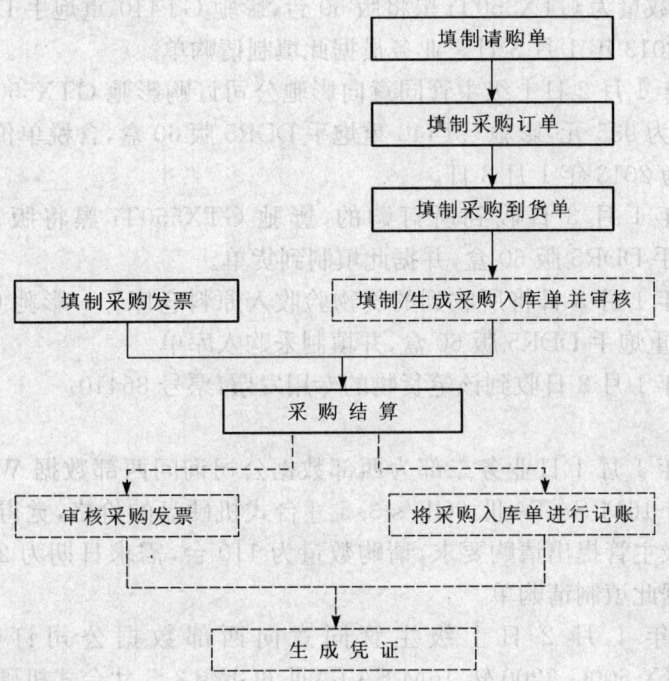

● 进行采购结算

【实验资料】

业务一：

● 2013 年 1 月 1 日业务一部为华硕电脑公司询问水星 MW150R 150M 无线路由器的价格，觉得价格合适，随后向公司上级主管提出请购要求，请购数量为 250 台，需求日期为 2013 年 1 月 3 日。业务员据此填制请购单。

● 2013 年 1 月 2 日上级主管同意向华硕电脑公司订购水星 MW150R 150M 无线路由器 250 盒，含税单价为 69 元，要求到货日期为 2013 年 1 月 3 日。

● 2013 年 1 月 3 日收到所订购的水星 MW150R 150M 无线路由器 250 盒，并据此填制到货单。

● 2013 年 1 月 3 日将所收到的货物验收入外购品仓库，水星 MW150R 150M 无线路由器 250 盒，并填制采购入库单。

● 2013 年 1 月 3 日收到该笔货物的专用发票，票号 86310。

业务二：

● 2013 年 1 月 1 日业务一部为影驰公司询问影驰 GTX550Ti 黑将版的价格，影驰 GT440 重炮手 DDR5 版的价格，觉得价格合适，随后向公司上级主管提出请购要求,请购数量为 GTX550Ti 黑将版 50 台,影驰 GT440 重炮手 DDR5 版 60 台需求日期为 2013 年 1 月 3 日。业务员据此填制请购单。

● 2013 年 1 月 2 日上级主管同意向影驰公司订购影驰 GTX550Ti 黑将版 50盒,含税单价为 935 元,影驰 GT440 重炮手 DDR5 版 60 盒,含税单价为 700 元,要求到货日期为 2013 年 1 月 3 日。

● 2013 年 1 月 3 日收到所订购的,影驰 GTX550Ti 黑将版 50 盒及影驰GT440 重炮手 DDR5 版 60 盒,并据此填制到货单。

● 2013 年 1 月 3 日将所收到的货物验收入原料仓库——影驰 GTX550Ti 黑将版 50 盒及重炮手 DDR5 版 60 盒,并填制采购入库单。

● 2013 年 1 月 3 日收到该笔货物的专用发票,票号 86410。

业务三:

● 2013 年 1 月 1 日业务二部为西部数据公司询问西部数据 WD5000AAKX500G 7200 转 16M SATAⅢ 6Gb/s 3.5 寸台式机硬盘的价格,觉得价格合适,随后向公司上级主管提出请购要求,请购数量为 110 台,需求日期为 2013 年 1 月 3日。业务员据此填制请购单。

● 2013 年 1 月 2 日上级主管同意向西部数据公司订购西部数据WD5000AAKX 500G 7200 转 16M SATAⅢ 6Gb/s 3.5 寸台式机硬盘 110 盒,含税单价为 537 元,要求到货日期为 2013 年 1 月 3 日。

● 2013 年 1 月 3 日收到所订购的西部数据 WD5000AAKX 500G 7200 转16M SATAⅢ 6Gb/s 3.5 寸台式机硬盘 110 盒,并据此填制到货单。

● 2013 年 1 月 3 日将所收到的货物验收入原料仓库——西部数据WD5000AAKX 500G 7200 转 16M SATAⅢ 6Gb/s 3.5 寸台式机硬盘 110 盒,填制采购入库单。

● 2013 年 1 月 3 日收到该笔货物的专用发票,票号 86510。

业务四:(暂估业务)

● 2013 年 1 月 1 日业务二部为华硕电脑公司询问华硕 P8H61 的价格,觉得价格合适,随后向公司上级主管提出请购要求,请购数量为 200 台,需求日期为 2013年 1 月 3 日。业务员据此填制请购单。

● 2013 年 1 月 2 日上级主管同意向华硕电脑公司订购华硕 P8H61,200 台,含税单价为 700 元,要求到货日期为 2013 年 1 月 3 日。

● 2013 年 1 月 3 日收到所订购的华硕 P8H61 内存 200 台。并填制到货单。

● 2013 年 1 月 3 日将所收到的货物验收入原料仓库——华硕 P8H61,200 台。并填制采购入库单。

业务五:(暂估业务)

● 2013 年 1 月 1 日业务二部向罗技公司询问罗技公司询问罗技(Logitech)经典 K100 键盘的价格,罗技(Logitech)M215 无线鼠标觉得价格合适,随后向公司上级主管提出请购要求,请购数量各为 200 个,需求日期为 2013 年 1 月 3 日。业务员据此填制请购单。

● 2013 年 1 月 2 日上级主管同意向罗技公司订购罗技(Logitech)经典 K100 键盘 200 个,含税单价 40;罗技(Logitech)M215 无线鼠标 200 个,含税单价 85,要求到货日期为 2013 年 1 月 3 日。

● 2013 年 1 月 3 日收到所订购的罗技公司订购罗技(Logitech)经典 K100 键盘 200 个;罗技(Logitech)M215 无线鼠标 200 个。并填制到货单。

● 2013 年 1 月 3 日将所收到的货物验收入原料仓库——罗技(Logitech)经典 K100 键盘 200 个,罗技(Logitech)M215 无线鼠标 200 个。并填制采购入库单。

业务六:(暂估业务)

● 2013 年 1 月 5 日业务二部问先锋公司询问酷冷至尊 毁灭者的价格觉得价格合适,随后向公司上级主管提出请购要求,请购数量为 200 个,需求日期为 2013 年 1 月 9 日。业务员据此填制请购单。

● 2013 年 1 月 5 日上级主管同意向先锋公司订购酷冷至尊 毁灭者 200 个,单价 436 元,要求到货日期为 2013 年 1 月 9 日。

● 2013 年 1 月 9 日收到所订购的酷冷至尊 毁灭者 200 个。并填制到货单。

● 2013 年 1 月 9 日将所收到的货物验收入原料仓库—酷冷至尊 毁灭者 200 个,并填制采购入库单。

业务七:(收到期初发票)

● 2013 年 1 月 5 日收到西部数据公司提供的上月已验收入库的 100 盒 WD5000AAKX 500G 7200 转 16M SATAⅢ 6Gb/s 3.5 寸台式机硬盘的专用发票一张,票号为 48210,发票无税单价为 459 元。并结算。

业务八:(收到期初发票)

● 2013 年 1 月 5 日收到英特尔公司提供的上月已验收入库的 60 盒奔腾 G620 芯片的专用发票一张,票号为 49210,发票无税单价为 395 元。并结算。

业务九:(收到期初发票)

● 2013 年 1 月 6 日收到三星公司提供的上月已验收入库的 70 盒三星 S19A100N 显示器的专用发票一张,票号为 46211,发票无税单价为 770 元。并结算。

业务十:(收到期初发票)

● 2013 年 1 月 7 日收到华硕公司提供的上月已验收入库的 90 盒华硕 P8H61 的专用发票一张,票号为 47211,发票无税单价为 599 元。并结算。

业务十一:(收到期初发票)

● 2013 年 1 月 7 日收到爱普生公司提供的上月已验收入库的 40 盒 LQ-630K 针式打印机的专用发票一张,票号为 36211,发票无税单价为 1 498 元。并结算。

【实验指导】(以下操作,用自己的姓名进行操作)

1. 输入请购单

执行"设置/单据设置/单据格式设置/采购管理/采购请购单/显示/采购请购单",单击右键选择表体项目,勾选"含税单价"后保存。

(1) 在"业务"选项卡中,执行"供应链"|"采购管理"命令,打开采购管理系统。

(2) 执行"请购"|"请购单"命令,打开"采购请购单"窗口。

(3) 单击"增加"按钮,依据实验资料录入相关信息。表头:部门为业务一部,业务员。表体:存货为水星 MW150R 150M 无线路由器,数量 250,含税单价 69,需求日期 2013 年 1 月 3 日,单击"保存"和"审核"按钮,结果如图 3-1 所示。

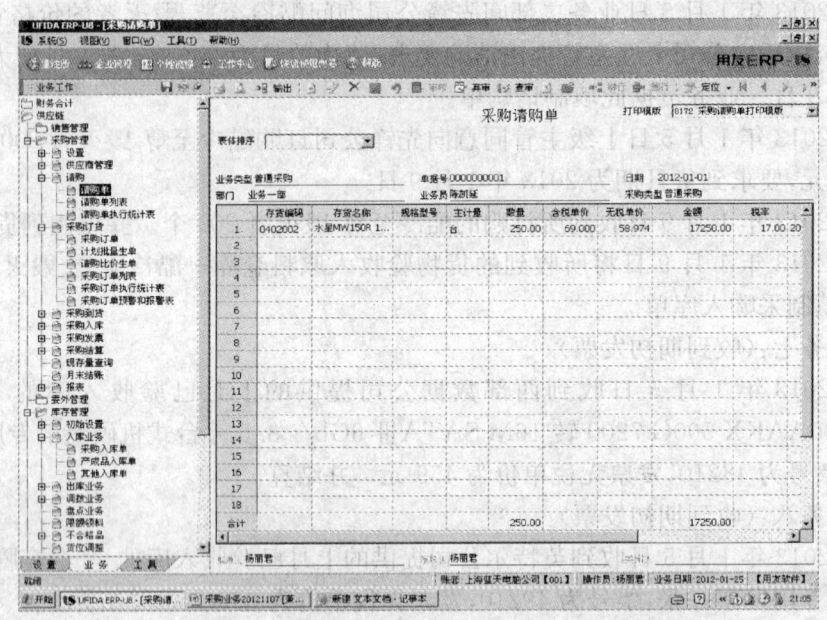

图 3-1 "采购请购单"窗口

提示:

● 请购单的制单人与审核人可以为同一人。审核后的请购单不能直接修改。

● 如果要修改审核后的请购单,需要先"弃审",再修改,修改后单击"保存"按钮确认并保存修改信息。

● 没有审核的请购单可以直接删除;已经审核的请购单需要先"弃审",然后才能"删除"。

● 查询采购请购单,可以查看"请购单列表"。在列表中,双击需要查询的单据,可以打开该请购单。也可以在此执行"弃审"、"删除"操作。

2. 输入采购订单

(1)在采购管理系统中,执行"采购订货"|"采购订单",打开"采购订单"窗口。

(2)单击"增加"按钮,修改订单日期为 2013 年 1 月 2 日。表体任意位置单击鼠标右键,选择拷贝采购请购单,如图 3-2 所示。

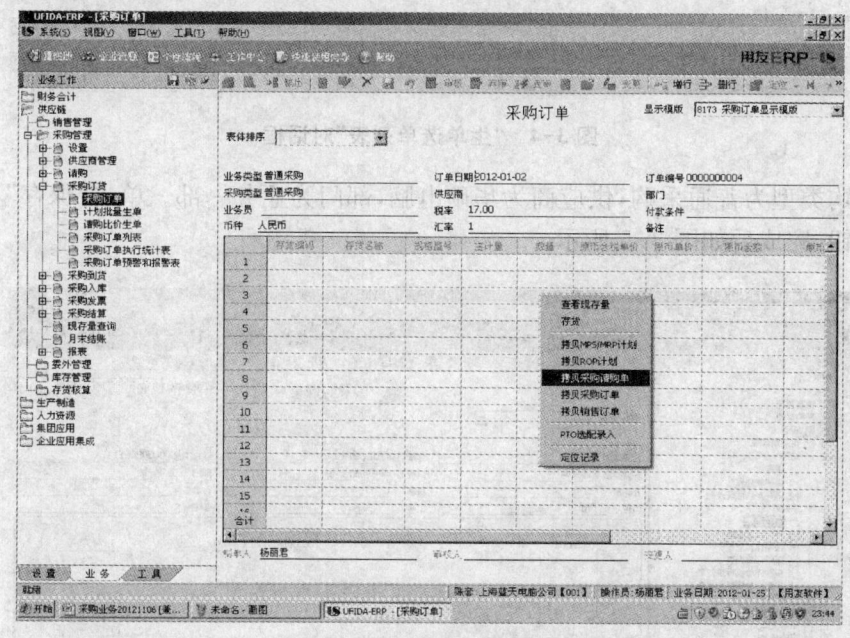

图 3-2 "采购订单"窗口

(3)执行"拷贝采购请购单"命令,打开"过滤条件"窗口。如图 3-3 所示。

(4)单击"过滤"按钮,打开"生单选单列表"对话框,双击鼠标左键选中需要拷贝的请购单,即打上"Y"选中标志,如图 3-4 所示。

(5)单击"确定"按钮,选中的"请购单"资料自动传递到采购订单中,依据实验资料录入相关信息。表

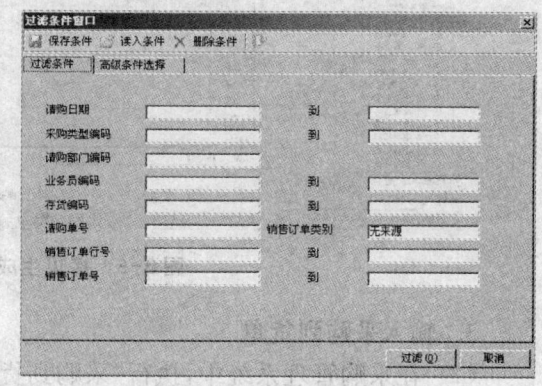

图 3-3 过滤条件窗口

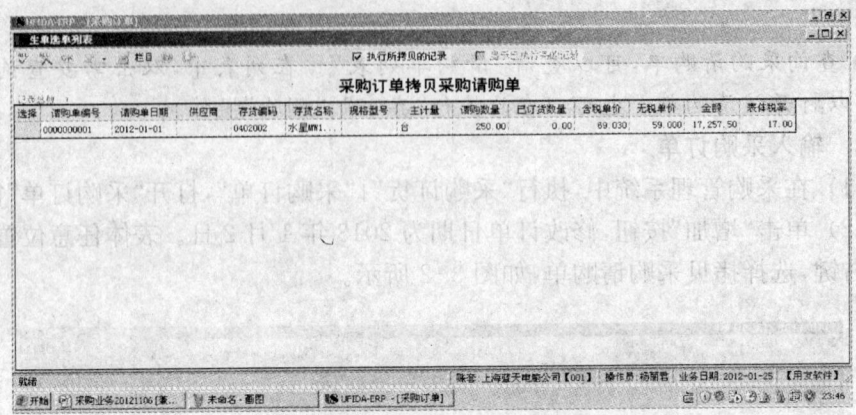

图 3-4　"生单选单列表"对话框

头：采购类型为普通采购，供应商为华硕电脑，部门为业务一部。单击"保存"和"审核"按钮，完成后如图 3-5 所示。

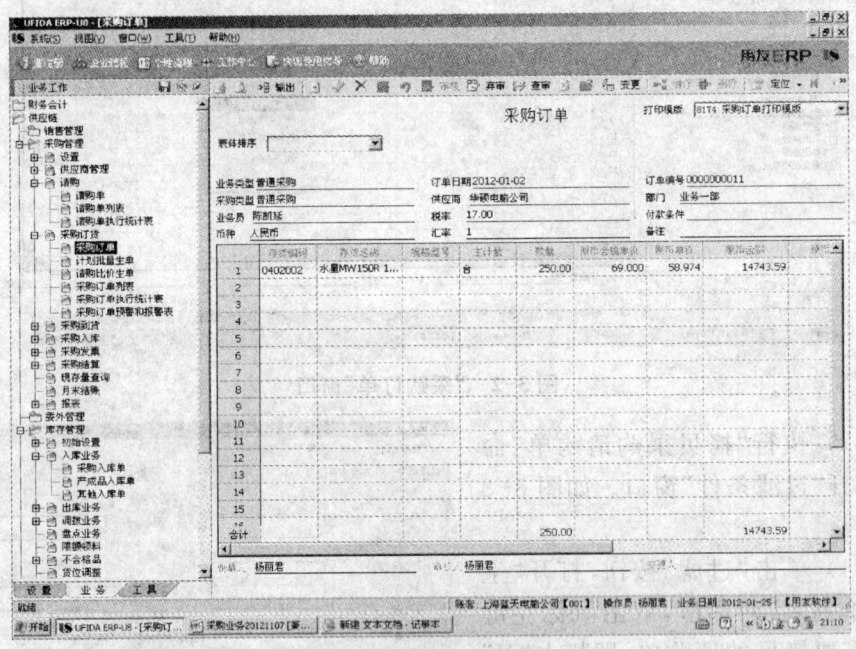

图 3-5　拷贝生成采购订单

3. 输入采购到货单

（1）在采购管理系统中，执行"采购到货"｜"到货单"命令，打开"到货单"窗口。

（2）单击"增加"按钮，新增一张"到货单"，在表体任何栏目位置，单击鼠标右键,执行"拷贝采购订单"命令,单击"过滤"按钮,系统弹出"生单选单列表"窗口。

（3）在"生单选单列表"中选中所选的采购订单,单击"确定"按钮,系统自动生成到货单,确认"采购类型"为"普通采购"。

（4）单击"保存"按钮。根据采购订单生成的采购到货单如图3-6所示。

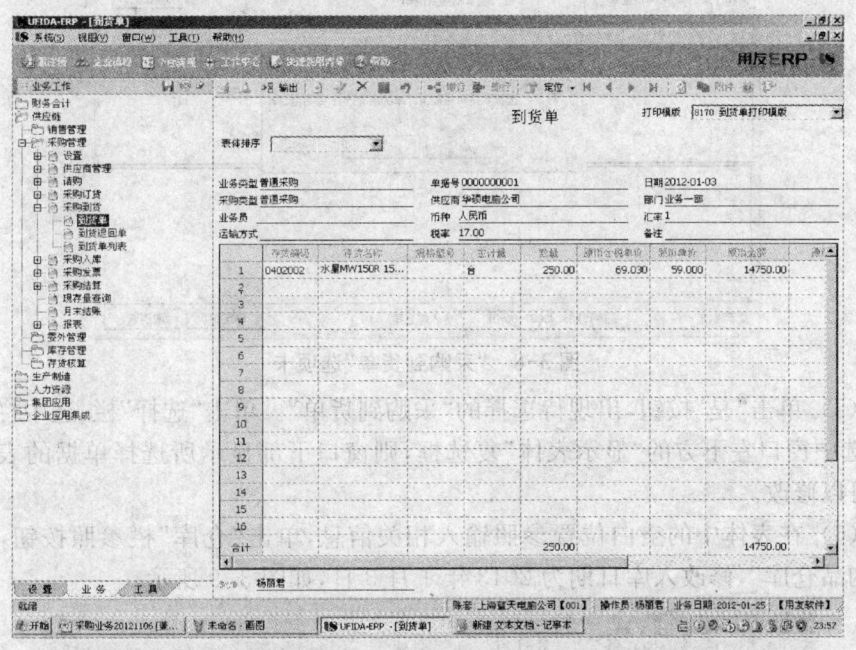

图3-6 采购到货单

4. 在库存管理系统中输入采购入库单

（1）单击"重注册"按钮,按业务采购入库日期登录。

（2）在库存管理系统中,执行"入库业务"|"采购入库单"命令,打开"采购入库单"窗口。

（3）单击"生单"按钮,打开"选择采购订单或采购到货单"对话框,如图3-7所示。

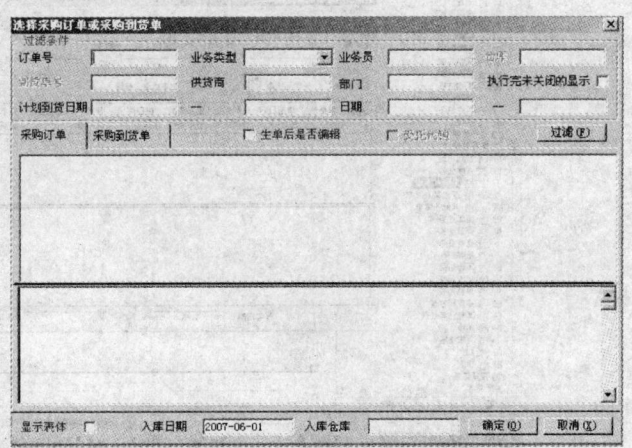

图3-7 "选择采购订单或采购到货单"对话框

（4）打开"采购到货单"选项卡，系统提示如图3-8所示。

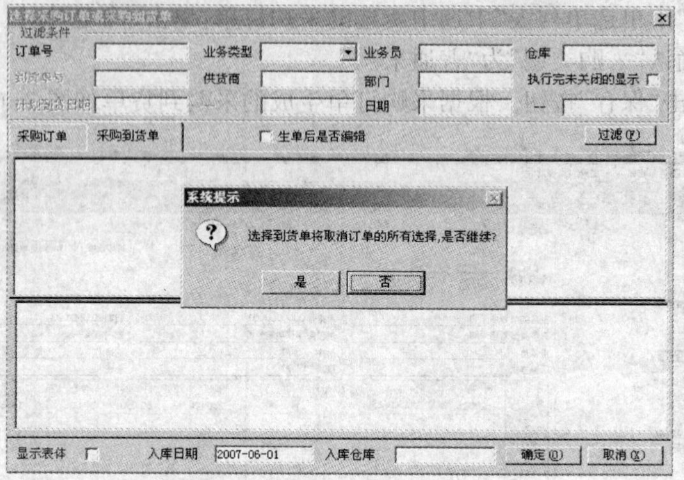

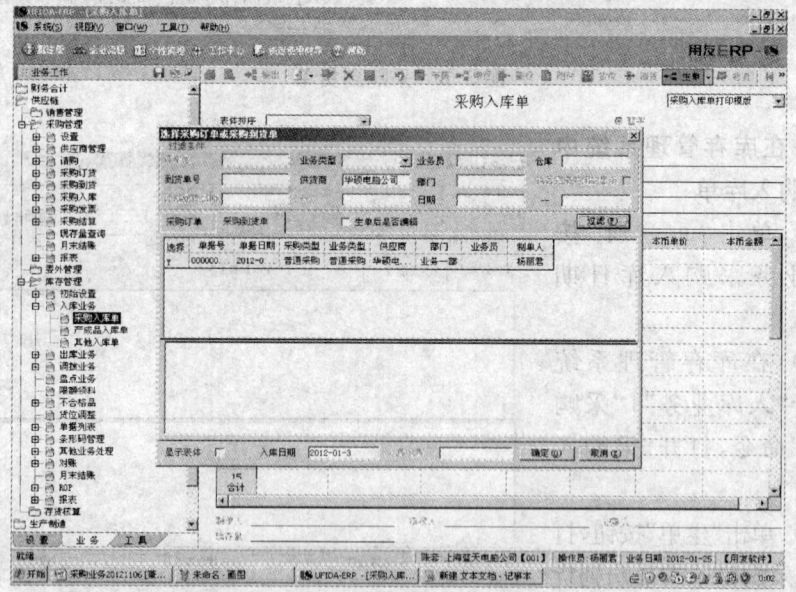

图3-8　"采购到货单"选项卡

（5）单击"是"按钮，出现待选择的"采购到货单"。单击"选择"栏，选中栏出现Y。选中窗口左下方的"显示表体"复选框，则窗口下部显示所选择单据的表体记录，可以修改。

（6）在表体中的空白位置参照输入相关信息，单击"仓库"栏参照按钮，选择"外购品仓库"，修改入库日期为2013年1月3日，如图3-9所示。

图3-9　生单单据选择

（7）单击"确定"按钮。系统提示"确定要生单吗?"。单击"是"按钮,则系统检查合法性。如果合法,则根据参照单据生成采购入库单,否则提示警告信息。

（8）系统显示生成的采购入库单,如图 3-10 所示。可以对生成的采购入库单进行有限的修改。

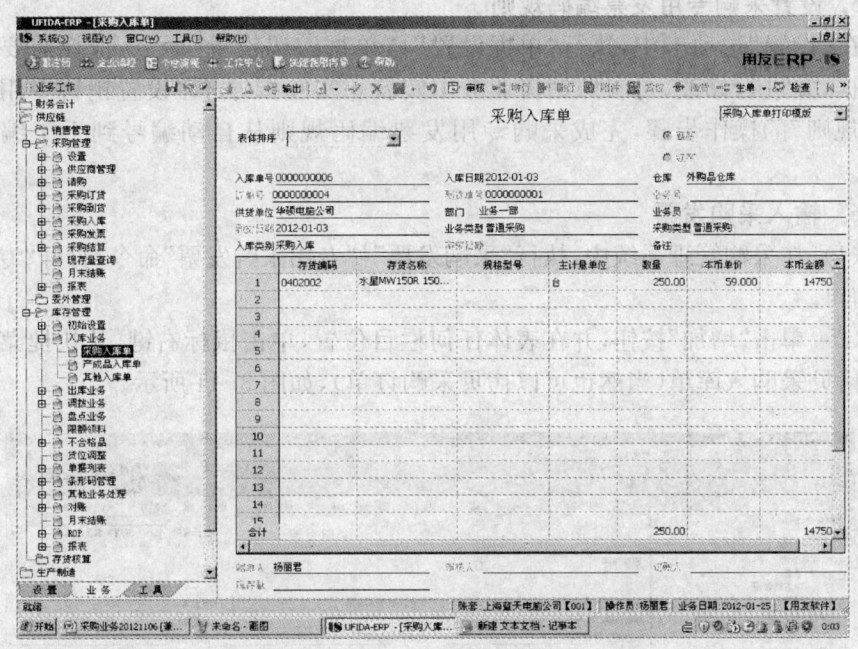

图 3-10　采购入库单

（9）审核采购入库单

提示:

● 采购入库单必须在库存管理系统录入或生成。

● 在库存管理系统录入或生成的采购入库单,可以在采购管理系统查看,但不能修改或删除。

● 如果需要手工录入采购入库单,则在库存管理系统打开采购入库单窗口是,单击"增加"按钮,可以直接录入采购入库单信息。

● 如果在采购选项中设置了"普通业务必有订单",则采购入库单不能手工录入,只能参照生成。如果需要手工录入采购入库单,则需要先取消"普通业务必有订单"选项。

● 采购入库单可以拷贝采购订单生成,也可以拷贝采购到货单生成。如果拷贝采购订单生成,则单击"生单"按钮,打开"过滤条件"窗口,选择单据后单击"确定"按钮,生成采购入库单。

● 根据上游单据拷贝生成下游单据后,上游单据不能直接修改、弃审。删除下游单据后,其上游单据才能执行"弃审"操作,弃审后才能修改。

● 查询采购入库单,可以在采购系统查看"采购入库单列表"。

5. 设置采购专用发票编码规则

在"设置"选项卡中,执行"单据设置"|"单据编码设置"命令,选择需要修改的单据,并进行修改,可参照销售业务中实验一实验指导4,"设置销售专用发票编码规则"的操作步骤,完成采购专用发票编码规则从自动编号到手工编号的修改。

6. 输入采购发票

(1) 在采购管理系统中,执行"采购发票"|"专用采购发票"命令,打开"专用发票"窗口。

(2) 单击"增加"按钮,并在表体任何栏目位置,单击鼠标右键,从快捷菜单中选择拷贝采购入库单(当然也可以拷贝采购订单),如图3-11所示。

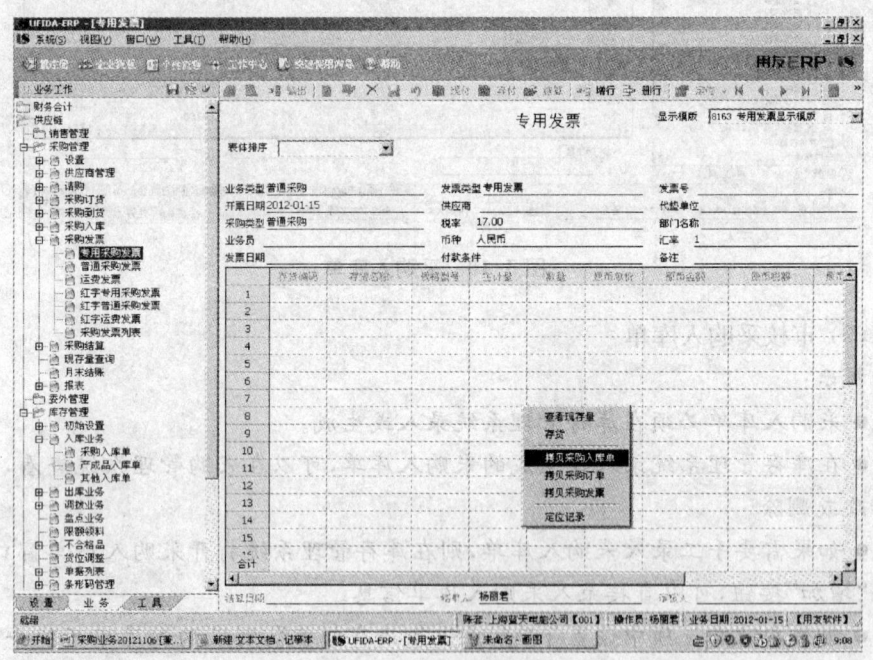

图3-11 拷贝采购入库单

(3) 执行"拷贝采购入库单"命令,打开"过滤条件"窗口。单击"过滤"按钮,系统显示"生单选单列表"。双击所要选择的采购入库单,选择显示"Y",如图3-12所示。

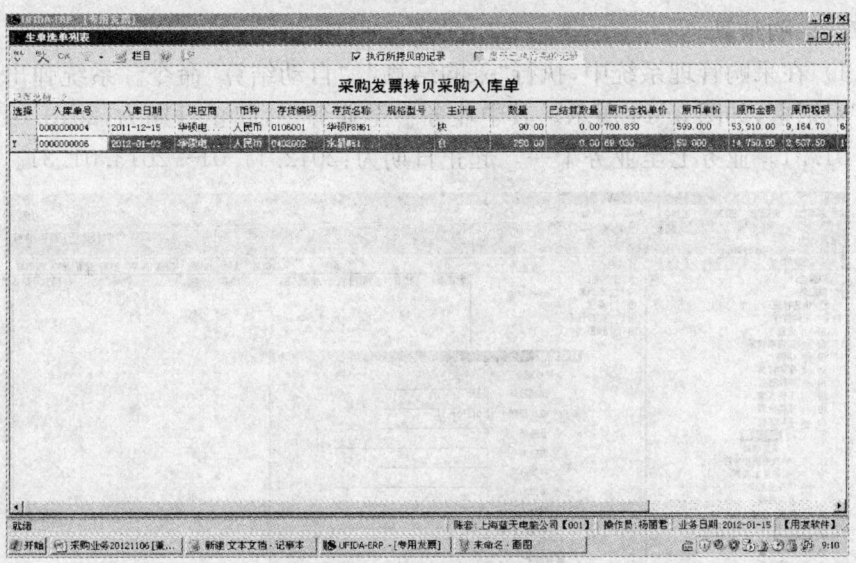

图 3-12　采购入库单列表

　　（4）单击"确定"按钮，系统将采购入库单自动传递过来，生成采购专用发票，依据实验资料输入相关信息。表头：发票号为 86310，采购类型为普通采购。单击"保存"，如图 3-13 所示。

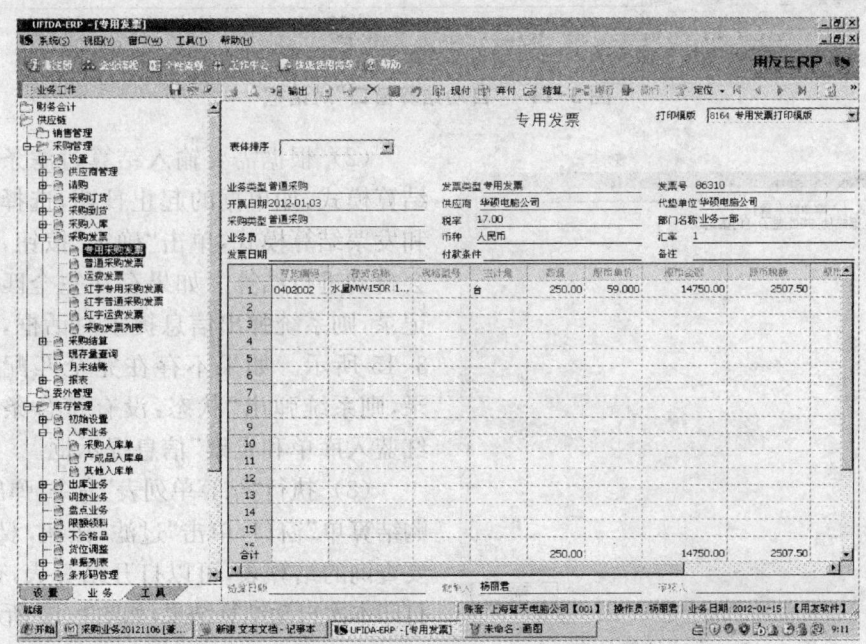

图 3-13　采购专用发票录入

7. 采购结算

（1）在采购管理系统中，执行"采购结算"|"自动结算"命令。系统弹出"自动结算"对话框，如图 3-14 所示。其中业务一至业务三，起止日期为：2013.01.01—2013.01.31。业务七至业务十一。起止日期为：2012.11.01—2013.01.31。

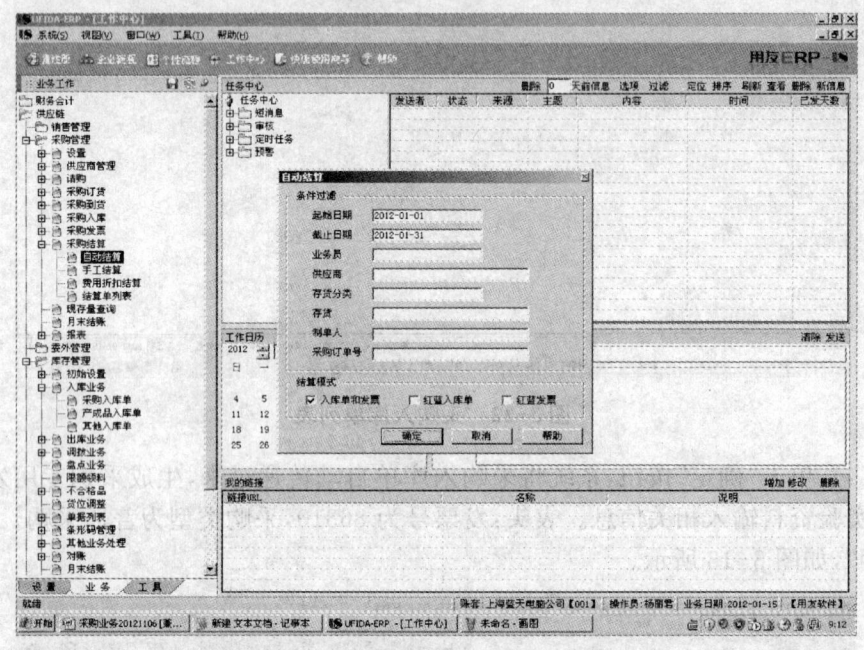

图 3-14 "自动结算窗口"对话框

图 3-15 成功结算信息

（2）根据需要输入结算过滤条件和结算模式，如单据的起止日期，选择单据和发票结算模式，单击"确定"按钮，系统会自动进行结算。如果存在完全匹配的记录，则系统弹出信息提示对话框，如图 3-15 所示。如果不存在完全匹配的记录，则系统弹出"状态：没有符合条件的红蓝入库单和发票"信息提示框。

（3）执行"结算单列表"命令，弹出"采购结算单"窗口，单击"过滤"按钮，双击需要查询的结算表，可以打开结算表，查询、打印本次自动结算结果，如图3-16 所示。

（4）单击"退出"按钮，退出。

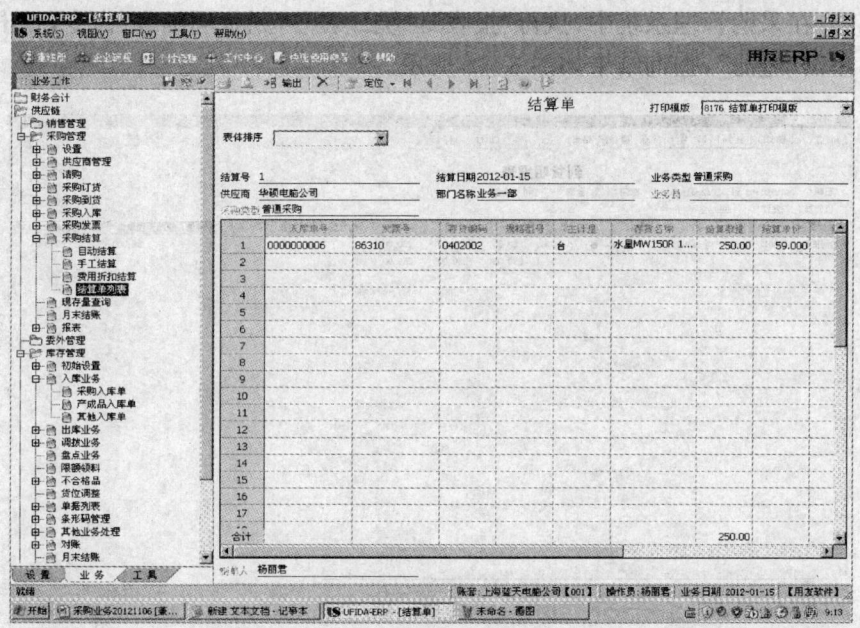

图 3-16 采购结算单

8. 查询账表

（1）在采购管理系统中，执行"采购订货"|"采购订单执行统计表"命令，弹出过滤界面，单击"过滤"，查询结果如图 3-17 所示。

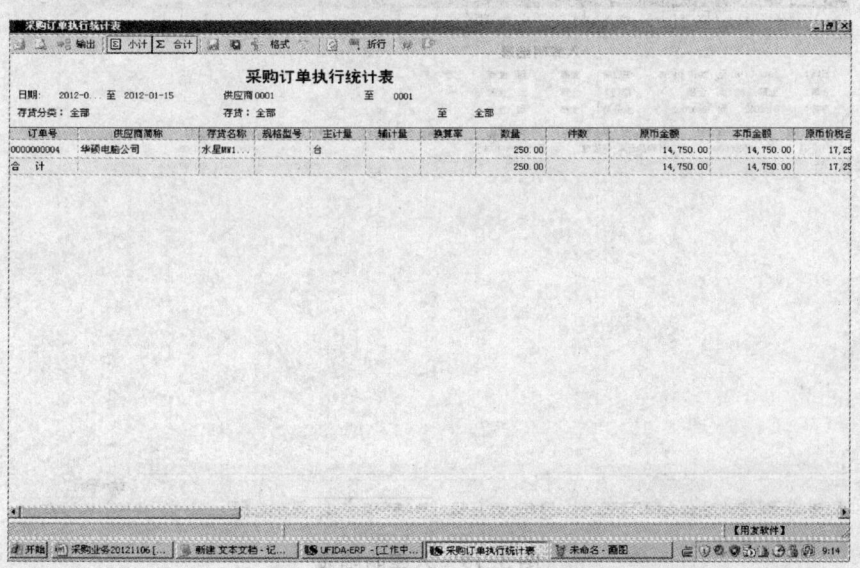

图 3-17 采购订单执行统计表

（2）在采购管理系统中，执行"报表"|"统计表"|"到货明细表"命令，弹出过滤界面，单击"过滤"，查询结果如图3-18所示。

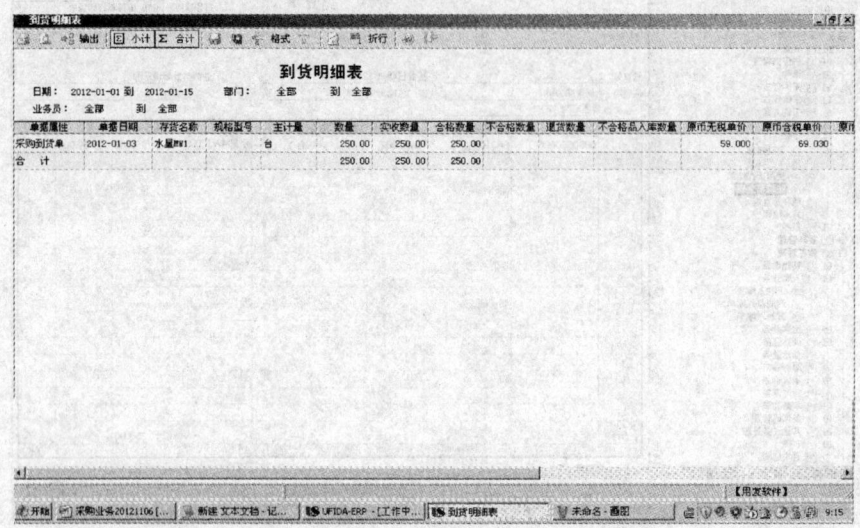

图3-18　到货明细表

（3）在采购管理系统中，执行"报表"|"统计表"|"入库明细表"命令，弹出过滤界面，单击"过滤"，查询结果如图3-19所示。

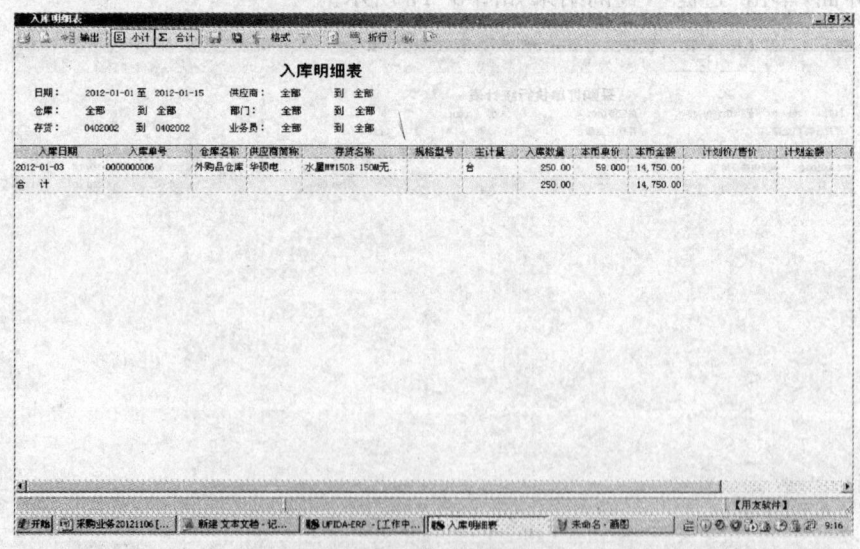

图3-19　入库明细表

（4）在采购管理系统中，执行"报表"|"统计表"|"采购明细表"命令，弹出过滤界面，单击"过滤"，查询结果如图 3-20 所示。

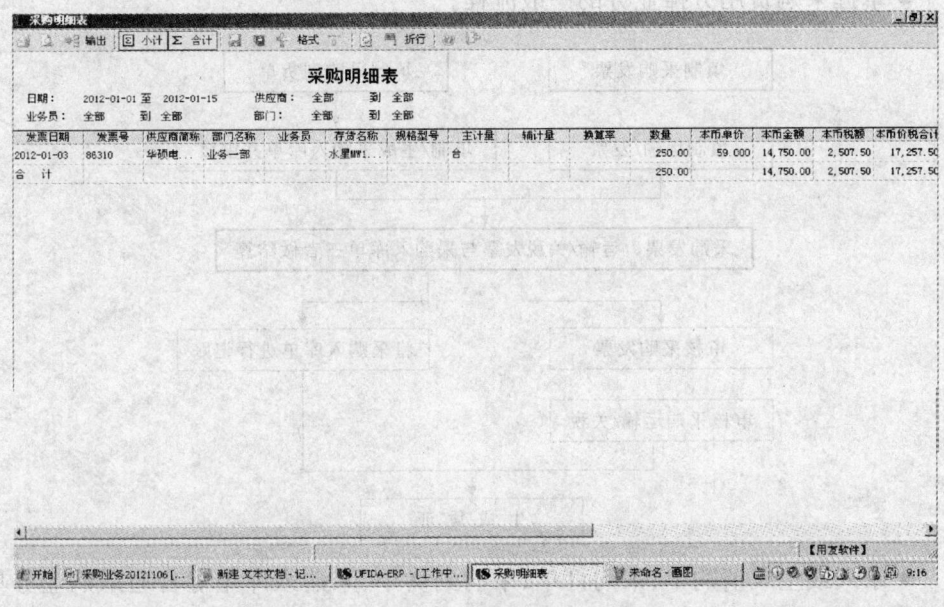

图 3-20　采购明细表

9. 按照以上操作步骤，依据实验资料完成业务二～十一的操作。其中：业务一～业务三执行 1～7 全部操作步骤；业务四～业务六为暂估业务，执行 1～4 操作步骤即可。业务七～业务十一为期初收票业务，执行 6～7 操作步骤

10. 账套备份

（1）在 D:\账套备份文件夹第三章　采购业务中新建"实验一　一般采购业务"文件夹。

（2）将账套输出至"实验一　一般采购业务"文件夹中。

实验二　采购费用分摊业务

【实验准备】

引入 D:\账套备份\第三章采购业务\实验一　一般采购业务，将系统日期修改为"2013 年 1 月 1 日"，注册进入"企业应用平台"。

【实验目的与要求】

● 掌握采购费用分摊业务的一般流程。

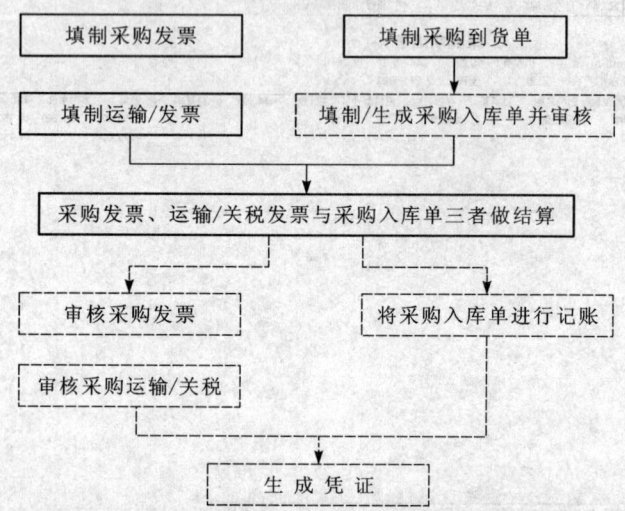

● 录入或生成请购单、采购订单、采购到货单、采购入库单等普通采购业务单据,并进行审核确认。

● 录入或生成采购发票。

● 进行采购结算。

【实验资料】

业务一:

● 2013 年 1 月 1 日业务一部向奔腾公司购买奔腾 G620,150 盒,原币含税单价为 463 元/盒,到货并验收入原料仓库。(手工输入到货单,参照生成采购入库单)同时收到专用发票一张,票号为 86012(参照生成发票)。另外,在采购的过程中,发生了一笔运输费 200 元,税率为 7%,收到相应的运费发票一张,票号为 5678,对以上两张发票进行手工结算。

业务二:

● 2013 年 1 月 2 日业务一部向奔腾公司购买 core i3 2120,100 盒,原币含税单价为 807 元/盒;Intel 酷睿 i7 2600,20 盒,原币含税单价为 2 223 元/盒到货并验收入原料仓库。同时收到专用发票一张,票号为 86015。另外,在采购的过程中,发生了一笔运输费 400 元,税率为 7%,收到相应的运费发票一张,票号为 6762。

业务三:

● 2013 年 1 月 3 日业务二部向昂达公司购买航嘉冷静王砖石超静音版,150 盒,原币含税单价为 304 元/盒,到货并验收入原料仓库。同时收到专用发票一张,票号为 86017。另外,在采购的过程中,发生了一笔运输费 150 元,税率为 7%,收到相应的运费发票一张,票号为 7890。

业务四:

● 2013 年 1 月 5 日业务二部向英特尔公司购买芯片 Intel 酷睿 i7 2600,100 个,单价为 302 美元/个,票号为 87017(税率为 0),到货并验收入原料仓库。关税为 19 026 元。(以运费发票形式填制,供应商为上海海关,税率为 0,存货名称为关税,票号为 7881)。

【实验指导】

1. 在采购系统中,填制到货单

(以下流程,用自己的姓名进行操作)

(1) 在采购管理系统中,执行"采购到货"|"到货单"命令,打开"到货单"窗口。

(2) 单击"增加"按钮,依据实验资料输入相关信息。表头:供应商为奔腾公司,部门为业务一部。表体:存货为奔腾 G620,150 盒,原币含税单价 463。单击"保存"按钮。如图 3-21 所示。

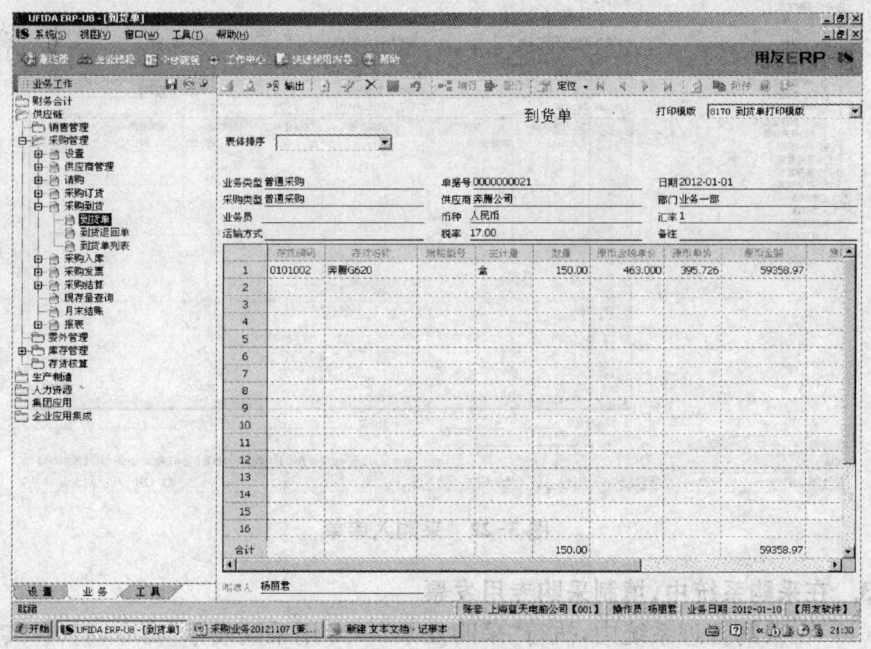

图 3-21 采购到货单

（3）单击"退出"按钮。

2．在库存系统中生成并审核采购入库单

（1）在库存管理系统中,执行"入库业务"|"采购入库单"命令,打开"采购入库单"窗口。

（2）单击"生单"按钮,打开"选择采购订单或采购到货单"对话框,打开"采购到货单"选项卡,系统提示"选择到货单将取消订单的所有选择,是否继续?"。单击"是"按钮,并单击"过滤",出现待选择的"采购到货单"。单击"选择"栏,选中栏出现 Y。选中窗口左下方的"显示表体"复选框,则窗口下部显示所选择单据的表体记录,可以修改。

（3）依据实验资料输入相关信息。在表体中的空白位置单击"仓库"栏参照按钮,选择"原料仓库",单击"确定"按钮。系统弹出"确定要生单吗?"信息提示对话框。单击"是"按钮,则系统检查合法性。如果合法,则根据参照单据生成采购入库单,否则提示警告信息。

（4）系统显示生成的采购入库单,可进行有限的修改,单击"审核"按钮,如图3-22所示。

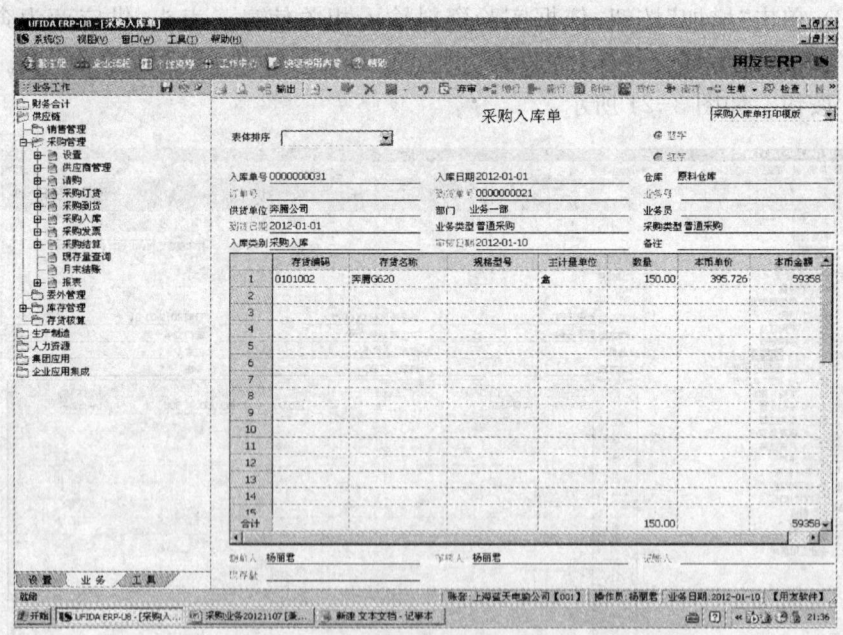

图 3-22 采购入库单

3．在采购系统中,填制采购专用发票

（1）在采购管理系统中,执行"采购发票"|"专用采购发票"命令,打开"专用发

票"窗口。

（2）单击"增加"按钮，在表体任何栏目位置，单击鼠标右键，从快捷菜单中选择拷贝采购入库单（当然也可以拷贝采购订单）。

（3）执行"拷贝采购入库单"命令，打开"过滤条件"窗口。单击"过滤"按钮，系统显示"生单选单列表"。双击所要选择的采购入库单，选择显示"Y"，并单击"确定"按钮，系统自动生成一张专用发票。依据实验资料输入相关信息。表头：发票号为86012。单击"保存"。如图3-23所示。

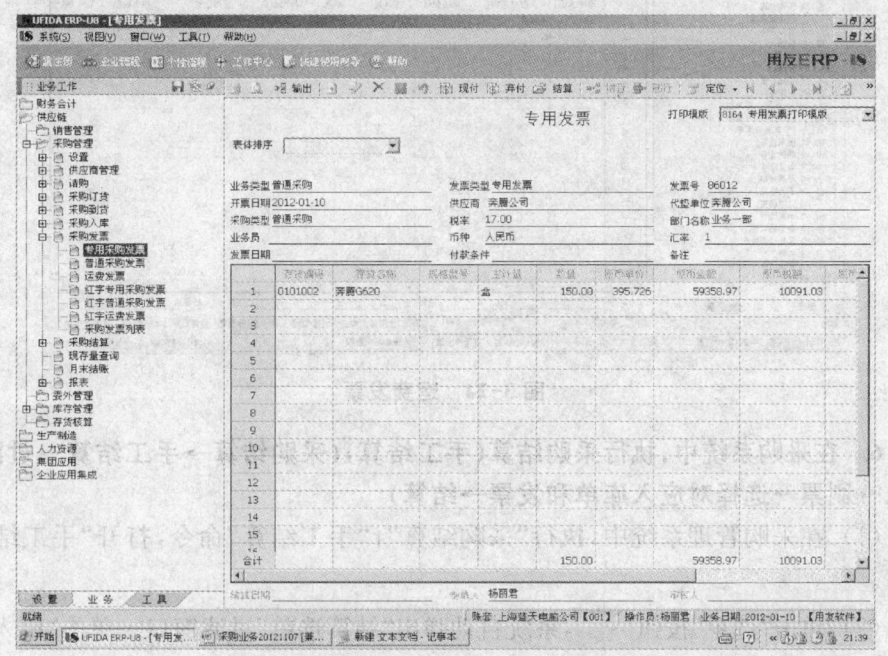

图3-23　采购专用发票

4. 设置采购运费发票编码规则

在"设置"选项卡中，执行"单据设置"|"单据编码设置"命令，选择需要修改的单据，并进行修改，可参照销售业务中实验一操作指导4，"设置销售专用发票编码规则"和"采购运费发票"的操作步骤，完成采购运费发票编码规则从自动编号到手工编号的修改。

5. 在采购系统中，填制运费发票

（1）在采购管理系统中，执行"采购发票"|"运输发票"命令。

（2）单击"增加"按钮，依据实验资料输入相关信息。表头：发票号为5678，供应商为奔腾公司，税率为7%。表体：存货为运输费，数量、单价为空，原币金额为

200,税率为 7%,单击"保存"按钮,如图 3-24 所示。

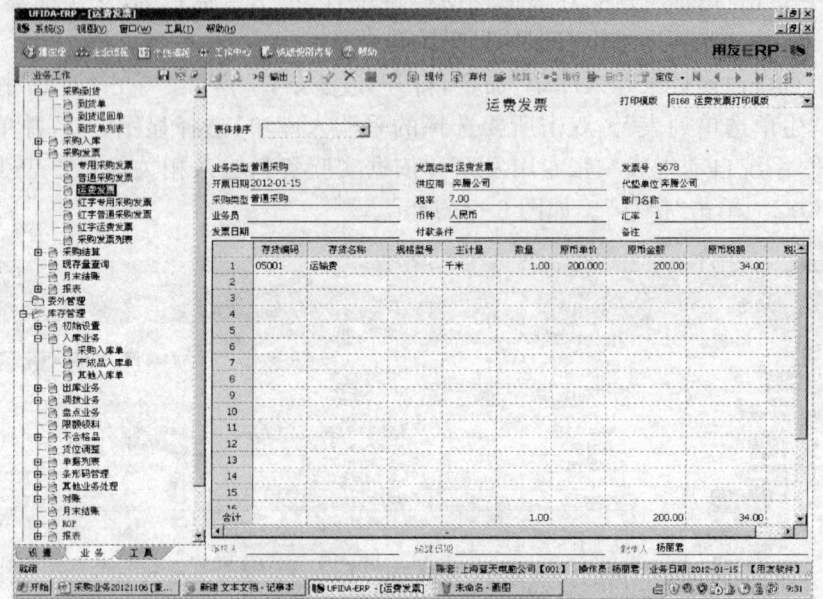

图 3-24 运费发票

6. 在采购系统中,执行采购结算(手工结算)(采购结算→手工结算→过滤→刷入→刷票→选择对应入库单和发票→结算)

(1) 在采购管理系统中,执行"采购结算"|"手工结算"命令,打开"手工结算"窗口。

(2) 单击"选单"按钮 🔽 ,系统自动弹出"结算选单"过滤窗口。单击"刷入"按钮,再单击"过滤"按钮,过滤出"采购入库单";单击"刷票"按钮,单击"过滤"按钮,过滤出"采购发票"、"运费发票"。选择采购入库单、采购发票和运费发票,如图 3-25 所示。

(3) 单击"确定"按钮,如图 3-26 所示。

(4) 单击"分摊"按钮,系统提示"是否按金额分摊","是",系统提示分摊完毕,"确定"。

(5) 再单击"结算"按钮,系统弹出"完成结算"按钮信息提示框点击"确定",完成采购入库单、采购发票和运费发票之间的结算。如图 3-27 所示。

(6) 查询结算单列表,可以查询到结算单。执行"业务"|"采购结算"|"结算单列表"命令,并单击"过滤",打开"采购结算单过滤条件"窗口。如图 3-28 所示。

(7) 单击"退出"按钮,退出。

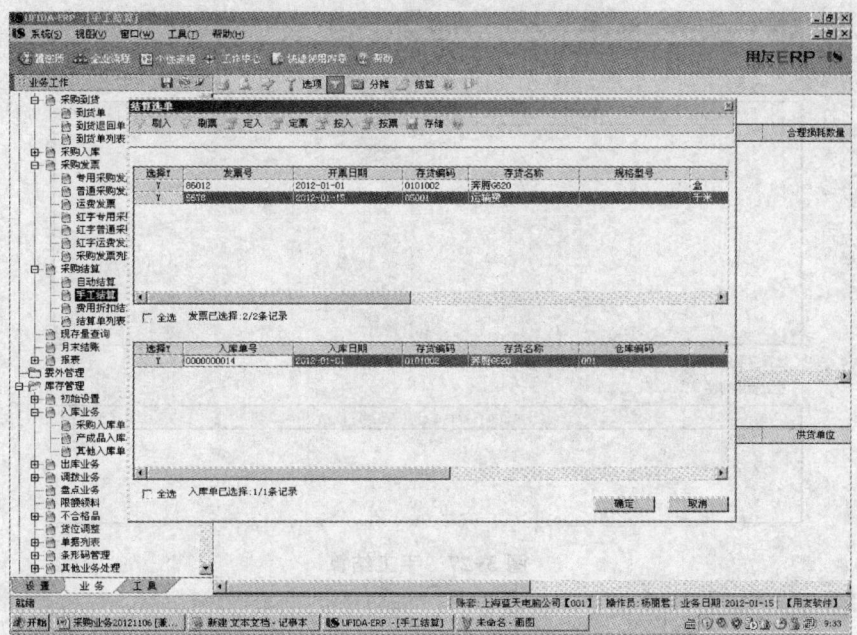

图 3-25 手工结算选单

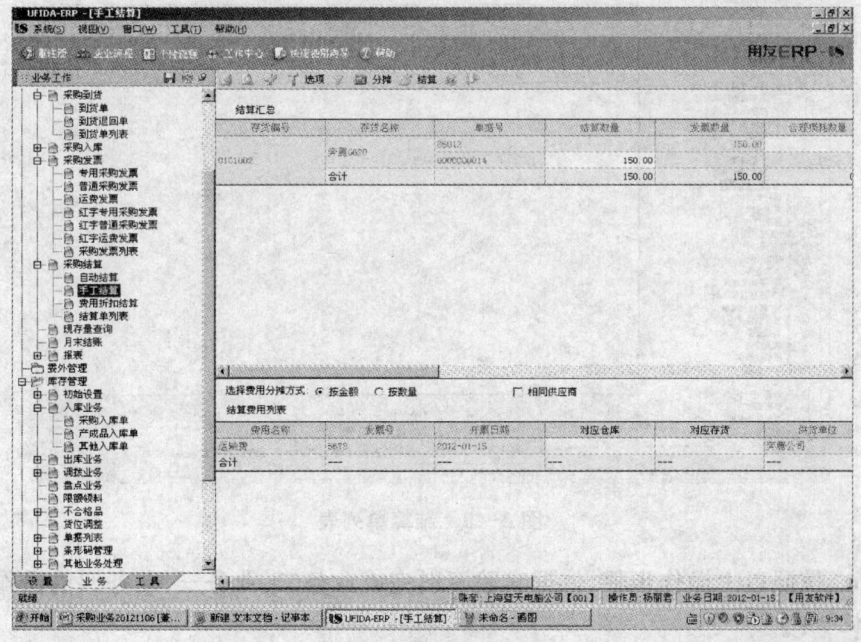

图 3-26 手工结算选票

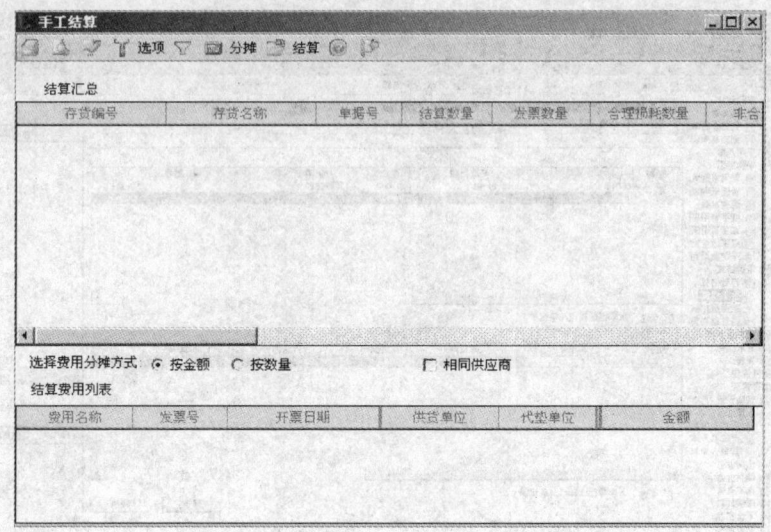

图 3-27 手工结算

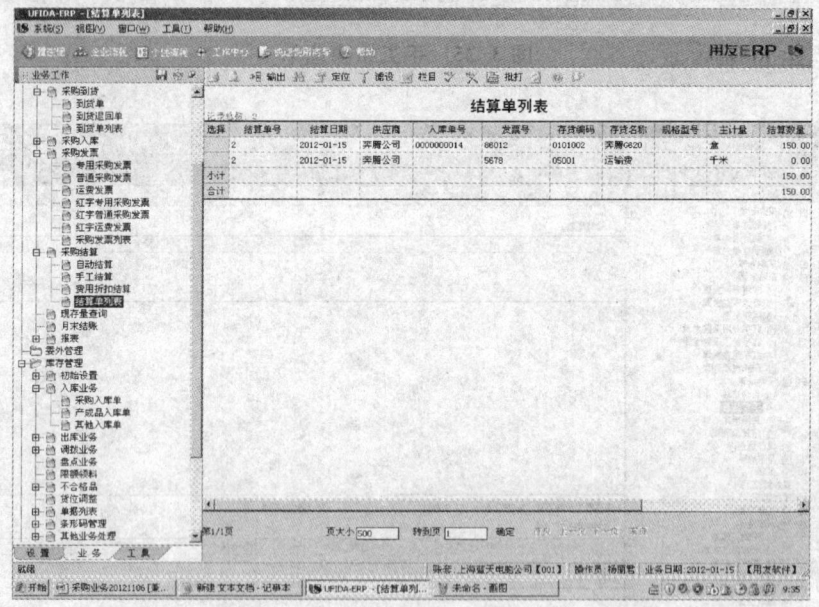

图 3-28 结算单列表

6. 按照以上操作步骤,依据实验资料完成业务二、业务三、业务四的操作

提示:

● 业务四为外币业务,所有单据表头项的币种均为美元。税率为 0。

● 采购运费发票只能手工录入,并将运输费用视为一项"存货"。

● 运费发票上如果载明是市外运输费,则可以按市外运输费的7%作为进项增值税处理,93%计入采购材料的成本。

● 采购订单、运输发票与采购发票之间只能通过手工结算完成采购结算。

● 采购运费可以按金额分摊,也可以按数量进行分摊。

● 采购结算后,由系统自动计算计算入库存货的采购成本。

7. 账套备份

(1) 在 D:\账套备份文件夹第三章 采购业务中新建"实验二 采购费用分摊业务"文件夹。

(2) 将账套输出至"实验二 采购费用分摊业务"文件夹中。

实验三 采购退货业务

【实验准备】

引入 D:\账套备份\第三章采购业务\实验二 采购费用分摊业务,将系统日期修改为"2013 年 1 月 1 日",注册进入"企业应用平台"。

【实验目的与要求】

● 掌握采购退货业务的一般流程。

● 未收到发票前的退货流程

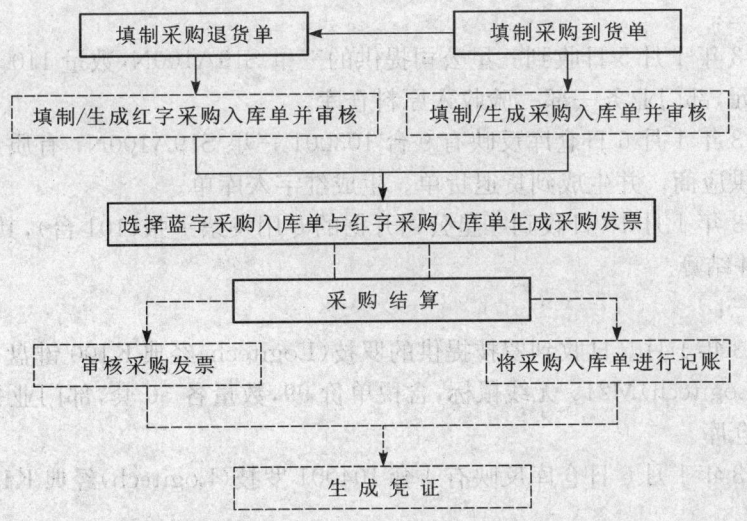

125

● 收到发票后产生的退货

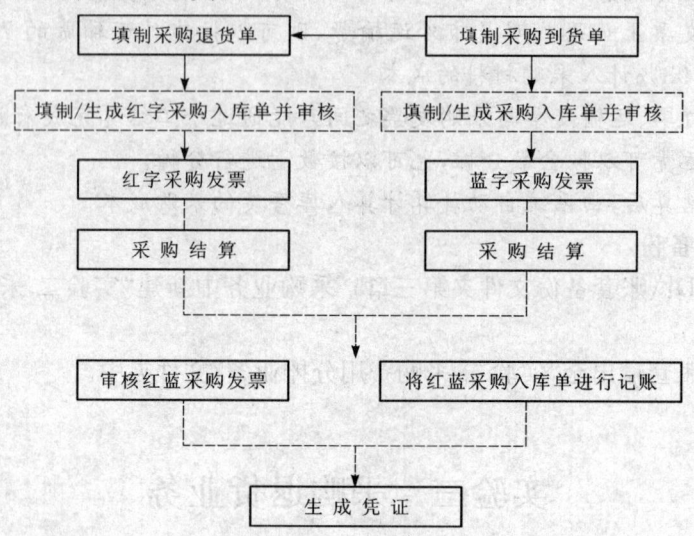

【实验资料】

业务一:

● 2013 年 1 月 5 日收到联想电脑公司提供的联想计算机,数量 202 套,含税单价为 5 265 元,部门业务一部。验收入成品仓库。

● 2013 年 1 月 6 日仓库反映有 2 台 301002 联想计算机,有质量问题,要求退回给供应商。并生成到货退货单。生成红字入库单。

● 2013 年 1 月 10 日收到联想电脑公司开据的专用发票一张(200 台),其发票号为 AS4408,并结算。

业务二:

● 2013 年 1 月 5 日收到三星公司提供的三星 S19A100N,数量 110 套,含税单价为 901 元,部门业务一部。验收入原料仓库。

● 2013 年 1 月 6 日仓库反映有 9 台 103001 三星 S19A100N,有质量问题,要求退回给供应商。并生成到货退货单。生成红字入库单。

● 2013 年 1 月 10 日收到三星公司开据的专用发票一张(101 台),其发票号为 AS6708,并结算。

业务三:

● 2013 年 1 月 5 日收到罗技提供的罗技(Logitech)经典 K100 键盘,含税单价 47;罗技(Logitech)M215 无线鼠标,含税单价 99,数量各 50 套,部门业务二部,验收入原料仓库。

● 2013 年 1 月 6 日仓库反映有 4 套 104001 罗技(Logitech)经典 K100 键盘和

4 套 105001 罗技（Logitech）M215 无线鼠标，有质量问题，要求退回给供应商。

● 2013 年 1 月 10 日收到罗技开据的专用发票一张（46 套），其发票号为 AS7456。并结算。

业务四：

● 2013 年 1 月 5 日业务一部接到客户通知，反映 2013 年 1 月 2 日业务一部向华硕电脑公司采购的水星 MW150R 150M 无线路由器 5 台有质量问题，要求退货 5 台，采购根据原采购订单下达到货退货指令（参照一般采购业务、业务一）。

● 2013 年 1 月 5 日仓库出库了华硕电脑公司 5 台水星 MW150R 150M 无线路由器，并审核了红字入库单。退货从外购品仓库出。

● 2013 年 1 月 6 日财务部开具了 5 台水星 MW150R 150M 无线路由器，含税单价为 69 元/台的红字专用发票，发票号为 34567。并结算。

【操作指导】

1. 收到货物时，在采购系统中，填制到货单

（以下流程，用自己的姓名进行操作）

（1）在采购管理系统中，执行"采购到货"|"到货单"命令，打开"到货单"窗口。

（2）单击"增加"按钮，依据实验资料输入相关信息。表体：供应商为联想电脑公司，部门为业务一部。表体：存货是联想计算机，202 台，原币含税单价为 5 265。单击"保存"按钮。根据采购订单生成的采购到货单。单击"保存"，如图 3-29 所示。

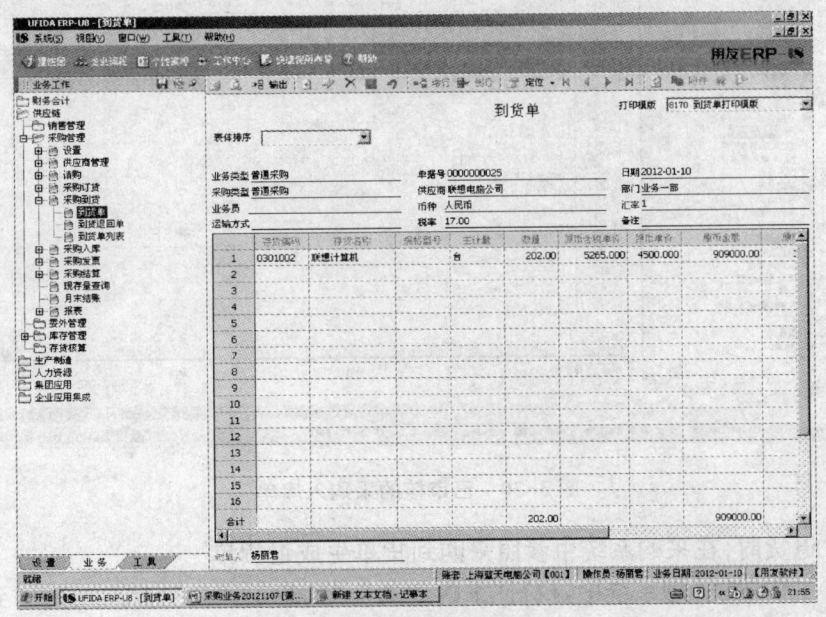

图 3-29　采购到货单

2. 在库存系统中,生成并审核采购入库单

(1) 在库存管理系统中,执行"入库业务"|"采购入库单"命令,打开"采购入库单"对话框。

(2) 单击"生单"按钮,打开"选择采购订单或采购到货单"对话框,打开"采购到货单"选项卡,系统提示"选择到货单将取消订单的所有选择,是否继续?"。单击"是"按钮,并单击"过滤",出现待选择的"采购到货单"。单击"选择"栏,选中栏出现 Y。选中窗口左下方的"显示表体"复选框,则窗口下部显示所选择单据的表体记录,可以修改。

(3) 依据实验资料输入相关信息。在表体中的空白位置单击"仓库"栏参照按钮,选择"成品仓库",单击"确定"按钮。系统弹出"确定要生单吗?"信息提示对话框。单击"是"按钮,则系统检查合法性。如果合法,则根据参照单据生成采购入库单,否则提示警告信息。

(4) 系统显示生成的采购入库单,可进行有限的修改,单击"审核"按钮,如图3-30所示。

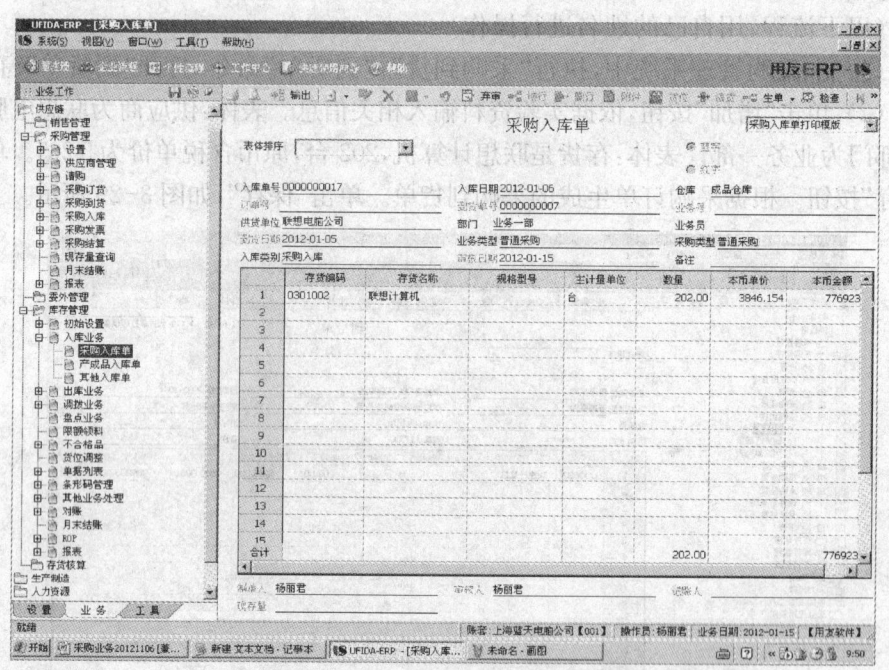

图 3-30 已审核的采购入库单

3. 退货时,在采购系统中参照采购到货单生成退货单

(1) 在采购管理系统中,执行"采购到货"|"到货退回单"命令。打开"到货退

回单"对话框。

（2）单击"增加"按钮，在表体任意位置，鼠标右键单击，选择拷贝到货单，弹出"过滤条件窗口"，单击"过滤"，选择 2013-01-05 日期的到货单，并单击"确定"，系统自动生成一张到货退回单，依据实验资料修改相关信息。表头日期：2013-1-06，表体：数量为-2，并单击"保存"按钮，如图 3-31 所示。

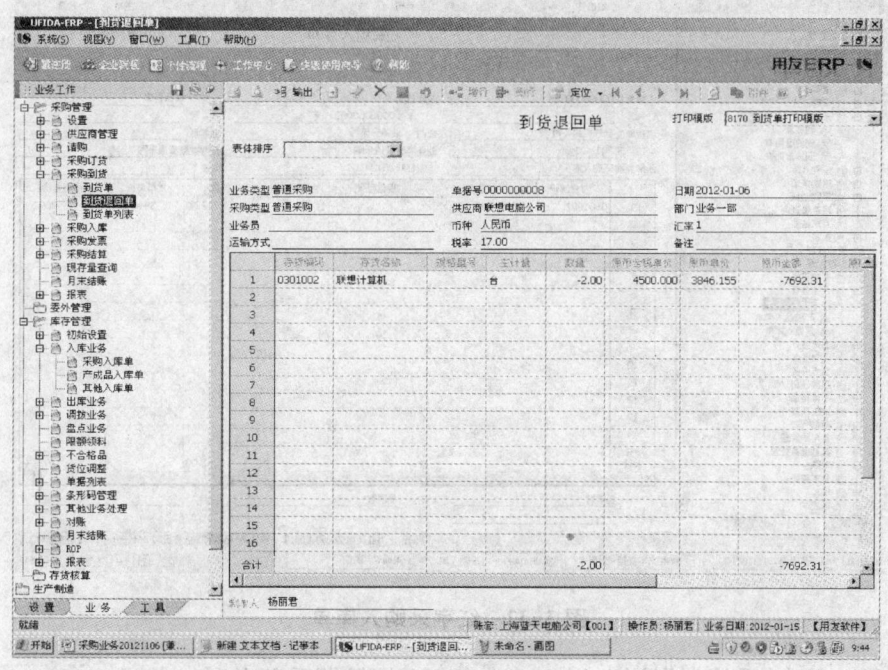

图 3-31　采购到货单

4. 在库存系统中生成并审核红字入库单

（1）在库存管理系统中，执行"入库业务"|"采购入库单"命令，打开"采购入库单"窗口。

（2）单击"生单"按钮，弹出"选择采购订单或采购到货单"，打开"采购到货单"选项卡，系统提示"选择到货单将取消订单的所有选择，是否继续？"。单击"是"按钮，并单击"过滤"，出现待选择的"采购到货单"。单击"选择"栏，选中栏出现 Y。选中窗口左下方的"显示表体"复选框，则窗口下部显示所选择单据的表体记录，可以修改。

（3）依据实验资料输入相关信息。在表体中的空白位置单击"仓库"栏参照按钮，选择"成品仓库"，单击"确定"按钮。系统弹出"确定要生单吗？"信息提示对话框。单击"是"按钮，则系统检查合法性。如果合法，则根据参照单据生成采购入库单,否则提示警告信息。

（4）系统显示生成一张红字的采购入库单,点击"修改"按钮,修改日期为
2013-01-06,单击"保存"按钮。如图 3-32 所示。

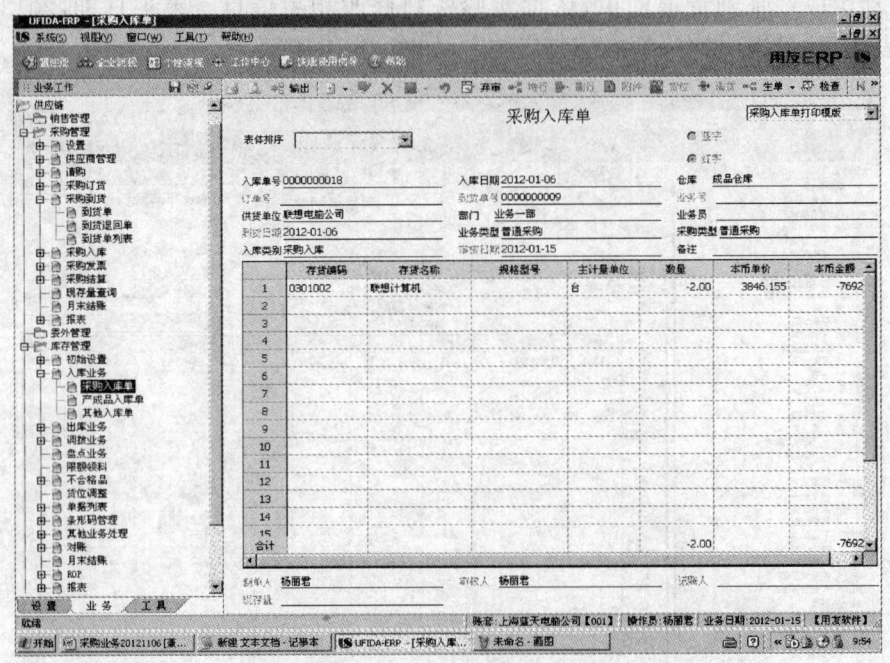

图 3-32　红字采购入库单

（5）单击"重注册"按钮,以 2013-01-06 的日期重新登录。

（6）执行"库存管理"|"入库业务"|"采购入库"命令,单击"审核"按钮,审核
2013-01-06 的红字入库单。

（7）单击"退出"。

5. 收到发票时,在采购系统中填制采购发票

（1）在采购管理系统中,执行"采购发票"|"专用采购发票"命令,打开"专用采
购发票"窗口。

（2）单击"增加"按钮,在表体任何栏目位置,单击鼠标右键,从快捷菜单中选
择拷贝采购入库单(当然也可以拷贝采购订单)。

（3）执行"拷贝采购入库单"命令,打开"过滤条件"窗口。单击"过滤"按钮,系
统显示"生单选单列表"。双击所要选择的采购入库单,选择显示"Y",并单击"确
定"按钮,系统自动生成一张专用发票。依据实验资料输入相关信息。表头:发票
号为 AS4408。单击"保存"。如图 3-33 所示。

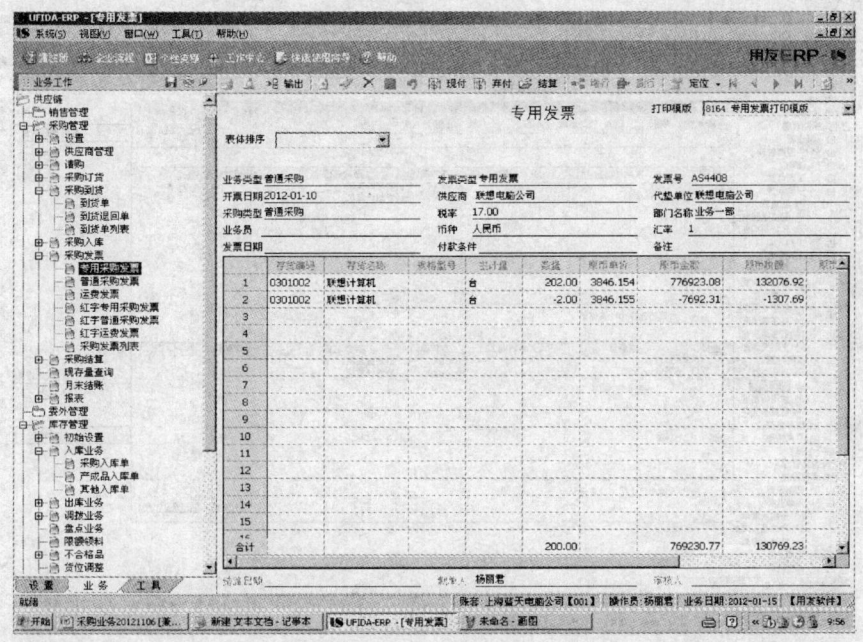

图 3-33 采购发票

6. 在采购系统中,执行采购结算(手工结算)

(1) 在采购管理系统中,执行"采购结算"|"手工结算"命令,打开"手工结算"窗口。

(2) 单击"选单"按钮 ▽ ,系统自动弹出"结算选单"过滤窗口。单击"刷入"按钮,再单击"过滤"按钮,过滤出"采购入库单";单击"刷票"按钮,单击"过滤"按钮,过滤出"采购发票"。选择采购入库单、采购发票,如图 3-34 所示。

(3) 单击"确定"按钮,再单击"结算"按钮,系统弹出"完成结算"按钮信息提示框。如图 3-35 所示。

(4) 单击"确定"按钮,完成采购入库单、采购发票之间的结算。

7. 按以上操作步骤,依据实验资料完成业务二、业务三的操作步骤

业务四操作步骤:① 在采购系统生成退货单(拷贝采购订单)并审核;② 在库存系统中填制并审核红字采购入库单;③ 在采购系统填写红字采购专用发票并结算。

8. 账套备份

① 在 D:\账套备份文件夹第三章 采购业务中新建"实验三 采购退货业务"文件夹。② 将账套输出至"实验三 采购退货业务"文件夹中。

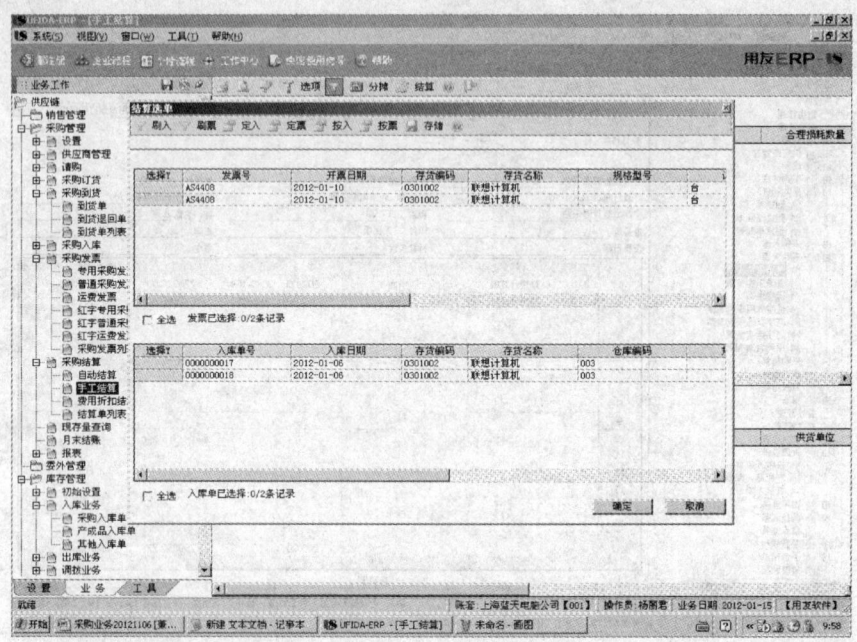

图 3-34　结算选单

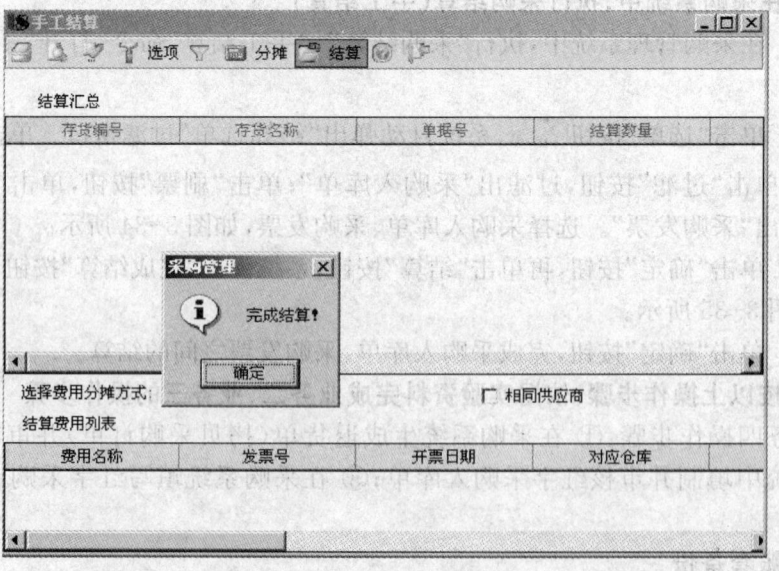

图 3-35　完成结算

第四章　生产制造业务

生产经营管理业务是以销售订单为导向，以计划为主轴的活动。其主要功能包括：

（1）销售计划的制订。企业销售部门业务员根据客户的需求，对客户进行报价，从产品、规划、价格、期限、折扣等方面，了解客户的需求。

（2）采购、生产、计划的制订。当与客户签订了购销合同以后，将客户的实际需求和市场预测的需求相结合，由规划部门制作主生产计划和物料需求计划，进一步结合企业的产能情况编制企业的采购计划、生产计划和委外计划，以便采购部门和生产部门组织对外采购和生产制造的业务工作。

（3）控制采购和生产计划的下达。采购部门按照采购计划组织安排采购人员开展采购业务，生产部门根据生产计划组织车间完成生产任务，按照委外计划安排委外商来企业领料回厂加工生产。

（4）控制库材料存的出入库。采购部门将采购到货的物料交接给仓库，仓库负责入库处理；委外加工完成和生产完工的料品交给仓库，仓库负责入库处理；销售部门根据销售合同组织向客户发货，仓库负责出库处理。

（5）财务结算。财务部门负责对采购、委外的料品的款项进行付款结算和账务处理，对销售部门销售的料品进行收款结算和账务处理。

实验一　销售订货及排程业务

【实验准备】

引入 D:\账套备份\委外管理\实验三　委外采购入库业务和结算业务，将系统日期修改为"2013 年 1 月 1 日"，注册进入"企业应用平台"。

【实验目的与要求】

● 理解销售订货管理的主要功能，掌握相关的基本操作。

● 理解主生产计划和物料需求计划的作用,掌握产销排程和物料需求计划的操作。

【实验资料】

业务一:

● 2013 年 1 月 1 日云飞电子向业务一部订购 800 台"蓝天计算机(A)",报价为 7 000 元。要求货物于 1 月 17 日完工,1 月 18 日从产成品库发出。

业务二:

● 2013 年 1 月 2 日西山科电向业务二部订购 500 台"蓝天计算机(A)",900 台"蓝天计算机(B)"报价分别为 7 500 和 6 500 元。要求货物于 01 月 20 日完工,1 月 21 日从产成品库发出。

业务三:

● 2013 年 1 月 2 日泰山数码向业务二部订购 500 台"蓝天计算机(A)",600 台"蓝天计算机(C)"报价分别为 7 500 元和 10 000 元。要求货物于 1 月 22 日完工,1 月 23 日从产成品库发出。

业务四:

● 2013 年 1 月 3 日星空电子向业务二部订购 1 000 台"蓝天计算机(B)"和 800 台"蓝天计算机(D)",报价分别 6 500 元和 8 000 元。要求货物于 1 月 23 日完工,1 月 24 日从产成品库发出。

【实验指导】

1. 输入并审核销售订单

以下流程,用自己的姓名进行操作

(1) 在"设置"选项卡中,执行"单据设置"|"单据格式设置"命令,打开"单据格式设置"窗口。

(2) 选择需要修改格式的单据,此处执行"销售管理"|"销售订单"|"显示"|"销售订单显示"命令,打开"销售订单"窗口,在表体任意处单击鼠标右键,选择"表体项目"。如图 4-1 所示。

(3) 执行后,在表体项目中选中"预完工日期"。如图 4-2 所示。

(4) 单击"确定",并单击"保存"。

(5) 在"业务"选项卡中,执行"销售管理"|"销售订货"|"销售订单"命令,打开"销售订单"窗口。

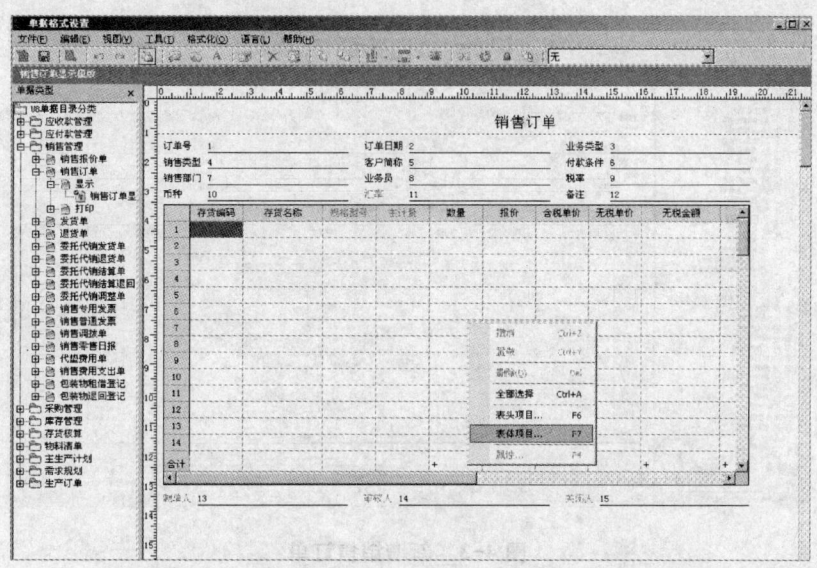

图 4-1　修改销售订单格式

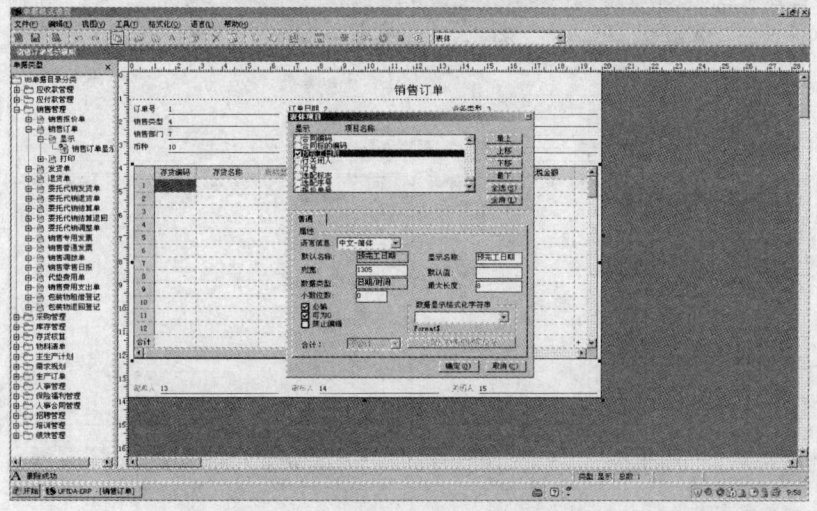

图 4-2　增加"预完工日期"表体

（6）单击工具栏上的新增按钮，生成一个新的销售订单号，如图 4-3 所示。

（7）依据业务一资料输入相关信息。表头：客户为云飞电子，部门为业务一部，税率为 17%。表体：存货为蓝天计算机（A）型，数量为 800，报价为 7 000，预发货日期为 2013 年 1 月 18 日，预完工日期为 2013 年 1 月 17 日。完成后，单击工具栏上的"保存"按钮，并"审核"，如图 4-4 所示。

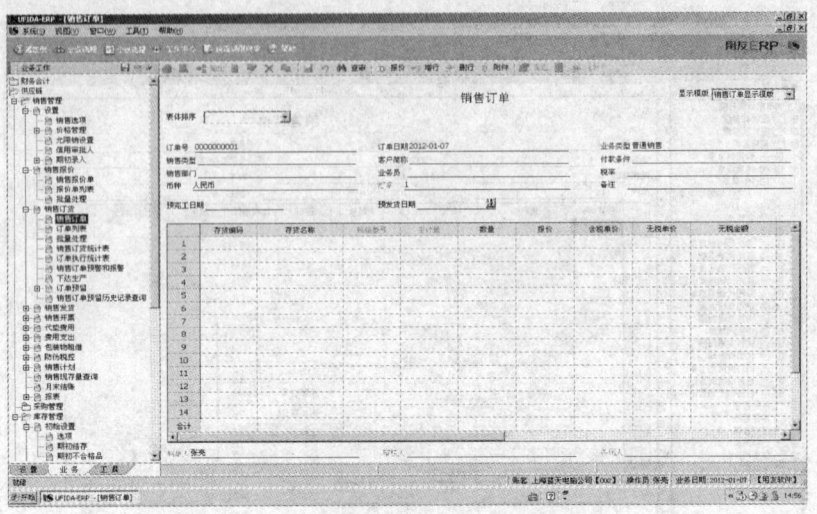

图 4-3　新增销售订单

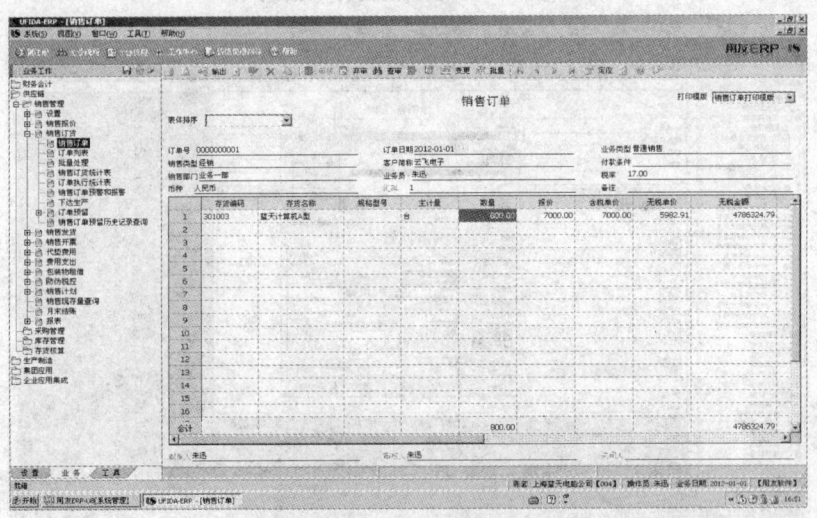

图 4-4　生成销售订单

（8）依据业务二资料增加新的销售订单，输入相关信息。表头：客户为西山科电，部门为业务二部，税率为17%。表体：存货为蓝天计算机（A）型，数量为500，报价为7500，增加一行存货为蓝天计算机（B）型，报价6500元，数量为900台，预发货日期均为2013年1月21日，预完工日期均为2013年1月20日。完成后，单击工具栏上的"保存"按钮，并"审核"，如图4-5所示。

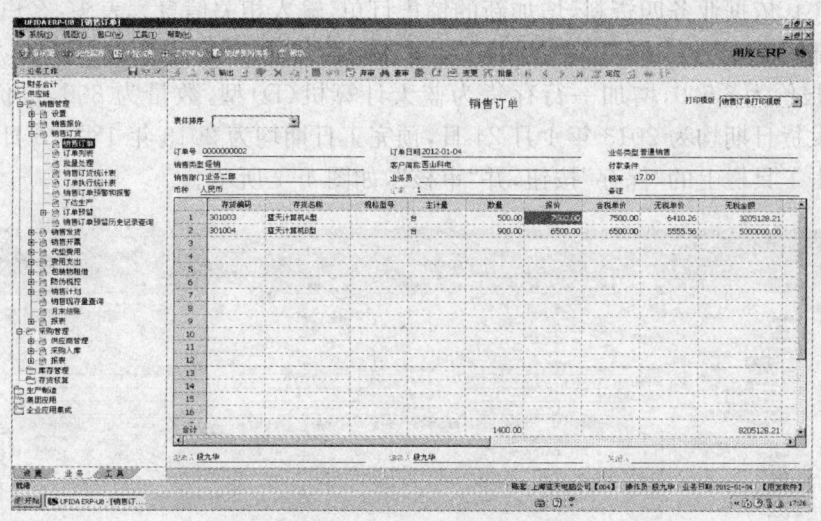

图4-5 生成销售订单

(9) 依据业务三资料,增加新的销售订单,输入相关信息。表头:客户为泰山数码,部门为业务二部,税率为17%。表体:存货为蓝天计算机(A)型,数量为500,报价为7 500元,增加一行存货为蓝天计算机(C)型,报价10 000元,数量为600台,预发货日期均为2013年1月23日,预完工日期均为2013年1月22日。完成后,单击工具栏上的"保存"按钮,并"审核",如图4-6所示。

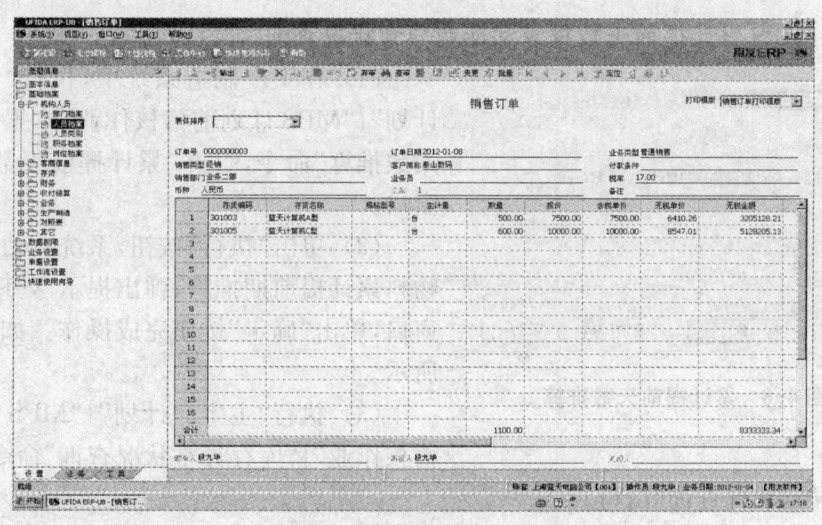

图4-6 生成销售订单

（10）依据业务四资料，增加新的销售订单，输入相关信息。表头：客户为星空电子，部门为业务二部，税率为 17%。表体：存货为蓝天计算机（B）型，数量为1 000，报价为 6 500，增加一行存货为蓝天计算机（D）型，数量为 800，报价 8 000元，预发货日期均为 2013 年 1 月 24 日，预完工日期均为 2013 年 1 月 23 日。完成后，单击工具栏上的"保存"按钮，并"审核"，如图 4-7 所示。

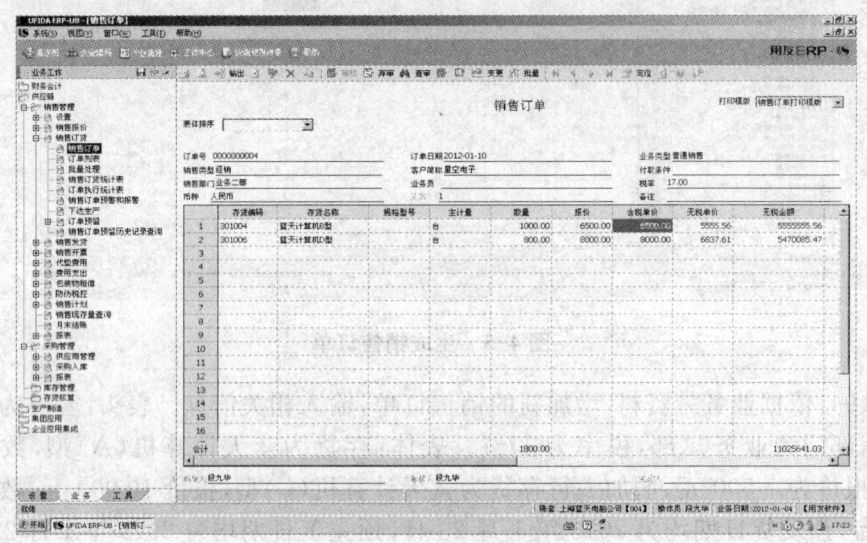

图 4-7　生成销售订单

2．MPS 累计提前天数推算和库存异常状况查询

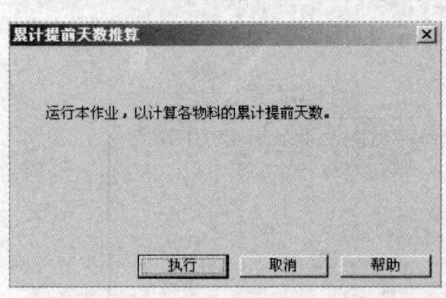

图 4-8　累计提前天数推算

（1）在生产制造系统中，执行"主生产计划"|"MPS 计划前稽核作业"|"累计提前天数推算"命令，打开"累计提前天数推算"窗口。

（2）单击"执行"按钮，系统自动执行各物料累计提前期推算，弹出提示"处理成功"窗口，单击"确定"按钮完成操作。如图 4-8所示。

（3）执行"主生产计划"|"MPS 计划前稽核作业"|"库存异常状况查询"命令，打开"库存异常状况查询"窗口。

（4）单击表头的"起始物料编码"栏位中的参照按钮，可以选择物料（蓝天计算机）的编码，以同样的方式输入"结束物料编码"，然后单击工具栏菜单上的"查询"

按钮,即可查询到 MPS 库存异常状况,如图 4-9 所示。

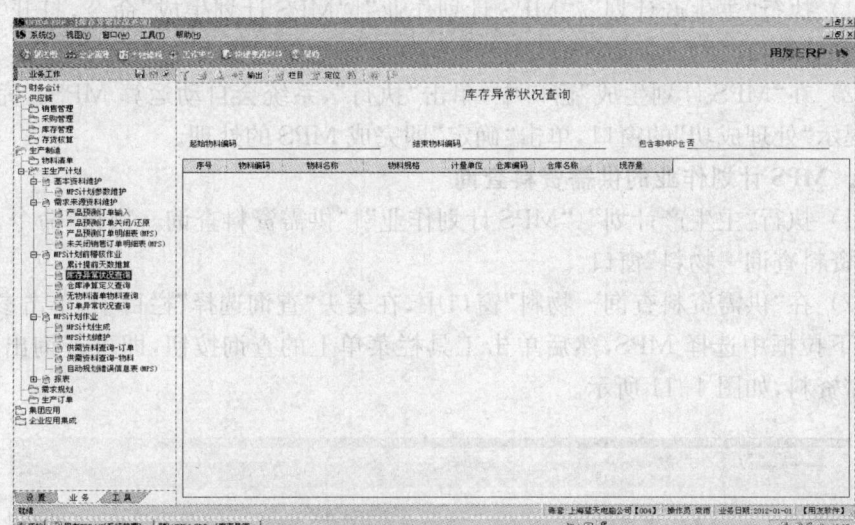

图 4-9 物料库存异常查询

3. MPS 计划参数维护

(1) 执行"主生产计划"|"基本资料维护"|"MPS 计划参数维护"命令,打开
"MPS 计划参数维护"窗口。

(2) 在"MPS 计划参数维护"窗口中,输入各项参数,单击"确定"即完成 MPS
计划参数的设置工作,如图 4-10 所示。预测版本:01,时栅代号:01,计划期间起始
日期与冻结日期:2013-01-01,截止日期:2013-01-31。

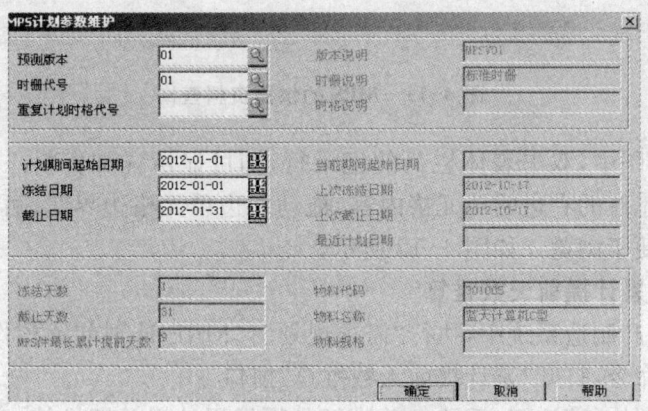

图 4-10 MPS 计划参数设置

4. MPS 计划生成

（1）执行"主生产计划"|"MPS 计划作业"|"MPS 计划生成"命令，打开"MPS 计划生成"窗口。

（2）在"MPS 计划生成"窗口中，单击"执行"，系统会自动运算 MPS。完成后弹出提示"处理成功"的窗口，单击"确定"即完成 MPS 的处理。

5. MPS 计划作业的供需资料查询

（1）执行"主生产计划"|"MPS 计划作业"|"供需资料查询—物料"命令，打开"供需资料查询—物料"窗口。

（2）在"供需资料查询—物料"窗口中，在表头"查询选择"栏目中，单击参照按钮，在下拉框中选择 MPS，然后单击工具栏菜单上的查询按钮，即可查询出 MPS 的供需资料，如图 4-11 所示。

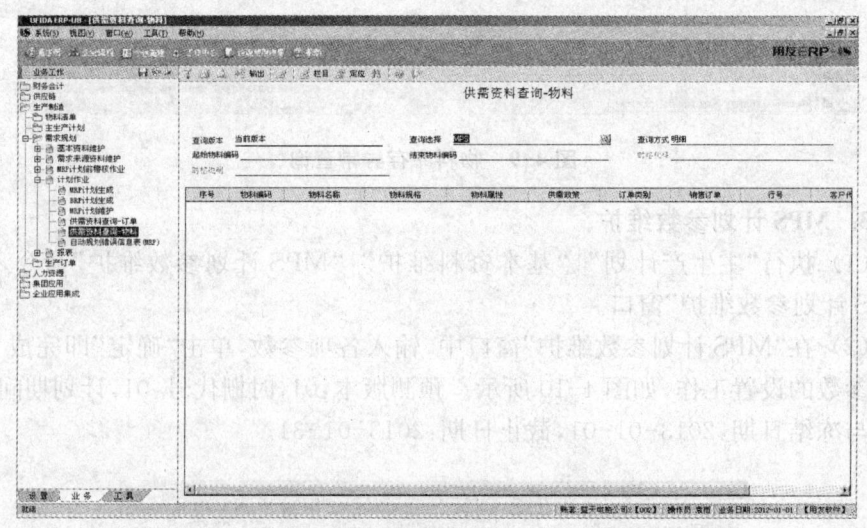

图 4-11　MPS 的供需资料查询

（3）在上图中，双击表体栏目的记录行，即可显示详细资料。单击右边单元格，可看到被遮住的右边的单元格内容，拖动左边单元格边界线，可以锁住某些栏目不被移动，便于浏览。如图 4-12 所示。

6. MRP 累计提前天数推算

（1）在生产制造系统中，执行"需求规划"|"MRP 计划前稽核作业"|"累计提前天数推算"命令，打开"累计提前天数推算"窗口。

（2）单击"执行"按钮，系统自动执行各物料累计提前期推算，弹出提示"处理成功"窗口，单击"确定"按钮完成操作。

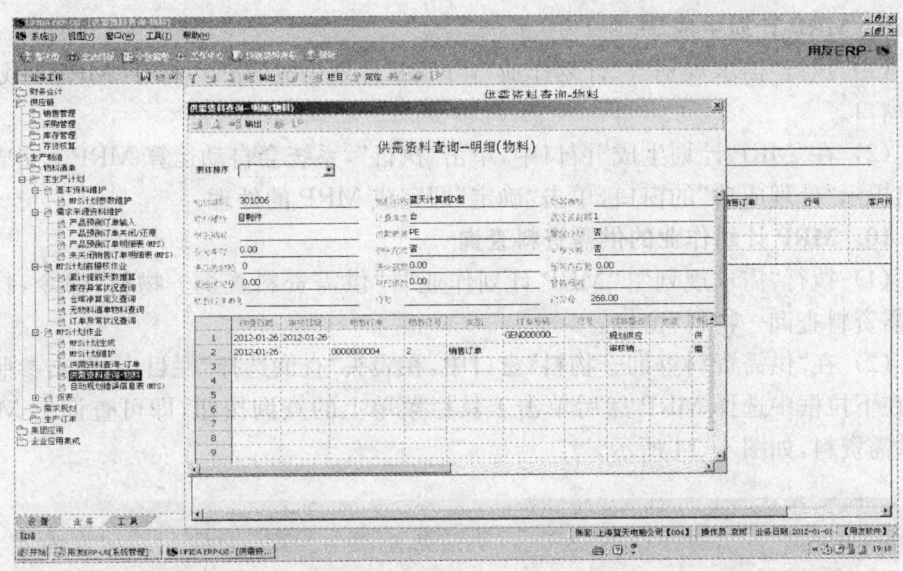

图 4-12 供需资料查询—物料

7. MRP 库存异常状况查询

（1）执行"需求规划"|"MRP 计划前稽核作业"|"库存异常状况查询"命令，打开"库存异常状况查询"窗口。

（2）单击表头的"起始物料编码"栏位中的参照按钮，可以选择物料（原材料），以同样的方式输入"结束物料编码"，然后单击工具栏菜单上的"查询"按钮，即可查询到 MRP 库存异常状况。

8. MRP 计划参数维护

（1）执行"需求规划"|"基本资料维护"|"MRP 计划参数维护"命令，打开"MRP 计划参数维护"。

（2）在"MRP 计划参数维护"窗口中，输入各项参数，单击"确定"即完成其设置工作，如图 4-13。预测版本：11，时栅代号：01，计划期间起始日期与冻结日期：2013-01-01，截止日期：2013-01-31

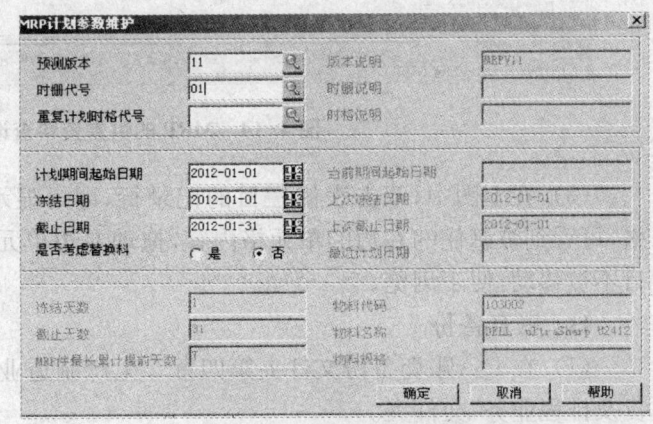

图 4-13 MRP 参数设置

9. MRP 计划生成

（1）执行"需求规划"|"计划作业"|"MRP 计划生成"命令，打开"MRP 计划生成"窗口。

（2）在"MRP 计划生成"窗口中，单击"执行"，系统会自动运算 MRP。完成后弹出提示"处理成功"的窗口，单击"确定"即完成 MRP 的处理。

10. MRP 计划作业的供需资料查询

（1）执行"需求规划"|"MRP 计划作业"|"供需资料查询—物料"命令，打开"供需资料查询—物料"窗口。

（2）在"供需资料查询—物料"窗口中，在表头"查询选择"栏目中，单击参照按钮，在下拉框中选择 MRP 然后单击工具栏菜单上的查询按钮，即可查询出 MRP 的供需资料，如图 4-14 所示。

图 4-14　MRP 的供需资料查询

（3）在上图中，双击表体栏目的记录行，即可显示详细资料。单击右边单元格，可看到被遮住的右边的单元格内容，拖动左边单元格边界线，可以锁住某些栏目不被移动，便于浏览。

11. 账套备份

（1）在 D:\账套备份文件夹第四章　生产制造业务中新建"实验一　销售订货及排程业务"文件夹。

（2）将账套输出至"实验一　销售订货及排程业务"文件夹中。

实验二 采购订货及入库业务

【实验准备】

引入 D:\账套备份\第四章 生产制造业务\实验一 销售订货及排程业务，将系统日期修改为"2013 年 1 月 1 日"，注册进入"企业应用平台"。

【实验目的与要求】

● 理解采购管理的作用，掌握对由规划生成的采购订单进行业务处理的操作。

【实验资料】

● 根据生产计划生成的采购计划进行相应的货品采购。采购日期及发票号码见下表。

采购日期	货物	数量共计	含税单价	供应商	发票号码
2013.01.05	core i3 2120	1 687	807	英特尔	54121
2013.01.05	希捷 Barracuda 500GB 7200 转 16MB SATA3(ST3500413AS)	1 420	761	希捷	54122
2013.01.05	希捷 Barracuda 7200.12 1TB	90	679	希捷	54122
2013.01.06	三星 S19A100N	2 314	901	三星	54123
2013.01.06	罗技(Logitech)经典 K100 键盘	3 851	47	罗技	54124
2013.01.06	罗技(Logitech)M215 无线鼠标	3 951	99	罗技	54124
2013.01.06	华硕 P8H61	1 887	701	华硕	54125
2013.01.06	昂达 H61L	1 520	584	昂达	54126
2013.01.06	金士顿 DDR3 1333 4G 内存	4 065	174	金士顿	54127
2013.01.06	动力火车绝尘盾	1 585	198	先锋	54128
2013.01.07	酷冷至尊 毁灭者	1 872	315	利氏	54129
2013.01.07	影驰 GTX550Ti 黑将版	1 705	935	影驰	54130
2013.01.07	影驰 GT440 重炮手 DDR5 版	1 252	701	影驰	54130
2013.01.07	航嘉冷静王砖石超静音版	1 035	304	奔腾	54131
2013.01.07	酷冷至尊 GX-400W	1 512	350	奔腾	54131

（续表）

采购日期	货物	数量共计	含税单价	供应商	发票号码
2013.01.07	奔腾 G620	670	462	奔腾	54131
2013.01.07	西部数据 WD5000AAKX 500G 7200 转 16M SATA Ⅲ 6Gb/s 3.5 寸台式机硬盘	1 677	537	西部	54132

● 将采购的货品检查后入库。详细明细见下表。

入库日期	供应商	存货名称	数量	本币无税单价	本币无税金额
2013.01.05	英特尔	core i3 2120	1 687	689.744	1 163 597.43
2013.01.05	希捷	希捷 Barracuda 500GB 7200 转 16MB SATA3(ST3500413AS)	1 420	650.427	923 606.84
2013.01.05	希捷	希捷 Barracuda 7200.12 1TB	90	580.342	52 230.77
2013.01.06	三星	三星 S19A100N	2 314	770.085	1 781 977.78
2013.01.06	罗技	罗技(Logitech)经典 K100 键盘	3 851	40.171	154 698.29
2013.01.06	罗技	罗技(Logitech)M215 无线鼠标	3 951	84.615	334 315.39
2013.01.06	华硕	华硕 P8H61	1 887	599.145	1 130 587.18
2013.01.06	昂达	昂达 H61L	1 520	499.145	758 700.86
2013.01.06	金士顿	金士顿 DDR3 1333 4G 内存	4 065	148.718	604 538.47
2013.01.06	先锋	动力火车绝尘盾	1 585	169.231	268 230.76
2013.01.07	利氏	酷冷至尊 毁灭者	1 872	269.231	504 000
2013.01.07	影驰	影驰 GTX550Ti 黑将版	1 705	799.145	1 362 542.74
2013.01.07	影驰	影驰 GT440 重炮手 DDR5 版	1 252	599.145	750 129.91
2013.01.07	奔腾	航嘉冷静王砖石超静音版	1 035	259.829	268 923.08
2013.01.07	奔腾	酷冷至尊 GX-400W	1 512	299.145	452 307.70
2013.01.07	奔腾	奔腾 G620	670	394.872	264 564.10
2013.01.07	西部	西部数据 WD5000AAKX 500G 7200 转 16M SATA Ⅲ 6Gb/s 3.5 寸台式机硬盘	1 677	458.974	769 700

【实验指导】

（以下流程，用自己的姓名进行操作）

1. 根据 MRP 的规划令单制作采购订单（可按不同的发票号制单）

（1）在"业务"选项卡中，执行"供应链"|"采购管理"|"采购订货"命令，打开

"采购订货"窗口。

（2）在"采购订单"窗口中，单击工具栏上的新增按钮，生成一个新的采购订单号，然后在表体中的任意处单击鼠标右键，出现快捷菜单，单击选择"拷贝 MPS/MRP 计划"命令。

（3）在"过滤条件窗口"中单击"过滤"按钮后，进入"生成选单列表"窗口，在列出的规划令单记录行中，双击"选择"栏位，选择内容为同一张发票上的原材料，出现"Y"，表示已选中需要生成采购订单的规划令单，单击工具栏中的"确定"按钮，所选规划令单的信息即被带入采购订单中，如图 4-15 所示。

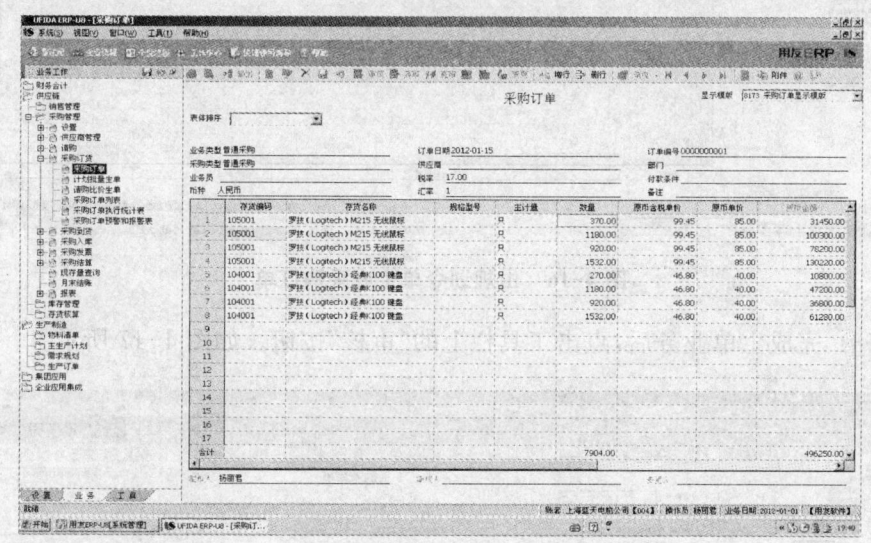

图 4-15　规划令单的选单列表

（4）在"采购订单"窗口中，依据实验资料输入相关信息。表头：供应商为罗技公司。表体：罗技（Logitech）M215 无线鼠标原币含税单价 99，"保存"和"审核"按钮，如图 4-16 所示。

根据以上操作步骤分别完成以实验资料里的采购订单。

2．对采购物料进行入库

（1）在库存管理系统中，执行"入库业务"|"采购入库单"命令，打开"采购入库单"窗口。按入库日期重注册。

（2）在"采购入库单"窗口中，单击工具栏上的"生单"按钮，在"选择采购订单或采购到货单"窗口中，点击"过滤"按钮，在过滤出的采购订单记录行前点击"选择"，点击"显示表体"框，在"入库仓库"一格中参照录入仓库名称为原料仓库，点击"确定"按钮，确认生单。

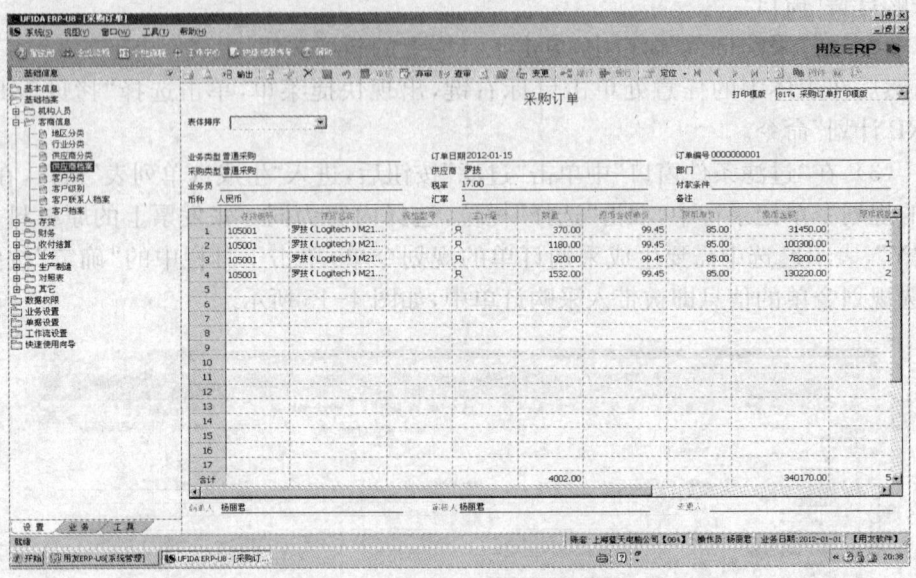

图 4-16　由规划令单生成采购订单

（3）完成生单业务后，点击工具栏上的"审核"按钮。如图 4-17 所示。

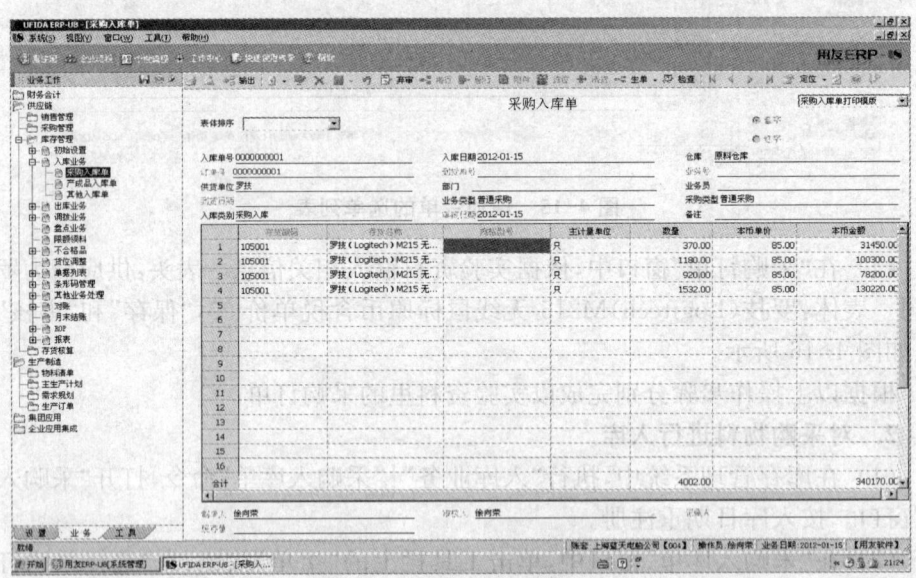

图 4-17　采购物料入库业务

（4）依据以上操作步骤完成所有材料的采购入库单。明细如下。

供应商	存货名称	数量	本币无税单价	本币无税金额
英特尔	core i3 2120	1 687	689.744	1 163 597.43
希捷	希捷 Barracuda 500GB 7200 转 16MB SATA3(ST3500413AS)	1 420	650.427	923 606.84
希捷	希捷 Barracuda 7200.12 1TB	90	580.342	52 230.77
三星	三星 S19A100N	2 314	770.085	1 781 977.78
罗技	罗技(Logitech)经典 K100 键盘	3 851	40.171	154 698.29
罗技	罗技(Logitech)M215 无线鼠标	3 951	84.615	334 315.39
华硕	华硕 P8H61	1 887	599.145	1 130 587.18
昂达	昂达 H61L	1 520	499.145	758 700.86
金士顿	金士顿 DDR3 1333 4G 内存	4 065	148.718	604 538.47
先锋	动力火车绝尘盾	1 585	169.231	268 230.76
利氏	酷冷至尊 毁灭者	1 872	269.231	504 000
影驰	影驰 GTX550Ti 黑将版	1 705	799.145	1 362 542.74
影驰	影驰 GT440 重炮手 DDR5 版	1 252	599.145	750 129.91
奔腾	航嘉冷静王砖石超静音版	1 035	259.829	268 923.08
奔腾	酷冷至尊 GX-400W	1 512	299.145	452 307.70
奔腾	奔腾 G620	670	394.872	264 564.10
西部	西部数据 WD5000AAKX 500G 7200 转 16M SATA Ⅲ 6Gb/s 3.5 寸台式机硬盘	1 677	458.974	769 700

3. 输入采购发票

(1) 在采购管理系统中,执行"采购发票"|"专用采购发票"命令,打开"专用发票"窗口。

(2) 单击"增加"按钮,并在表体任何栏目位置,单击鼠标右键,从快捷菜单中选择拷贝采购入库单(当然也可以拷贝采购订单),如图 4-18 所示。

(3) 执行"拷贝采购入库单"命令,打开"过滤条件"窗口。单击"过滤"按钮,系统显示"生单选单列表"。双击所要选择的采购入库单,选择显示"Y",如图 4-19 所示。

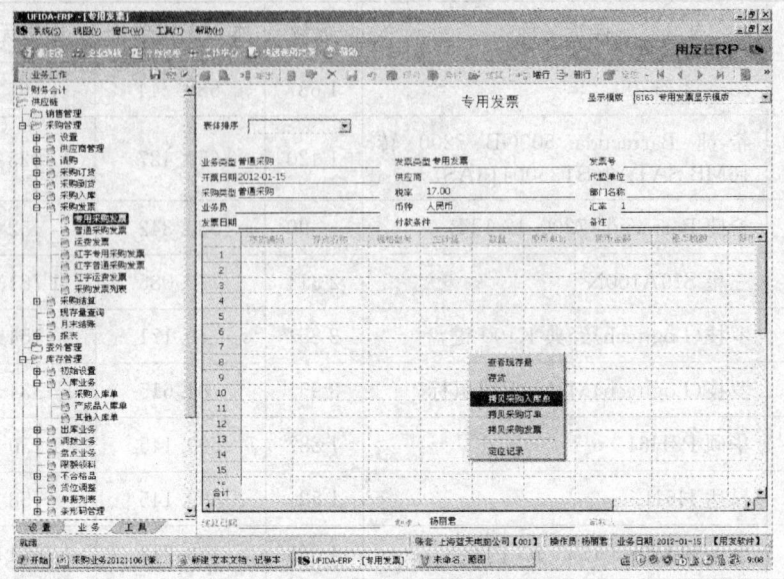

图 4-18　拷贝采购入库单

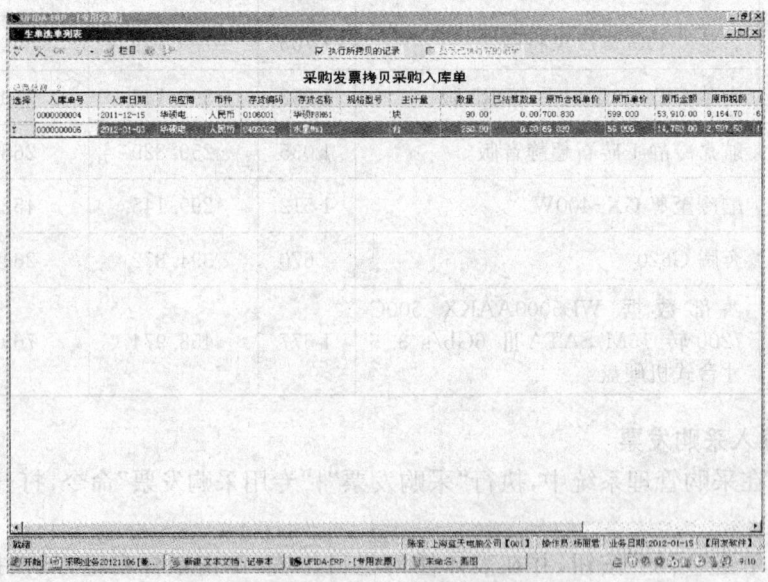

图 4-19　采购入库单列表

　　（4）单击"确定"按钮，系统将采购入库单自动传递过来，生成采购专用发票，依据实验资料输入相关信息。采购类型为普通采购。单击"保存"，如图 4-20 所示。

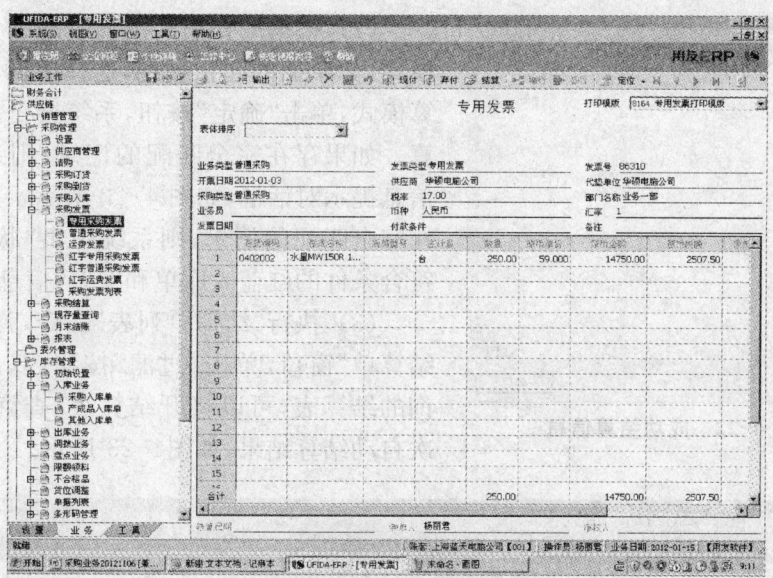

图 4-20 采购专用发票录入

4. 采购结算

（1）在采购管理系统中，执行"采购结算"|"自动结算"命令。系统弹出"自动结算"对话框，如图 4-21 所示。

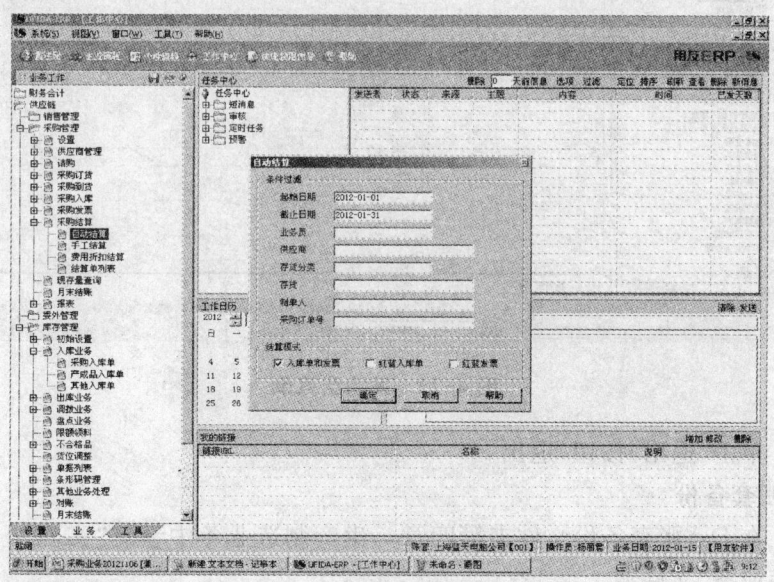

图 4-21 "自动结算窗口"对话框

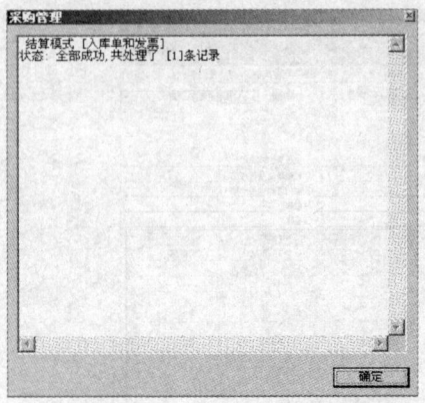

图 4-22 成功结算信息

（2）根据需要输入结算过滤条件和结算模式，如单据的起止日期，选择单据和发票结算模式，单击"确定"按钮，系统会自动进行结算。如果存在完全匹配的记录，则系统弹出信息提示对话框，如图 4-22 所示。如果不存在完全匹配的记录，则系统弹出"状态：没有符合条件的红蓝入库单和发票"信息提示框。

（3）执行"结算单列表"命令，弹出"采购结算单"窗口，单击"过滤"按钮，双击需要查询的结算表，可以打开结算表，查询、打印本次自动结算结果，如图4-23 所示。

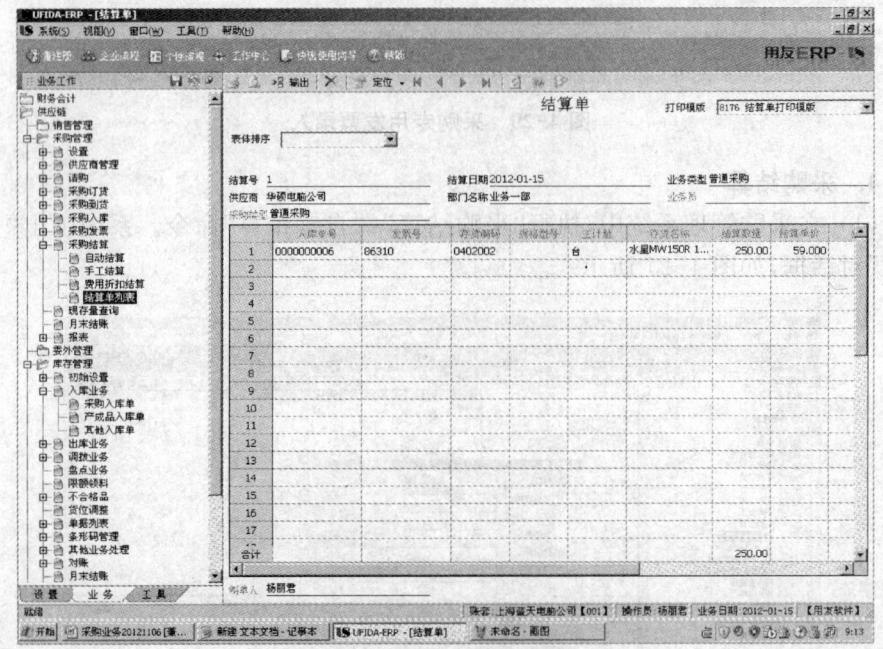

图 4-23 采购结算单

（4）单击"退出"按钮，退出。

5. 账套备份

（1）在 D:\账套备份文件夹第四章 生产制造业务中新建"实验二 采购订货及入库业务"文件夹。

（2）将账套输出至"实验二 采购订货及入库业务"文件夹中。

实验三 生 产 业 务

【实验准备】

引入 D:\账套备份\第五章 生产制造业务\实验二 采购订货及入库业务，将系统日期修改为"2013 年 1 月 1 日"，注册进入"企业应用平台"。

【实验目的与要求】

● 了解企业生产业务的流程，理解生产订单的作用，掌握生产订单管理的操作。

【实验资料】

业务一：

● 2013 年 1 月 16 日根据生产计划和销售订单（参照实验一业务一）完成云飞电子蓝天计算机 A 型的领料工作。

● 2013 年 1 月 17 日将根据生产计划生成的 595 台蓝天计算机 A 型进行产成品入库。

业务二：

● 2013 年 1 月 19 日根据生产计划和销售订单（参照实验一业务二）完成西山科电蓝天计算机 A 型和蓝天计算机 B 型的领料工作。

● 2013 年 1 月 20 日将根据生产计划生成的 500 台蓝天计算机 A 型，720 台蓝天计算机 B 型进行产成品入库。

业务三：

● 2013 年 1 月 20 日根据生产计划和销售订单（参照实验一业务三）完成泰山数码蓝天计算机 A 型和蓝天计算机 C 型的领料工作。

● 2013 年 1 月 22 日将根据生产计划生成的 500 台蓝天计算机 A 型，490 台蓝天计算机 C 型进行产成品入库。

业务四：

● 2013 年 1 月 21 日根据生产计划和销售订单（参照实验一业务四）完成星空电子蓝天计算机 B 型和蓝天计算机 D 型的领料工作。

● 2013 年 1 月 23 日将根据生产计划生成的 1 000 台蓝天计算机 B 型，292 台蓝天计算机 D 型进行产成品入库。

【实验指导】(以下流程,用自己的姓名进行操作)

1. 生产订单自动生成

(1) 将生产订单编号由"自动编号"修改为"手工编号"。

(2) 执行"生产制造"|"生产订单"|"生产订单生成"|"生产订单自动生成"命令,打开"生产订单自动生成"窗口。

(3) 在"生产订单自动生成"窗口中,单击工具栏上的"生成"按钮,系统自动生成符合要求的订单资料,即生产订单明细。选择"角度别"栏位为"物料"。① 表体栏目中"选择"完工日期为 2013.01.17 的栏位的"否"双击为"是";② 表头栏目右上方生产订单号录入"1"然后回车;③ 单击"保存"生成第 1 号生产订单。依此方法,分别生成 2013.01.20 第 2 号、2013.01.22 第 3 号、2013.01.23 第 4 号等共计四张订单。明细如下表。

生产订单号货物	货物	数量	完工日期
1	蓝天计算机 A	595	2013.01.17
2	蓝天计算机 A	500	2013.01.20
	蓝天计算机 B	720	2013.01.20
3	蓝天计算机 A	500	2013.01.22
	蓝天计算机 C	490	2013.01.22
4	蓝天计算机 B	1 000	2013.01.23
	蓝天计算机 D	292	2013.01.23

2. 审核生成的生产订单

(1) 执行"生产制造"|"生产订单"|"生产订单处理"|"生产订单处理"命令,打开"生产订单处理"窗口。

(2) 在"生产订单处理"窗口中,表头生产订单状态选择为"锁定",单击工具栏上的"查询"按钮。

(3) 单击工具栏上的"修改"按钮,选择某物料的记录行,将"选择"栏中的"否"双击改为"是",然后单击工具栏的"审核"按钮,显示审核结果报告,单击"确定","生产订单处理"窗口的记录行中将不再显示该物料的记录,如图 4-24。

提示:① 未审核的生产订单可以在"生产订单手动输入"中删除;② 已审核的生产订单可以在"生产订单处理"中查询"已审核",然后"弃审"。

3. 按生产订单领料(按业务领料时间重注册)

(1) 进入库存管理系统,执行"出库业务"|"材料出库单"命令,进入"材料出库单"窗口。

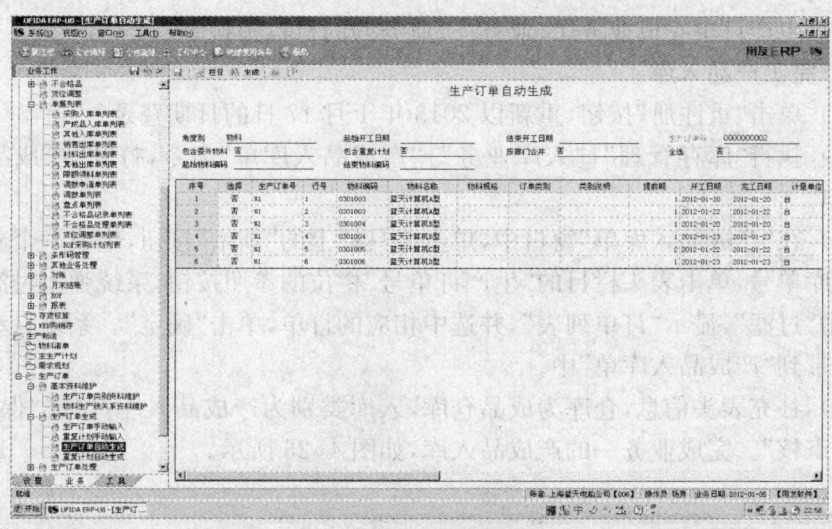

图4-24 生产订单审核

（2）在"材料出库单"窗口中，单击工具栏上的"新增"按钮，生成一个新的出库单号，单击表头"订单号"，再点击旁边的参照按钮，"过滤"，单击"确认"。

（3）在"父项过滤条件"窗口中单击"过滤"按钮，进入"订单生单列表"窗口，此时，选择父项的物料后，对左下角的"显示表体"选项打钩，单击"确定"按钮，所选物料的信息即被带入材料出库单

（4）出库日期为2013年1月16日，仓库为原材料，出库类别为生产领用，并点击"保存"按钮并审核，完成业务一的生产领料。如图4-25所示。

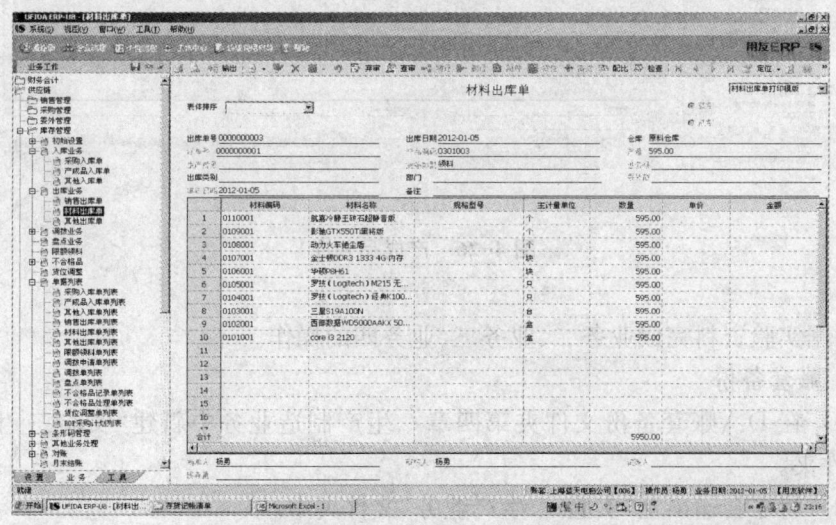

图4-25 生成材料出库单

根据生产订单完成业务二、业务三、业务四的材料领料单。

4. 完工产品入库

（1）单击"重注册"按钮，重新以 2013 年 1 月 17 日的日期登录。

（2）执行"库存管理"|"入库业务"|"产成品入库单"命令，打开"产成品入库单"窗口。

（3）在"产成品入库单"窗口中，单击工具栏上的"新增"按钮，生成一个新的产成品入库单号，单击表头栏目的"生产订单号"栏位的参照按钮，系统弹出过滤对话框，单击"过滤"，显示"订单列表"，并选中相应的订单，单击"确定"。系统自动把相关信息带到"产成品入库单"中。

（4）补充表头信息，仓库为成品仓库，入库类别为产成品入库，单击"保存"按钮，并"审核"。完成业务一的产成品入库，如图 4-26 所示。

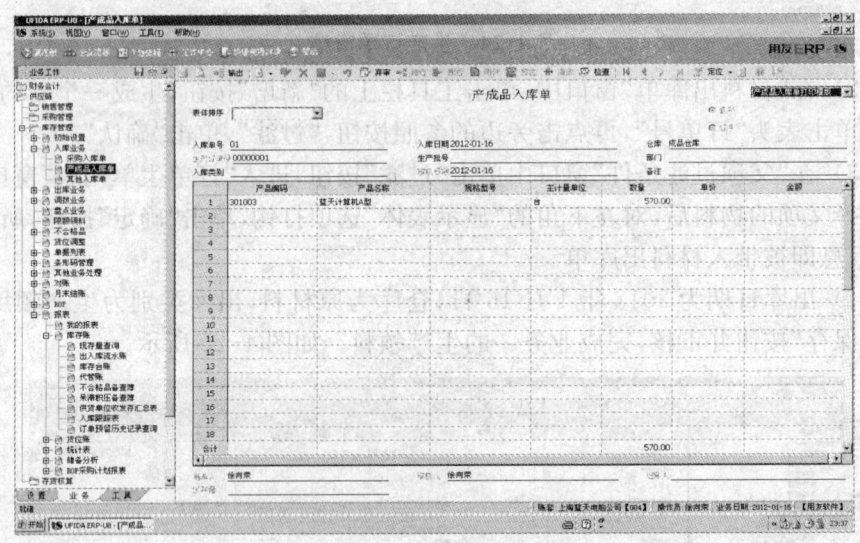

图 4-26 产成品入库

根据实验资料完成业务二、业务三、业务四的操作。

5. 账套备份

（1）在 D:\账套备份文件夹第四章 生产制造业务中新建"实验三 生产业务"文件夹。

（2）将账套输出至"实验三 生产业务"文件夹中。

实验四 销售发货业务

【实验准备】

引入 D:\账套备份\第四章 生产制造业务\实验三 生产业务,将系统日期修改为"2013 年 1 月 1 日",注册进入"企业应用平台"。

【实验目的与要求】

● 理解销售发货管理的含义,掌握其功能操作。

【实验资料】

业务一:

● 2013 年 1 月 18 日从产成品仓库将云飞电子所订购的 800 台蓝天计算机 A 型进行发货,出库,并据此开具销售发票。票号为 65011。

业务二:

● 2013 年 1 月 21 日从产成品库将西山科电所订购的 500 台"蓝天计算机(A)",900 台"蓝天计算机(B)"进行发货,出库,并据此开具销售发票。票号为 65012。

业务三:

● 2013 年 1 月 23 日从产成品库将泰山数码订购的 500 台"蓝天计算机(A)",600 台"蓝天计算机(C)",出库,并据此开具销售发票。票号为 65013。

业务四:

● 2013 年 1 月 24 日从产成品库将星空电子所订购的 1 000 台"蓝天计算机(B)"和 800 台"蓝天计算机(D)",出库,并据此开具销售发票。票号为 65014。

【实验指导】

(以下流程,用自己的姓名进行操作。登录日期按照对应业务的发货日期为准)

1. 输入销售发货单

(1) 执行"销售管理"|"销售发货"|"发货单"命令,打开"发货单"窗口。

(2) 在"发货单"窗口中,单击工具栏上的"新增"按钮,生成一个新的发货单号,系统会自动显示"选择订单"窗口,单击"显示"按钮,选择"云飞电子"的订单,同时选中下部分,单击"确定"按钮,系统自动将所选信息带入"发货单"窗口中,如图 4-27 所示。

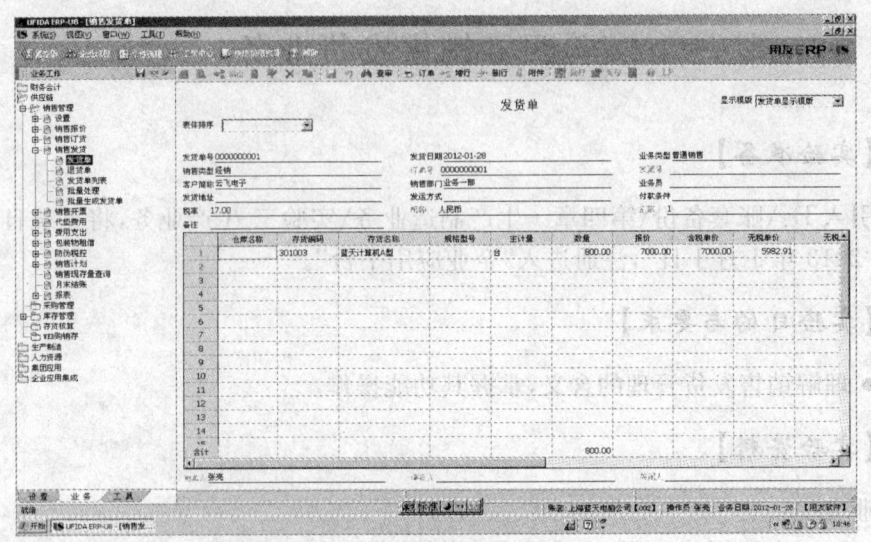

图 4-27　选择订单窗口

（3）补充表体仓库为成品仓库，单击"保存"和"审核"，如图 4-28 所示。

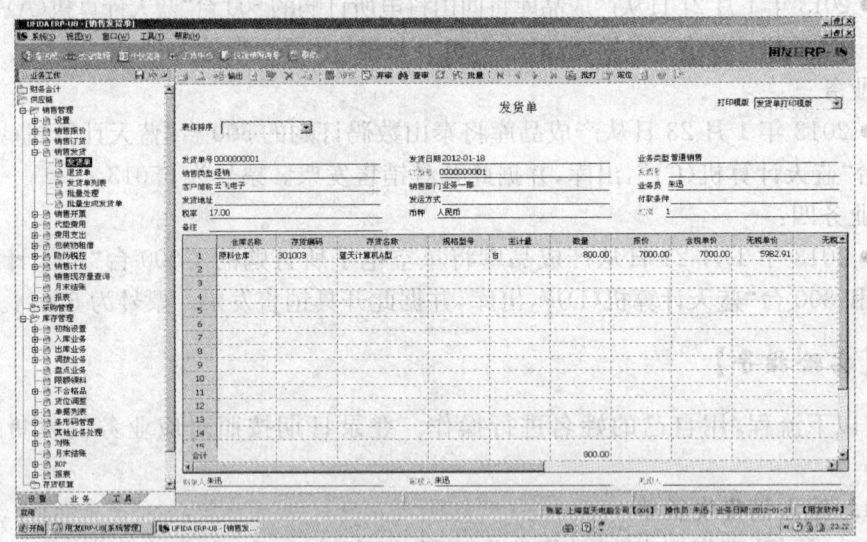

图 4-28　生成销售发货单

根据以上操作步骤完成业务二、业务三、业务四的操作。

2. 生成并审核的销售出库单

（1）执行"库存管理"|"出库业务"|"销售出库单"命令，打开"销售出库单"

窗口。

（2）在"销售出库单"窗口，单击"审核"按钮，如图4-29所示。

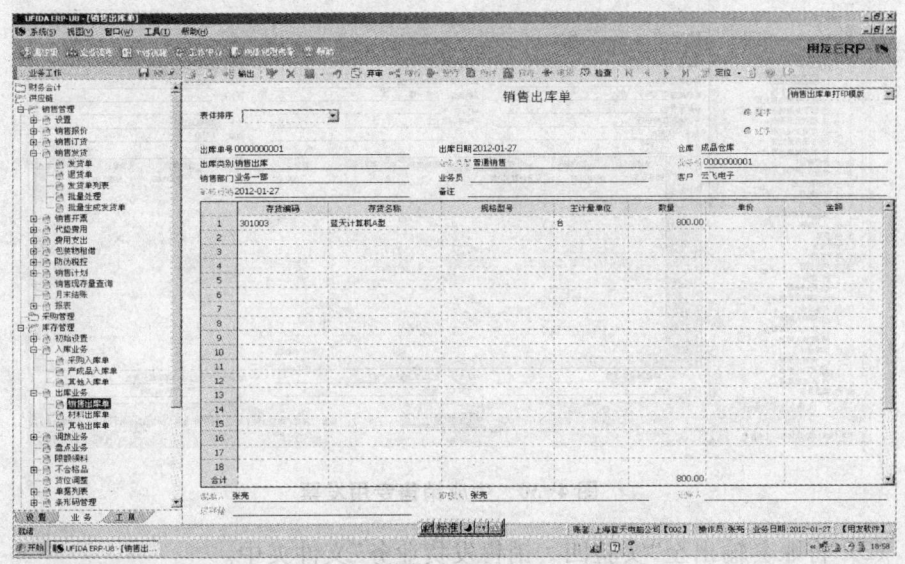

图4-29 显示销售出库单

根据以上操作步骤，完成其余三笔业务的出库单审核工作。

3. 输入销售发票

（1）在销售管理系统中，执行"销售开票"|"销售专用发票"命令，打开"销售专用发票"窗口。

（2）单击"增加"按钮，系统自动弹出"选择订单"窗口，单击"取消"。单击工具栏上的"发货"按钮，弹出"选择发货单"窗口。

（3）单击"显示"按钮，系统根据过滤条件显示符合条件的全部单据。

（4）在显示发货单记录中选择客户是云飞电子或者日期为2013年1月18日的发货单，在所选择单据前单击，出现Y表示选择成功。

（5）选择存货信息。系统自动显示该发货单的存货信息，选择需要开具发票的存货，在前面单击，出现Y表示成功，选择完毕，单击"确定"按钮。系统根据所选择的发货单或存货自动生成一张销售专用发票。填写发票号，再单击"保存"按钮，保存发票信息。单击"复核"按钮，保存销售专用发票的信息，如图4-30所示。

4. 账套备份

（1）在D:\账套备份文件夹第五章 生产制造业务中新建"实验四 销售发货业务"文件夹。

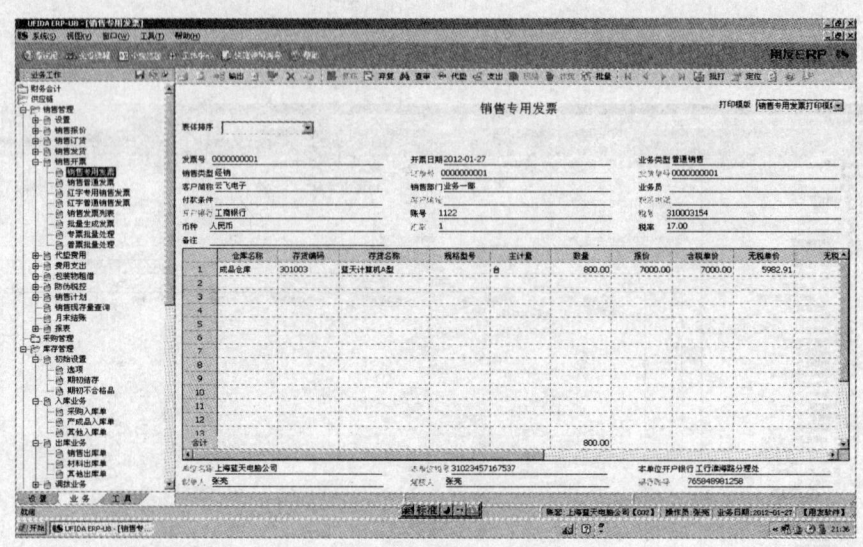

图 4-30　生成销售专用发票

（2）将账套输出至"实验四　销售发货业务"文件夹中。

第五章 库存管理

库存管理是在物流过程中对商品数量的管理,它接受采购部门从供应商那里采购来的材料或商品,并且支配着生产的领料、销售的出库等。并且通过对库存的有效的控制和管理,降低企业库存成本,减少资金占用。

库存管理主要实现以下功能:采购入库、销售出库、产成品入库、材料出库、其他出入库、盘点管理和形态转换等业务的需要,提供仓库货位管理、批次管理、保质期管理、出库跟踪入库管理和可用量管理等全面的业务应用。

库存管理可以单独使用,也可以与采购管理、销售管理、物料需求计划、存货核算集成使用,发挥更加强大的应用功能。

库存管理适用于各种类型的工商业企业,如制造业、医药、食品、批发、零售、批零兼营,集团应用和远程仓库等。系统着重实现工商企业库存管理方面的要求,覆盖目前工业和商业的大部分库存管理工作。

本章应从了解库存管理的初始设置、各种出入库业务、盘点业务和一些特殊业务等入手,进而了解库存管理与采购管理、销售管理、存货核算模块之间的关系。通过本章的学习,加深对库存管理的认识,了解企业中库存管理的重要作用,认识ERP系统库存管理的重要作用。

库存模块已完成的相关作业提示:

(1)与采购模块相关的采购入库单作业。

下列清单已经在第三章流程中已完成操作。

供应商	存 货	数量
华硕电脑公司	水星 MW150R 150M 无线路由器	250
影驰公司	影驰 GTX550Ti 黑将版	50
影驰公司	影驰 GT440 重炮手 DDR5 版	60
西部数据	西部数据 WD5000AAKX 500G 7200 转 16M SA-TAⅢ 6Gb/s 3.5 寸台式机硬盘	110
华硕电脑	华硕 P8H61	200
罗技公司	罗技(Logitech)经典 K100 键盘	200
罗技公司	罗技(Logitech)M215 无线鼠标	200
先锋公司	酷冷至尊 毁灭者	200

（续表）

供应商	存 货	数量
奔腾公司	奔腾 G620	150
奔腾公司	core i3 2120	100
奔腾公司	Intel 酷睿 i7 2600	20
昂达公司	航嘉冷静王砖石超静音版	150
英特尔公司	芯片 Intel 酷睿 i7 2600	100
联想电脑公司	联想计算机	202
联想电脑公司	联想计算机	—2
三星公司	三星 S19A100N	110
三星公司	三星 S19A100N	—9
罗技公司	罗技(Logitech)经典 K100 键盘	50
罗技公司	罗技(Logitech)M215 无线鼠标	50
罗技公司	罗技(Logitech)经典 K100 键盘	—4
罗技公司	罗技(Logitech)M215 无线鼠标	—4
华硕电脑公司	水星 MW150R 150M 无线路由器	—5

（2）与委外模块相关的采购入库单作业。

下列清单在委外模块中已完成操作。

1）材料出库单列表

物料编码	物料名称	单位数量	委外订单数量 100 台	委外订单数量 200 台
101001	core i3 2120	1	100	200
102001	西部数据 WD5000AAKX 500G 7200 转 16M SATAⅢ 6Gb/s 3.5 寸台式机硬盘	1	100	200
106001	华硕 P8H61	1	100	200
107001	金士顿 DDR3 1333 4G 内存	1	100	200
108002	酷冷至尊 毁灭者	1	100	200
109002	影驰 GT440 重炮手 DDR5 版	1	100	200
110002	酷冷至尊	1	100	200
103002	DELL ultraSharp U2412M 液晶显示器	1	100	200
104001	罗技(Logitech)经典 K100 键盘	1	100	200
105001	罗技(Logitech)M215 无线鼠标	1	100	200

2) 委外产成品入库单列表

供应商	存货	数量	本币单价	本币金额	材料费	加工费
华为公司	蓝天计算机(D)型	100	5 264.63	526 462.5	522 189	4 273.5
金陵公司	蓝天计算机(D)型	200	5 268.90	1 053 779.71	1 044 378	9 401.71

（3）与销售模块相关的销售出库单作业。

下列清单已经在第二章流程中已完成操作。

客户	存货	数量	客户	存货	数量
云飞电子	戴尔计算机	25	泰山数码	联想计算机	10
泰山数码	戴尔计算机	20	海河电子	蓝天计算机 A 型	5
西山科电	联想计算机	50	成都包装	TP-LINK 无线路由器	15
长江集团	EPSON 针式打印机	30	长江 PC	蓝天计算机 D 型	50
星空电子	蓝天计算机 A 型	5	长江 PC	蓝天计算机 C 型	10
星空电子	蓝天计算机 A 型	15	雨辰科技	蓝天计算机 D 型	10
星空电子	蓝天计算机 B 型	5	雨辰科技	蓝天计算机 C 型	50
星空电子	蓝天计算机 B 型	5	云飞电子	戴尔计算机	50
成都包装	蓝天计算机 B 型	15	云飞电子	联想计算机	50
成都包装	蓝天计算机 B 型	15	云飞电子	联想计算机	—10
大地电子	蓝天计算机 C 型	1	西山科电	联想计算机	20
大地电子	蓝天计算机 C 型	3	西山科电	联想计算机	—5
大地电子	蓝天计算机 C 型	6	云飞电子	戴尔计算机	—2
云飞电子	戴尔计算机	15	西山科电	联想计算机	—5

（4）与产供销一体化有关的作业。

下列清单已经在第四章流程中已完成操作。

1) 采购入库单列表

供应商	存货名称	数量
英特尔	core i3 2120	1 687
希捷	希捷 Barracuda 500GB 7200 转 16MB SATA3(ST3500413AS)	1 420
希捷	希捷 Barracuda 7200.12 1TB	90
三星	三星 S19A100N	2 314
罗技	罗技(Logitech)经典 K100 键盘	3 851

（续表）

供应商	存 货 名 称	数量
罗技	罗技（Logitech）M215 无线鼠标	3 951
华硕	华硕 P8H61	1 887
昂达	昂达 H61L	1 520
金士顿	金士顿 DDR3 1333 4G 内存	4 065
先锋	动力火车绝尘盾	1 585
利氏	酷冷至尊 毁灭者	1 872
影驰	影驰 GTX550Ti 黑将版	1 705
影驰	影驰 GT440 重炮手 DDR5 版	1 252
奔腾	航嘉冷静王砖石超静音版	1 035
奔腾	酷冷至尊 GX-400W	1 512
奔腾	奔腾 G620	670
西部	西部数据 WD5000AAKX 500G 7200 转 16M SATAⅢ 6Gb/s 3.5 寸台式机硬盘	1 677

2）材料出库单列表

材 料 名 称	领料数量
航嘉冷静王砖石超静音版	595
影驰 GTX550Ti 黑将版	595
动力火车绝尘盾	595
金士顿 DDR3 1333 4G 内存	595
华硕 P8H61	595
罗技（Logitech）M215 无线鼠标	595
罗技（Logitech）经典 K100 键盘	595
三星 S19A100N	595
西部数据 WD5000AAKX 500G 7200 转 16M SATAⅢ 6Gb/s 3.5 寸台式机硬盘	595
core i3 2120	595
酷冷至尊 GX-400W	720
影驰 GT440 重炮手 DDR5 版	720
酷冷至尊 毁灭者	720

(续表)

材 料 名 称	领料数量
金士顿 DDR3 1333 4G 内存	720
昂达 H61L	720
罗技(Logitech)M215 无线鼠标	720
罗技(Logitech)经典 K100 键盘	720
三星 S19A100N	720
希捷 Barracuda 500GB 7200 转 16MB SATA3(ST3500413AS)	720
奔腾 G620	720
航嘉冷静王砖石超静音版	500
影驰 GTX550Ti 黑将版	500
动力火车绝尘盾	500
金士顿 DDR3 1333 4G 内存	500
华硕 P8H61	500
罗技(Logitech)M215 无线鼠标	500
罗技(Logitech)经典 K100 键盘	500
三星 S19A100N	500
西部数据 WD5000AAKX 500G 7200 转 16M SATAⅢ 6Gb/s 3.5 寸台式机硬盘	500
core i3 2120	500
航嘉冷静王砖石超静音版	490
影驰 GTX550Ti 黑将版	490
动力火车绝尘盾	490
金士顿 DDR3 1333 4G 内存	490
技嘉 GA-Z68P-DS3	490
罗技(Logitech)M215 无线鼠标	490
罗技(Logitech)经典 K100 键盘	490
DELL ultraSharp U2412M 液晶显示器	490
希捷 Barracuda 7200.12 1TB	490
Intel 酷睿 i7 2600	490
航嘉冷静王砖石超静音版	500
影驰 GTX550Ti 黑将版	500

（续表）

材　料　名　称	领料数量
动力火车绝尘盾	500
金士顿 DDR3 1333 4G 内存	500
华硕 P8H61	500
罗技(Logitech)M215 无线鼠标	500
罗技(Logitech)经典 K100 键盘	500
三星 S19A100N	500
西部数据 WD5000AAKX 500G 7200 转 16M SATAⅢ 6Gb/s 3.5 寸台式机硬盘	500
core i3 2120	500
酷冷至尊 GX-400W	292
影驰 GT440 重炮手 DDR5 版	292
酷冷至尊 毁灭者	292
金士顿 DDR3 1333 4G 内存	292
华硕 P8H61	292
罗技(Logitech)M215 无线鼠标	292
罗技(Logitech)经典 K100 键盘	292
DELL　ultraSharp U2412M 液晶显示器	292
西部数据 WD5000AAKX 500G 7200 转 16M SATAⅢ 6Gb/s 3.5 寸台式机硬盘	292
core i3 2120	292
酷冷至尊 GX-400W	1 000
影驰 GT440 重炮手 DDR5 版	1 000
酷冷至尊 毁灭者	1 000
金士顿 DDR3 1333 4G 内存	1 000
昂达 H61L	1 000
罗技(Logitech)M215 无线鼠标	1 000
罗技(Logitech)经典 K100 键盘	1 000
三星 S19A100N	1 000
希捷 Barracuda 500GB 7200 转 16MB SATA3(ST3500413AS)	1 000
奔腾 G620	1 000

3) 产成品入库单列表

产 品 名 称	数 量	产 品 名 称	数 量
蓝天计算机 A 型	595	蓝天计算机 C 型	490
蓝天计算机 A 型	500	蓝天计算机 B 型	1 000
蓝天计算机 B 型	720	蓝天计算机 D 型	292
蓝天计算机 A 型	500		

4) 销售出库单列表

客户简称	存 货 名 称	数量
云飞电子	蓝天计算机 A 型	800
西山科电	蓝天计算机 A 型	500
西山科电	蓝天计算机 B 型	900
泰山数码	蓝天计算机 A 型	500
泰山数码	蓝天计算机 C 型	600
星空电子	蓝天计算机 B 型	1 000
星空电子	蓝天计算机 D 型	800

实验一 仓库调拨业务

【实验准备】

引入 D:\账套备份\第四章 生产制造业务\实验四 销售发货业务,将系统日期修改为"2013 年 1 月 1 日",注册进入"企业应用平台"。

【实验目的与要求】

● 了解调拨业务流程

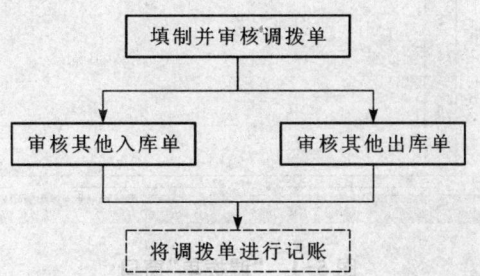

● 了解调拨业务生成的下游单据以及生成单据的时点

【实验资料】

业务一：

● 2013 年 1 月 19 日库管要求将原材料仓库中的 50 只 Intel 酷睿 i7 2600 调拨到外购品仓库，经领导批准，仓管人员执行了调拨。

业务二：

● 2013 年 1 月 20 日库管要求将原材料仓库中的 10 只 DELL ultraSharp U2412M 液晶显示器调拨到外购品仓库，经领导批准，仓管人员执行了调拨。

业务三：

● 2013 年 1 月 21 日库管要求将成品仓库中的 5 台戴尔计算机调拨到北京办事处仓库，经领导批准，仓管人员执行了调拨。

【实验指导】

调拨指存货在仓库之间或部门之间变迁的业务，在同一个业务日期，相同的转入仓库并且相同的的转出仓库的所有存货可以填列在一张调拨单上完成调拨业务的账面调动。以下流程，用自己的姓名进行操作，按业务日期注册登录。

1. 业务一的操作

（1）在库存管理系统中，执行"调拨业务"｜"调拨单"命令，打开"调拨单"窗口。

（2）单击"增加"按钮，表头：转出仓库为原材料仓库，转入仓库为外购品仓库，表体：存货编码 0101003，数量为 50，点击"保存"，并"审核"，如图 5-1 所示。

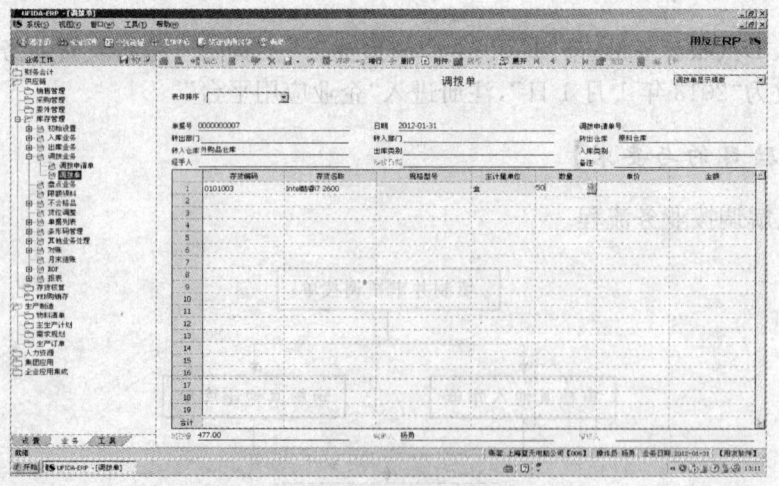

图 5-1 "调拨单"窗口

（3）执行"出库业务"|"其他出库单"命令，如图 5-2 所示，并审核该其他出库单。

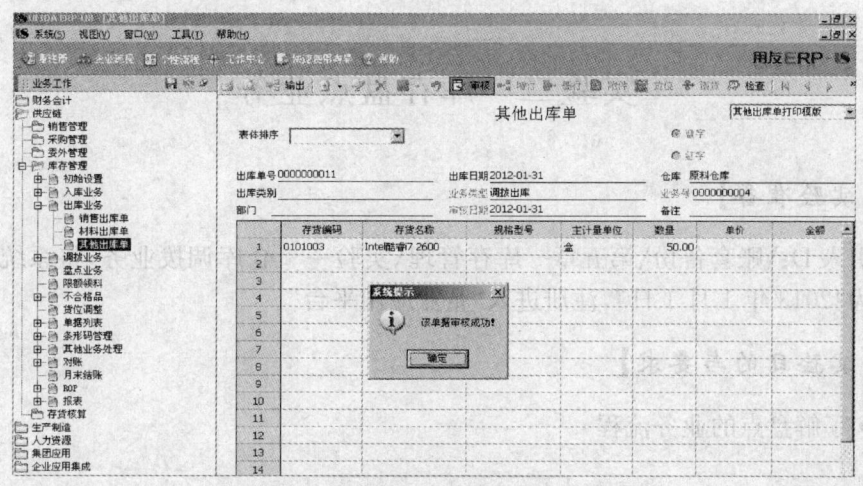

图 5-2　调拨单生成的其他出库单

（4）执行"入库业务"|"其他入库单"命令，如图 5-3 所示，并审核该其他入库单。

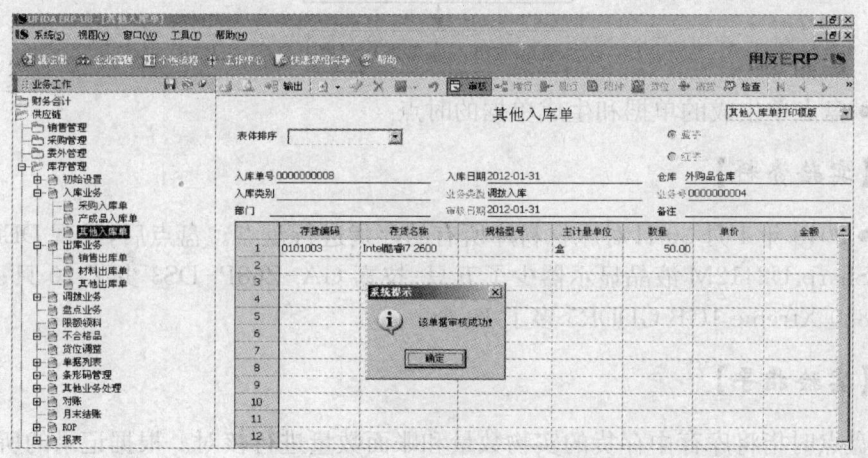

图 5-3　调拨单生成的其他入库单

2. 按照业务一的操作流程，完成业务二、业务三的操作

3. 账套备份

（1）在 D:\账套备份文件夹第五章　库存管理中新建"实验一　仓库调拨业

务"文件夹。

（2）将账套输出至"实验一　仓库调拨业务"文件夹中。

实验二　库存盘点业务

【实验准备】

引入 D:\账套备份\第五章　库存管理\实验一　仓库调拨业务，将系统日期修改为"2013 年 1 月 1 日"，注册进入"企业应用平台"。

【实验目的与要求】

● 了解盘点的业务流程

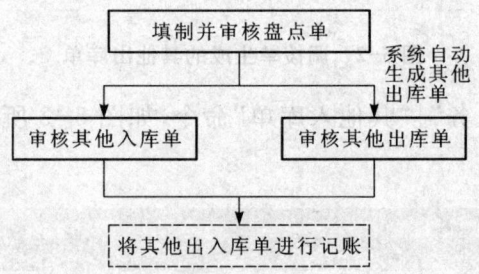

● 盘点单生成的单据和生成单据的时点

【实验资料】

● 2013 年 1 月 30 日对原材料库所有的存货进行盘点。盘点后，发现 DELL ultraSharp U2412M 液晶显示器少了五只；技嘉 GA-Z68P-DS3 少了 20 只；蓝宝 HD5850 Xtreme 1GB GDDR5 多了 10 个

【实验指导】

盘点时指将库存中存货的实物数量和账面数量进行核对。根据记录的所有业务得到账面数量，再手工录入仓库中实际库存数量即盘点数量，系统根据他们之间的差异，通过填制盘点单，判断盘亏或盘盈，再自动生成其他出入库单。以下流程，用自己的姓名进行操作，按业务日期注册登录。

1. 盘点业务操作

（1）在库存管理系统中，单击"盘点业务"，打开盘点单。

（2）单击"增加"按钮，进入新增盘点业务操作界面。依据实验资料输入相关信息。表头：盘点仓库为原料仓库。出入库类别分别为盘亏出库和盘盈入库，如图5-4所示。

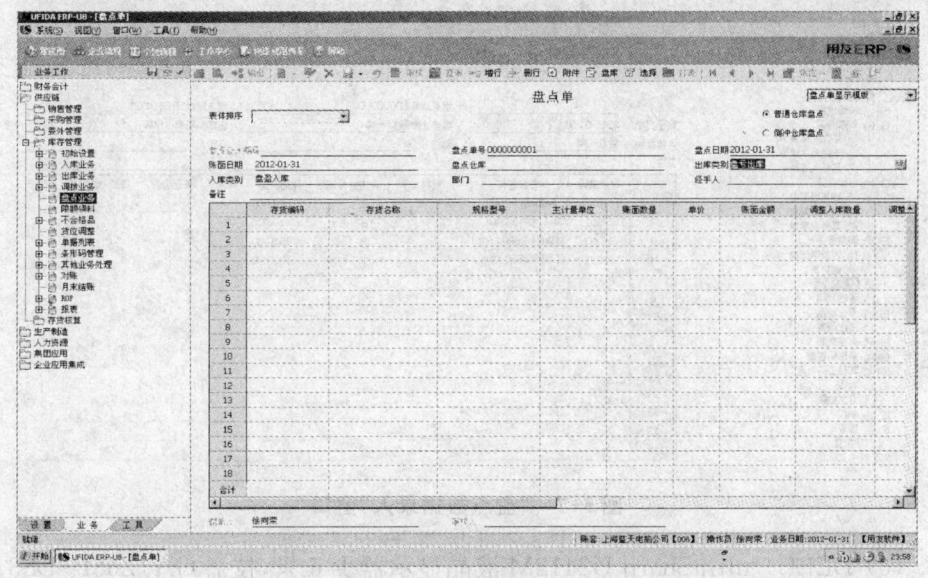

图 5-4 新增盘点业务

（3）单击"盘库"按钮，系统提示如图 5-5 所示，表示将表体中的内容清空。

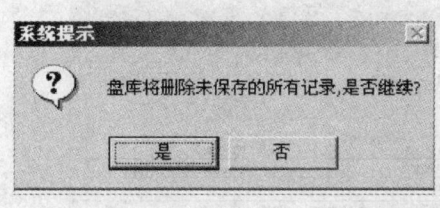

图 5-5 系统提示　　　　　　　　图 5-6 "盘点处理"对话框

（4）单击"是"，系统弹出如图 5-6 所示对话框。选择"按仓库盘点"复选框，单击"确认"。

（5）系统自动将该仓库中存货和存货在该仓库中的账面数量逐一列出，并按照盘点库存中的实际存货存储数量对应盘点单上相应的存货，一一地填列在"盘点数量"栏。单击"保存"按钮，保存该盘点单，并单击"审核"按钮审核该盘点单。如

图 5-7 所示。

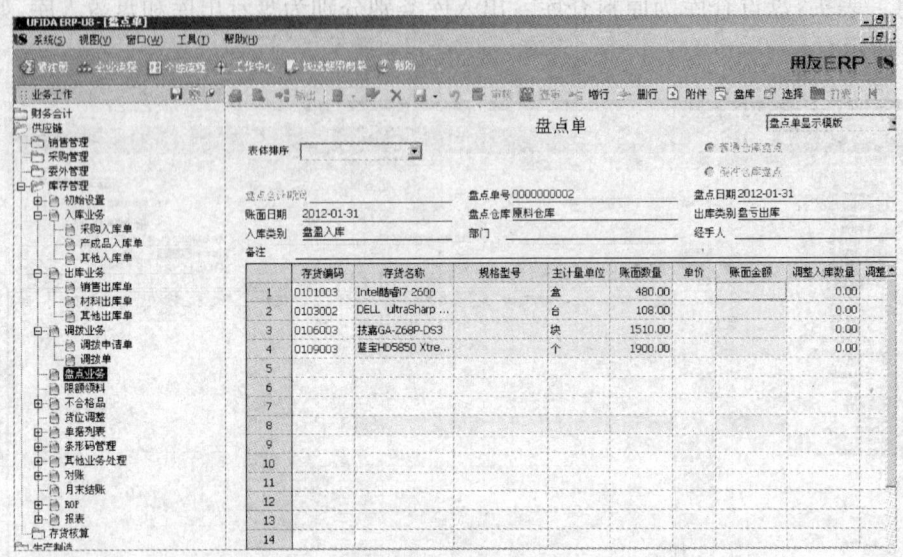

图 5-7　"盘点数据录入"窗口

（6）DELL　ultraSharp U2412M 液晶显示器少 5 只，技嘉 GA-Z68P-DS3 少了 20 只，则在库存管理系统中，执行"出库业务"|"其他出库单"命令，打开其他出库单。单击"审核"按钮，审核该其他出库单，如图 5-8 所示。

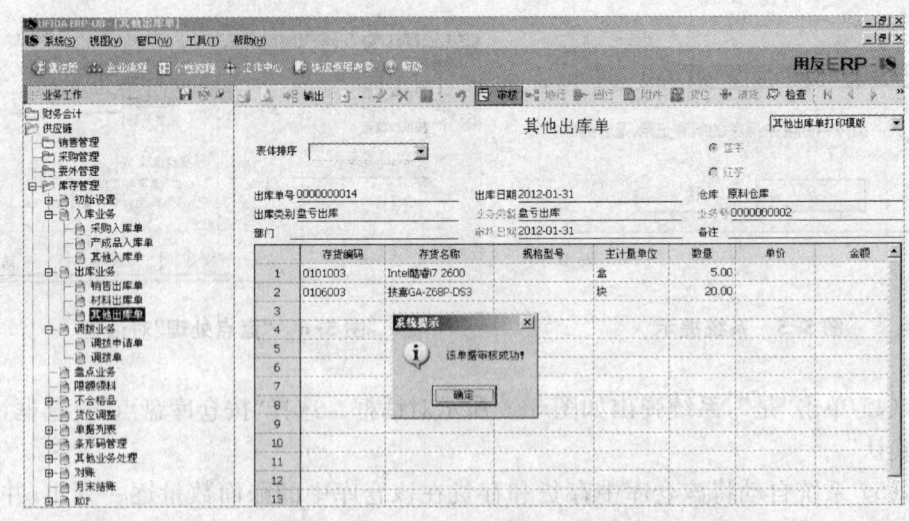

图 5-8　其他出库单

（7）蓝宝 HD5850 Xtreme 1GB GDDR5 多了 10 个,在库存管理系统中,执行"入库业务"|"其他入库单"命令,打开其他入库单。单击"审核"按钮,审核该其他入库单。

2. 账套备份

（1）在 D:\账套备份文件夹第五章　库存管理中新建"实验二　库存盘点业务"文件夹。

（2）将账套输出至"实验二　库存盘点业务"文件夹中。

实验三　库存其他出库、其他入库业务

【实验准备】

引入 D:\账套备份\第六章　库存管理\实验二　库存盘点业务,将系统日期修改为"2013 年 1 月 1 日",注册进入"企业应用平台"。

【实验目的与要求】

- 了解其他出库单的操作及应用范围
- 了解其他入库单的操作及应用范围

【实验资料】

业务一:

● 2013 年 1 月 15 日业务一部向公司申请领用水星 MW150R 150M 无线路由器 3 个,用作样品赠送,从外购品仓库领出。

业务二:

● 2013 年 1 月 18 日业务二部向公司申请领用 Intel 酷睿 i7 2600　5 个,用作实验测试,从原材料仓库领出。

业务三:

● 2013 年 1 月 20 日人事部向公司申请领用（EPSON）LQ-630K 针式打印机 1 台,用于办公,从外购品仓库领出。

业务四:

● 2013 年 1 月 20 日从利氏公司借入水星 MW150R 150M 无线路由器 2 个,单价为 59,入外购品仓库,部门:业务一部。

业务五:

● 2013 年 1 月 20 日公司业务二部把实验测试多出的 2 个 Intel 酷睿 i7 2600 归还公司,单价为 1 900,入原材料仓库。

【实验指导】

(以下流程,用自己的姓名进行操作,按业务日期注册进入平台)

1. 业务一的操作

(1) 在库存管理系统中,单击"出库业务",打开其他出库单。

(2) 单击"增加"按钮,进入新增其他出库单业务操作界面。依据实验资料输入相关信息。表头:仓库为外购品仓库,出库类别为其他出库,部门为业务一部。表体输入存货信息,领用数量后保存。如图 5-9 所示,点击审核。

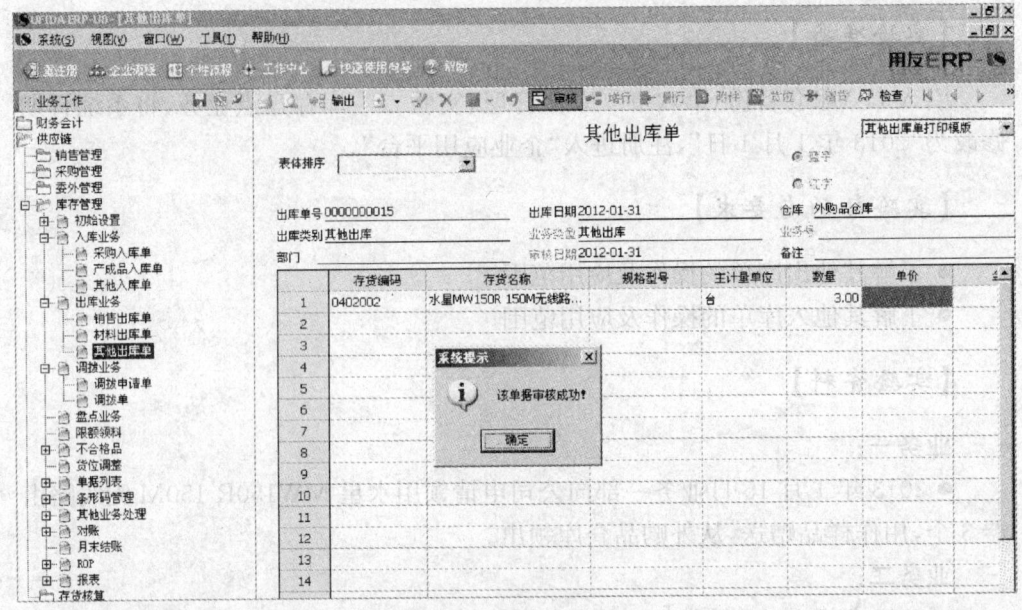

图 5-9 其他出库单

2. 按照业务一的操作方式,完成业务二、业务三的流程

3. 业务四的操作

(1) 在库存管理系统中,单击"入库业务",打开其他入库单。

(2) 单击"增加"按钮,进入新增其他入库单业务操作界面。依据实验资料输入相关信息。表头:仓库为外购品仓库,入库类别为其他入库,部门为业务一部,表体输入存货信息,归还数量、单价后保存,并审核。如图 5-10 所示。

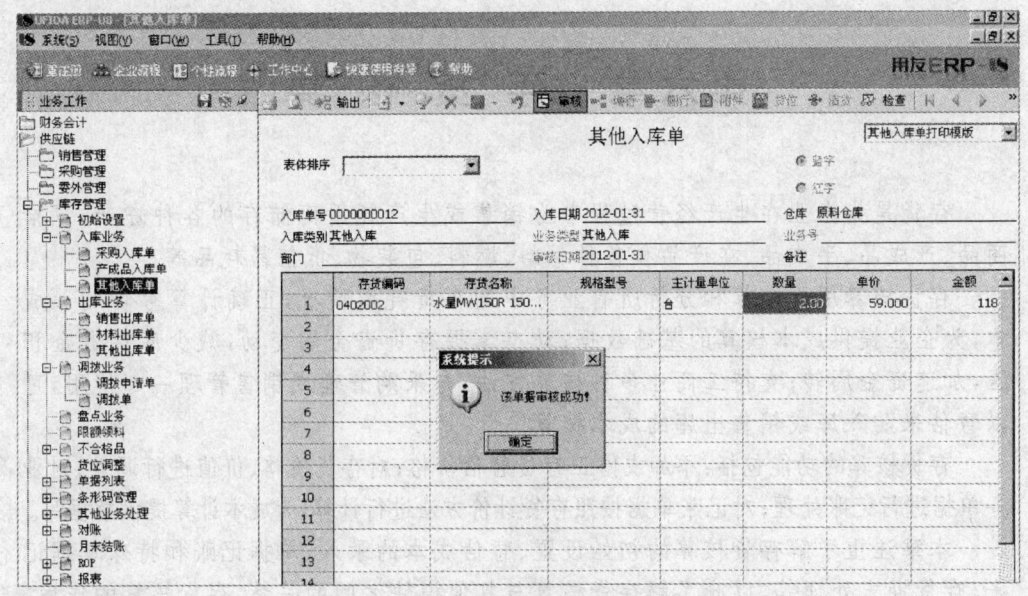

图 5-10 其他入库单

4. 按照业务四的操作方式,完成业务五的流程

5. 账套备份

(1) 在 D:\账套备份文件夹第五章 库存管理中新建"实验三 库存其他出库、其他入库业务"文件夹。

(2) 将账套输出至"实验三 库存其他出库、其他入库业务"文件夹中。

第六章　存货核算

存货是指企业在生产经营过程中为销售或生产耗用而储存的各种资产,包括商品、产成品、半成品、在产品和各种材料、燃料、包装物、低值易耗品等。

存货核算用于核算和分析所有业务中的存货耗用情况,正确计算存货购入成本,为企业提供成本核算的基础数据;动态掌握存货资金的变动,减少库存资金积压,加速资金周转;支持工商业多种核算方法;与采购管理或销售管理一起使用,可以暂估采购入库或销售出库的成本核算。

存货核算的功能包括:添加或修正存货暂估价格;对存货价格、价值进行调整;对业务单据进行记账处理;对记账单据按照存货计价方法进行计算,为成本计算提供数据等。

本章注重了解存货核算的初始设置、暂估成本的录入、单据记账和特殊单据记账、存货期末处理等,以此了解存货核算与其他模块之间的关系,存货核算的作用。通过本章的学习,加深对存货核算的认识,了解企业中存货核算的基本方法和步骤,以便为成本计算提供精确的数据。

实验一　采购入库单记账

【实验准备】

引入 D:\账套备份\第五章　库存管理\实验三　库存其他出库、其他入库业务,将系统日期修改为"2013 年 1 月 31 日",注册进入"企业应用平台"。

【实验目的与要求】

● 为什么第一步先进行采购入库单记账,因为有了原材料的入库成本,才能进行出库单据的记账。

● 采购入库单中的成本是从何来? 采购发票通过结算回写采购入库单中的成本,如果没有收到发票,则读取采购订单中的无税成本做暂估成本。

● 了解采购入库单记账后,会根据采购入库单是否收到发票,生成报销凭证或暂估凭证。

● 了解怎样进行采购入库单记账。

【实验资料】

● 将以上实验中通过采购模块生成采购入库单的单据进行记账

收发类别	存货编码	存货名称	单位	数量	单价	金额
采购入库	0101002	奔腾 G620	盒	150.00	396.833	59 524.97
采购入库	0101001	core i3 2120	盒	100.00	691.884	69 188.43
采购入库	0101003	Intel 酷睿 i7 2600	盒	20.00	1 905.897	38 117.93
采购入库	0402002	水星 MW150R 150M 无线路由器	台	250.00	58.974	14 743.59
采购入库	0109001	影驰 GTX550Ti 黑将版	个	50.00	799.145	39 957.26
采购入库	0109002	影驰 GT440 重炮手 DDR5 版	个	60.00	598.291	35 897.44
采购入库	0106001	华硕 P8H61	块	200.00	598.291	119 658.20
采购入库	0104001	罗技(Logitech)经典 K100 键盘	只	200.00	40.171	8 034.19
采购入库	0105001	罗技(Logitech)M215 无线鼠标	只	200.00	84.615	16 923.08
采购入库	0110001	航嘉冷静王砖石超静音版	个	150.00	260.659	39 098.86
采购入库	0101003	Intel 酷睿 i7 2600	盒	100.00	2 123.060	212 306.00
采购入库	0301002	联想计算机	台	−2.00	4 500.000	−9 000.00
采购入库	0103001	三星 S19A100N	台	−9.00	770.086	−6 930.77
采购入库	0301002	联想计算机	台	202.00	4 500.000	909 000.00
采购入库	0103001	三星 S19A100N	台	110.00	770.085	84 709.40
采购入库	0104001	罗技(Logitech)经典 K100 键盘		50.00	40.171	2 008.55
采购入库	0105001	罗技(Logitech)M215 无线鼠标	只	50.00	84.615	4 230.75
采购入库	0402002	水星 MW150R 150M 无线路由器	台	−5.00	58.974	−294.87
采购入库	0104001	罗技(Logitech)经典 K100 键盘	只	−4.00	40.170	−160.68
采购入库	0105001	罗技(Logitech)M215 无线鼠标	只	−4.00	84.610	−338.44
采购入库	0101001	core i3 2120	盒	395.00	689.744	272 448.72
采购入库	0101001	core i3 2120	盒	500.00	689.744	344 871.79

（续表）

收发类别	存货编码	存货名称	单位	数量	单价	金额
采购入库	0101001	core i3 2120	盒	500.00	689.744	344 871.79
采购入库	0101001	core i3 2120	盒	292.00	689.744	201 405.13
采购入库	0103001	三星 S19A100N	台	814.00	770.085	626 849.57
采购入库	0103001	三星 S19A100N	台	500.00	770.085	385 042.74
采购入库	0103001	三星 S19A100N	台	1 000.00	770.085	770 085.47
采购入库	0104001	罗技(Logitech)经典 K100 键盘	只	349.00	40.171	14 019.66
采购入库	0104001	罗技(Logitech)经典 K100 键盘	只	1 220.00	40.171	49 008.55
采购入库	0104001	罗技(Logitech)经典 K100 键盘	只	990.00	40.171	39 769.23
采购入库	0104001	罗技(Logitech)经典 K100 键盘	只	1 292.00	40.171	51 900.85
采购入库	0105001	罗技(Logitech)M215 无线鼠标	只	449.00	84.615	37 992.31
采购入库	0105001	罗技(Logitech)M215 无线鼠标	只	1 220.00	84.615	103 230.77
采购入库	0105001	罗技(Logitech)M215 无线鼠标	只	990.00	84.615	83 769.23
采购入库	0105001	罗技(Logitech)M215 无线鼠标	只	1 292.00	84.615	109 323.08
采购入库	0106001	华硕 P8H61	块	595.00	599.145	356 491.45
采购入库	0106001	华硕 P8H61	块	500.00	599.145	299 572.65
采购入库	0106001	华硕 P8H61	块	500.00	599.145	299 572.65
采购入库	0106001	华硕 P8H61	块	292.00	599.145	174 950.43
采购入库	0106002	昂达 H61L	块	520.00	499.145	259 555.56
采购入库	0106002	昂达 H61L	块	1 000.00	499.145	499 145.30
采购入库	0107001	金士顿 DDR3 1333 4G 内存	块	563.00	148.718	83 728.21
采购入库	0107001	金士顿 DDR3 1333 4G 内存	块	1 220.00	148.718	181 435.90
采购入库	0107001	金士顿 DDR3 1333 4G 内存	块	990.00	148.718	147 230.77

（续表）

收发类别	存货编码	存货名称	单位	数量	单价	金额
采购入库	0107001	金士顿 DDR3 1333 4G 内存	块	1 292.00	148.718	192 143.59
采购入库	0108001	动力火车绝尘盾	个	95.00	169.231	16 076.92
采购入库	0108001	动力火车绝尘盾	个	500.00	169.231	84 615.38
采购入库	0108001	动力火车绝尘盾	个	990.00	169.231	167 538.46
采购入库	0109001	影驰 GTX550Ti 黑将版	个	215.00	799.145	171 816.24
采购入库	0109001	影驰 GTX550Ti 黑将版	个	500.00	799.145	399 572.65
采购入库	0109002	影驰 GT440 重炮手 DDR5 版	个	1 252.00	599.145	750 129.91
采购入库	0109001	影驰 GTX550Ti 黑将版	个	990.00	799.145	791 153.85
采购入库	0108002	酷冷至尊 毁灭者	个	580.00	269.231	156 153.85
采购入库	0108002	酷冷至尊 毁灭者	个	1 292.00	269.231	347 846.15
采购入库	0110001	航嘉冷静王砖石超静音版	个	45.00	259.829	11 692.31
采购入库	0110001	航嘉冷静王砖石超静音版	个	990.00	259.829	257 230.77
采购入库	0110002	酷冷至尊 GX-400W	个	220.00	299.145	65 811.97
采购入库	0110002	酷冷至尊 GX-400W	个	1 292.00	299.145	386 495.73
采购入库	0101002	奔腾 G620	盒	670.00	394.872	264 564.10
采购入库	0102001	西部数据 WD5000AAKX 500G 7200 转 16M SATA Ⅲ 6Gb/s 3.5 寸台式机硬盘	盒	385.00	458.974	176 705.13
采购入库	0102001	西部数据 WD5000AAKX 500G 7200 转 16M SATA Ⅲ 6Gb/s 3.5 寸台式机硬盘	盒	500.00	458.974	229 487.18
采购入库	0102001	西部数据 WD5000AAKX 500G 7200 转 16M SATA Ⅲ 6Gb/s 3.5 寸台式机硬盘	盒	500.00	458.974	229 487.18
采购入库	0102001	西部数据 WD5000AAKX 500G 7200 转 16M SATA Ⅲ 6Gb/s 3.5 寸台式机硬盘	盒	292.00	458.974	134 020.51

（续表）

收发类别	存货编码	存货名称	单位	数量	单价	金额
采购入库	0108002	酷冷至尊 毁灭者	个	200.00	372.650	74 529.91
采购入库	0102001	西部数据 WD5000AAKX 500G 7200转 16M SATA Ⅲ 6Gb/s 3.5寸台式机硬盘	盒	110.00	458.974	50 487.14
采购入库	0102002	希捷 Barracuda 500GB 7200 转 16MB SATA3 (ST3500413AS)	盒	420.00	650.427	273 179.49
采购入库	0102002	希捷 Barracuda 500GB 7200 转 16MB SATA3 (ST3500413AS)	盒	1 000.00	650.427	650 427.35
采购入库	0102003	希捷 Barracuda 7200.12 1TB	盒	90.00	580.342	52 230.77

【实验指导】（以下流程，用自己的姓名进行操作）

1. 采购入库单记账

（1）执行存货核算“业务核算”|“正常单据记账”命令，系统弹出“正常单据记账条件”窗口如图 6-1，选择单据类别是“采购入库单”，收发类别是“采购入库”，单击“确定”。

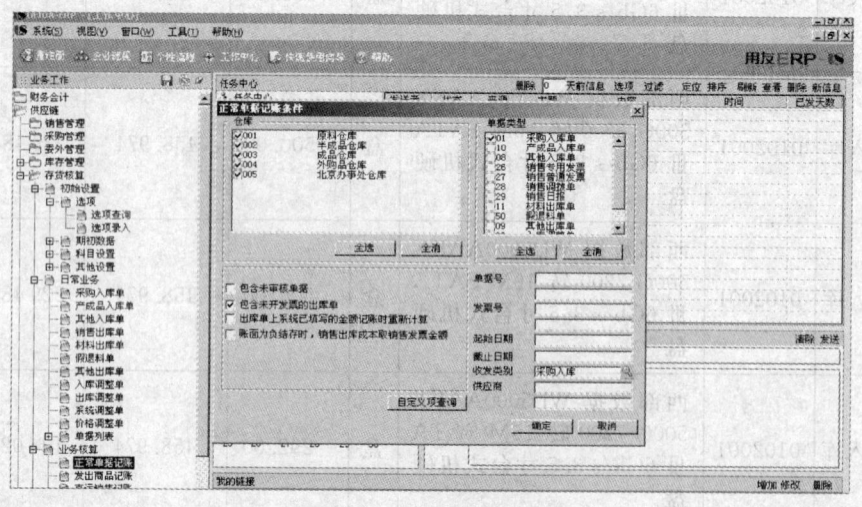

图 6-1　正常单据记账条件

（2）出现正常单据记账一览表，如图 6-2，点击"全选""记账"。

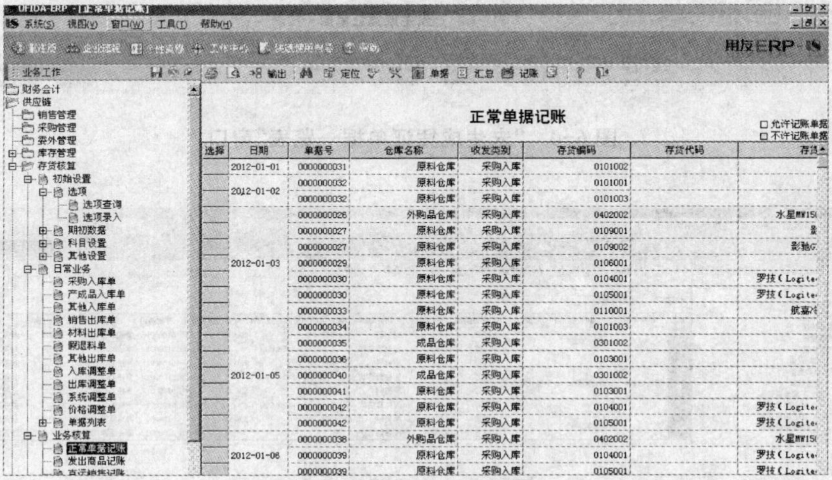

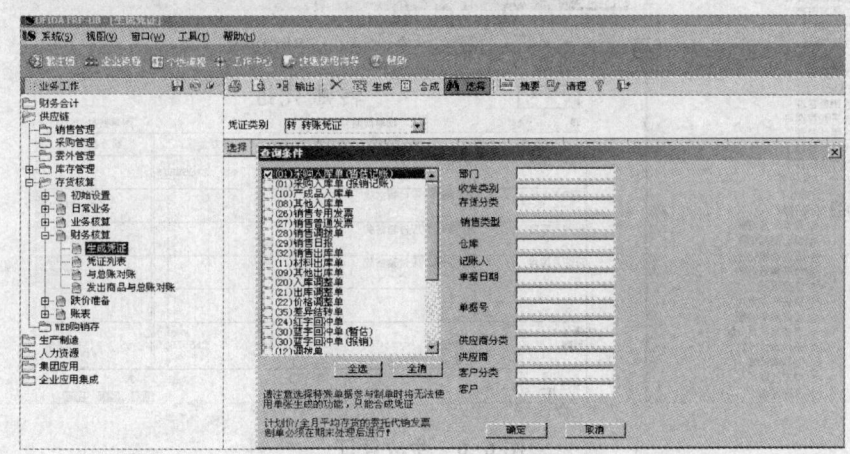

图 6-2 正常单击记账界面

（3）执行"财务核算"|"生成凭证"命令，设置生成凭证查询条件。

（4）将凭证类别改为"转账凭证"后，单击"选择"按钮，系统弹出生成凭证查询条件窗口，选择采购入库单（暂估记账）如图 6-3 所示。

图 6-3 生成凭证查询条件窗口

（5）单击"确定"按钮，系统弹出如图 6-4 所示窗口。

（6）单击工具栏上的"全选"按钮，再单击"确定"按钮，系统弹出"生成凭证"窗口，如图 6-5 所示窗口。

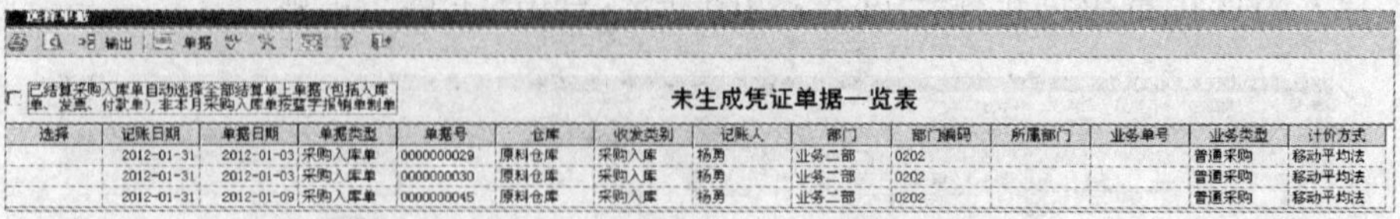

图 6-4　"未生成凭证单据一览表"窗口

图 6-5　生成凭证窗口

（7）点击"合成"点击"保存"如图 6-6。

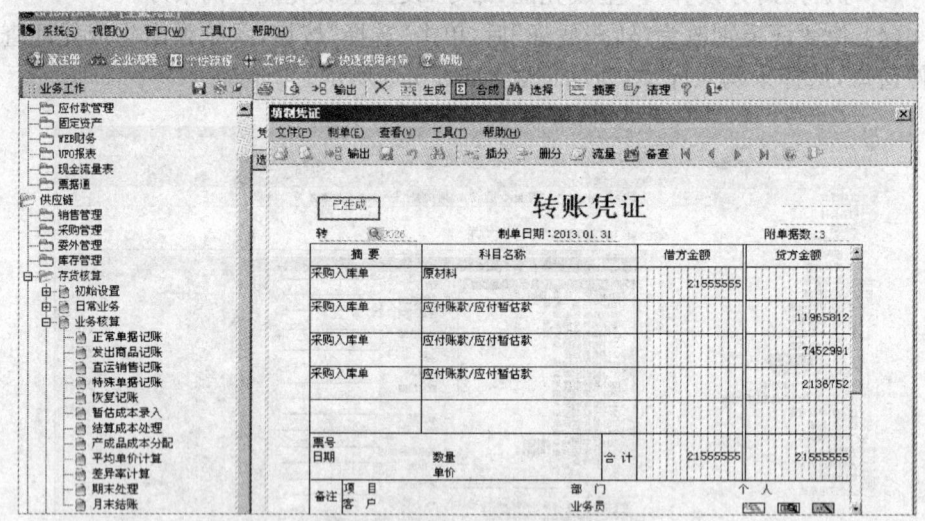

图 6-6　生成凭证

（8）将凭证类别改为"转账凭证"后，单击"选择"按钮，系统弹出生成凭证查询条件窗口，选择采购入库单（报销记账），它表示采购入库单已经收到发票，如图 6-7所示。

（9）单击"确定"按钮，系统弹出如图 6-8 所示窗口。

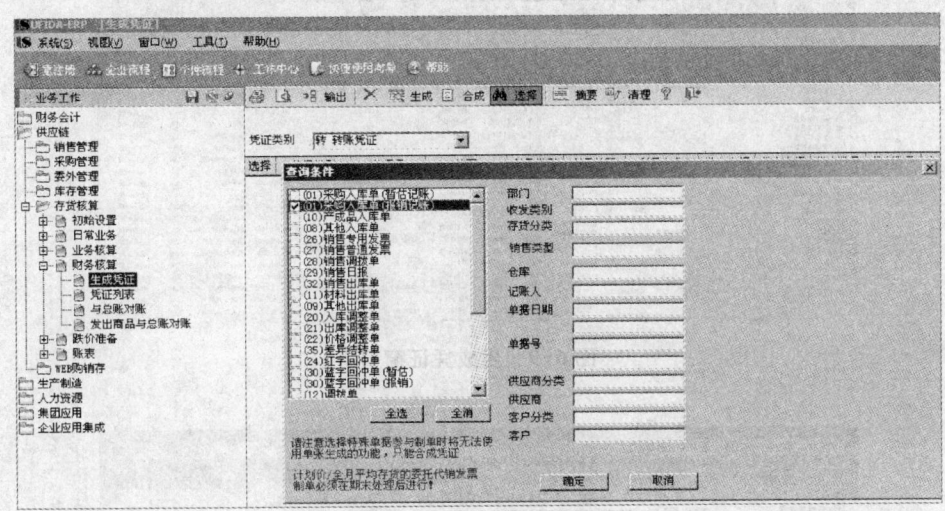

图 6-7　生成凭证查询条件窗口

图 6-8　"未生成凭证单据一览表"窗口

（10）单击工具栏上的"全选"按钮，再单击"确定"按钮 ，系统弹出"生成凭证"窗口，如图 6-9 所示窗口。

（11）点击"合成"点击"保存"如图 6-10。

2. 账套备份

（1）在 D:\账套备份文件夹第六章　存货核算中新建"实验一　采购入库单记账"文件夹。

（2）将账套输出至"实验一　采购入库单记账"文件夹中。

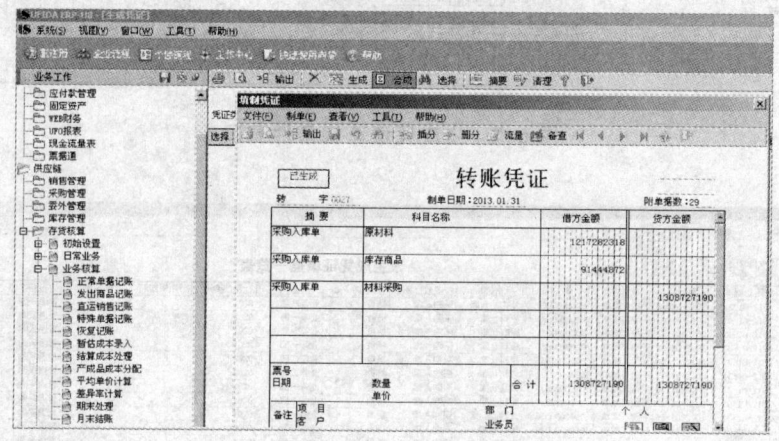

图 6-9　生成凭证窗口

图 6-10　生成凭证

实验二　结算成本处理

【实验准备】

引入 D:\账套备份\第六章　存货核算\实验一　采购入库单记账,将系统日期修改为"2013 年 1 月 31 日",注册进入"企业应用平台"。

【实验目的与要求】

● 了解暂估成本处理采用的是什么方式

● 什么样的单据需要做结算成本处理,当前期采购入库是暂估,本期来票后,

需要操作结算成本处理

● 了解结算成本处理的流程

【实验资料】

● 将期初的采购入库单,本期收到发票的单据做结算成本处理。

存货编码	存货名称	单位	数量	暂估单价	暂估金额	结算单价	结算金额
0102001	西部数据 WD5000AAKX 500G 7200 转 16M SATAⅢ 6Gb/s 3.5 寸台式机硬盘	盒	100.00	459.000	45 900.00	458.974	45 897.44
0106001	华硕 P8H61	块	90.00	599.000	53 910.00	598.291	53 846.15
0103001	三星 S19A100N	台	70.00	770.000	53 900.00	770.085	53 905.98
0101002	奔腾 G620	盒	60.00	395.000	23 700.00	395.726	23 743.59
0401001	(EPSON)LQ-630K 针式打印机	台	40.00	1 498.000	59 920.00	1 480.342	59 213.68

【实验指导】

以下流程,用自己的姓名进行操作

1. 结算成本处理

(1) 执行"存货核算"|"初始设置"|"选项"|"选项录入"命令,系统弹出对话框,如图 6-11 所示,确认暂估方式为"月初回冲"。

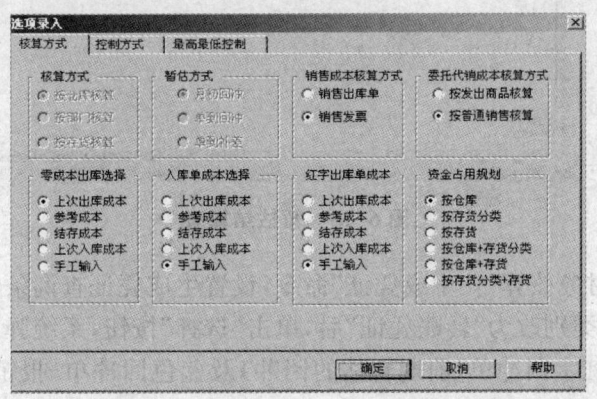

图 6-11 "暂估方式选项录入"窗口

（2）在存货核算系统中，执行"业务核算"|"结算成本处理"命令，系统弹出对话框，如图 6-12 所示。点击仓库"全选"，按"确定"。

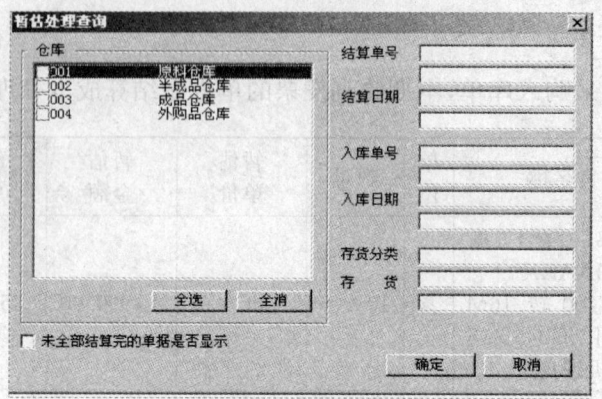

图 6-12　"暂估处理查询"对话框

（3）点击全选，单击"暂估"按钮，系统提示如图 6-13 所示。

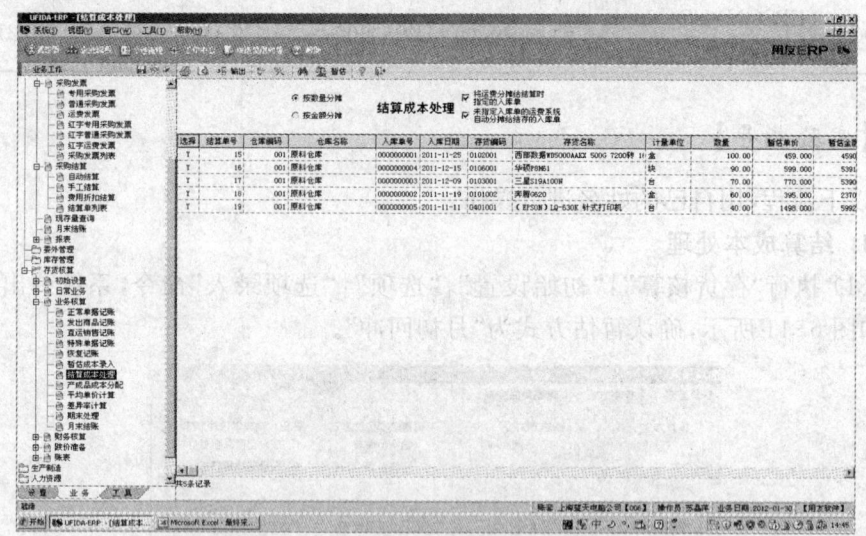

图 6-13　暂估结算表

（4）执行"财务核算"|"生成凭证"命令，设置生成凭证查询条件。

（5）将凭证类别改为"转账凭证"后，单击"选择"按钮，系统弹出生成凭证查询条件窗口，选择红字回冲单（前期暂估的回冲）及蓝色回冲单-报销（本期来票的金额重新确认）如图 6-14 所示。

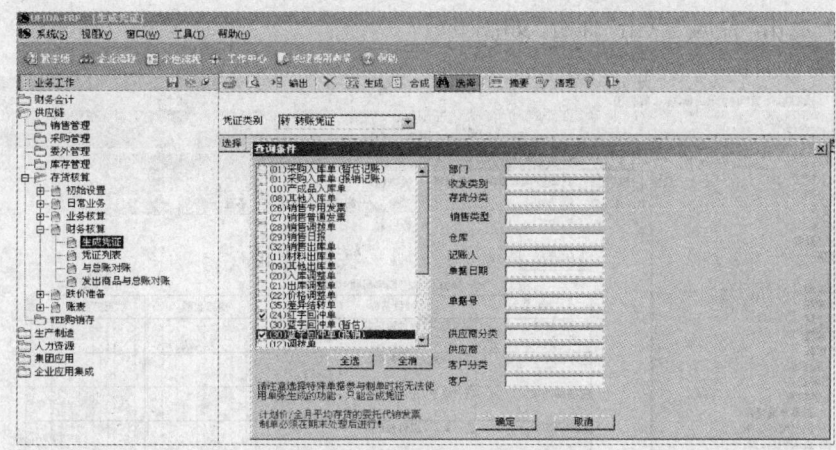

图 6-14 生成凭证查询条件窗口

（6）单击"确定"按钮，系统弹出如图 6-15 所示窗口。

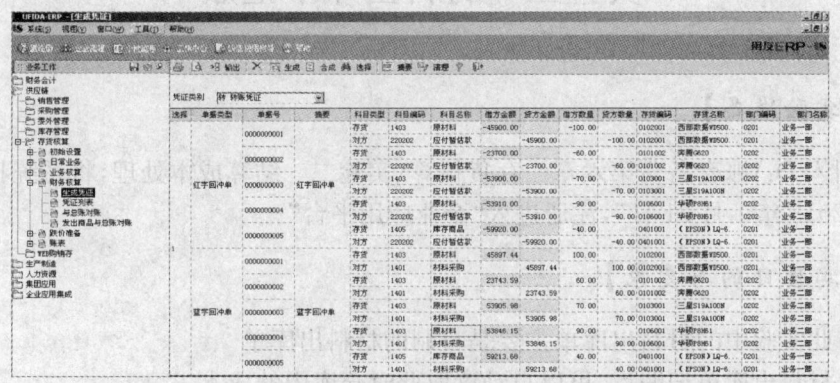

图 6-15 "未生成凭证单据一览表"窗口

（7）单击工具栏上的"全选"按钮，再单击"确定"按钮 ，系统弹出"生成凭证"窗口，如图 6-16 所示窗口。

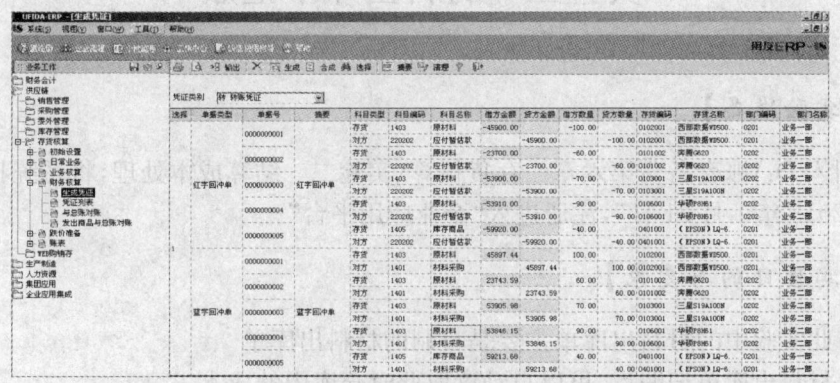

图 6-16 生成凭证窗口

(8) 点击"合成"点击"保存"如图 6-17。

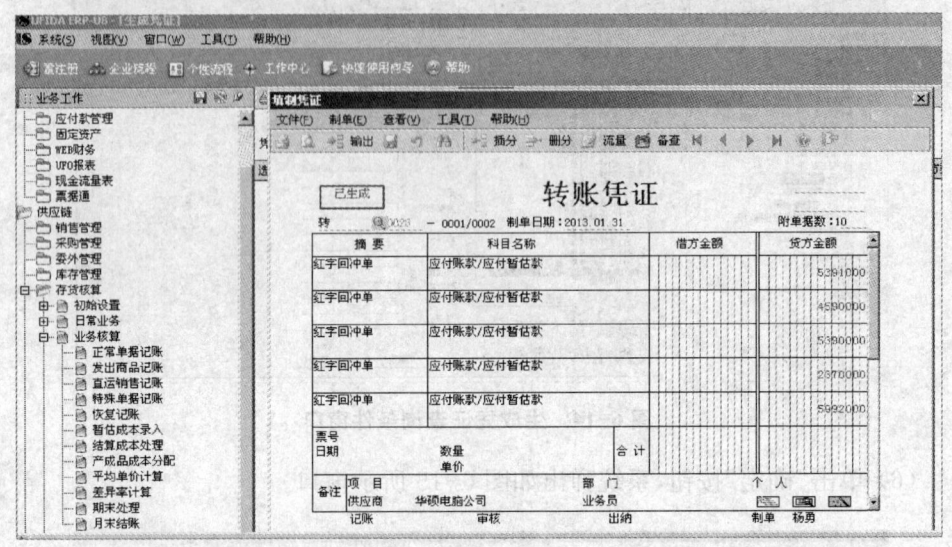

图 6-17　生成凭证

2. 账套备份

(1) 在 D:\账套备份文件夹第六章　存货核算中新建"实验二　结算成本处理"文件夹。

(2) 将账套输出至"实验二　结算成本处理"文件夹中。

实验三　材料出库单记账

【实验准备】

引入 D:\账套备份第六章　存货核算\实验二　结算成本处理,将系统日期修改为"2013 年 1 月 31 日",注册进入"企业应用平台"。

【实验目的与要求】

● 此实验中的材料出库单主要是自制的材料出库单

● 材料出库单记账后,可以自动读取此时仓库中的成本

● 了解材料出库单记账的操作流程

【实验资料】

● 将根据委外订单生成的材料出库单进行记账(不影响生产领用业务,5,6,7 步可不做)。

单据号	仓库名称	存货编码	存货名称	单位	数量
0000000001	原料仓库	0101001	core i3 2120	盒	100.00
0000000001	原料仓库	0103002	DELL ultraSharp U2412M 液晶显示器	台	100.00
0000000001	原料仓库	0104001	罗技(Logitech)经典 K100 键盘	只	100.00
0000000001	原料仓库	0105001	罗技(Logitech)M215 无线鼠标	只	100.00
0000000001	原料仓库	0106001	华硕 P8H61	块	100.00
0000000001	原料仓库	0107001	金士顿 DDR3 1333 4G 内存	块	100.00
0000000001	原料仓库	0108002	酷冷至尊 毁灭者	个	100.00
0000000001	原料仓库	0109002	影驰 GT440 重炮手 DDR5 版	个	100.00
0000000001	原料仓库	0110002	酷冷至尊 GX-400W	个	100.00
0000000001	原料仓库	0102001	西部数据 WD5000AAKX 500G 7200 转 16M SATAⅢ 6Gb/s 3.5 寸台式机硬盘	盒	100.00
0000000002	原料仓库	0101001	core i3 2120	盒	200.00
0000000002	原料仓库	0103002	DELL ultraSharp U2412M 液晶显示器	台	200.00
0000000002	原料仓库	0104001	罗技(Logitech)经典 K100 键盘	只	200.00
0000000002	原料仓库	0105001	罗技(Logitech)M215 无线鼠标	只	200.00
0000000002	原料仓库	0106001	华硕 P8H61	块	200.00
0000000002	原料仓库	0107001	金士顿 DDR3 1333 4G 内存	块	200.00
0000000002	原料仓库	0108002	酷冷至尊 毁灭者	个	200.00
0000000002	原料仓库	0109002	影驰 GT440 重炮手 DDR5 版	个	200.00
0000000002	原料仓库	0110002	酷冷至尊 GX-400W	个	200.00
0000000002	原料仓库	0102001	西部数据 WD5000AAKX 500G 7200 转 16M SATA Ⅲ 6Gb/s 3.5 寸台式机硬盘	盒	200.00

● 将根据生产订单生成的材料出库单进行记账。

单据号	仓库名称	存货编码	存货名称	单位	数量
0000000003	原料仓库	0110001	航嘉冷静王砖石超静音版	个	595.00
0000000003	原料仓库	0109001	影驰 GTX550Ti 黑将版	个	595.00
0000000003	原料仓库	0108001	动力火车绝尘盾	个	595.00
0000000003	原料仓库	0107001	金士顿 DDR3 1333 4G 内存	块	595.00
0000000003	原料仓库	0106001	华硕 P8H61	块	595.00
0000000003	原料仓库	0105001	罗技(Logitech)M215 无线鼠标	只	595.00
0000000003	原料仓库	0104001	罗技(Logitech)经典 K100 键盘	只	595.00
0000000003	原料仓库	0103001	三星 S19A100N	台	595.00
0000000003	原料仓库	0102001	西部数据 WD5000AAKX 500G 7200 转 16M SATA Ⅲ 6Gb/s 3.5 寸台式机硬盘	盒	595.00
0000000003	原料仓库	0101001	core i3 2120	盒	595.00
0000000004	原料仓库	0110002	酷冷至尊 GX-400W	个	720.00
0000000004	原料仓库	0109002	影驰 GT440 重炮手 DDR5 版	个	720.00
0000000004	原料仓库	0108002	酷冷至尊 毁灭者	个	720.00
0000000004	原料仓库	0107001	金士顿 DDR3 1333 4G 内存	块	720.00
0000000004	原料仓库	0106002	昂达 H61L	块	720.00
0000000004	原料仓库	0105001	罗技(Logitech)M215 无线鼠标	只	720.00
0000000004	原料仓库	0104001	罗技(Logitech)经典 K100 键盘	只	720.00
0000000004	原料仓库	0103001	三星 S19A100N	台	720.00
0000000004	原料仓库	0102002	希捷 Barracuda 500GB 7200 转 16MB SATA3(ST3500413AS)	盒	720.00
0000000004	原料仓库	0101002	奔腾 G620	盒	720.00
0000000004	原料仓库	0110001	航嘉冷静王砖石超静音版	个	500.00
0000000004	原料仓库	0109001	影驰 GTX550Ti 黑将版	个	500.00
0000000004	原料仓库	0108001	动力火车绝尘盾	个	500.00
0000000004	原料仓库	0107001	金士顿 DDR3 1333 4G 内存	块	500.00
0000000004	原料仓库	0106001	华硕 P8H61	块	500.00
0000000004	原料仓库	0105001	罗技(Logitech)M215 无线鼠标	只	500.00

（续表）

单据号	仓库名称	存货编码	存货名称	单位	数量
0000000004	原料仓库	0104001	罗技（Logitech）经典 K100 键盘	只	500.00
0000000004	原料仓库	0103001	三星 S19A100N	台	500.00
0000000004	原料仓库	0102001	西部数据 WD5000AAKX 500G 7200 转 16M SATA Ⅲ 6Gb/s 3.5 寸台式机硬盘	盒	500.00
0000000004	原料仓库	0101001	core i3 2120	盒	500.00
0000000006	原料仓库	0110002	酷冷至尊 GX-400W	个	292.00
0000000006	原料仓库	0109002	影驰 GT440 重炮手 DDR5 版	个	292.00
0000000006	原料仓库	0108002	酷冷至尊 毁灭者	个	292.00
0000000006	原料仓库	0107001	金士顿 DDR3 1333 4G 内存	块	292.00
0000000006	原料仓库	0106001	华硕 P8H61	块	292.00
0000000006	原料仓库	0105001	罗技（Logitech）M215 无线鼠标	只	292.00
0000000006	原料仓库	0104001	罗技（Logitech）经典 K100 键盘	只	292.00
0000000006	原料仓库	0103002	DELL ultraSharp U2412M 液晶显示器	台	292.00
0000000006	原料仓库	0102001	西部数据 WD5000AAKX 500G 7200 转 16M SATA Ⅲ 6Gb/s 3.5 寸台式机硬盘	盒	292.00
0000000006	原料仓库	0101001	core i3 2120	盒	292.00
0000000006	原料仓库	0110002	酷冷至尊 GX-400W	个	1 000.00
0000000006	原料仓库	0109002	影驰 GT440 重炮手 DDR5 版	个	1 000.00
0000000006	原料仓库	0108002	酷冷至尊 毁灭者	个	1 000.00
0000000006	原料仓库	0107001	金士顿 DDR3 1333 4G 内存	块	1 000.00
0000000006	原料仓库	0106002	昂达 H61L	块	1 000.00
0000000006	原料仓库	0105001	罗技（Logitech）M215 无线鼠标	只	1 000.00
0000000006	原料仓库	0104001	罗技（Logitech）经典 K100 键盘	只	1 000.00
0000000006	原料仓库	0103001	三星 S19A100N	台	1 000.00
0000000006	原料仓库	0102002	希捷 Barracuda 500GB 7200 转 16MB SATA3（ST3500413AS）	盒	1 000.00
0000000006	原料仓库	0101002	奔腾 G620	盒	1 000.00

（续表）

单据号	仓库名称	存货编码	存货名称	单位	数量
0000000005	原料仓库	0110001	航嘉冷静王砖石超静音版	个	490.00
0000000005	原料仓库	0109001	影驰 GTX550Ti 黑将版	个	490.00
0000000005	原料仓库	0108001	动力火车绝尘盾	个	490.00
0000000005	原料仓库	0107001	金士顿 DDR3 1333 4G 内存	块	490.00
0000000005	原料仓库	0106003	技嘉 GA-Z68P-DS3	块	490.00
0000000005	原料仓库	0105001	罗技(Logitech)M215 无线鼠标	只	490.00
0000000005	原料仓库	0104001	罗技(Logitech)经典 K100 键盘	只	490.00
0000000005	原料仓库	0103002	DELL ultraSharp U2412M 液晶显示器	台	490.00
0000000005	原料仓库	0102003	希捷 Barracuda 7200.12 1TB	盒	490.00
0000000005	原料仓库	0101003	Intel 酷睿 i7 2600	盒	490.00
0000000005	原料仓库	0110001	航嘉冷静王砖石超静音版	个	500.00
0000000005	原料仓库	0109001	影驰 GTX550Ti 黑将版	个	500.00
0000000005	原料仓库	0108001	动力火车绝尘盾	个	500.00
0000000005	原料仓库	0107001	金士顿 DDR3 1333 4G 内存	块	500.00
0000000005	原料仓库	0106001	华硕 P8H61	块	500.00
0000000005	原料仓库	0105001	罗技(Logitech)M215 无线鼠标	只	500.00
0000000005	原料仓库	0104001	罗技(Logitech)经典 K100 键盘	只	500.00
0000000005	原料仓库	0103001	三星 S19A100N	台	500.00
0000000005	原料仓库	0102001	西部数据 WD5000AAKX 500G 7200 转 16M SATA Ⅲ 6Gb/s 3.5 寸台式机硬盘	盒	500.00
0000000005	原料仓库	0101001	core i3 2120	盒	500.00

【实验指导】

（以下流程，用自己的姓名进行操作）

1. 材料出库单记账

（1）执行"业务核算"|"正常单据记账"命令，系统弹出"正常单据记账条件"窗口如图 6-18，选择单据类型是"材料出库单"，单击"确定"。

（2）出现正常单据记账一览表，如图 6-19，点击"全选""记账"。

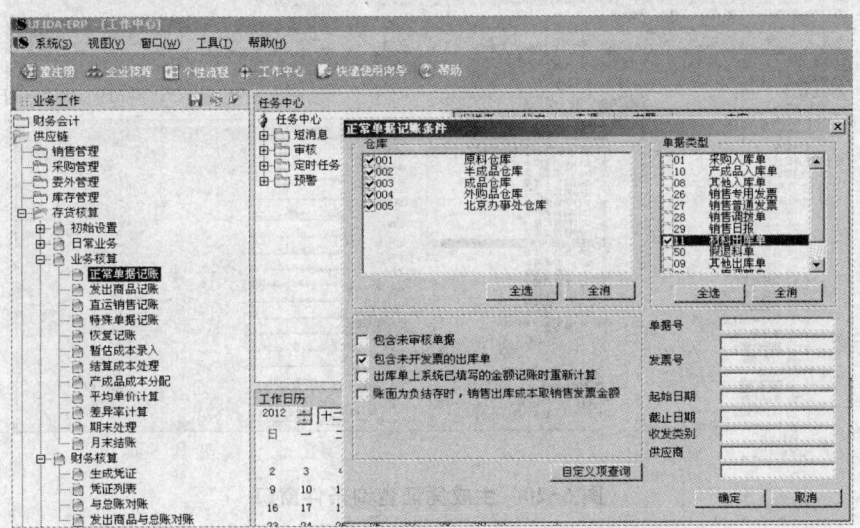

图 6-18 正常单据记账条件

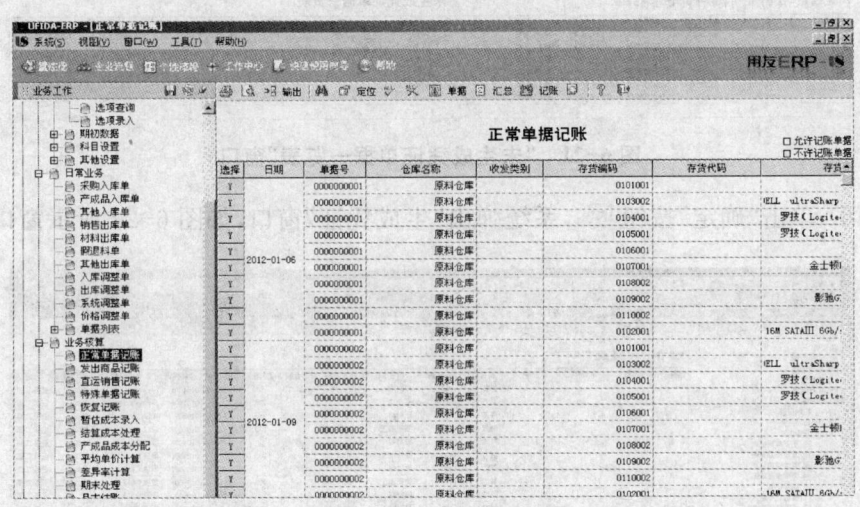

图 6-19 正常单据记账

（3）执行"财务核算"|"生成凭证"命令，设置生成凭证查询条件。

（4）将凭证类别改为"转账凭证"后，单击"选择"按钮，选择"材料出库单"如图 6-20 所示。

（5）选择"收发类别"为"委外材料出库"单击"确定"按钮，系统弹出如图 6-21 所示窗口。

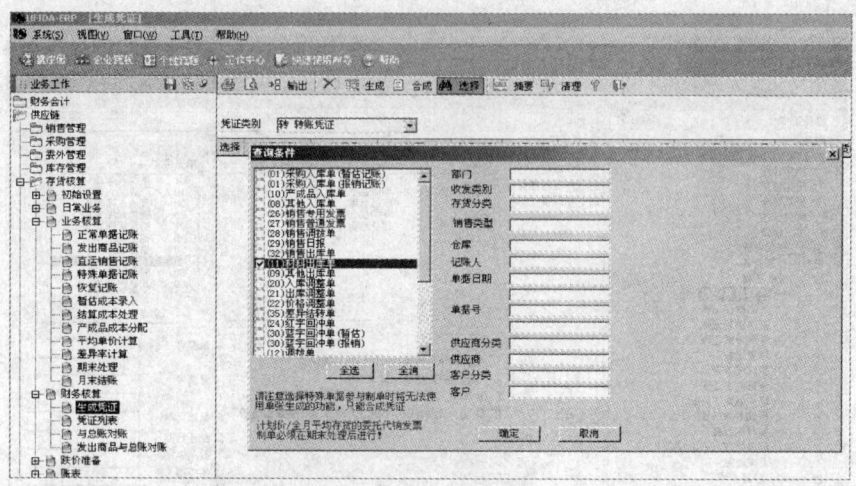

图 6-20 生成凭证查询条件窗口

图 6-21 "未生成凭证单据一览表"窗口

(6) 单击"确定"按钮 ⬚，系统弹出"生成凭证"窗口，如图 6-22 所示窗口。

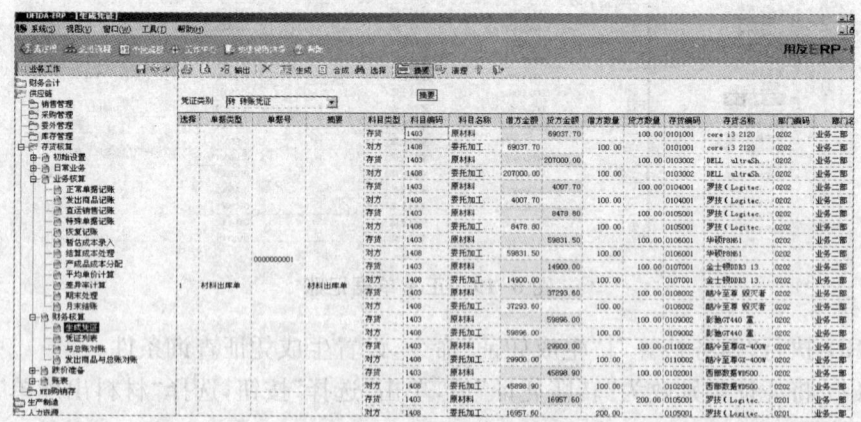

图 6-22 生成凭证窗口

(7) 点击"合成"点击"保存"如图 6-23。

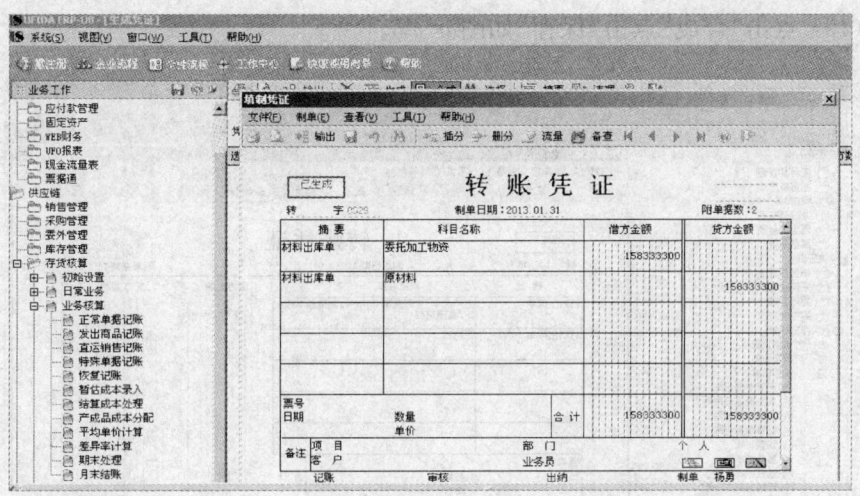

图 6-23　生成凭证

（8）单击“选择”按钮，选择“收发类别”为“生产材料领用”，单击“确定”按钮，系统弹出如图 6-24 所示窗口。

选择	记账日期	单据日期	单据类型	单据号	仓库	收发类别	记账人	部门	部门编码	所属部门	业务单号	业务类型	计价方式
1	2012-01-31	2012-01-16	材料出库单	0000000003	原料仓库		杨勇					领料	移动平均法
1	2012-01-31	2012-01-18	材料出库单	0000000004	原料仓库		杨勇					领料	移动平均法
1	2012-01-31	2012-01-31	材料出库单	0000000005	原料仓库		杨勇					领料	移动平均法
1	2012-01-31	2012-01-20	材料出库单	0000000006	原料仓库		杨勇					领料	移动平均法

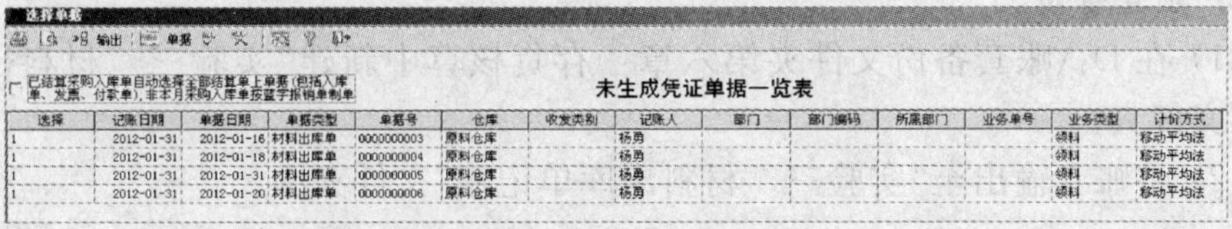

图 6-24　“未生成凭证单据一览表”窗口

（9）单击“确定”按钮，系统弹出“生成凭证”窗口，如图 6-25 所示窗口。

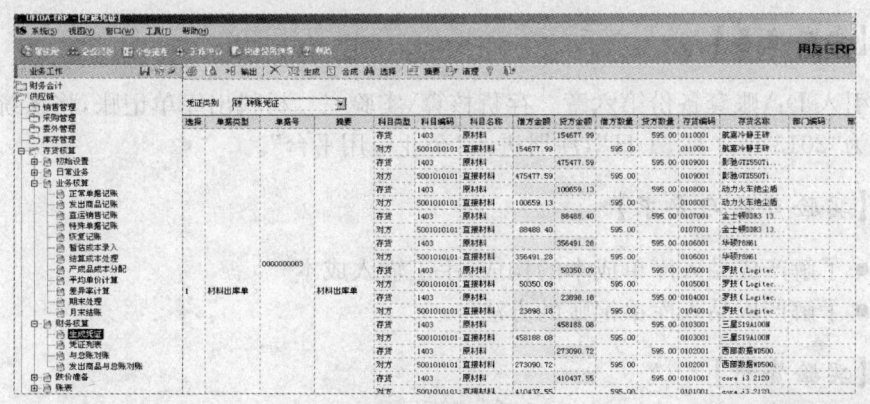

图 6-25　生成凭证窗口

（10）点击"合成"点击"保存"如图 6-26。

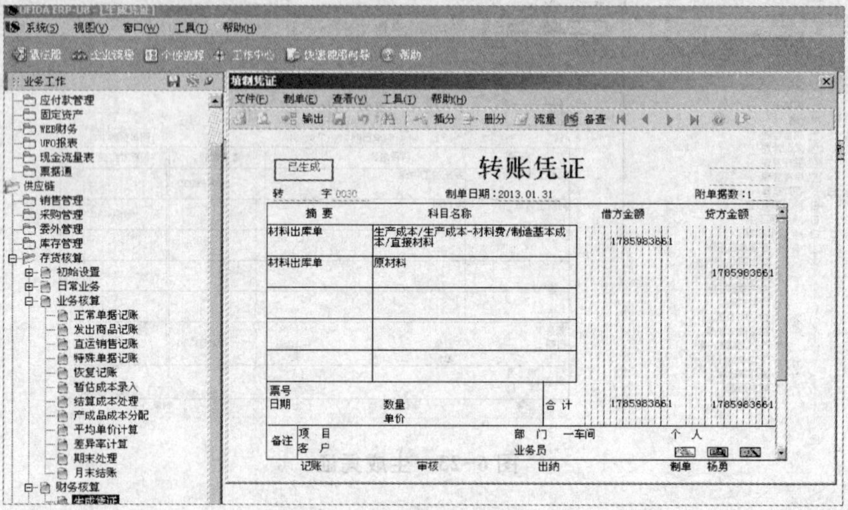

图 6-26　生成凭证

2. 账套备份

（1）在 D:\账套备份文件夹第六章　存货核算中新建"实验三　材料出库单记账"文件夹。

（2）将账套输出至"实验三　材料出库单记账"文件夹中。

实验四　产成品入库单记账

【实验准备】

引入 D:\账套备份第六章　存货核算\实验三　材料出库单记账，将系统日期修改为"2013 年 1 月 31 日"，注册进入"企业应用平台"。

【实验目的与要求】

- 了解产成品入库单成本的构成，手工输入成本
- 了解产成品入库单记账的方法

【实验资料】

- 委外采购入库单资料。

存货编码	存货名称	单位	数量	单价	金额
0301006	蓝天计算机 D 型	台	200.00		
0301006	蓝天计算机 D 型	台	100.00		

● 产成品入库单记账。

单据号	仓库名称	存货编码	存货名称	计量单位	数量
0000000001	成品仓库	0301003	蓝天计算机 A 型	台	595.00
0000000005	成品仓库	0301003	蓝天计算机 A 型	台	500.00
0000000005	成品仓库	0301004	蓝天计算机 B 型	台	720.00
0000000006	成品仓库	0301003	蓝天计算机 A 型	台	500.00
0000000006	成品仓库	0301005	蓝天计算机 C 型	台	490.00
0000000004	成品仓库	0301004	蓝天计算机 B 型	台	1000.00
0000000004	成品仓库	0301006	蓝天计算机 D 型	台	292.00

【实验指导】

（以下流程，用自己的姓名进行操作）

1. 委外采购入库单记账

（1）执行"业务核算"|"正常单据记账"命令，系统弹出"正常单据记账条件"窗口如图 6-27，选择单据类型是"采购入库单"，单击"确定"。

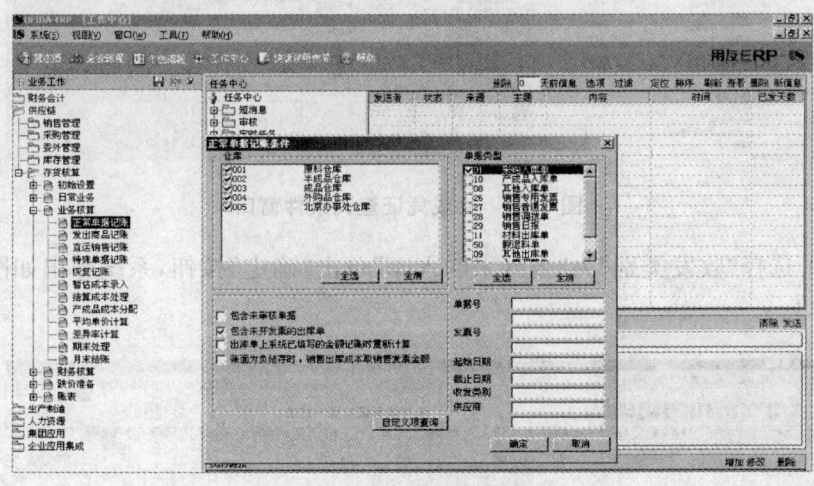

图 6-27 正常单据记账条件

（2）出现正常单据记账一览表，如图 6-28，点击"全选""记账"。

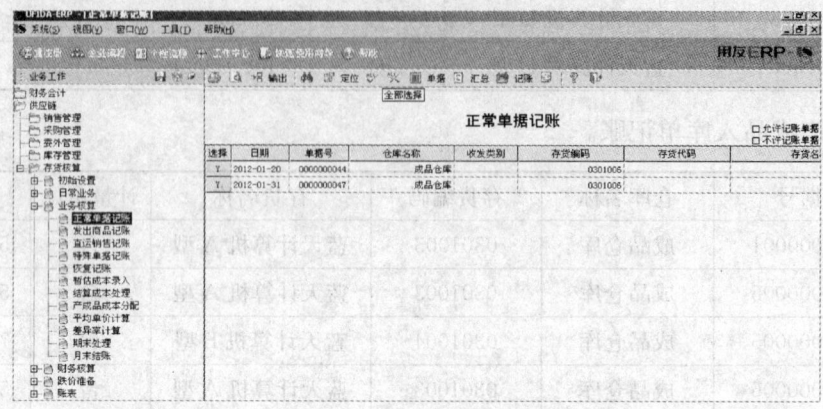

图 6-28　正常单据记账

（3）执行"财务核算"|"生成凭证"命令，设置生成凭证查询条件，将凭证类别改为"转账凭证"后，单击"选择"按钮，选择"采购入库单"如图 6-29 所示。

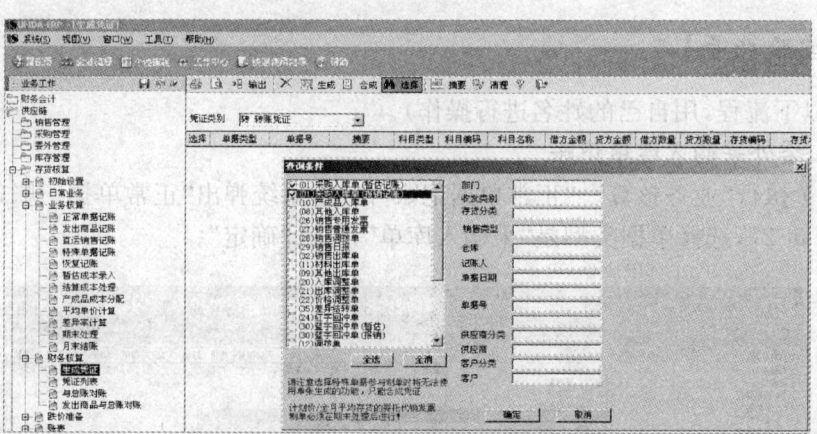

图 6-29　生成凭证查询条件窗口

（4）选择"收发类别"为"委外采购入库"单击"确定"按钮，系统弹出如图 6-30 所示窗口。

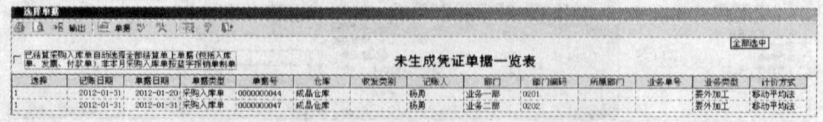

图 6-30　"未生成凭证单据一览表"窗口

（5）单击"确定"按钮 ，系统弹出"生成凭证"窗口，如图 6-31 所示窗口。

图 6-31　生成凭证窗口

（6）点击"合成"点击"保存"如图 6-32。

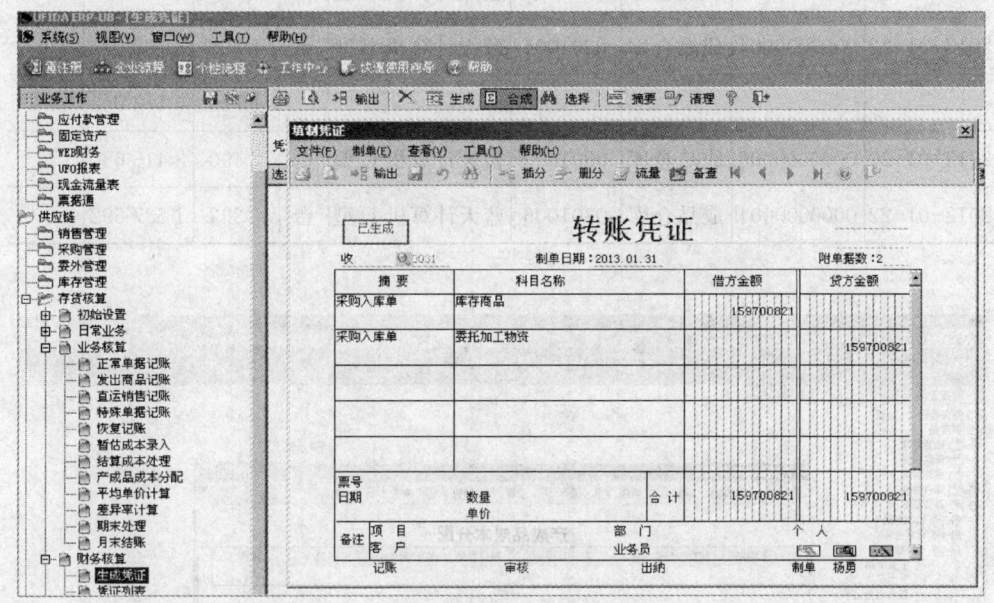

图 6-32　生成凭证

2. 产成品入库单记账

（1）执行"业务核算"|"产成品成本分配"命令，系统弹出"产成品成本分配表"窗口如图 6-33，点击"查询"出现产生品成本分配表查询图 6-34，全部选择，点击"确认"图 6-35 输入成本金额，点击"分配"。（产成品的成本需要自己手工计算）

根据产成品入库单对应的材料出库单，计算出总的材料成本，分配后的成本单价如下：

日期	单据号	仓库名称	存货编码	存货名称	计量单位	数量	金额	单价
2012-01-17	0000000001	成品仓库	0301003	蓝天计算机 A 型	台	595	2 391 759	
2012-01-18	0000000005	成品仓库	0301003	蓝天计算机 A 型	台	500	2 009 882	
2012-01-20	0000000006	成品仓库	0301003	蓝天计算机 A 型	台	500	2 009 882	
						1 595	6 411 522	
2012-01-18	0000000005	成品仓库	0301004	蓝天计算机 B 型	台	720	2 709 228	
2012-01-22	0000000004	成品仓库	0301004	蓝天计算机 B 型	台	1 000	3 762 819	
						1 720	6 472 048	
2012-01-20	0000000006	成品仓库	0301005	蓝天计算机 C 型	台	490	3 416 680	
2012-01-22	0000000004	成品仓库	0301006	蓝天计算机 D 型	台	292	1 537 692	

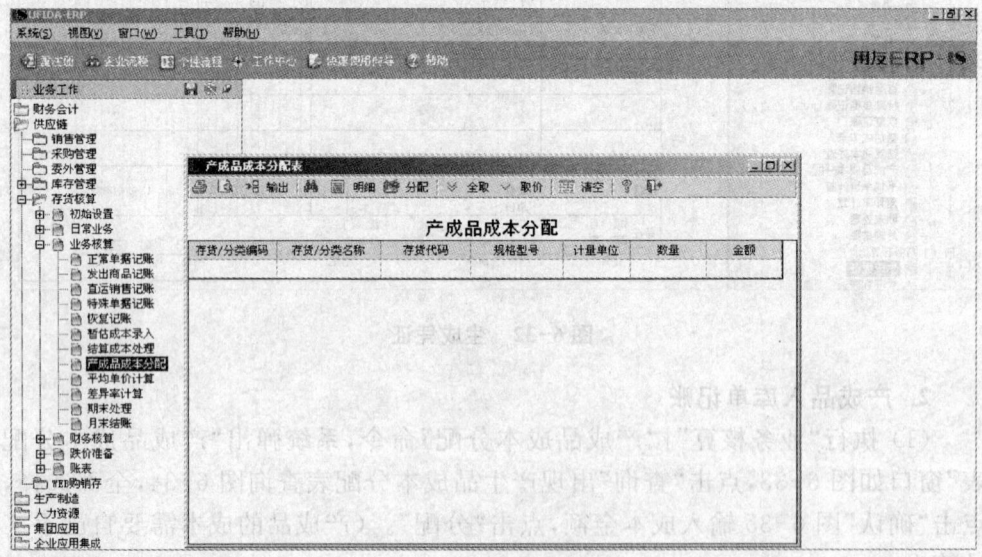

图 6-33　产成品成本分配表

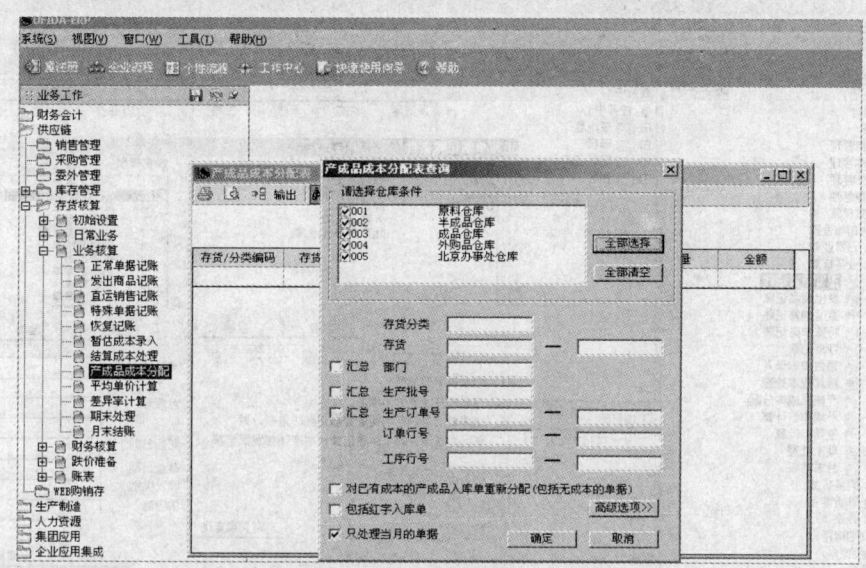

图 6-34 产成本成本分配表查询

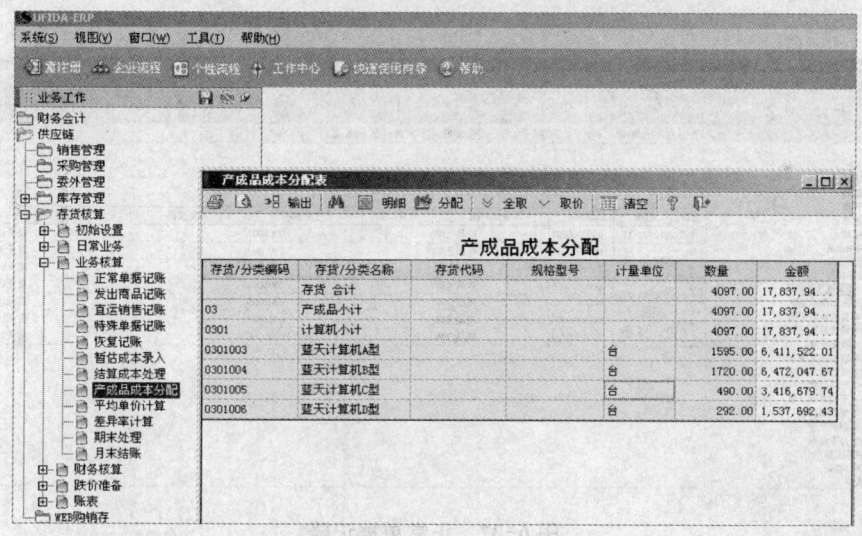

图 6-35 产成本成本分配表查询

（2）执行"业务核算"|"正常单据记账"命令，系统弹出"正常单据记账条件"，仓库点击"全选"，选择单据类型是"产成品入库单"，单击"确定"。如图 6-36 所示。

（3）出现正常单据记账一览表，如图 6-37，点击"全选""记账"。

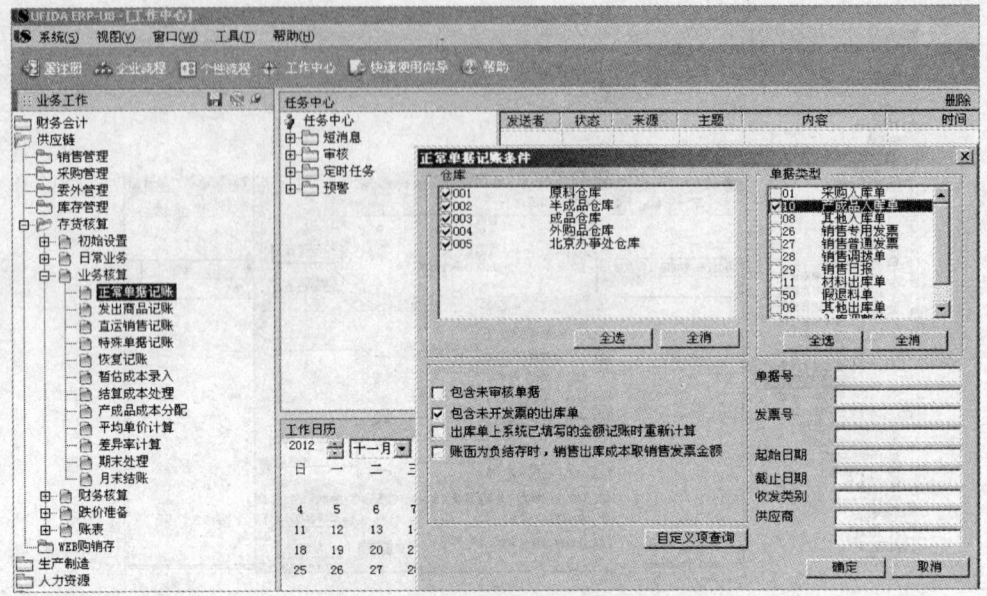

图 6-36 正常单据记账条件

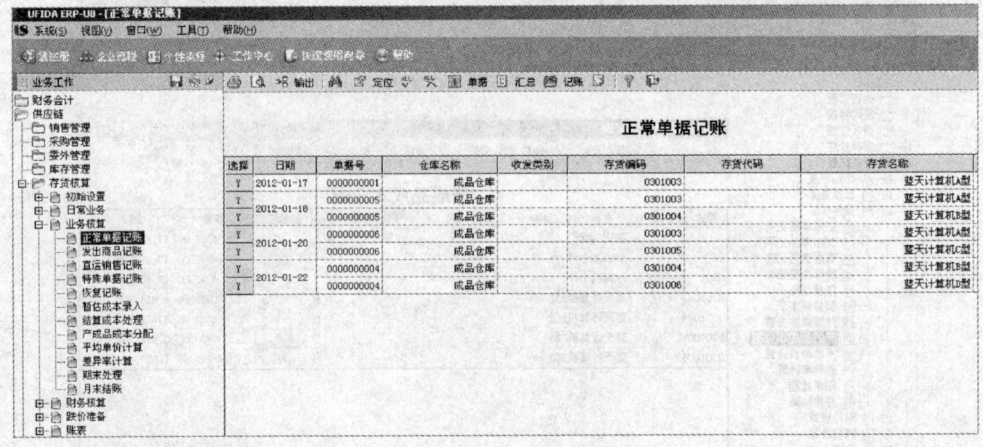

图 6-37 正常单据记账

（4）执行"财务核算"｜"生成凭证"命令，设置生成凭证查询条件，将凭证类别改为"转账凭证"后，单击"选择"按钮，选择"产成品入库单"后"确定"。如图 6-38所示。

（5）选择"收发类别"为"成品入库"单击"确定"按钮，系统弹出如图 6-39所示。

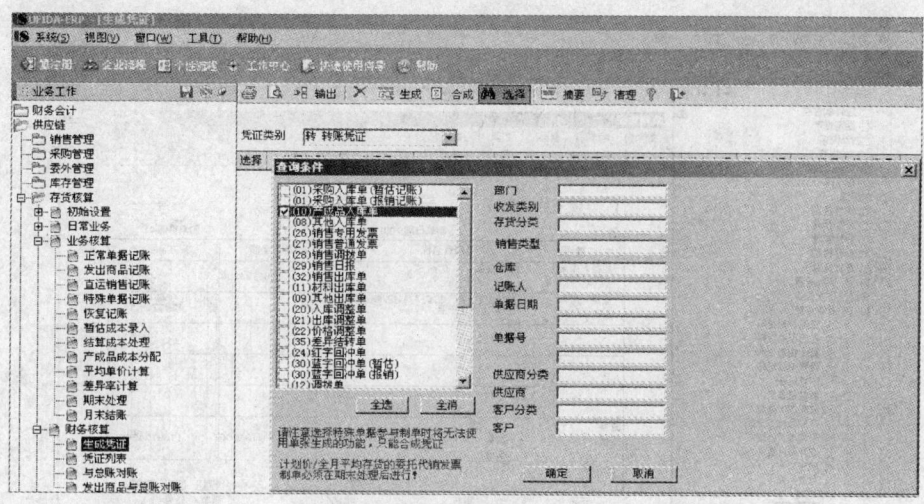

图 6-38 生成凭证查询条件窗口

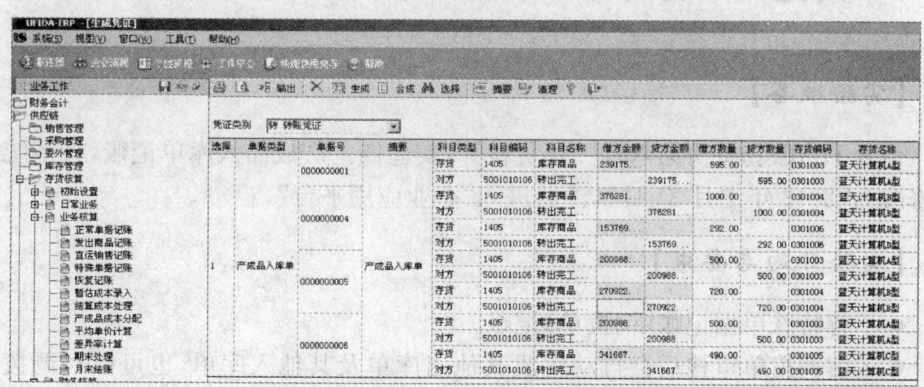

图 6-39 "未生成凭证单据一览表"窗口

（6）单击"确定"按钮 ，系统弹出"生成凭证"窗口，如图 6-40 所示。

图 6-40 生成凭证窗口

（7）点击"合成"点击"保存"如图 6-41 所示。

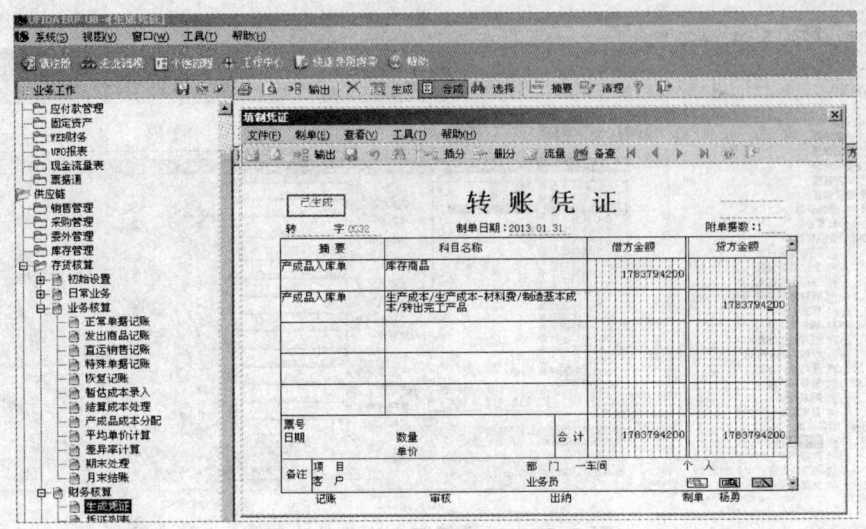

图 6-41　生成凭证

3. 账套备份

（1）在 D:\账套备份文件夹第六章　存货核算中新建"实验四　产成品入库单记账"文件夹。

（2）将账套输出至"实验四　产成品入库单记账"文件夹中。

实验五　特殊单据记账及其他出入库单记账

【实验准备】

引入 D:\账套备份第六章　存货核算\实验四　产成品入库单记账,将系统日期修改为"2013 年 1 月 31 日",注册进入"企业应用平台"。

【实验目的与要求】

● 了解特殊单据记账（调拨单）记账

● 了解调拨单审核后会自动生成其他出库单及其他入库单,也可以对调拨生成的其他出入库单进行记账,如果对其他出入库进行记账了,就不需要对调拨单进行记账,两者选一就可以了,在操作步骤中我们是按照"调拨单"进行特殊单据记账

● 了解其他入库单及其他出库单记账的操作方法

● 了解如果进行其他出入库单记账时,先进行其他入库单记账,然后再进行其他出库单记账,在其他入库单记账时,一定要先确认其货物的金额,记账完后记入货物的成本,其他出库单记账时,系统会自动读取库存中的成本,所以其他入库单需要写入成本,其他出库单是读取成本。(调拨单生成的其他出入库单除外)

【实验资料】

● 调拨单。

转出仓库	转入仓库	存货编码	存货名称	单位	数量
原料仓库	外购品仓库	0101003	Intel 酷睿 i7 2600	盒	50
成品仓库	北京办事处仓库	0301001	戴尔计算机	台	5
原料仓库	外购品仓库	0103002	DELL　ultraSharp U2412M 液晶显示器	台	10

● 其他入库单。

入库类别	存货编码	存货名称	单位	数量	单价
盘盈入库	0109003	蓝宝 HD5850 Xtreme 1GB GDDR5	个	10	1099
其他入库	0402002	水星 MW150R 150M 无线路由器	台	2	59
其他入库	0101003	Intel 酷睿 i7 2600	盒	2	1900

● 其他出库单。

出库类别	存货编码	存货名称	单位	数量
盘亏出库	0101003	Intel 酷睿 i7 2600	盒	5
盘亏出库	0106003	技嘉 GA-Z68P-DS3	块	20
其他出库	0402002	水星 MW150R 150M 无线路由器	台	3
其他出库	0101003	Intel 酷睿 i7 2600	盒	5
其他出库	0401001	(EPSON)LQ-630K 针式打印机	台	1

【实验指导】

以下流程,用自己的姓名进行操作。

1. 调拨单记账

（1）执行"业务核算"|"特殊单据记账"命令，系统弹出"特殊单据记账"窗口如图 6-42 所示，选择单据类型是"调拨单"，单击"确定"。

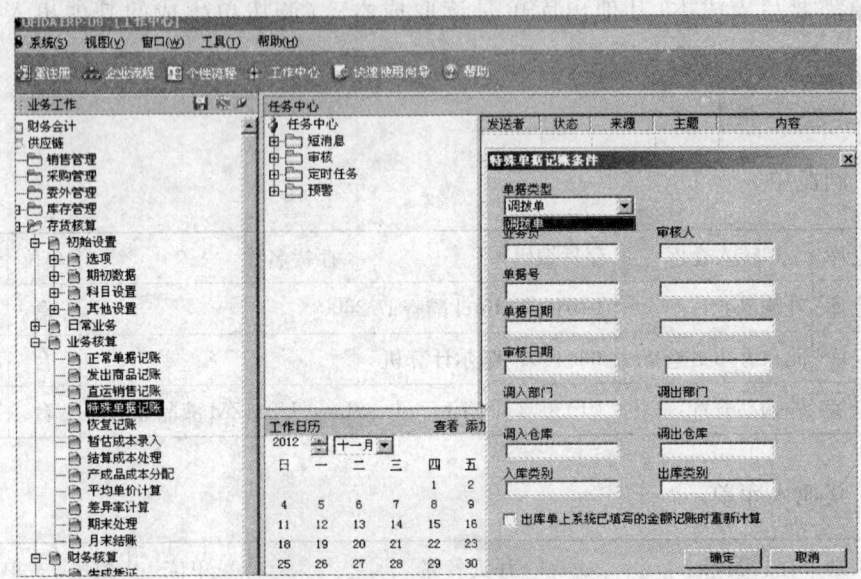

图 6-42　特殊单据记账条件

（2）出现特殊单据记账一览表，如图 6-43 所示，点击"全选""记账"。

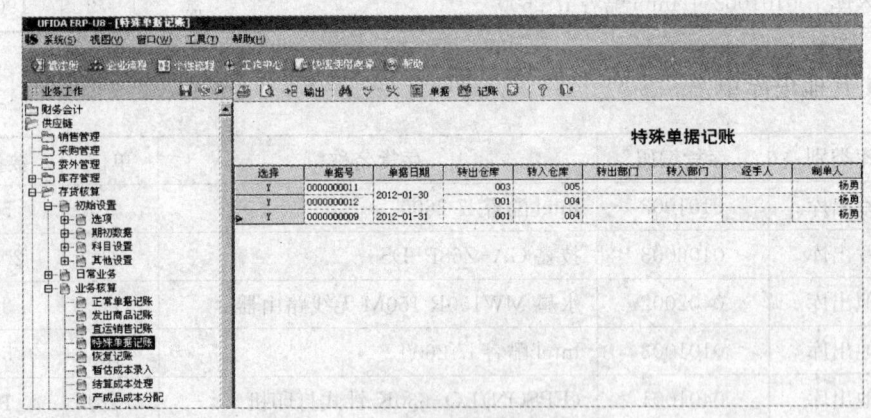

图 6-43　特殊单据记账

（3）将凭证类别改为"转账凭证"后，选择"调拨单"如图 6-44 所示。

（4）单击"确定"按钮，系统弹出如图 6-45 所示。

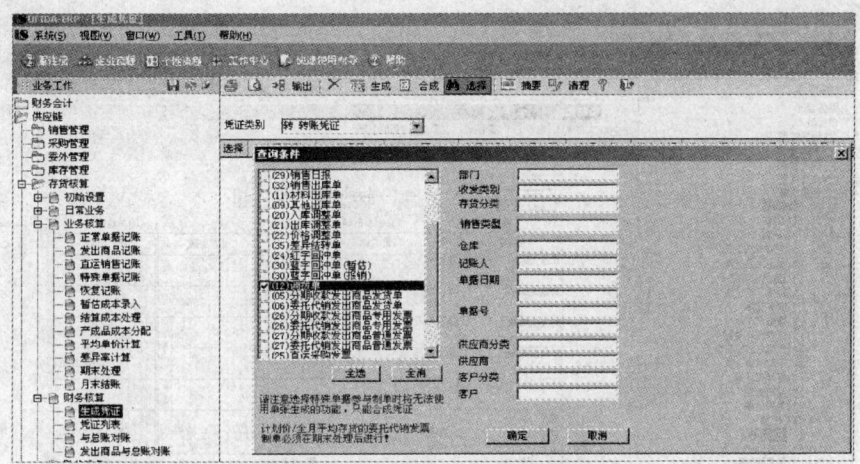

图 6-44 生成凭证查询条件窗口

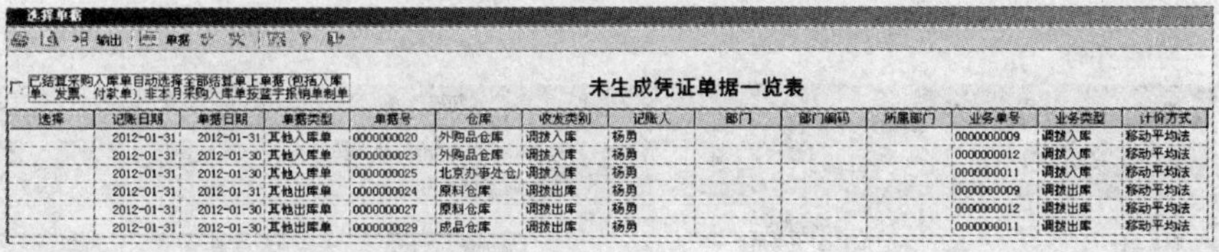

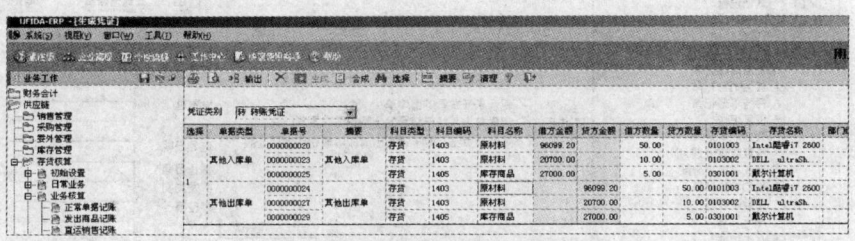

图 6-45 "未生成凭证单据一览表"窗口

（5）"全选"，单击"确定"按钮 ，系统弹出"生成凭证"窗口，如图 6-46 所示。

图 6-46 生成凭证窗口

（6）点击"合成"点击"保存"如图 6-47 所示。

2. 其他出入库单记账

（1）执行"业务核算"|"正常单据记账"命令，系统弹出"正常单据记账"窗口如图 6-48，选择单据类型是"其他入库单"，单击"确定"。

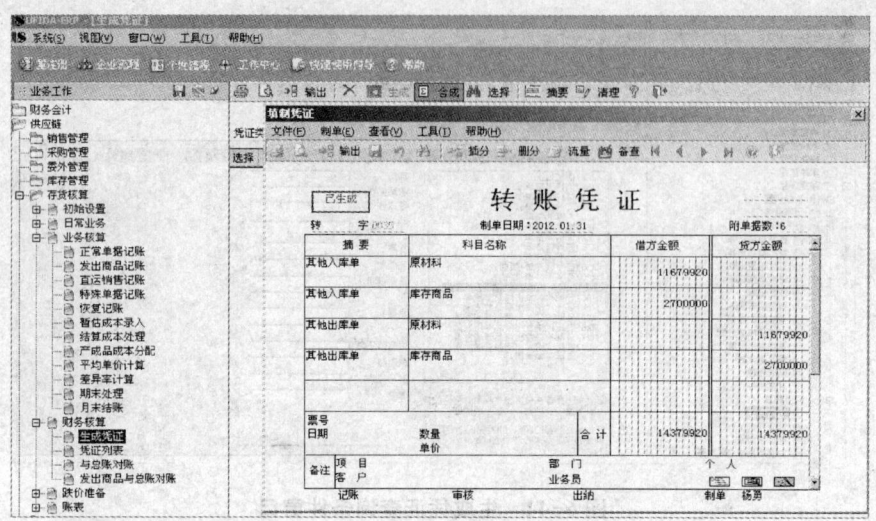

图 6-47　生成凭证

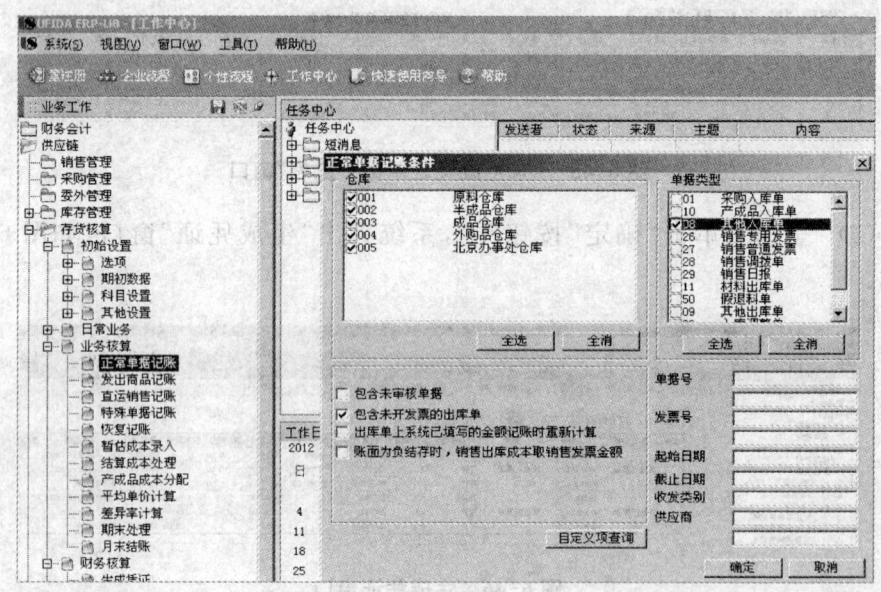

图 6-48　正常单据记账条件

（2）出现正常单据记账一览表，点击盘盈单右键，手工输入单价为 1 099，如图 6-49，点击"全选""记账"。

（3）将凭证类别改为"转账凭证"后，选择"其他入库单"如图 6-50 所示。

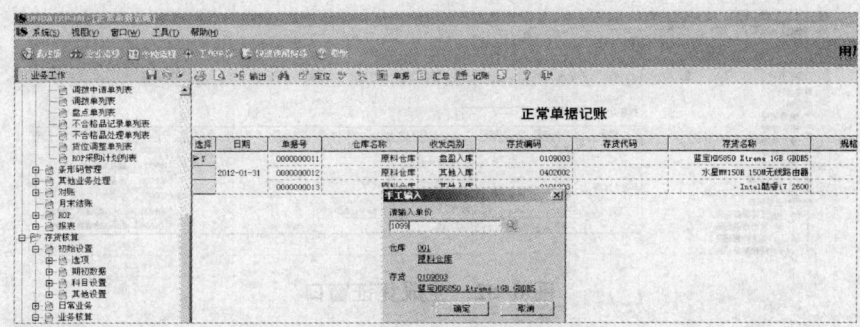

图 6-49　正常单据记账

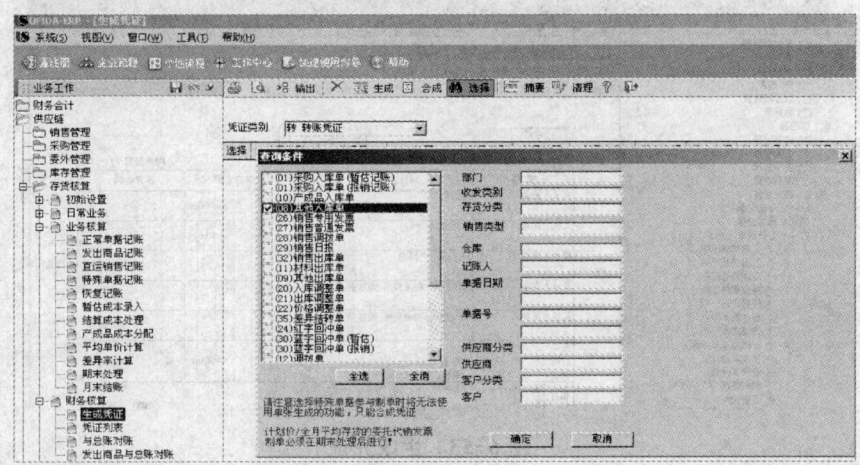

图 6-50　生成凭证查询条件窗口

（4）单击"确定"按钮，系统弹出如图 6-51 所示。

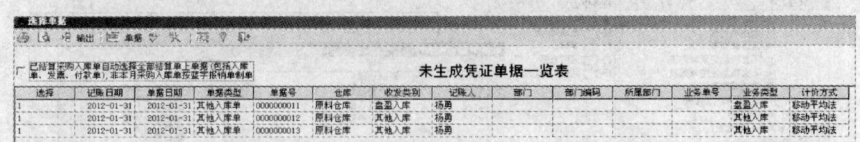

图 6-51　"未生成凭证单据一览表"窗口

（5）"全选"，单击"确定"按钮 ，系统弹出"生成凭证"窗口，如图 6-52 所示。其中水星和酷睿的对方科目选择"制造费用—物料消耗"。

（6）点击"合成"点击"保存"如图 6-53 所示。

（7）执行"业务核算"|"正常单据记账"命令，系统弹出"正常单据记账"窗口如图 6-54，选择单据类型是"其他出库单"，单击"确定"。

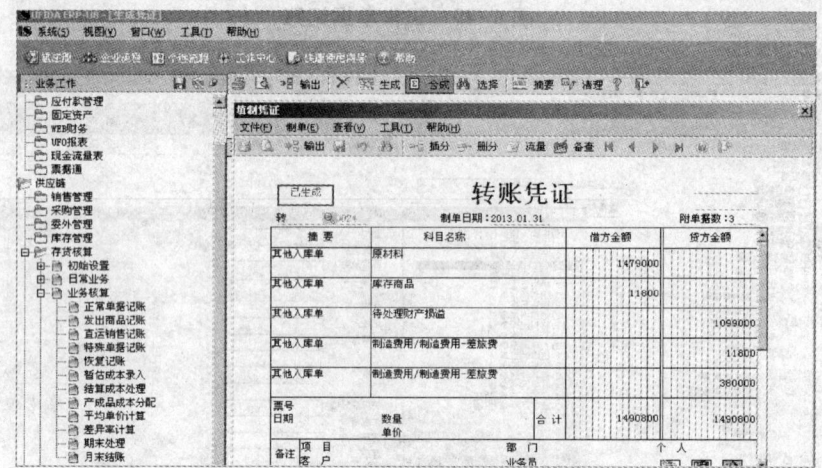

图 6-52   生成凭证窗口

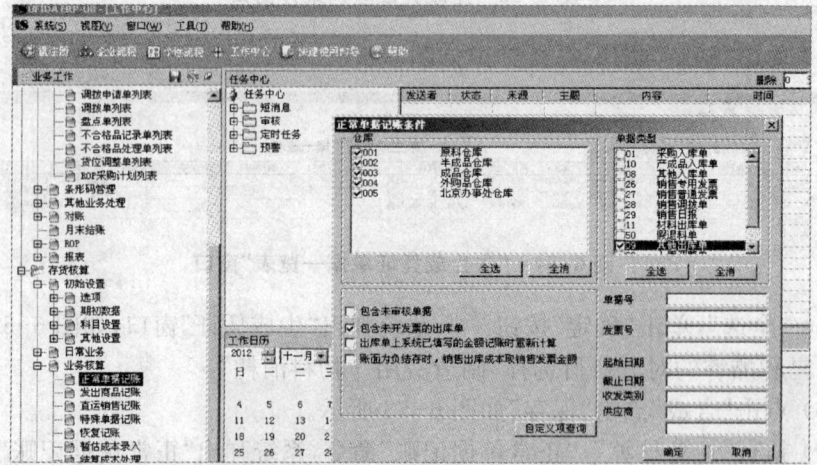

图 6-53   生成凭证

图 6-54   正常单据记账条件

（8）出现正常单据记账一览表，如图 6-55 所示，点击"全选""记账"。

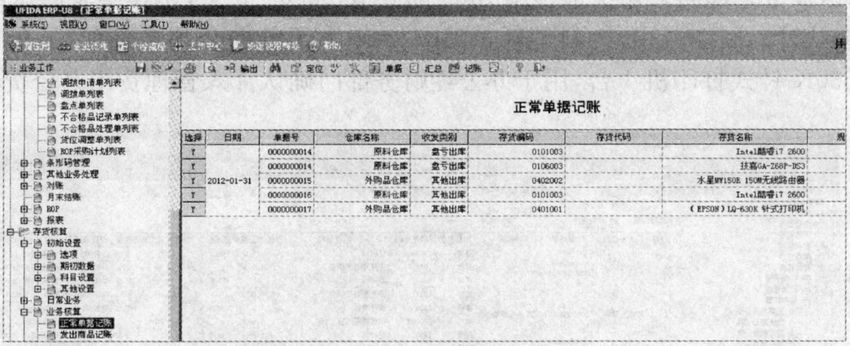

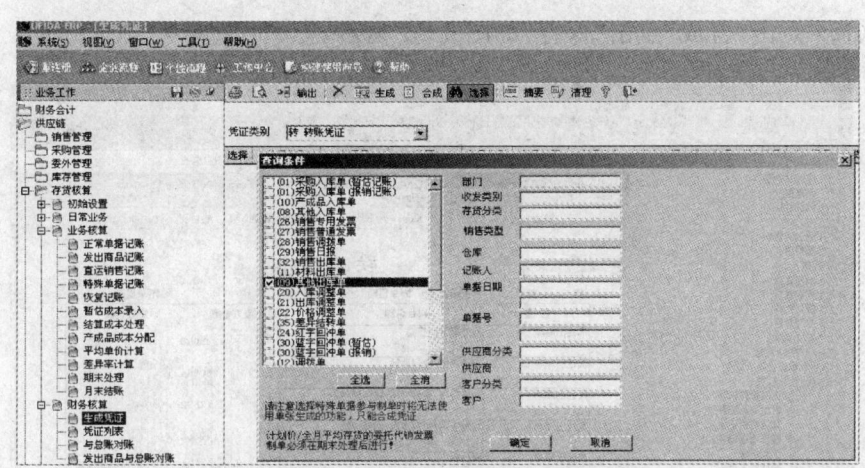

图 6-55 正常单据记账

（9）将凭证类别改为"转账凭证"后，选择"其他出库单"如图 6-56 所示。

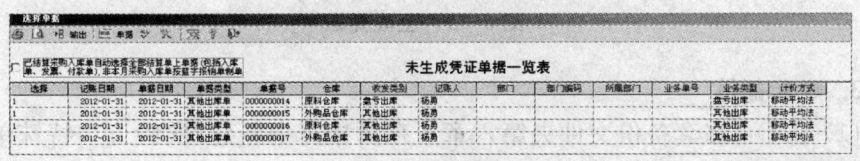

图 6-56 生成凭证查询条件窗口

（10）单击"确定"按钮，系统弹出如图 6-57 所示。

图 6-57 "未生成凭证单据一览表"窗口

（11）单击"确定"按钮，系统弹出"生成凭证"窗口，如图 6-58 所示窗口。

申请领用水星 MW150R 150M 无线路由器 3 个经财务部门确认计入销售费用-物料消耗,业务二部向公司申请领用 Intel 酷睿 i7 2600 5 个,用作实验测试经财务部门确认计入制造费用-物料消耗,2013.1.20 人事部向公司申请领用(EPSON)LQ-630K 针式打印机 1 台,用于办公经财务部门确认计入管理费用办公费。

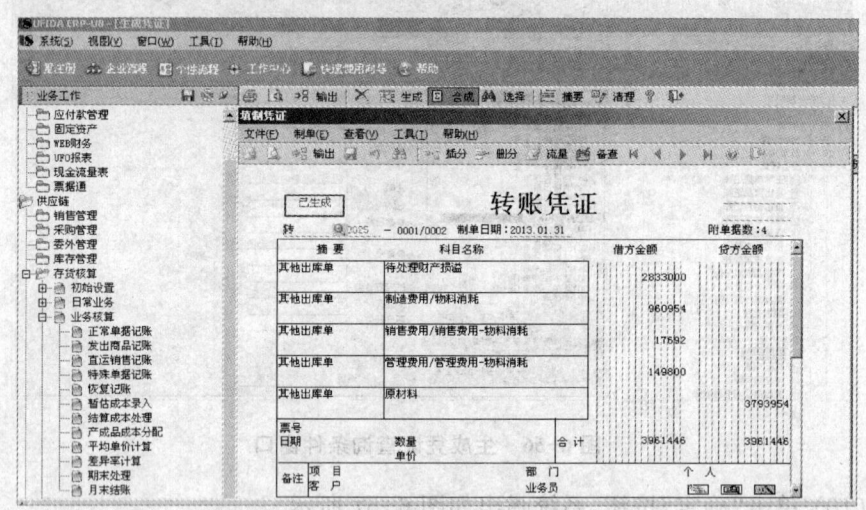

图 6-58　生成凭证窗口

(12)点击"合成"点击"保存"如图 6-59 所示。

图 6-59　生成凭证

3. 账套备份

(1)在 D:\账套备份文件夹第六章　存货核算中新建"实验五　特殊单据记账及其他出入库单记账"文件夹。

(2)将账套输出至"实验五　特殊单据记账及其他出入库单记账"文件夹中。

实验六　销售出库成本记账

【实验准备】

引入 D:\账套备份第六章　存货核算\实验五　特殊单据记账及其他出入库单记账，将系统日期修改为"2013 年 1 月 31 日"，注册进入"企业应用平台"。

【实验目的与要求】

● 了解销售成本记账的操作方法

【实验资料】

● 直接采购发票及直运销售发票(可略)

单据号	收发类别	存货编码	存货名称	数量	单价	金额
38396	采购入库	0402002	水星 MW150R 150M 无线路由器	25.00	58.974	1 474.36
75622	采购入库	0402002	水星 MW150R 150M 无线路由器	17.00	58.974	1 002.56
75623	采购入库	0402002	水星 MW150R 150M 无线路由器	30.00	58.974	1 769.23
38396	销售出库	0402002	水星 MW150R 150M 无线路由器	25.00		
38397	销售出库	0402002	水星 MW150R 150M 无线路由器	17.00		
38398	销售出库	0402002	水星 MW150R 150M 无线路由器	30.00		

● 销售出库成本记账

单据号	仓库名称	收发类别	存货编码	存货名称	计量单位	数量
38301	成品仓库	销售出库	0301001	戴尔计算机	台	15.00
38302	成品仓库	销售出库	0301002	联想计算机	台	10.00
38303	成品仓库	销售出库	0301003	蓝天计算机 A 型	台	5.00
38304	外购品仓库	销售出库	0402001	TP-LINK TL-WR841N 300M 无线路由器	台	15.00
38386	成品仓库	销售出库	0301001	戴尔计算机	台	50.00

（续表）

单据号	仓库名称	收发类别	存货编码	存货名称	计量单位	数量
38386	成品仓库	销售出库	0301002	联想计算机	台	40.00
38387	成品仓库	销售出库	0301002	联想计算机	台	15.00
38271	成品仓库	销售出库	0301004	蓝天计算机 B 型	台	10.00
38275	成品仓库	销售出库	0301001	戴尔计算机	台	25.00
38279	成品仓库	销售出库	0301003	蓝天计算机 A 型	台	20.00
38276	成品仓库	销售出库	0301001	戴尔计算机	台	20.00
00000001	成品仓库	销售出库	0301006	蓝天计算机 D 型	台	25.00
00000002	成品仓库	销售出库	0301005	蓝天计算机 C 型	台	1.00
00000003	成品仓库	销售出库	0301006	蓝天计算机 D 型	台	10.00
00000004	成品仓库	销售出库	0301005	蓝天计算机 C 型	台	50.00
38283	成品仓库	销售出库	0301004	蓝天计算机 B 型	台	30.00
38284	成品仓库	销售出库	0301005	蓝天计算机 C 型	台	10.00
38277	成品仓库	销售出库	0301002	联想计算机	台	50.00
38278	外购品仓库	销售出库	0401001	（EPSON）LQ-630K 针式打印机	台	30.00
34567	成品仓库	销售出库	0301001	戴尔计算机	台	－2.00
34568	成品仓库	销售出库	0301002	联想计算机	台	－5.00
65011	成品仓库	销售出库	0301003	蓝天计算机 A 型	台	800.00
65014	成品仓库	销售出库	0301004	蓝天计算机 B 型	台	1 000.00
65014	成品仓库	销售出库	0301006	蓝天计算机 D 型	台	800.00
65012	成品仓库	销售出库	0301003	蓝天计算机 A 型	台	500.00
65012	成品仓库	销售出库	0301004	蓝天计算机 B 型	台	900.00
65013	成品仓库	销售出库	0301003	蓝天计算机 A 型	台	500.00
65013	成品仓库	销售出库	0301005	蓝天计算机 C 型	台	600.00

【实验指导】

（以下流程，用自己的姓名进行操作）

1. 直运销售记账

（1）执行"业务核算"|"直运销售记账"命令，系统弹出"直运采购发票核算查询条件"窗口如图 6-60，选择单据类型是"采购发票及销售发票"，单击"确定"。

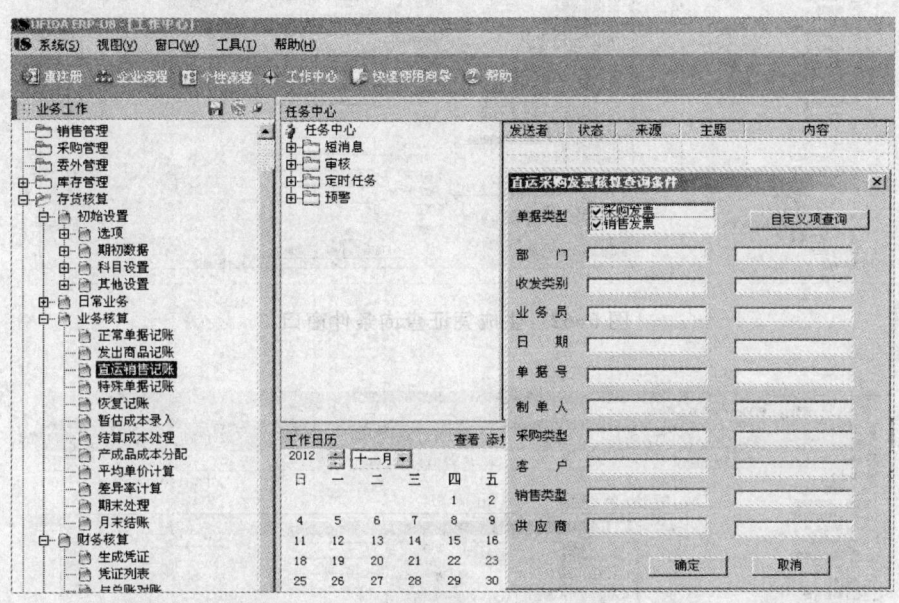

图 6-60　直运销售记账条件

（2）出现正常单据记账一览表，如图 6-61 所示，点击"全选""记账"。

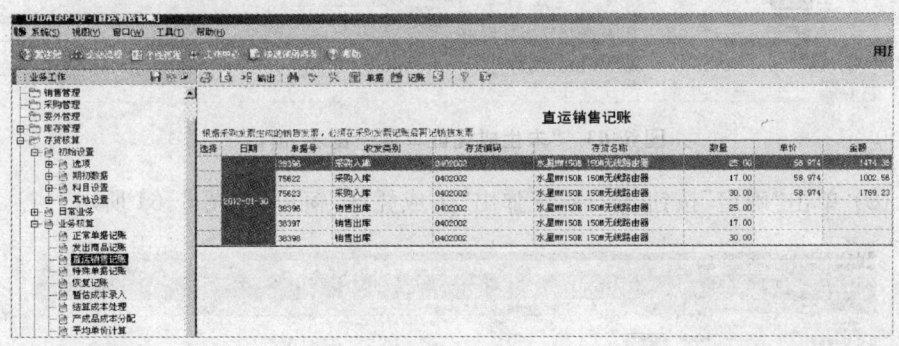

图 6-61　直运销售记账

（3）将凭证类别改为"转账凭证"后，选择"直运销售发票"如图 6-62 所示。

（4）单击"确定"按钮，系统弹出如图 6-63 所示。

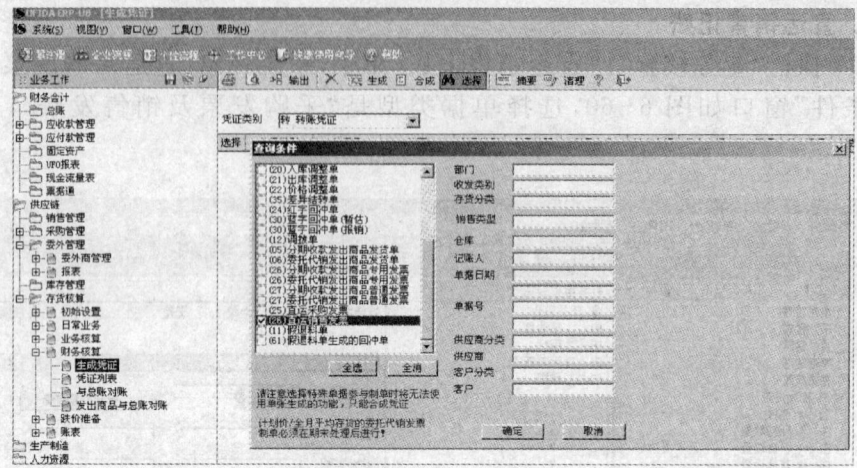

图 6-62　生成凭证查询条件窗口

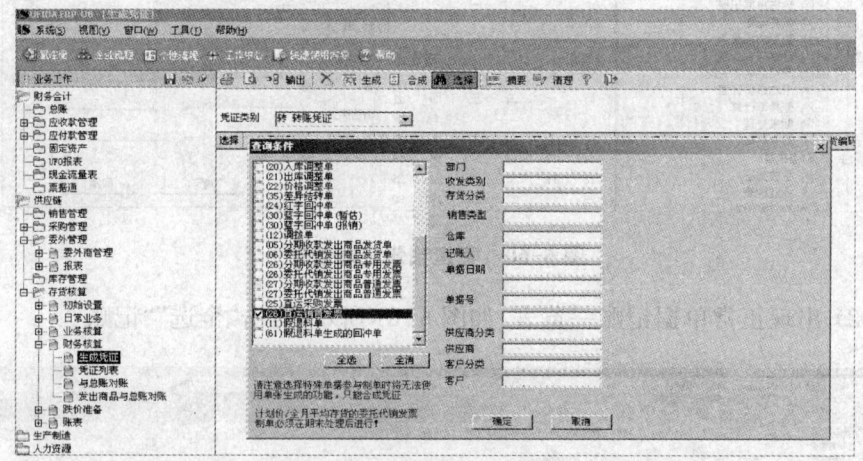

图 6-63　"未生成凭证单据一览表"窗口

（5）单击"确定"按钮 ，系统弹出"生成凭证"窗口，如图 6-64 所示。

图 6-64　生成凭证窗口

（6）点击"合成"点击"保存"如图 6-65 所示。

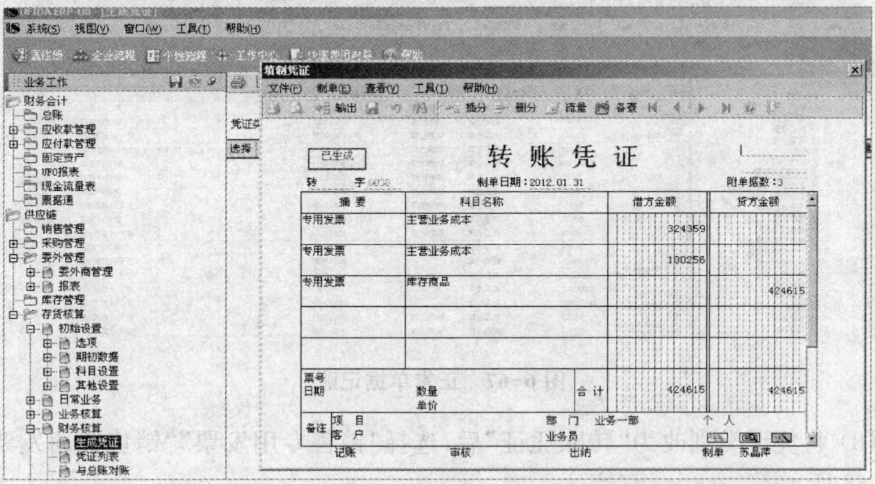

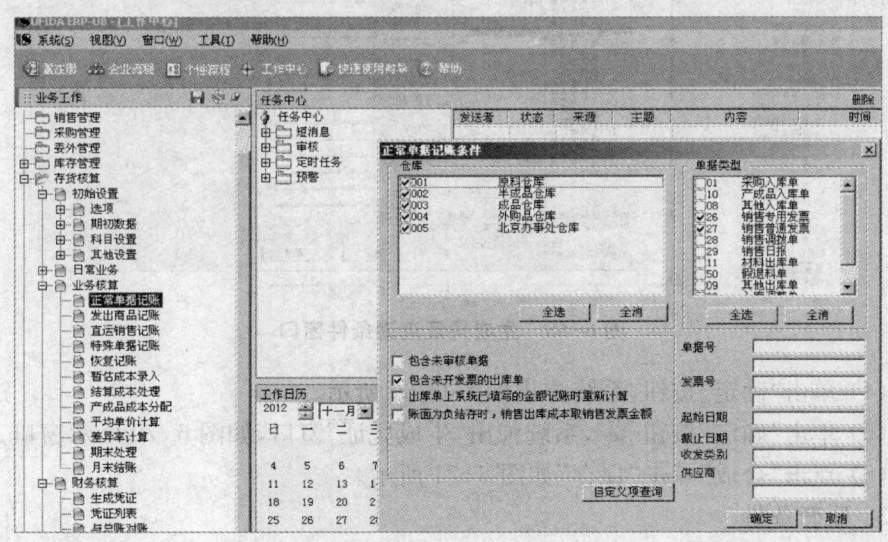

图 6-65 生成凭证

2. 销售出库成本记账

（1）执行"业务核算"|"正常单据记账"命令,系统弹出"正常单据记账"窗口如图 6-66 所示,选择单据类型是"销售专用发票及销售普通发票",单击"确定"。

图 6-66 正常单据记账条件

（2）出现正常单据记账一览表,如图 6-67 所示,点击"全选""记账"。

图 6-67　正常单据记账

（3）将凭证类别改为"转账凭证"后，选择"销售专用发票""销售普通发票"如图 6-68 所示。

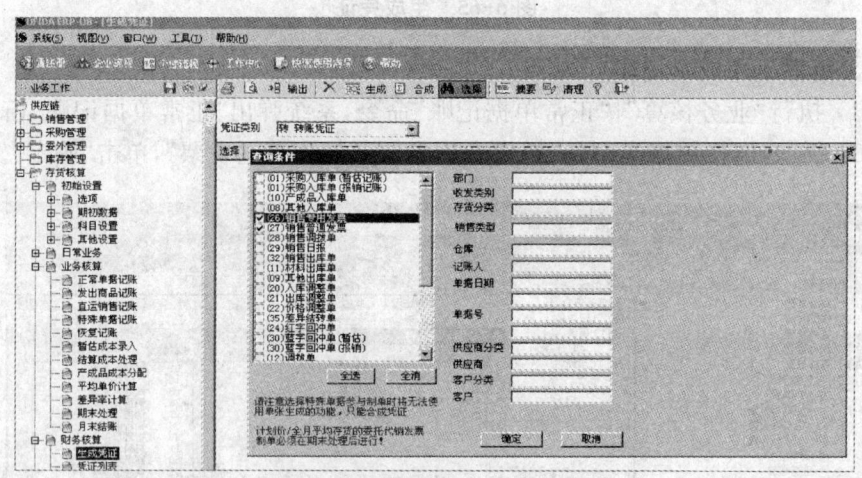

图 6-68　生成凭证查询条件窗口

（4）单击"确定"按钮，系统弹出如图 6-69 所示。

（5）单击"确定"按钮，系统弹出"生成凭证"窗口，如图 6-70 所示窗口。

（6）点击"合成"点击"保存"如图 6-71 所示。

3. 账套备份

（1）在 D:\账套备份文件夹第六章　存货核算中新建"实验六　销售出库成本记账"文件夹。

（2）将账套输出至"实验六　销售出库成本记账"文件夹中。

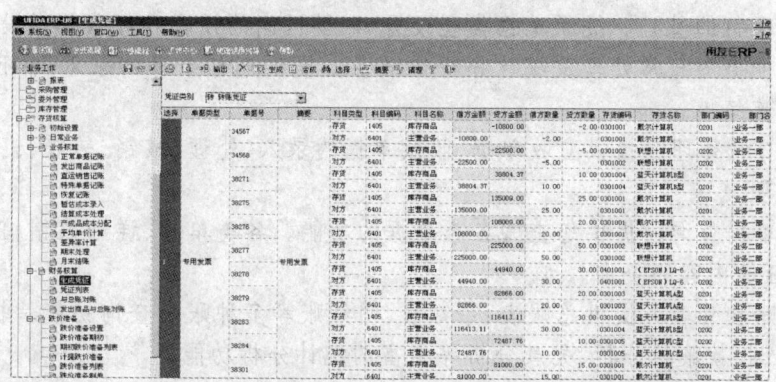

图 6-69 "未生成凭证单据一览表"窗口

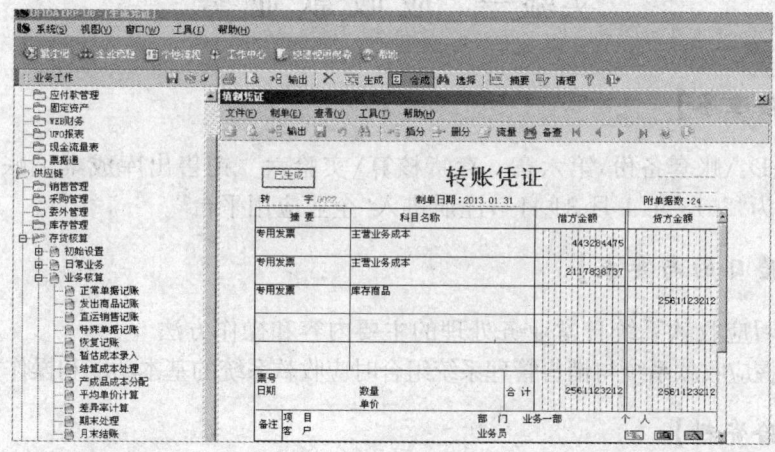

图 6-70 生成凭证窗口

图 6-71 生成凭证

第七章　应收款管理

应收款管理系统主要实现企业与客户之间业务往来账款的核算与管理,在应收款管理系统中,以销售发票、费用单、其他应收款等原始单据为依据,记录销售业务及其他业务所形成的往来款项,处理应收款项的收回、坏账、转账等情况,实现对应收款的管理。应收款管理系统主要提供了设置、日常处理、单据查询、账表管理、其他处理等功能。

(1) 设置。提供系统参数的定义,用户结合企业管理要求进行的参数设置,是整个系统运行的基础。提供单据类型设置、账龄区间的设置和坏账初始设置,为各种应收款业务的日常处理及统计分析作准备。提供期初余额的录入,保证数据的完整性与连续性。

(2) 日常处理。提供应收单据、收款单据的录入、处理、核销、转账、汇兑损益、制单等处理。

(3) 单据查询。提供您查阅各类单据的功能。各类单据、详细核销信息、报警信息、凭证等内容的查询。

(4) 账表管理。提供总账表、余额表、明细账等多种账表查询功能。提供应收账款分析、收款账龄分析、欠款分析等丰富的统计分析功能。

实验一　应收款业务

【实验准备】

引入 D:\账套备份\第六章　存货核算\实验六　销售出库成本记账,将系统日期修改为“2013 年 1 月 31 日”,注册进入“企业应用平台”。

【实验目的与要求】

● 学习应收款系统日常业务处理的主要内容和操作方法
● 掌握应收款系统与销售管理系统组合时应收款系统的基本功能和操作方法

【实验资料】

● 本月分别销售的商品款均未收,根据开据的销售发票确认应收账款。

本月需要审核的应收账款明细如下：

发票号码	单据日期	客户	存货	数量	单价
38275	2013.1.19	云飞电子	戴尔计算机	25	6 500
38276	2013.1.20	泰山数码	戴尔计算机	20	6 500
38277	2013.1.25	西山科电	联想计算机	50	5 500
38278	2013.1.30	长江集团	EPSON 针式打印机	30	1 800
38281	2013.1.17	星空电子	蓝天计算机 A 型	20	7 000
38282	2013.1.18	星空电子	蓝天计算机 B 型	10	6 500
38283	2013.1.18	成都包装	蓝天计算机 B 型	30	6 125
38284	2013.1.18	大地电子	蓝天计算机 C 型	10	12 000
38301	2013.1.31	云飞电子	戴尔计算机	15	6 600
38302	2013.1.31	泰山数码	联想计算机	10	5 550
38303	2013.1.15	海河电子	蓝天计算机 A 型	5	7 000
38304	2013.1.15	成都包装	TP-LINK 无线路由器	15	220
00000001	2013.1.1	长江 PC	蓝天计算机 D 型	25	8 100
00000002	2013.1.1	长江 PC	蓝天计算机 C 型	1	11 000
00000003	2013.1.1	雨辰科技	蓝天计算机 D 型	10	8 300
00000004	2013.1.1	雨辰科技	蓝天计算机 C 型	50	12 100
38386	2013.01.16	云飞电子	戴尔计算机	50	6 500
38386	2013.01.16	云飞电子	联想计算机	40	5 500
38387	2013.01.16	西山科电	联想计算机	15	5 500
38388	2013.01.30	云飞电子	戴尔计算机	−2	−6 500
38389	2013.01.30	西山科电	联想计算机	−5	−5 500
38396	2013.01.13	天乐电子	水星 MW150R 150M 无线路由器	25	100
38397	2013.01.13	黄河科技	水星 MW150R 150M 无线路由器	17	100
38398	2013.01.13	海河电子	水星 MW150R 150M 无线路由器	30	100
65011	2013.01.18	云飞电子	蓝天计算机 A 型	800	7 000
65012	2013.01.21	西山科电	蓝天计算机 A 型	500	7 500
65012	2013.01.21	西山科电	蓝天计算机 B 型	900	6 500
65013	2013.01.23	泰山数码	蓝天计算机 A 型	500	7 500
65013	2013.01.23	泰山数码	蓝天计算机 C 型	600	10 000
65014	2013.01.24	星空电子	蓝天计算机 B 型	1 000	6 500
65014	2013.01.24	星空电子	蓝天计算机 D 型	800	8 000

【实验指导】

以下操作用自己的姓名进行操作,登录日期为 2013 年 01 月 31 日

1. 应收单据处理

(1) 在应收款管理系统中,执行"应收单据处理"|"应收款单据审核"命令。打开"单据过滤条件"窗口,钩选左下方的未审核和包含已现结发票。如图 7-1 所示。

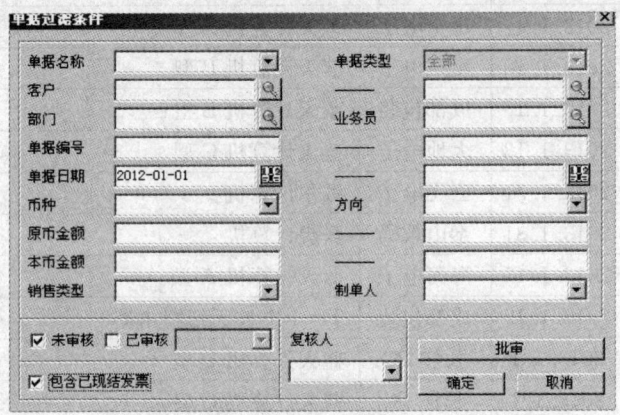

图 7-1 过滤条件窗口

(2) 单击"确定"按钮,如图 7-2 所示。

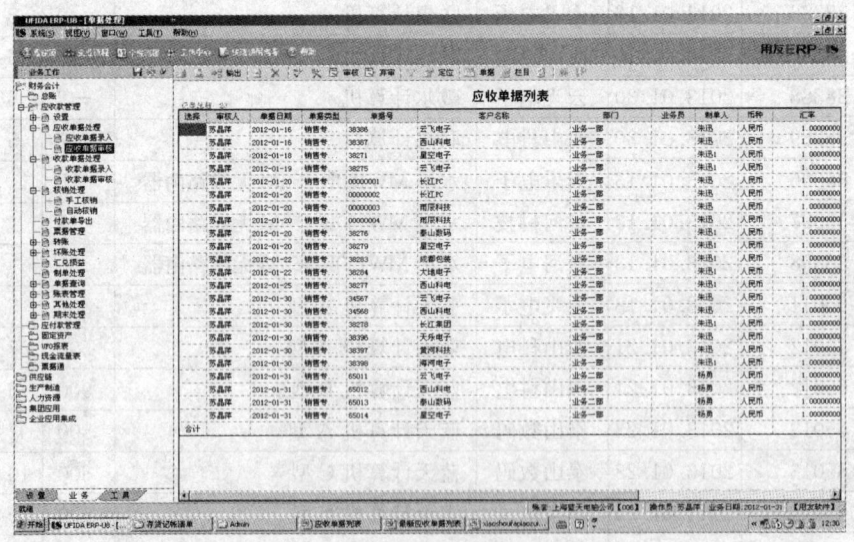

图 7-2 应收单据列表

（3）单击"全选"按钮，并单击"审核"按钮，如图7-3所示。

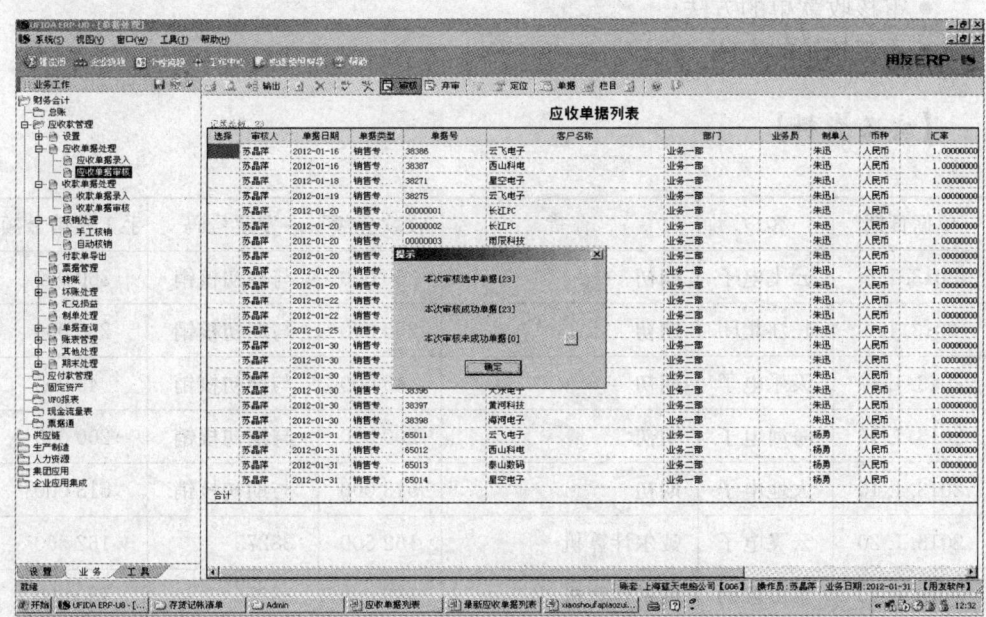

图7-3 审核应收单

2. 账套备份

（1）在D:\账套备份文件夹第七章 应收款管理中新建"实验一 应收款业务"文件夹。

（2）将账套输出至"实验一 应收款业务"文件夹中。

实验二 收款业务

【实验准备】

引入D:\账套备份第七章 应收款管理\实验一 应收款业务，将系统日期修改为"2013年1月31日"，注册进入"企业应用平台"。

【实验目的与要求】

● 学习应收款系统日常业务处理的主要内容和操作方法

● 掌握收款单的填制方法
● 审核收款单的方法
● 手工核销的方法

【实验资料】

单据日期	客户	存货	收款金额	发票号码	手工核销金额
2013.1.5	云飞电子	期初	360 000	与期初核销	360 000
2013.1.6	长江集团	期初	250 000	与期初核销	250 000
2013.1.10	天乐电子	期初	45 000	与期初核销	45 000
2013.1.10	海河电子	期初	200 000	与期初核销	200 000
2013.1.15	大地电子	期初	513 000	与期初核销	513 000
2013.1.20	云飞电子	戴尔计算机	162 500	38275	162 500
2013.1.20	泰山数码	戴尔计算机	130 000	38276	130 000
2013.1.25	西山科电	联想计算机	275 000	38277	275 000
2013.1.30	长江集团	EPSON 针式打印机	54 000	38278	54 000
2013.1.20	星空电子	蓝天计算机 A 型	140 000	38281	140 000
2013.1.21	星空电子	蓝天计算机 B 型	65 000	38282	65 000
2013.1.22	成都包装	蓝天计算机 B 型	183 750	38283	183 750
2013.1.25	大地电子	蓝天计算机 C 型	120 000	38284	120 000

【实验指导】

以下操作用自己的姓名进行操作,登录日期为 2013 年 01 月 31 日

1. 收款单据处理

(1)在应收款管理系统中,执行|"收款单据处理"|"收款单据录入"命令,打开"收款单"窗口。如图 7-4 所示。

(2)单击"增加"按钮,依据实验资料输入相关信息。表头:客户为云飞电子,结算方式为贷记凭证,金额为 360 000。点击表体,自动显示相关信息,如图 7-5 所示。

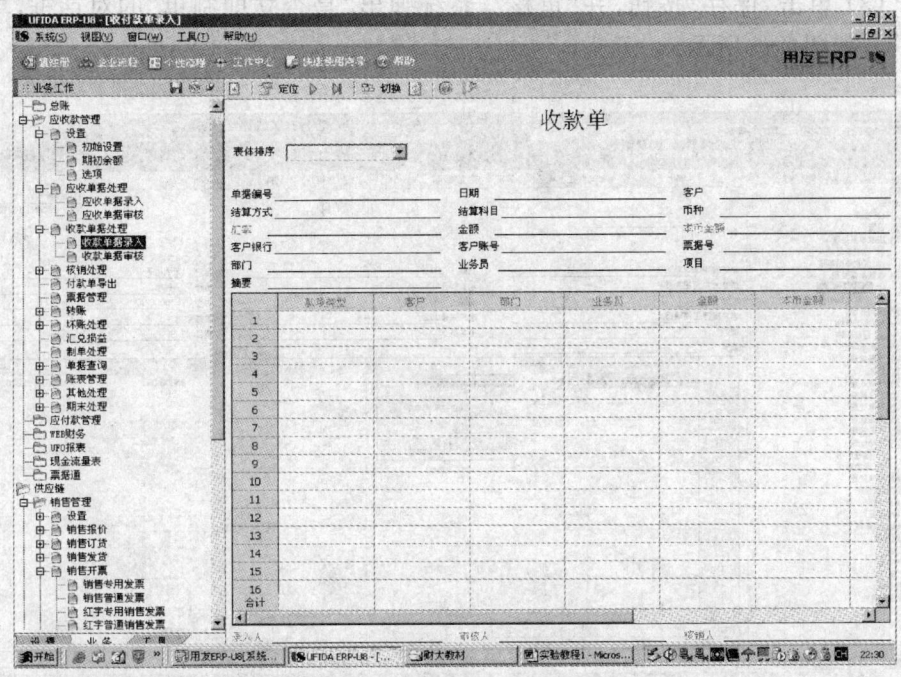

图 7-4 收款单表头

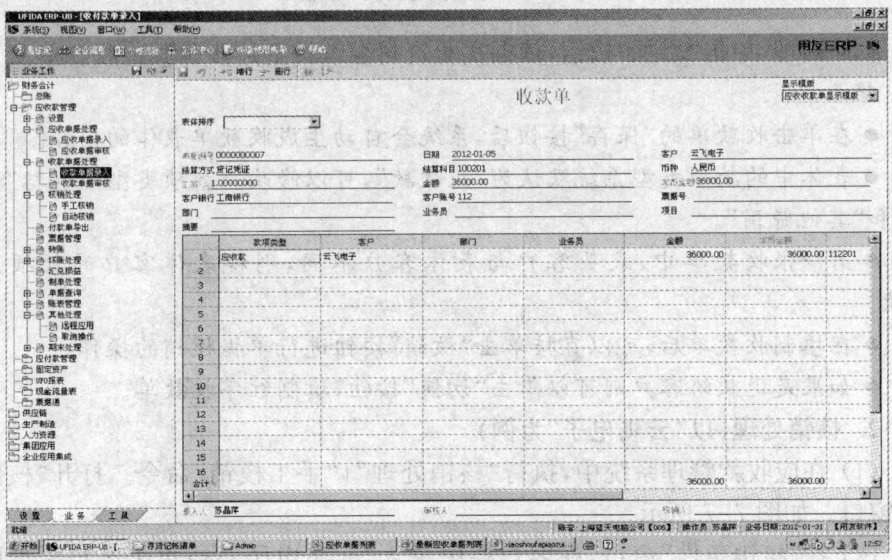

图 7-5 收款单表体

(3) 单击"保存"按钮,并"审核",系统弹出"是否立即制单"的对话框,单击"否"。如图 7-6 所示。

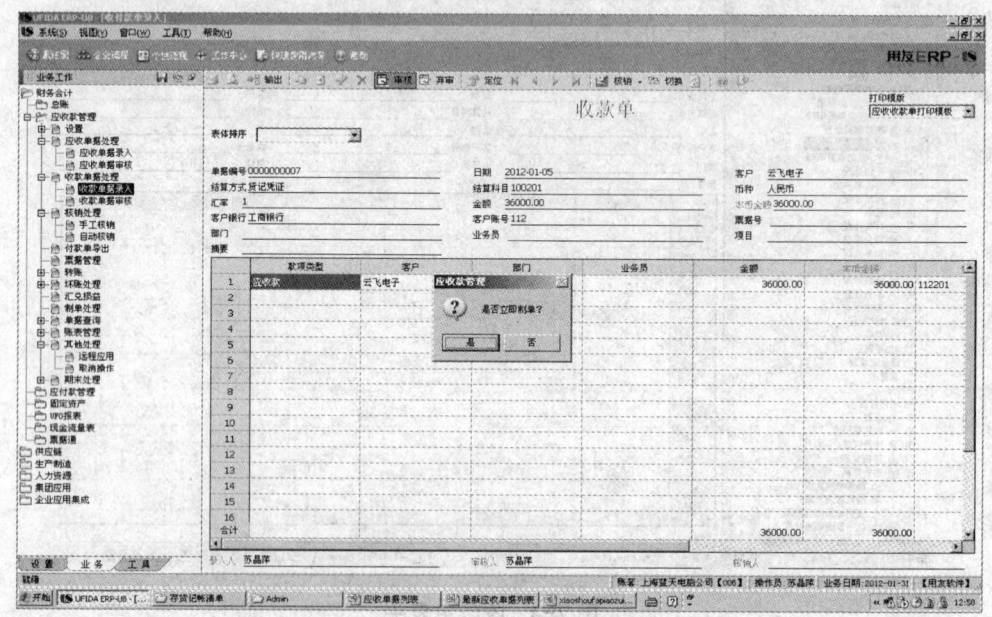

图 7-6　收款单保存并审核

(4) 同理,单击"增加"按钮,依据实验资料继续按上述步骤其他收款单。

提示:

● 在单击收款单的"保存"按钮后,系统会自动生成收款单表体的内容。

● 表体中的款项类型系统默认为"应收款",可以修改。款项类型还包括"预收款"和"其他费用"。

● 若一张收款单中,表头客户与表体客户不同,则视表体客户的款项为代付款。

● 在填制收款单后,可以直接单击"核销"按钮进行单据核销的操作。

● 如果是退款给客户则可以单击"切换"按钮,填制红字收款单。

2. 核销处理(以"云飞电子"为例)

(1) 在应收款管理系统中,执行"核销处理"|"手工核销"命令。打开"核销条件"窗口。如图 7-7 所示。

(2) 在"核销条件"窗口,在客户栏中录入"云飞电子",或单击客户栏参照按钮,选择"云飞电子",如图 7-8 所示。

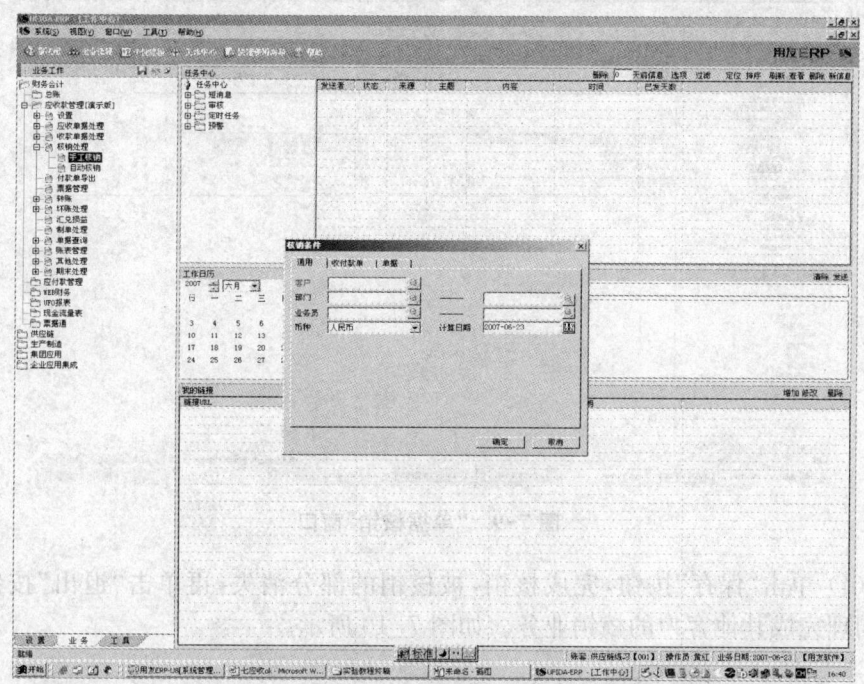

图 7-7　"核销条件"窗口

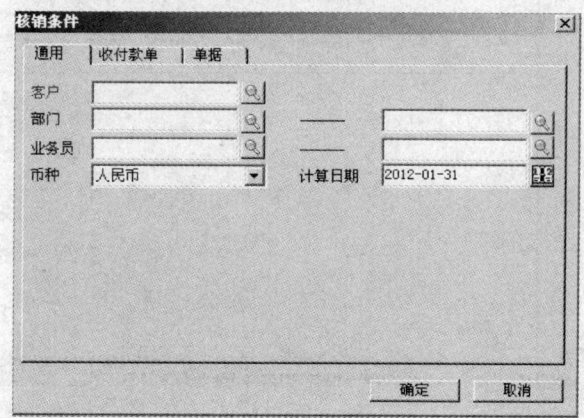

图 7-8　填写信息

（3）单击"确认"按钮，打开"单据核销"窗口，在"单据核销"窗口中，选择应收列表中票据号为 38275 的行，输入本次结算金额 162 500 元。同时选择单据到期日为 2012-12-31 的行，输入本次结算金额 360 000，完成与期初核销的录入。

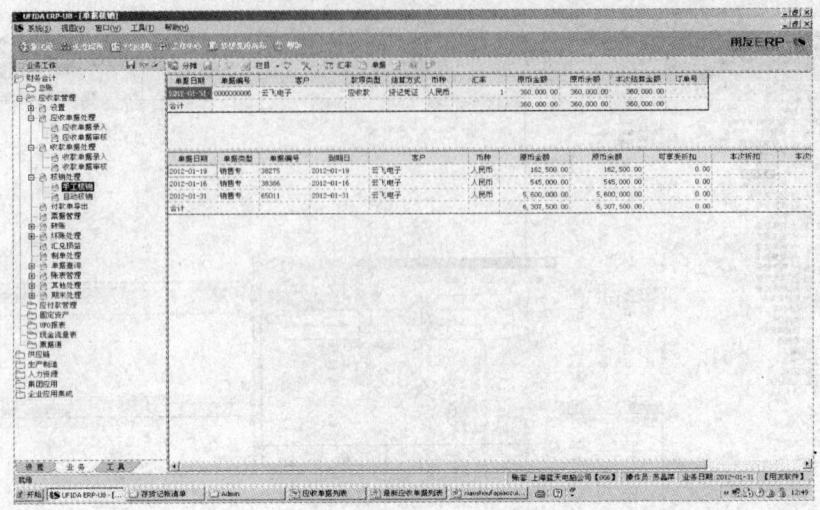

图 7-9 "单据核销"窗口

（4）单击"保存"按钮，完成核销，被核销的部分消失，再单击"退出"按钮，退出，同理完成其他客户的核销业务。如图 7-10 所示。

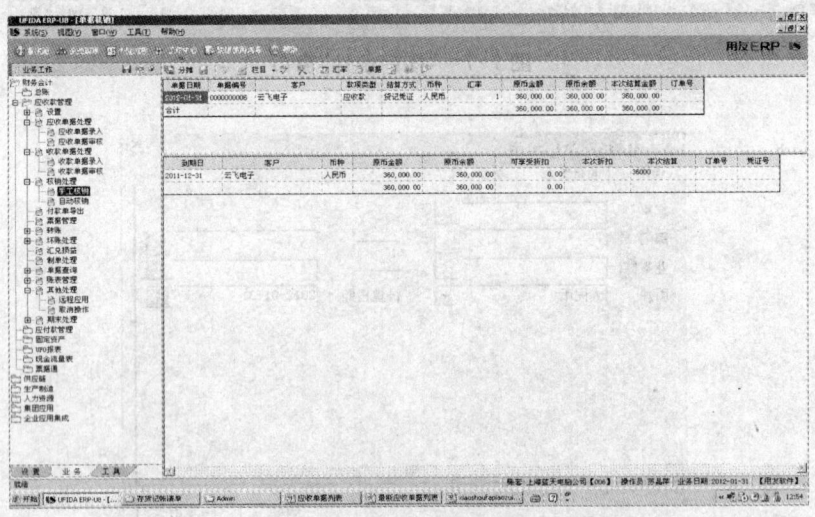

图 7-10 保存

提示：
● "云飞电子"的应收款大于收款金额，所以需要选择，可单击表体选择需要核销的应收款。
● 在保存核销内容后，单据核销窗口中将不再显示已被核销的内容。

● 结算单列表显示的是款项类型为应收款和预收款的记录,而款项类型为其他费用的记录不允许在此作为核销记录。

● 核销时,结算单列表中款项类型为应收单的缺省的本次结算金额为该记录的原币金额;款项类型为预收的记录其缺省的本次结算金额为空。核销时可以修改本次结算金额,但是不能大于该记录的原币金额。

● 在结算单列表中,单击"分摊"按钮,系统将当前结算单列表中的本次结算金额合计自动分摊到被核销单据列表的本次结算栏中。核销顺序依据被核销单据的排序顺序。

● 手工核销时一次只能显示一个客户的单据记录,且结算单列表根据表体记录明细显示。当结算单有代付处理时,只显示当前所选客户的记录。若需要对代付款进行处理,则需要在过滤条件中输入该代付单位,进行核销。

● 一次只能对一种结算类型进行核销,即手工核销的情况下需要将收款单和付款单分开核销。

● 手工核销保存时,若结算单列表的本次结算金额大于或小于被核销单据列表的本次金额合计,系统将提示结算金额不相等,则核算时先进行单据的内部对冲。

● 如果核销后未进行其他处理,可以在期末处理中"取消操作"功能取消核销操作。

3. 账套备份

(1) 在 D:\账套备份文件夹第七章　应收款管理中新建"实验二 收款业务"文件夹。

(2) 将账套输出至"实验二 收款业务"文件夹中。

实验三　应收转账业务

【实验准备】

引入 D:\账套备份第七章　应收款管理\实验二 收款业务,将系统日期修改为"2013 年 1 月 31 日",注册进入"企业应用平台"。

【实验目的与要求】

● 学习应收款系统日常业务处理的主要内容和操作方法
● 掌握预收款单的录入方法
● 掌握预收款单的审核方法

● 掌握预收冲应收业务处理

【实验资料】

业务一：

● 2013 年 1 月 4 日收到长江 PC 预付的货款 202 500 元,结算方式为"支票",将这笔预收款冲抵其应收款。

业务二：

● 2013 年 1 月 5 日收到雨辰科技预付的货款 83 000 元,结算方式为"支票",将这笔预收款冲抵其应收款。

业务三：

● 2013 年 1 月 6 日收到海河电子预付的货款 3 000 元,结算方式为"支票",将这笔预收款冲抵其应收款。

【实验指导】

以下操作用自己的姓名进行操作,登录日期为 2013 年 01 月 31 日

1. 录入收款单并审核

(1) 在应收款管理系统中,执行"收款单据处理"|"收款单据录入"命令,打开"收款单"窗口。如图 7-11 所示。

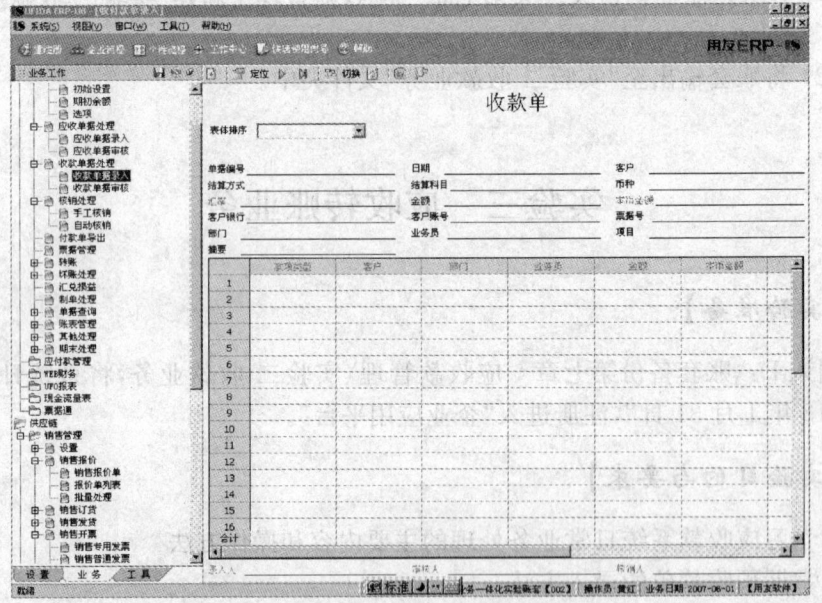

图 7-11 "收款单"窗口

（2）单击"增加"按钮，依据实验资料输入相关信息。表头：客户为长江 PC，结算方式为支票结算，金额为 202 500。点击表体部分显示相关信息，选择款项类型为"预收款"，如图 7-12 所示。

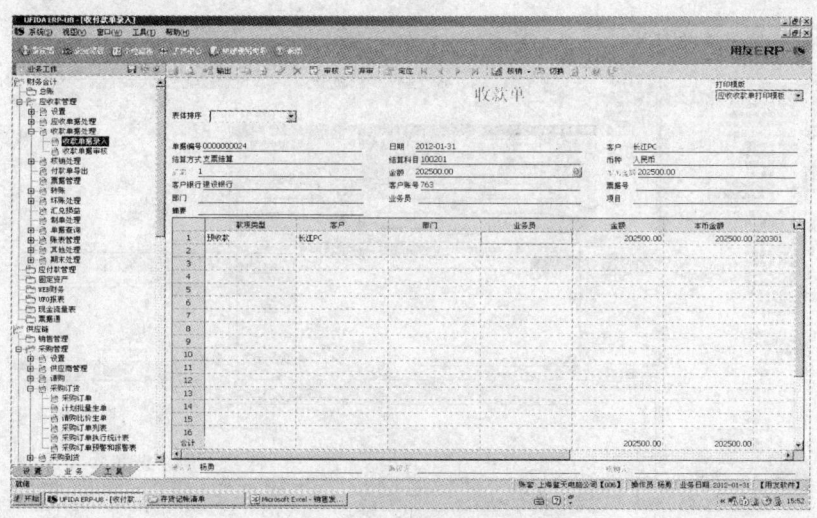

图 7-12 收款单

（3）单击"保存"按钮，并"审核"，系统弹出"是否立即制单"的对话框，单击"否"。如图 7-13 所示。同理完成业务二，业务三预收款单。

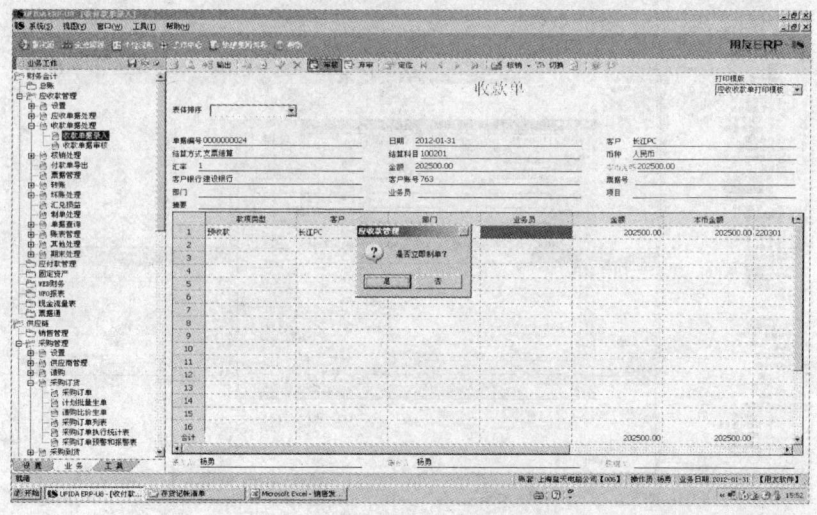

图 7-13 保存并审核

2. 预收冲应收

（1）在应收款管理系统中，执行"转账"|"预收冲应收"命令，打开"预收冲应收"窗口，如图 7-14 所示。

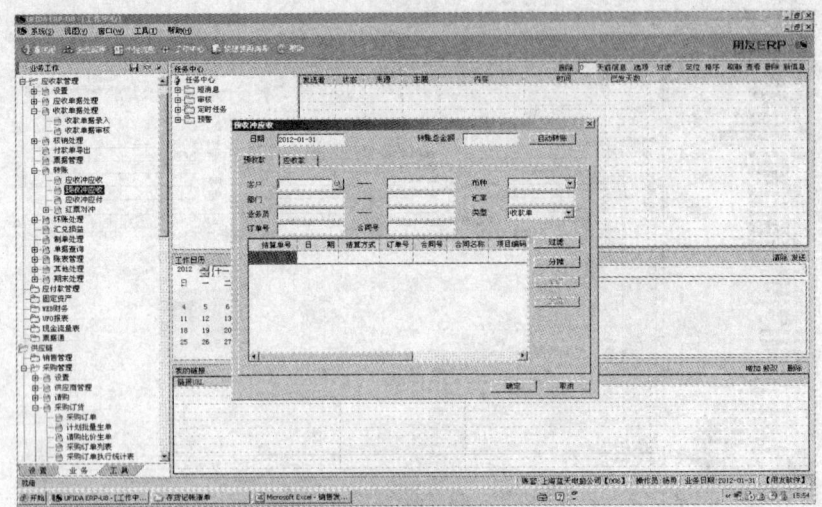

图 7-14 "预收冲应收"窗口

（2）在客户栏录入"长江 PC"，或单击客户栏参照按钮，选择"长江 PC"。如图 7-15 所示。

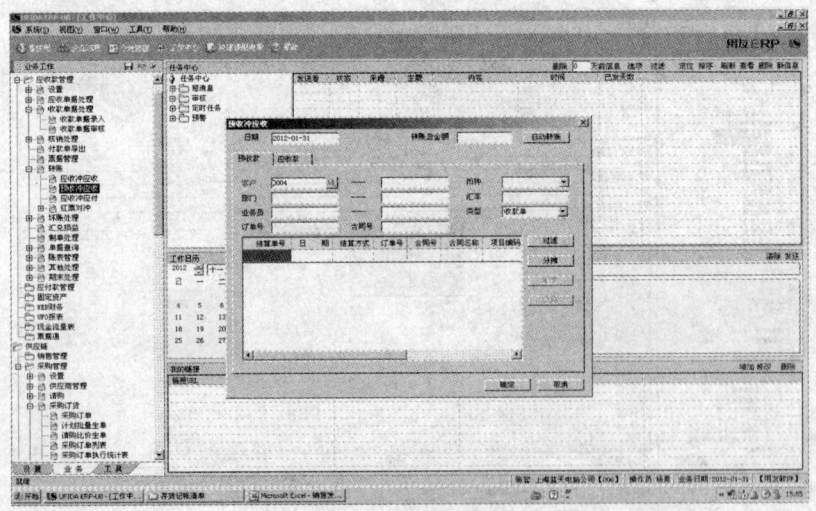

图 7-15 选择客户

（3）在"预收款"选项卡，单击"过滤"按钮，手工填入需转账金额，如图 7-16 所示。

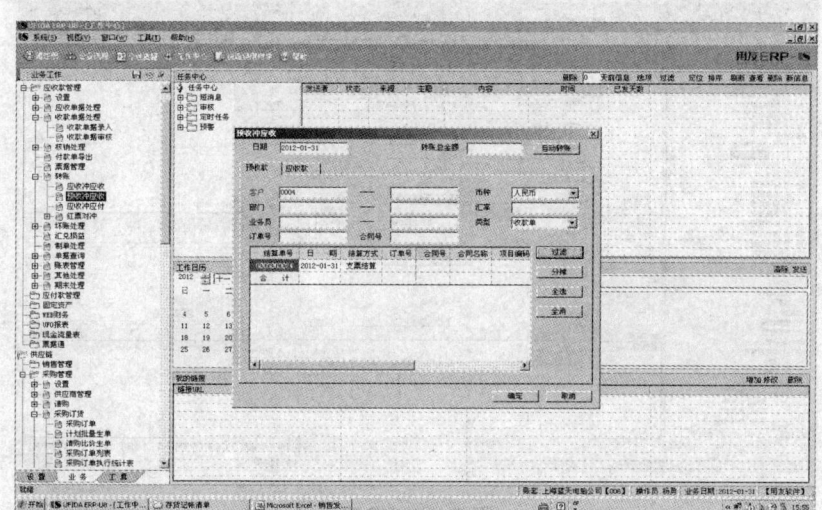

图 7-16 预收款过滤

（4）单击"应收款"页签，单击"过滤"按钮，手工填入需转账金额，如图 7-17 所示。

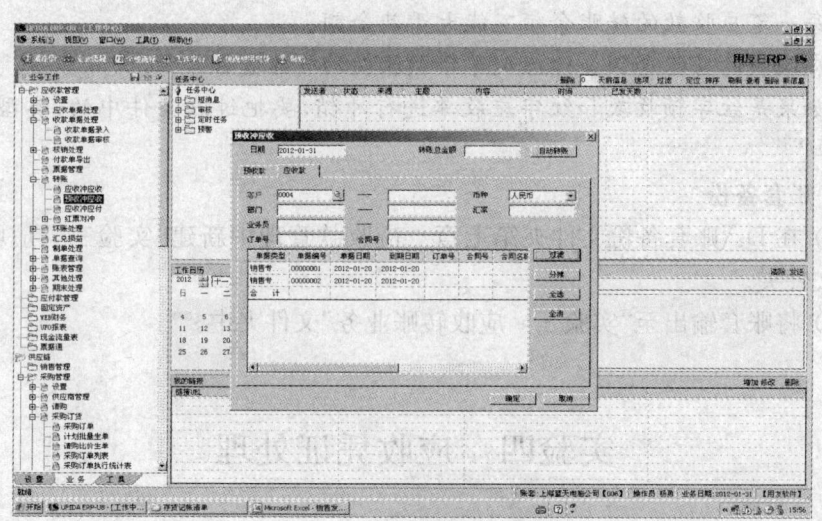

图 7-17 应收款过滤

（5）单击"确认"按钮，出现"是否立即制单"提示，单击"否"按钮，单击"退出"按钮。如图 7-18 所示。

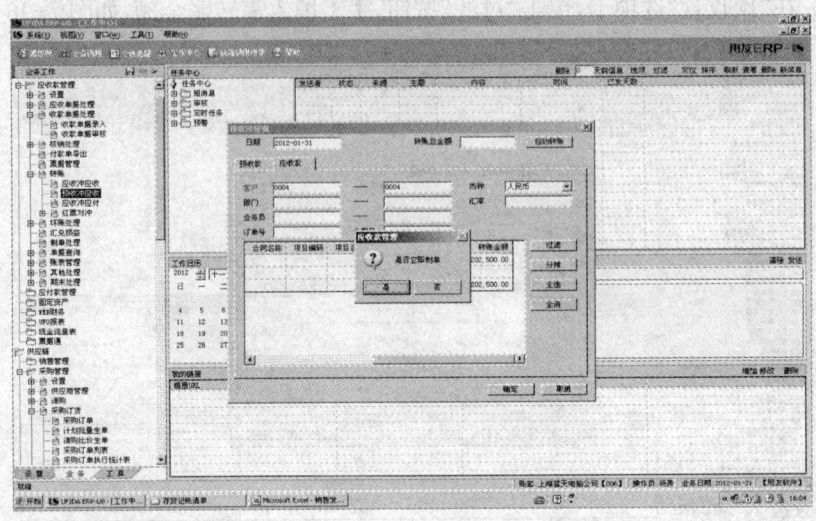

图 7-18 转账

提示：

● 可以在输入转账总金额后单击"自动转账"按钮，系统自动根据过滤条件进行成批的预收冲应收工作。

● 每一笔应收款的转账金额不能大于其金额。

● 应收款的转账金额合计应该等于预收款的转账金额合计。

● 如果是红字预收款和红字应收单进行冲销，要把过滤条件中的"类型"选为"付款单"。

3. 账套备份

（1）在 D:\账套备份文件夹第七章　应收款管理中新建"实验三　应收转账业务"文件夹。

（2）将账套输出至"实验三　应收转账业务"文件夹中。

实验四　应收凭证处理

【实验准备】

引入 D:\账套备份第七章　应收款管理\实验三　应收转账业务,将系统日期修改为"2013 年 1 月 31 日",注册进入"企业应用平台"。

【实验目的与要求】

- 掌握应收款系统与总账系统组合时应收款系统的基本功能和操作方法
- 掌握如何根据销售发票生成凭证的操作方法
- 掌握如何根据收款单生成凭证的操作方法
- 掌握如何根据预收冲应收生成凭证的操作方法
- 掌握如何根据现结发票生成凭证的操作方法

【实验资料】

- 根据本月所有应收及收款业务生成凭证

【实验指导】

以下操作用自己的姓名进行操作,登录日期为 2013 年 01 月 31 日

1. 根据销售发票通过"制单处理"生成凭证,传至总账系统

(1) 应收款管理系统中,执行"制单处理"命令,打开"制单查询"窗口,如图 7-19 所示。

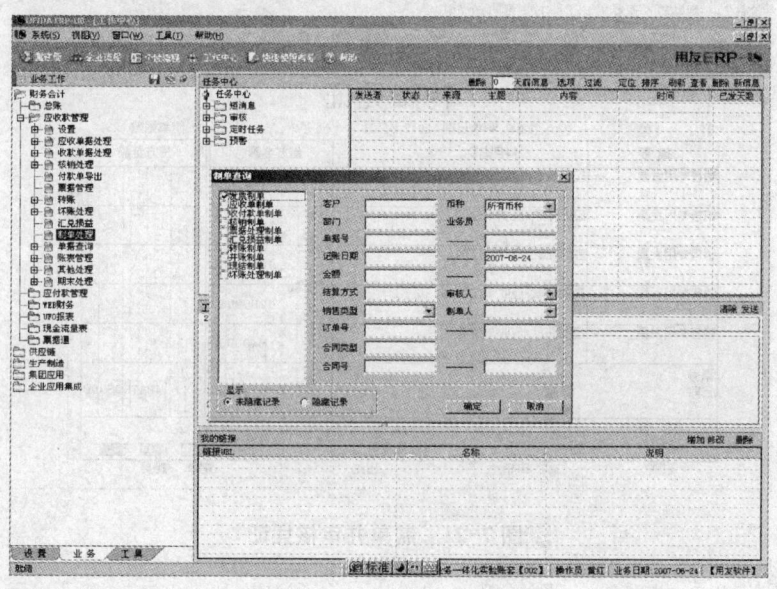

图 7-19 "制单查询"窗口

(2) 在"制单查询"窗口中,单击"确认"按钮。打开"发票制单"窗口。如图 7-20 所示。

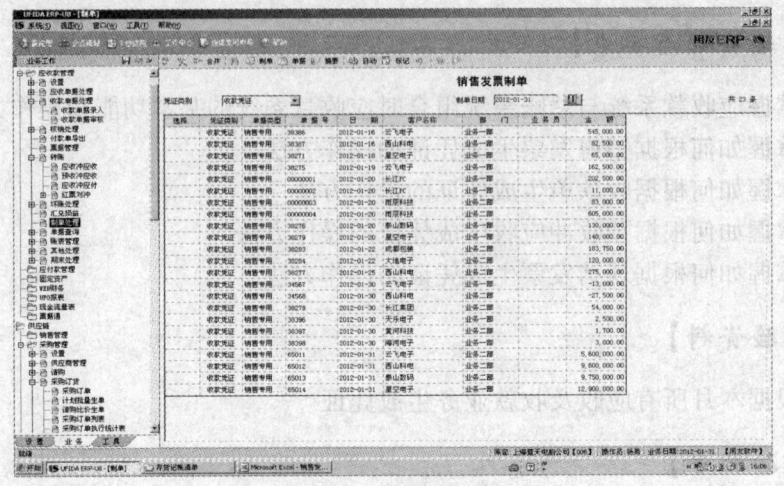

图 7-20 发票制单

（3）在"销售发票制单"窗口，单击"合并"，单击"凭证类别"，选择"转账凭证"，单击"制单"，并"保存"，生成凭证。如图 7-21 示。

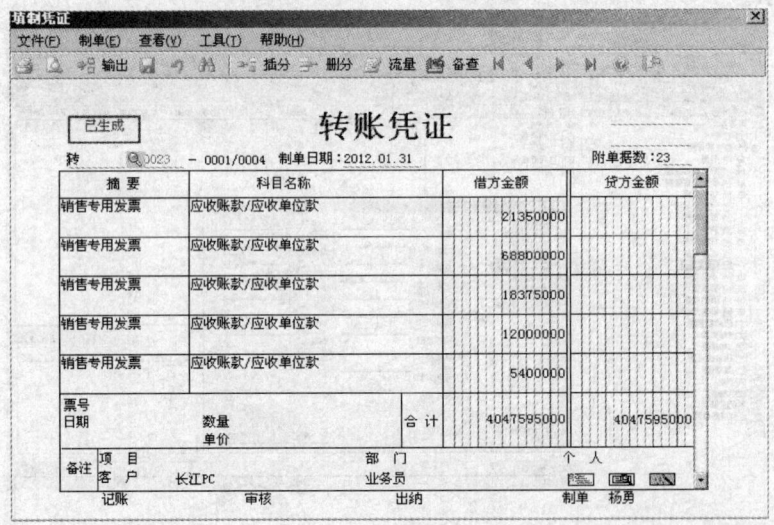

图 7-21 制单并审核凭证

提示：

● 在"制单查询"窗口，系统已默认制单内容为"发票制单"，如果需要选中其他内容制单，可以选中要制单内容前的复选框。

● 如果所选择的凭证类型错误，可以在生成凭证后再修改。

● 如果一次生成了多张凭证,可以保存了一张凭证以后再打开其他的凭证,直到全部保存为止,未保存的凭证视同于放弃本次凭证生成的操作。

● 只有在凭证保存后才能传递到总账系统,再在总账系统中进行审核和记账等。

2. 根据收款单生成凭证,传至总账系统

(1) 在应收款管理系统中,执行"制单处理",打开"制单查询"窗口。如图 7-22。

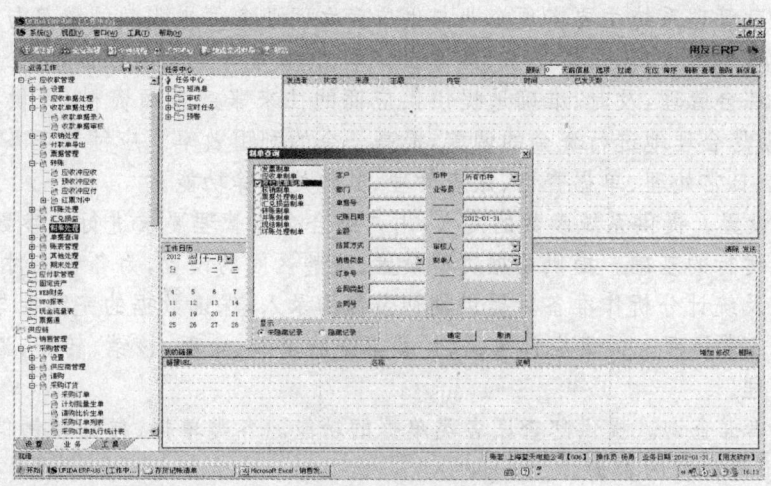

图 7-22 "制单查询"窗口

(2) 在"收付款单制单"窗口,单击"合并",单击"凭证类别",选择"收款凭证",单击"制单",并"保存",生成凭证。

(3) 单击"保存"按钮,如图 7-23 所示。

3. 同理完成预收冲应收转账业务(转账凭证—转账制单)、现结业务(收款凭证—现结制单)的凭证生成,传至总账系统。

4. 账套备份

(1) 在 D:\账套备份文件夹第七章 应收款管理中新建"实验四 应收凭证处理"文件夹。

(2) 将账套输出至"实验四 应收凭证处理"文件夹中。

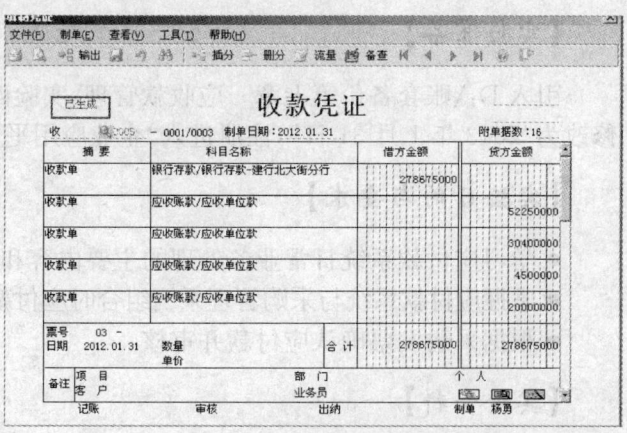

图 7-23 保存凭证

第八章　应付款管理

应付款管理系统主要实现企业与供应商之间业务往来账款的核算与管理。在应付款管理系统中,以采购发票、其他应付单、付款单等单据为依据,对企业的往来账款进行综合管理,及时、准确地提供供应商的往来账款余额资料,提供各种分析报表,帮助您合理地进行资金的调配,提高资金的利用效率。应付管理系统主要提供了设置、日常处理、单据查询、账表管理、其他处理等功能。

(1) 设置。提供系统参数的定义,用户结合企业管理要求进行的参数设置,是整个系统运行的基础。提供单据类型设置、账龄区间的设置,为各种应付款业务的日常处理及统计分析作准备。提供期初余额的录入,保证数据的完整性与连续性。

(2) 日常处理。提供应付单据、付款单据的录入、处理、核销、转账、汇兑损益、制单等处理。

(3) 单据查询。提供您查阅各类单据的功能。各类单据、详细核销信息、报警信息、凭证等内容的查询。

(4) 账表管理。提供总账表、余额表、明细账等多种账表查询功能。提供应付账龄分析、付款账龄分析、欠款分析等丰富的统计分析功能。

实验一　应付款业务

【实验准备】

引入 D:\账套备份第七章　应收款管理\实验四　应收凭证处理,将系统日期修改为"2013 年 1 月 31 日",注册进入"企业应用平台"。

【实验目的与要求】

- 学习应付款系统日常业务处理的主要内容和操作方法
- 掌握应付款系统与采购管理系统组合时应付款系统的基本功能和操作方法
- 根据采购发票确认应付款并审核

【实验资料】

- 本月收到的采购发票明细,根据供应商/委外加工商开据的采购发票确认应

付账款

以下列表就是本月收到所有的发票列表,包括委外加工厂商提供的加工费发票、运费发票、关税发票、美金形式发票。

单据类型	发票号码	供应商名称	币种	汇率	原币金额	本币金额
运费发票	6762	奔腾公司	人民币	1	400	400
采购专用发票	86310	华硕电脑公司	人民币	1	17 250	17 250
采购专用发票	86410	影驰公司	人民币	1	88 750	88 750
运费发票	7890	昂达公司	人民币	1	150	150
采购专用发票	48210	西部数据公司	人民币	1	53 703	53 703
采购专用发票	49210	英特尔	人民币	1	27 729	27 729
采购专用发票	36211	爱普生	人民币	1	70 106.40	70 106.40
采购专用发票	46211	三星公司	人民币	1	63 063	63 063
采购专用发票	47211	华硕电脑公司	人民币	1	63 000	63 074.70
采购专用发票	34567	华硕电脑公司	人民币	1	－345	－345
采购专用发票	86012	奔腾公司	人民币	1	69 450	69 450
采购专用发票	86015	奔腾公司	人民币	1	125 160	125 160
采购专用发票	86017	昂达公司	人民币	1	45 600	45 600
采购普通发票	87017	英特尔	美元	6.4	30 200	193 280
采购专用发票	AS4408	联想电脑公司	人民币	1	1 053 000	1 053 000
采购专用发票	AS6708	三星公司	人民币	1	91 001	91 001
采购专用发票	AS7456	罗技	人民币	1	6 716	6 716
运费发票	5678	奔腾公司	人民币	1	200	200
运费发票	7881	上海海关	人民币	1	19 026	19 026
采购专用发票	8754537	金陵公司	人民币	1	11 000	11 000
采购专用发票	75621	利氏公司	人民币	1	1 475	1 475
采购专用发票	75622	利氏公司	人民币	1	1 003	1 003
采购专用发票	75623	利氏公司	人民币	1	1 770	1 770
采购专用发票	876907	华为公司	人民币	1	5 000	5 000
采购专用发票	54121	英特尔	人民币	1	1 361 409	1 361 409
采购专用发票	54122	希捷	人民币	1	1 141 730	1 141 730
采购专用发票	54123	三星公司	人民币	1	2 084 914	2 084 914

(续表)

单据类型	发票号码	供应商名称	币种	汇率	原币金额	本币金额
采购专用发票	54124	罗技	人民币	1	572 146	572 146
采购专用发票	54125	华硕电脑公司	人民币	1	1 322 787	1 322 787
采购专用发票	54126	昂达公司	人民币	1	887 680	887 680
采购专用发票	54127	金士顿公司	人民币	1	707 310	707 310
采购专用发票	54128	先锋公司	人民币	1	313 830	313 830
采购专用发票	54129	利氏公司	人民币	1	589 680	589 680
采购专用发票	54130	影驰公司	人民币	1	2 471 827	2 471 827
采购专用发票	54131	奔腾公司	人民币	1	1 153 380	1 153 380
采购专用发票	54132	西部数据公司	人民币	1	900 549	900 549
采购专用发票	86510	西部数据公司	人民币	1	59 070.00	59 070.00

【实验指导】

（以下操作用自己的姓名进行操作，登录日期为 2013 年 01 月 31 日）

1. 应付单据处理

（1）在应付款管理系统中，执行"应付单据处理"|"应付款单据审核"命令，打开"单据过滤条件"窗口，注意"未完全报销"这个按钮需要打钩，针对加工费发票或者直运采购发票，是不需要进行报销的。如图 8-1 所示。

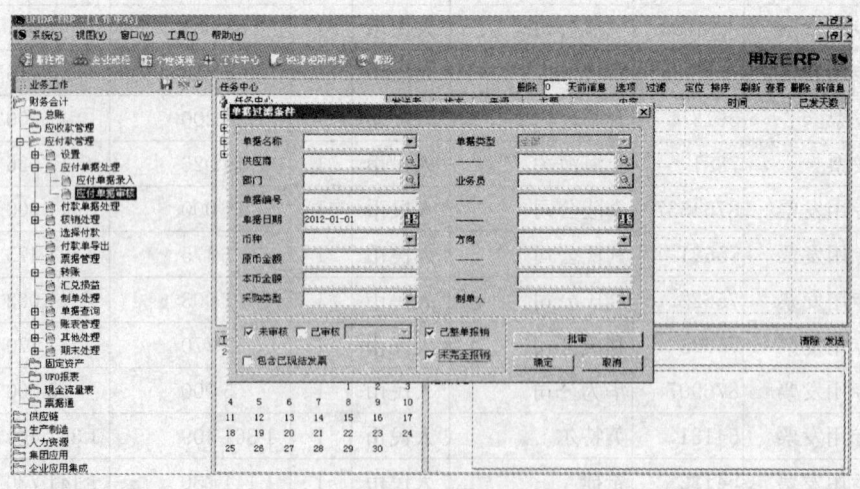

图 8-1　"单据过滤条件"窗口

（2）单击"确定"按钮。如图8-2所示。

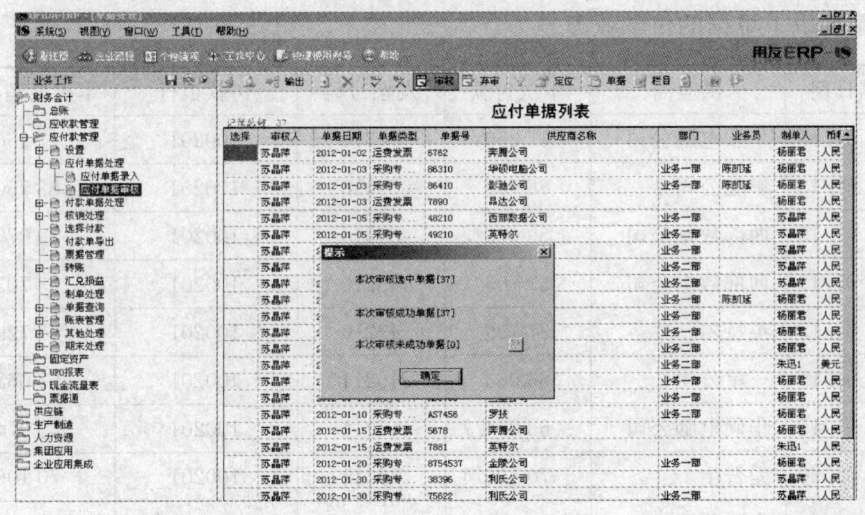

图8-2 应付单据列表

（3）单击"全选"和"审核"按钮，完成审核，如图8-3所示，点击"确定"。

图8-3 全选并审核

2. 账套备份

（1）在D:\账套备份文件夹第八章 应付款管理中新建"实验一 应付款业务"文件夹。

（2）将账套输出至"实验一　应付款业务"文件夹中。

实验二　付　款　业　务

【实验准备】

引入 D:\账套备份第八章　应付款管理\实验一　应付款业务，将系统日期修改为"2013 年 1 月 31 日"，注册进入"企业应用平台"。

【实验目的与要求】

● 学习应付款系统日常业务处理的主要内容和操作方法
● 掌握付款单的填制方法
● 审核付款单的方法
● 手工核销的方法

【实验资料】

掌握以下单据的付款业务。

单据日期	供应商	本次付款	发票号码	付款银行	本次核销金额
2013.01.15	华硕电脑公司	17 250	86310	100201	17 250
2013.01.15	影驰公司	88 750	86410	100201	88 750
2013.01.15	西部数据公司	59 070	86510	100201	59 070
2013.01.15	西部数据公司	53 703	48210	100201	53 703
2013.01.15	英特尔	27 729	49210	100201	27 729
2013.01.15	三星公司	63 063	46211	100201	63 063
2013.01.15	华硕电脑公司	63 074.7	47211	100201	63 074.7
2013.01.20	爱普生	70 106.4	36211	100201	70 106.4
2013.01.20	奔腾公司	69 450	86012	100201	69 450
2013.01.20	奔腾公司	200	5678	100201	200
2013.01.20	奔腾公司	125 160	86015	100201	125 160
2013.01.20	奔腾公司	400	6762	100201	400

（续表）

单据日期	供应商	本次付款	发票号码	付款银行	本次核销金额
2013.01.20	昂达公司	45 600	86017	100201	45 600
2013.01.20	昂达公司	150	7890	100201	150
2013.01.20	英特尔	美金 10 200	87017	美金 100204	美金 10 200
2013.01.23	华硕电脑公司	505 000	与期初核销	100201	505 000
2013.01.23	金士顿公司	35 000	与期初核销	100201	35 000
2013.01.23	利氏公司	600 000	与期初核销	100201	600 000

【实验指导】

（以下操作用自己的姓名进行操作，登录日期为 2013 年 01 月 31 日）

1. 付款单据录入

（1）在应付款管理系统中，执行"付款单据处理"|"付款单据录入"命令，打开"付款单"窗口，如图 8-4 所示。

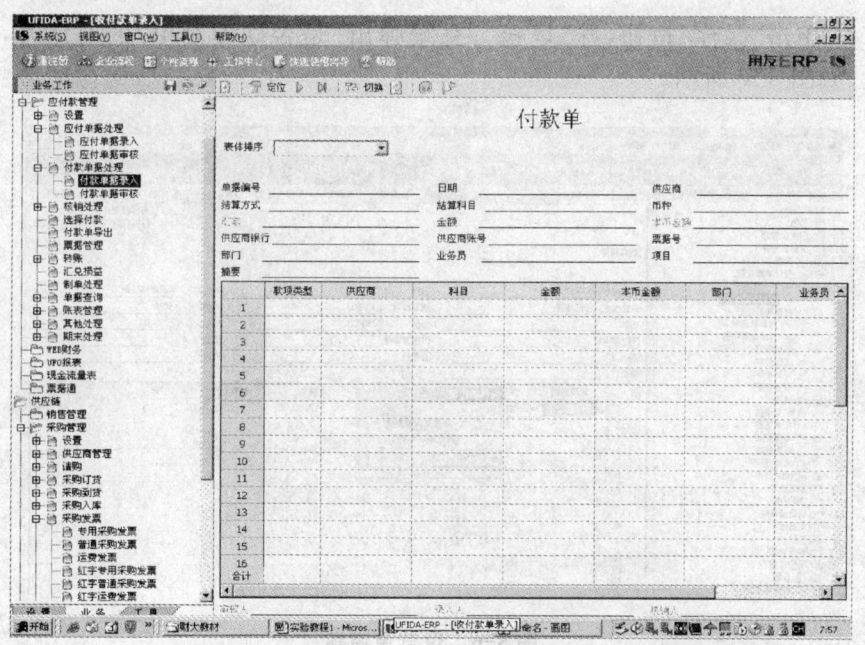

图 8-4　"付款单"窗口

（2）单击"增加"按钮，依据实验资料输入相关信息。表头：客户为华硕电脑公司，结算方式为贷记凭证，结算科目为100 201，金额为17 250。点击表体，系统自动显示相关信息，如图8-5所示。

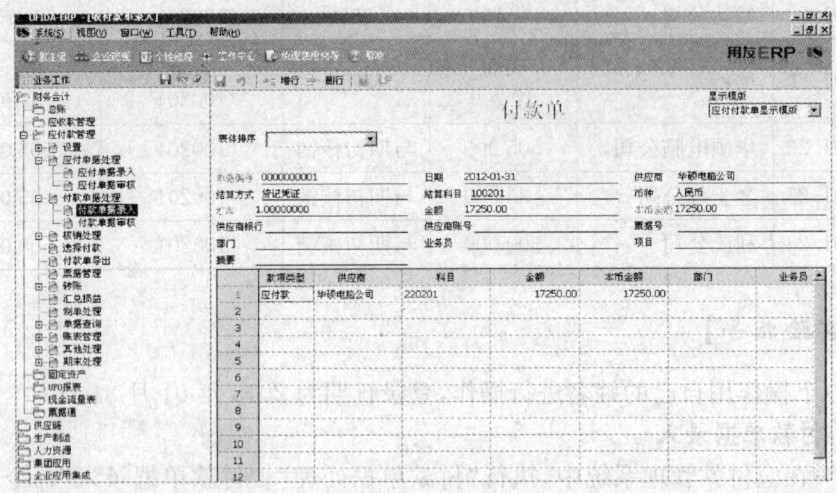

图8-5　填写信息

（3）单击"保存"按钮，并"审核"，系统弹出"是否立即制单"的对话框，单击"否"。如图8-6所示。

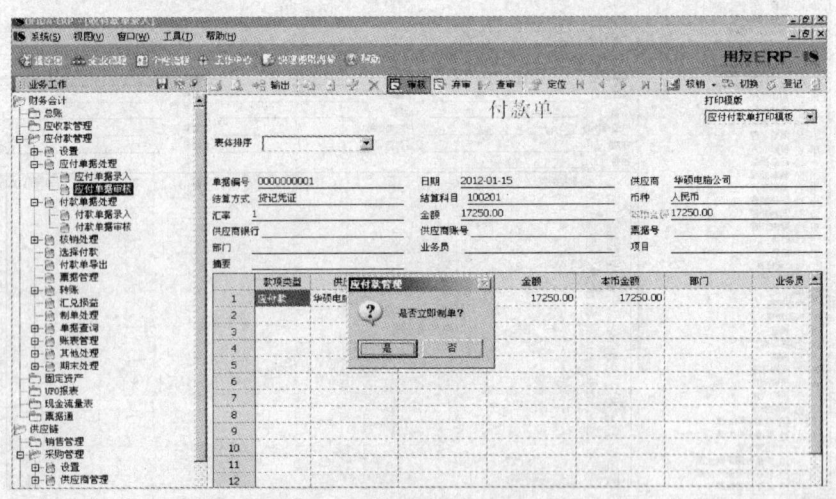

图8-6　付款单审核

（4）单击"退出"按钮，退出，依次输入其他付款单。

提示：

● 在单击付款单的"保存"按钮后，系统会自动生成付款单表体的内容。

● 注意当付美金时，币别请选外币美金。

● 表体中的款项类型系统默认为"应付款"，可以修改。款项类型还包括"预付款"和"其他费用"。

● 在填制付款单后，可以直接单击"核销"按钮进行单据核销的操作。

2. 核销处理

（1）在应付款管理系统中，执行|"核销处理"|"手工核销"窗口，打开"核销条件"窗口，如图 8-7 所示。

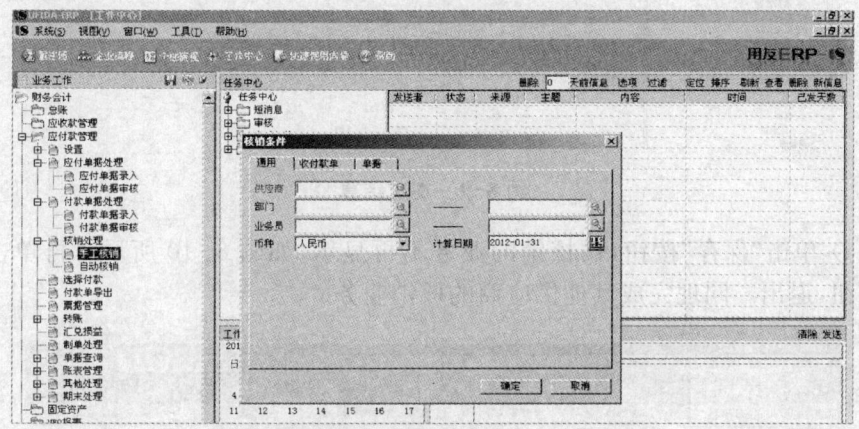

图 8-7 "核销条件"窗口

（2）在"核销条件"窗口，客户选择"华硕电脑公司"，如图 8-8 所示。

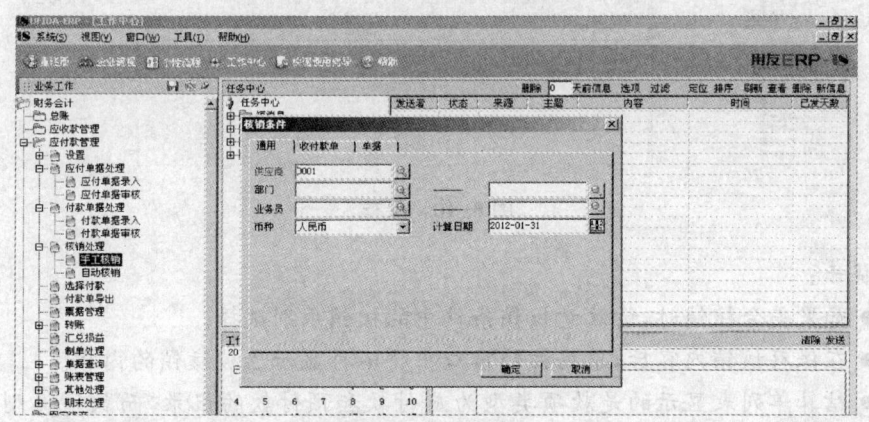

图 8-8 填写信息

（3）单击"确认"按钮，打开"单据核销"窗口，在"单据核销"窗口中，选择应付列表中选择发票号为86310，输入本次结算，如图8-9所示。

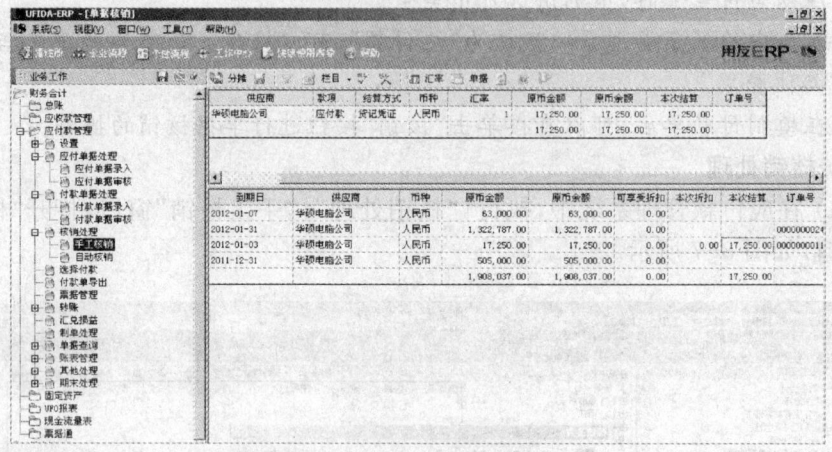

图8-9　本次结算

（4）单击"保存"按钮，被核销的业务不再显示，如图8-10所示。再单击"退出"按钮，退出。同理完成其他供应商的核销业务。

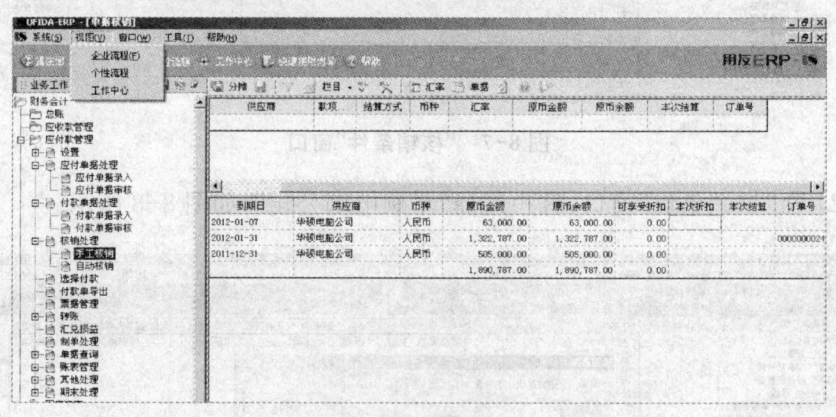

图8-10　保存

提示：

● 如果美金核销时，请注意核销条件中的核销币别选择。

● 在保存核销内容后，单据核销窗口中将不再显示已被核销的内容。

● 结算单列表显示的是款项类型为应付款和预付款的记录，而款项类型为其他费用的记录不允许在此作为核销记录。

● 核销时,结算单列表中款项类型为应付单的缺省的本次结算金额为该记录的原币金额;款项类型为预付的记录其缺省的本次结算金额为空。核销时可以修改本次结算金额,但是不能大于该记录的原币金额。

● 在结算单列表中,单击"分摊"按钮,系统将当前结算单列表中的本次结算金额合计自动分摊到被核销单据列表的本次结算栏中。核销顺序依据被核销单据的排序顺序。

● 手工核销时一次只能显示一个客户的单据记录,且结算单列表根据表体记录明细显示。当结算单有代收处理时,只显示当前所选客户的记录。若需要对代收款进行处理,则需要在过滤条件中输入该代收单位,进行核销。

● 一次只能对一种结算类型进行核销,即手工核销的情况下需要将付款单和预付单分开核销。

● 手工核销保存时,若结算单列表的本次结算金额大于或小于被核销单据列表的本次金额合计,系统将提示结算金额不相等,则核算时先进行单据的内部对冲。

● 如果核销后未进行其他处理,可以在期末处理中"取消操作"功能取消核销操作。

3. 账套备份

(1) 在 D:\账套备份文件夹第八章 应付款管理中新建"实验二 付款业务"文件夹。

(2) 将账套输出至"实验二 付款业务"文件夹中。

实验三 应付转账业务

【实验准备】

引入 D:\账套备份第八章 应付款管理\实验二 付款业务,将系统日期修改为"2013 年 1 月 31 日",注册进入"企业应用平台"。

【实验目的与要求】

● 学习应付款系统日常业务处理的主要内容和操作方法
● 掌握预付款单的录入方法
● 掌握预付款单的审核方法
● 掌握预付冲应付业务处理

【实验资料】

单据日期	供应商	存　　货	预付金额	发票号码	预付冲应付的金额
2013.01.02	利氏公司	水星 MW150R 150M 无线路由器	1 475	75621	1 475
2013.01.02	利氏公司	水星 MW150R 150M 无线路由器	1 003	75622	1 003
2013.01.02	利氏公司	水星 MW150R 150M 无线路由器	1 770	75623	1 770

【实验指导】

（以下操作用自己的姓名进行操作，登录日期为 2013 年 01 月 31 日）

1. 录入付款单并审核

（1）在应付款管理系统中，执行"付款单据处理"|"付款单据录入"命令，打开"付款单"窗口，如图 8-11 所示。

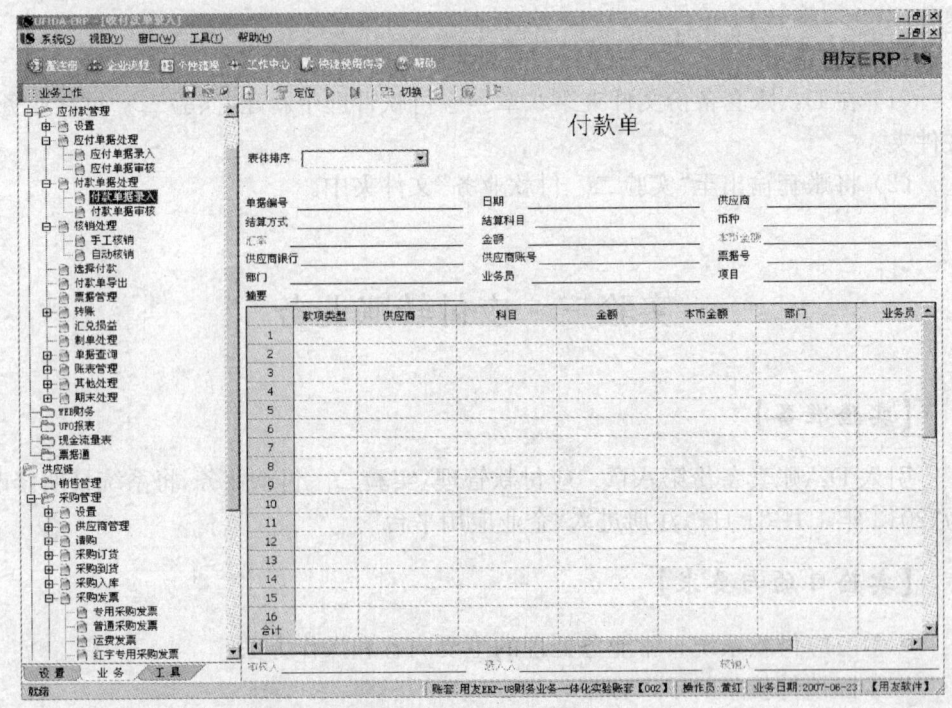

图 8-11　"付款单"窗口

（2）单击"增加"按钮，依据实验资料输入相关信息。表头：修改付款日期为2013-01-02，客户为利氏公司，结算为支票结算，金额为1 475。点击表体，系统自动显示相关信息，并选择款项类型为预付款，如图8-12所示。

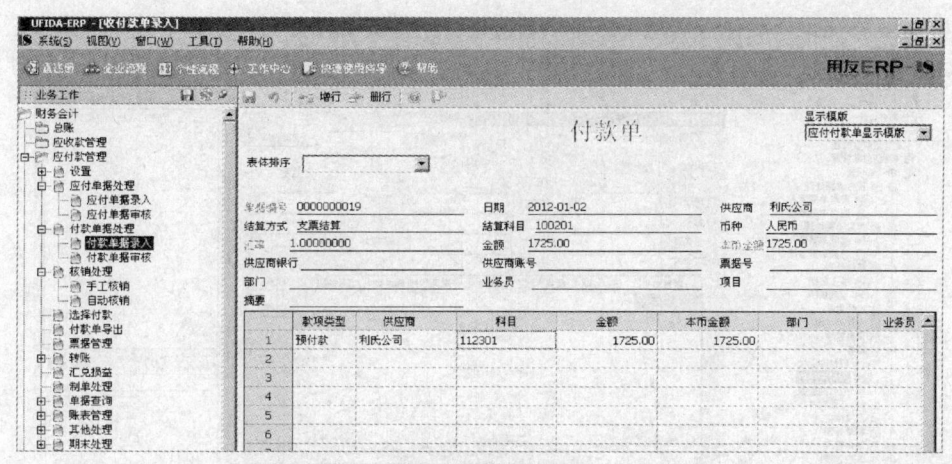

图 8-12　填写信息

（3）单击"保存"按钮，并"审核"，系统弹出"是否立即制单"的对话框，单击"否"。如图8-13所示。

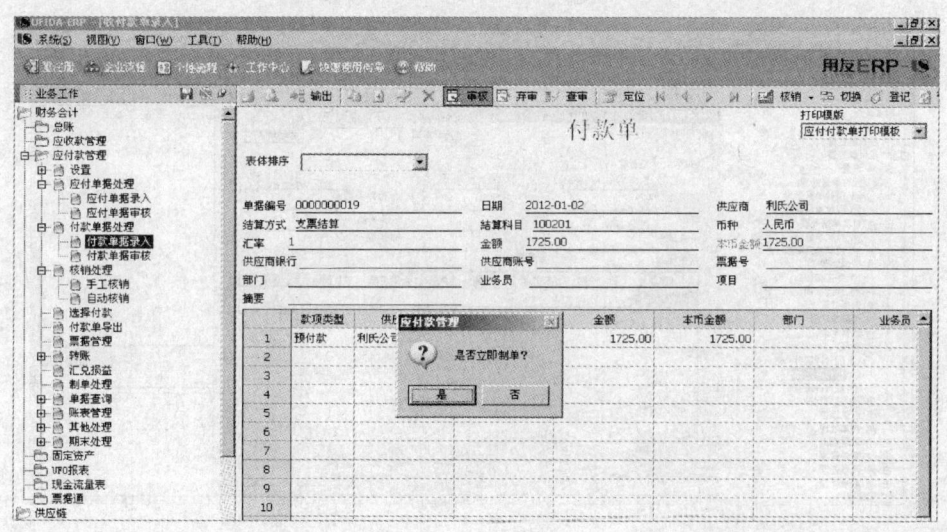

图 8-13　审核

2. 预付冲应付

(1) 在应付款管理系统中,执行"转账"|"预付冲应付"命令,打开"预付冲应付"窗口。如图 8-14 所示。

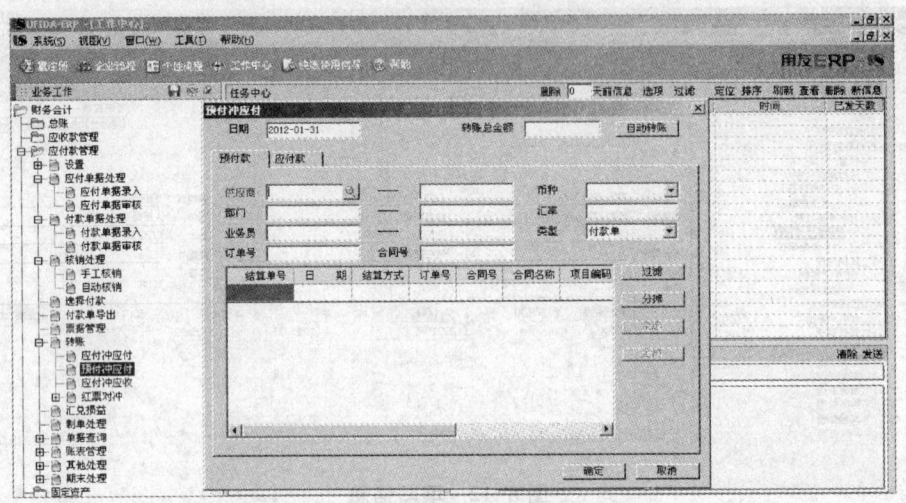

图 8-14　"预付冲应付"窗口

(2) 在"预付冲应付"窗口,选择客户为利氏公司,如图 8-15 所示。

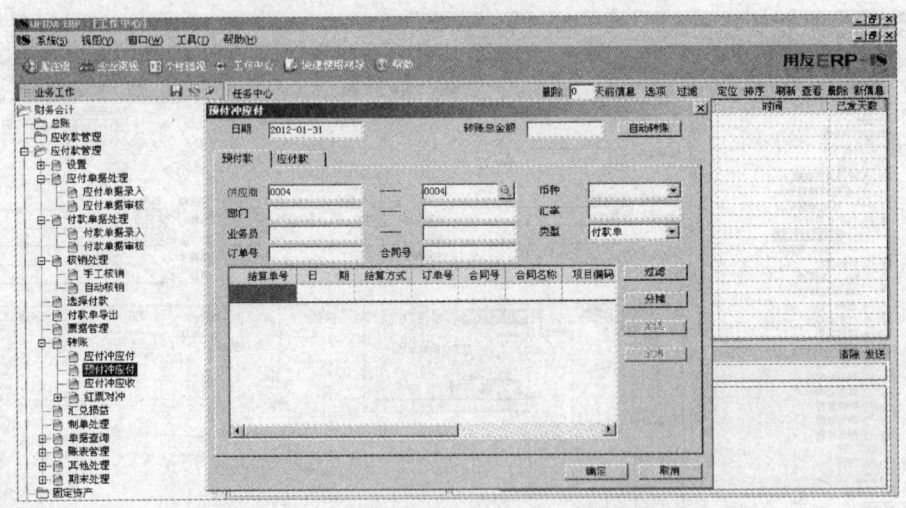

图 8-15　填写信息

(3) 在"预付款"选项卡中,单击"过滤"按钮,如图 8-16 所示。

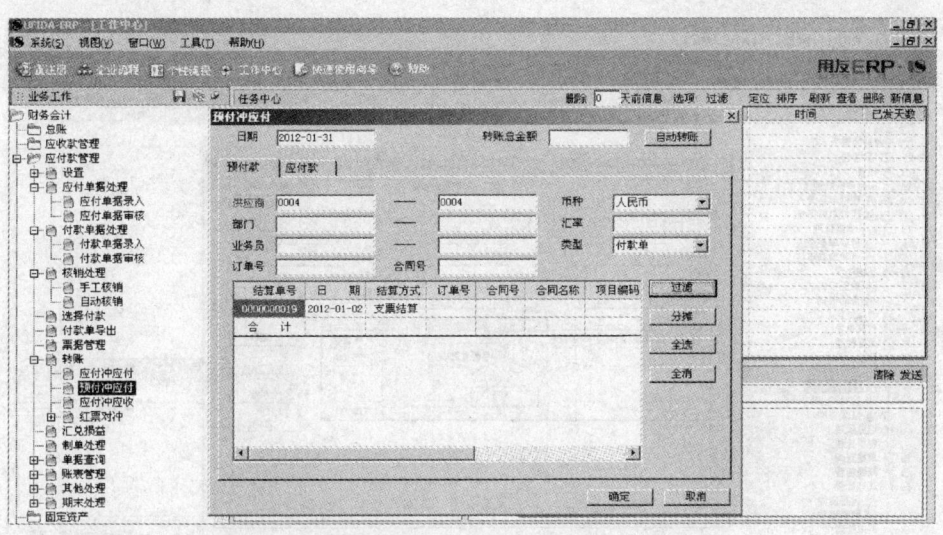

图 8-16　预付款过滤

（4）选择"应付款"选项卡，单击"过滤"按钮，如图 8-17 所示。

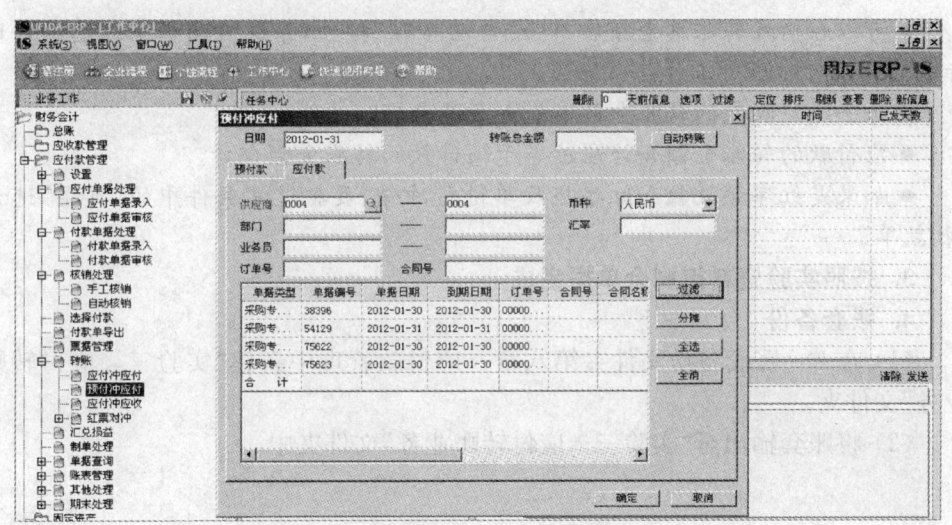

图 8-17　应付款过滤

（5）在预付款转账金额处输入转账金额"1 475"，在应付款单据编码为 75621 行输入转账金额输入转账金额"1 475"后点击"确定"出现"是否立即制单"提示，如图 8-18 所示。单击"否"按钮，单击"取消"，退出。

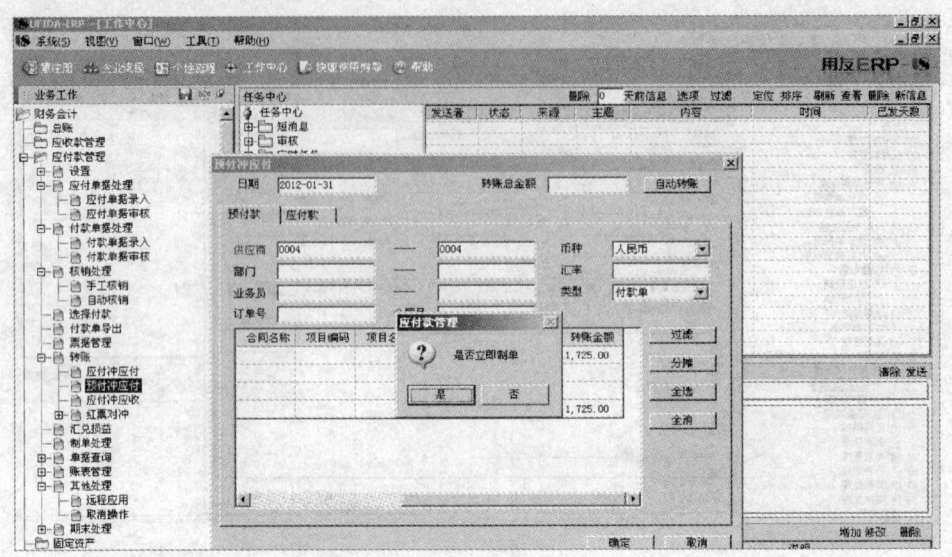

图 8-18　预付冲应付

提示：

● 可以在输入转账总金额后单击"自动转账"按钮,系统自动根据过滤条件进行成批的预付冲应付工作。

● 每一笔应收款的转账金额不能大于其金额。

● 应付款的转账金额合计应该等于预付款的转账金额合计。

● 如果是红字预收款和红字应收单进行冲销,要把过滤条件中的"类型"选为"收款单"。

3. 按照实验资料把剩余单据完成

4. 账套备份

(1) 在 D:\账套备份文件夹第八章　应付款管理中新建"实验三　应付转账业务"文件夹。

(2) 将账套输出至"实验三　应付转账业务"文件夹中。

实验四　应付汇兑损益处理

【实验准备】

引入 D:\账套备份第八章　应付款管理\实验三　应付转账业务,将系统日期修改为"2013年1月31日",注册进入"企业应用平台"。

【实验目的与要求】

● 掌握应付款系统汇兑损益的基本功能及操作方法

【实验资料】

● 根据本月的美金应付进行汇兑损益

● 本月美金调整汇率为6.6

【实验指导】

(以下操作用自己的姓名进行操作,登录日期为2013年01月31日)

1. 在基础设置"外币设置"中输入1月份的调整汇率为"6.6"

(1) 在设置|基础档案|财务|外币设置中,执行"外币设置"命令,输入调整汇率窗口,如图8-19所示。

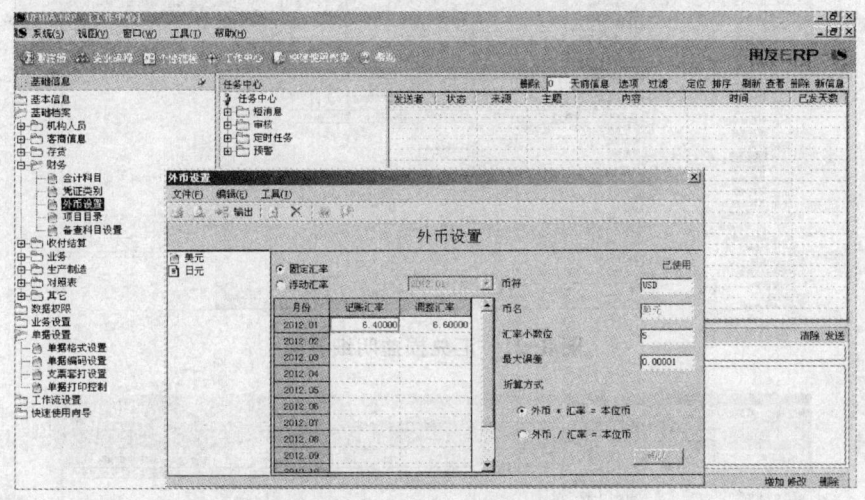

图8-19 外币设置调整汇率

(2) 在应付账款系统中,执行"汇兑损益",打开"汇兑损益"窗口,选择美金,点击"下一步"如图8-20所示。

(3) 进入汇兑损益明细界面如图8-21所示,点击"完成"。

(4) 系统提示是否立即制单,选择"否"如图8-22。

2. 账套备份

(1) 在D:\账套备份文件夹第八章 应付款管理中新建"实验四 应付汇兑损益处理"文件夹。

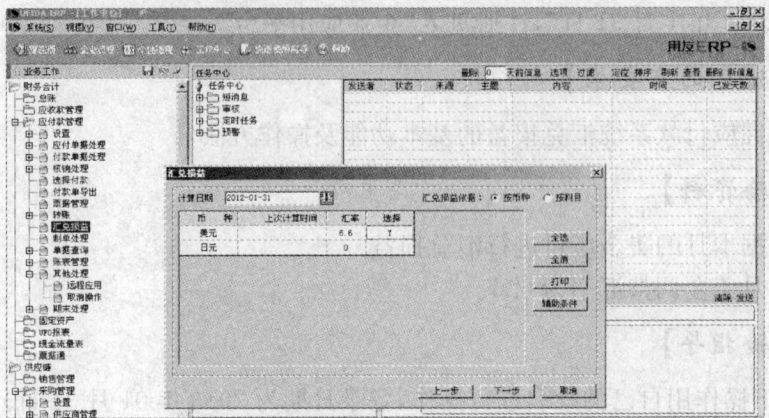

图 8-20　汇兑损益选择币别

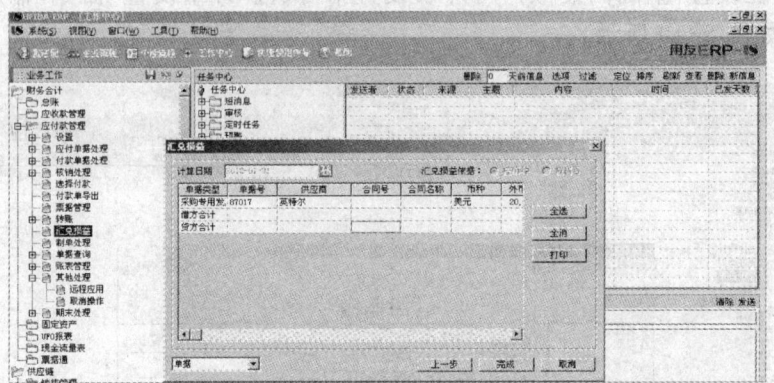

图 8-21　汇兑损益明细界面

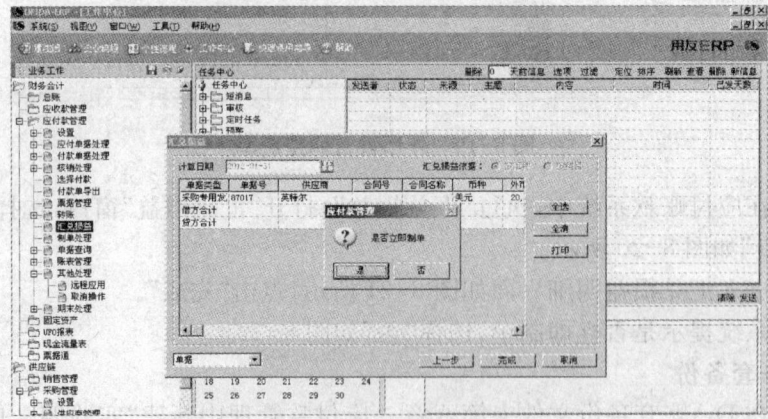

图 8-22　提示是否立即制单

（2）将账套输出至"实验四　应付汇兑损益处理"文件夹中。

实验五　应付凭证处理

【实验准备】

引入 D:\账套备份\第八章　应付款管理\实验四　应付汇兑损益处理,将系统日期修改为"2013 年 1 月 31 日",注册进入"企业应用平台"。

【实验目的与要求】

● 掌握应付款系统与总账系统组合时应付款系统的基本功能和操作方法
● 掌握如何根据采购发票生成凭证的操作方法
● 掌握如何根据付款单生成凭证的操作方法
● 掌握如何根据预付冲应付生成凭证的操作方法
● 掌握如何根据汇兑损益生成凭证的操作方法

【实验资料】

● 将本月所有的应付单据生成凭证
● 将本月所有的付款单生成凭证
● 将本月所有的预付冲应付的单据生成凭证
● 将本月汇兑损益的单据生成凭证

【实验指导】

以下操作用自己的姓名进行操作,登录日期为 2013 年 01 月 31 日

1. 根据采购发票通过"制单处理"生成凭证,传至总账系统

（1）在应付款管理系统中,执行"制单处理"命令,打开"制单查询"窗口,如图 8-23 所示。

（2）在"制单查询"窗口中,单击"确认"按钮。打开"采购发票制单"窗口。如图 8-24 所示。

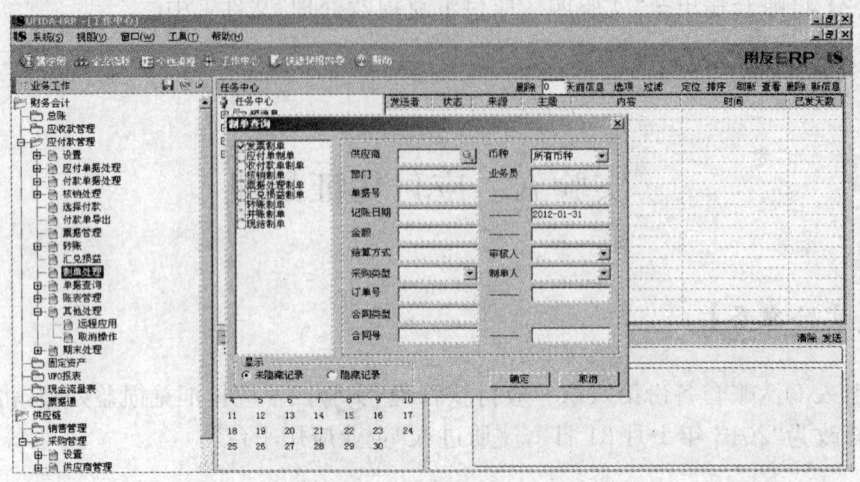

图 8-23　"制单查询"窗口

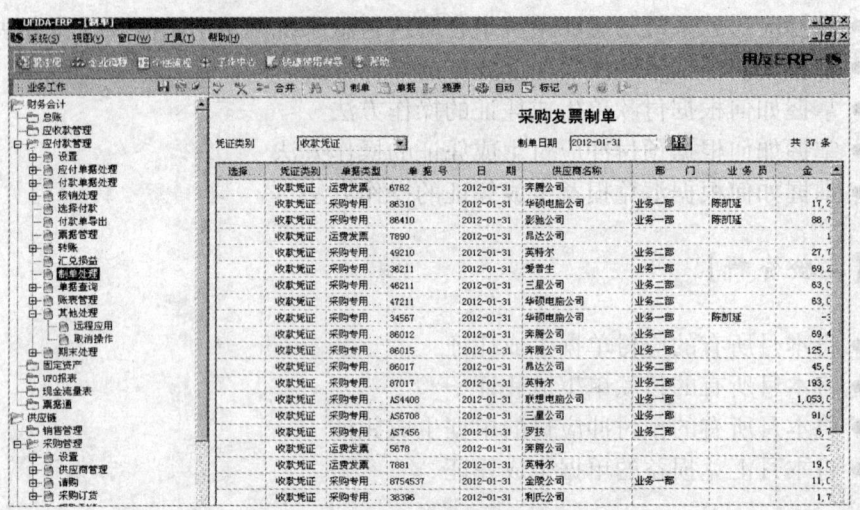

图 8-24　"采购发票制单"窗口

（3）在"采购发票制单"窗口，单击"全选"按钮，单击"合并"，凭证类别为转账凭证，如图 8-25 所示。

（4）单击"制单"，生成凭证，单击"保存"按钮，保存凭证，如图 8-26 所示。

提示：

● 在"制单查询"窗口，系统已默认制单内容为"发票制单"，如果需要选中其他内容制单，可以选中要制单内容前的复选框。

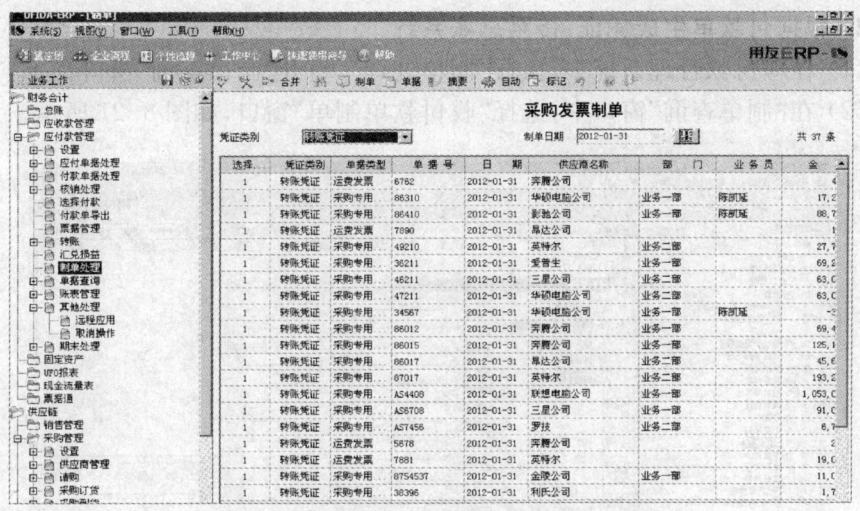

图 8-25　全选

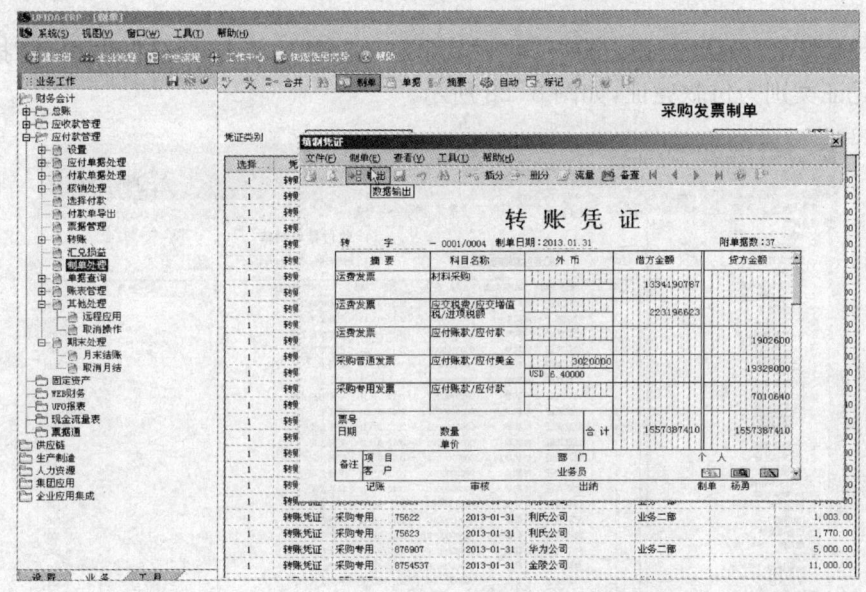

图 8-26　制单

● 如果所选择的凭证类型错误,可以在生成凭证后再修改。

● 如果一次生成了多张凭证,可以保存了一张凭证以后再打开其他的凭证,直到全部保存为止,未保存的凭证视同于放弃本次凭证生成的操作。

● 只有在凭证保存后才能传递到总账系统,再在总账系统中进行审核和记账等。

2. 根据付款单生成凭证,传至总账系统

(1) 在应付款管理系统中,执行"制单处理",打开"制单查询"窗口。

(2) 在"制单查询"窗口中,选择"收付款单制单"窗口,如图 8-27 所示。

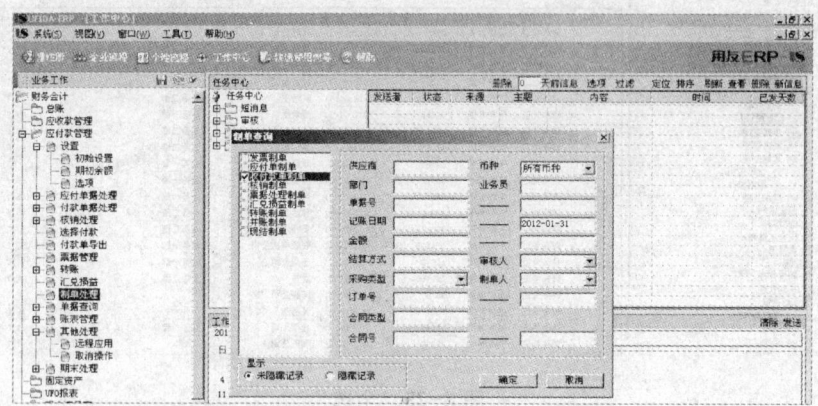

图 8-27　选择"付款单制单"

(3) 单击"确认"按钮。打开"收付款单制单"窗口,单击"全选"和"合并"按钮,选择凭证类别为付款凭证,如图 8-28 所示。

图 8-28　合并

(4) 单击"制单",生成凭证,单击"保存"按钮,保存凭证,如图 8-29 所示。

3. 根据预付冲应付生成凭证,传至总账系统

(1) 在应付款管理系统中,执行"制单处理",打开"制单查询"窗口。

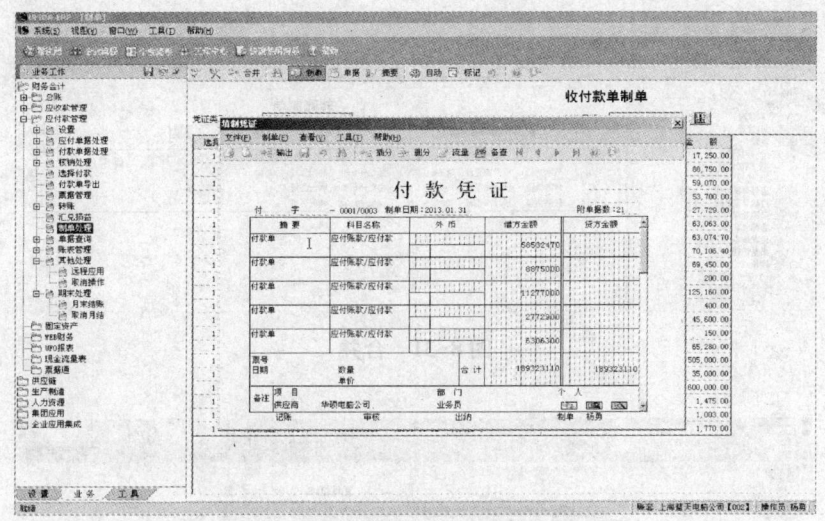

图 8-29 制单并保存

（2）在"制单查询"窗口中，选择"转账制单"窗口，如图 8-30 所示。

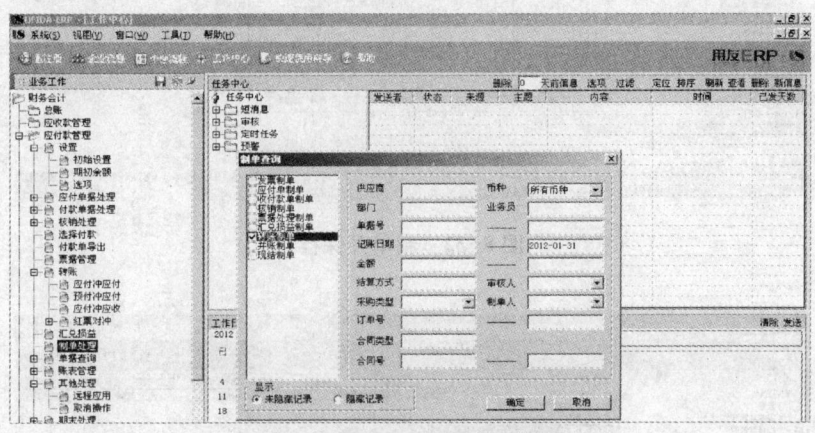

图 8-30 选择"转账制单"

（3）单击"确认"按钮。打开"转账制单"窗口，单击"全选"和"合并"按钮，选择凭证类别为转账凭证，如图 8-31 所示。

（4）单击"制单"，生成凭证，单击"保存"按钮，保存凭证，如图 8-32 所示。

4．根据汇兑损益生成凭证，传至总账系统

（1）在应付款管理系统中，执行"制单处理"，打开"制单查询"窗口。

（2）在"制单查询"窗口中，选择"汇兑损益制单"窗口，如图 8-33 所示。

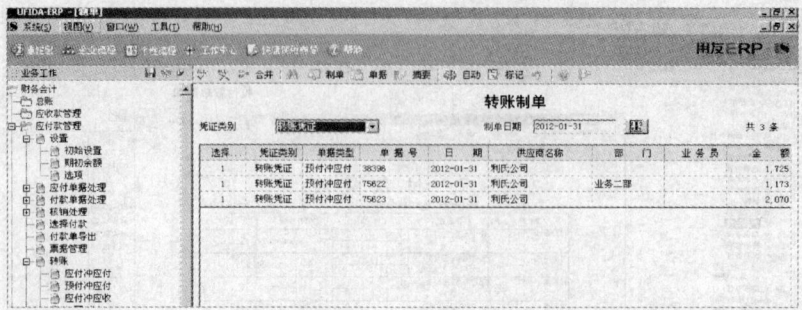

图 8-31　合并

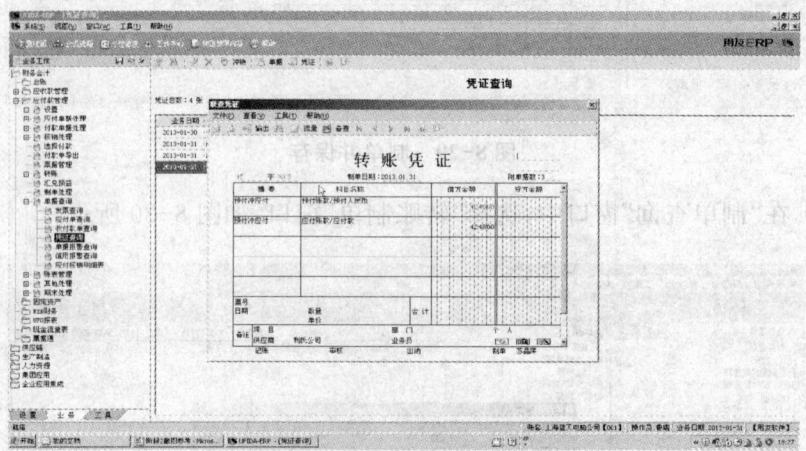

图 8-32　制单并保存

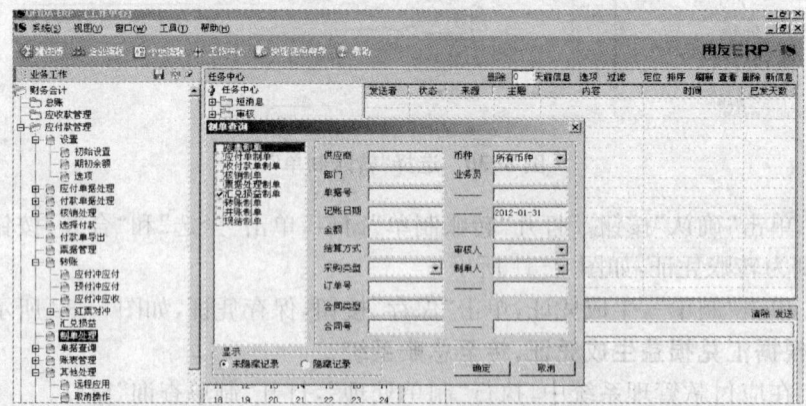

图 8-33　选择"转账制单"

（3）单击"确认"按钮。打开"汇兑损益制单"窗口，单击"全选"和"合并"按钮，选择凭证类别为转账凭证，如图 8-34 所示。

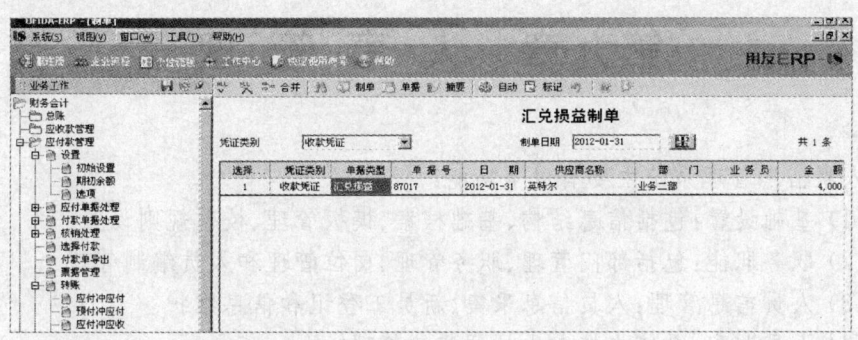

图 8-34 合并

（4）单击"制单"，生成凭证，单击"保存"按钮，保存凭证，如图 8-35 所示。

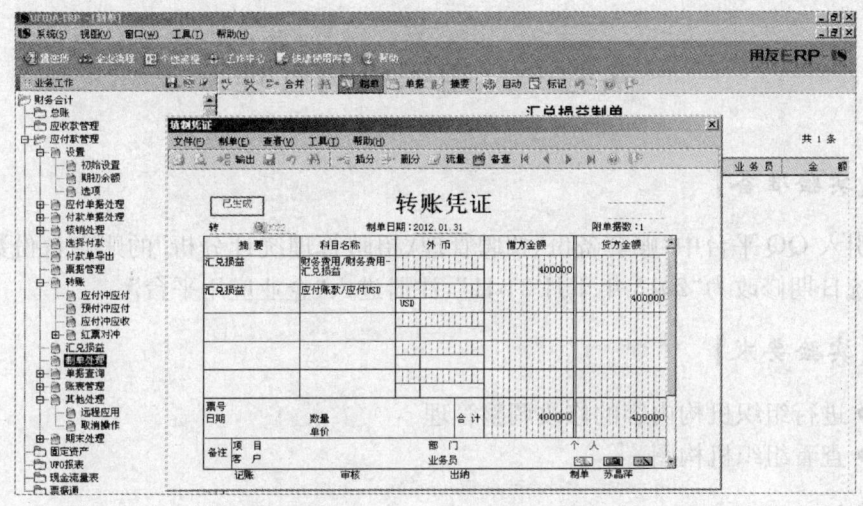

图 8-35 制单并保存

5. 账套备份

（1）在 D:\账套备份文件夹第八章 应付款管理中新建"实验五 应付凭证处理"文件夹。

（2）将账套输出至"实验五 应付凭证处理"文件夹中。

第九章 人事管理

人事信息管理系统主要有以下功能：

（1）基础设置：包括信息结构、基础档案、模板管理、校验规则设置

（2）职务职能：包括部门管理、职务管理、岗位管理和人员编制管理

（3）人员信息管理：人员信息采集、新员工登记和信息维护

（4）人员调配：系统支持对人员调配的管理

（5）人员离职：包括人员正常离职

（6）统计分析：系统支持统计报表制作管理及综合分析

实验一　组织机构管理

【实验准备】

引入 QQ 平台中"账套备份\招聘管理\招聘管理统计分析"的账套备份数据。将系统日期修改为"2013 年 1 月 31 日"，注册进入"企业应用平台"。

【实验要求】

● 进行组织机构内容的修改调整管理

● 查看组织机构图

【实验资料】

● 修改岗位列表，标明岗位上下级关系

（1）修改招聘专员、人事专员、考勤主管、薪酬主管、绩效主管、培训主管岗位的直接上级为 HR 经理。

（2）修改会计、出纳岗位的直接上级为财务经理。

（3）修改销售员岗位的直接上级为销售经理。

（4）修改一车间主任、二车间主任、三车间主任岗位的直接上级为制造部经理。

（5）修改班长、装配工、搬运工、打包工岗位的直接上级为三车间主任。

● 查看组织机构图

（1）上海蓝天电脑公司组织结构图。

（2）公司的职位体系。

【实验指导】

1. 修改岗位列表，标明岗位上下级关系

对公司岗位的管理由人事专员"0004 匡佳"在"企业应用平台"|"人事管理"模块中完成。操作步骤如下：

（1）单击"开始"按钮，依次指向"程序"|"用友 ERP-U8"|"企业应用平台"，打开"企业应用平台登录"窗口。

（2）在"企业应用平台登录"窗口中，输入操作员为"0004"或"匡佳"，密码为"0004"，选择账套为"001 蓝天电脑公司"，操作日期为"2013-01-31"，点击"确定"按钮。如图 9-1 所示。

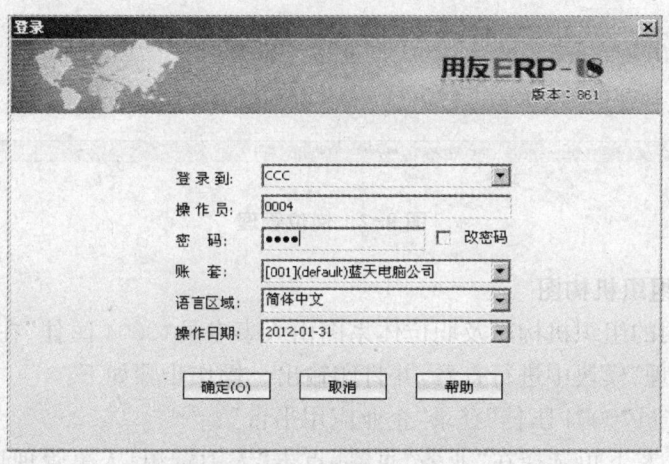

图 9-1 企业应用平台登录

（3）确认左下角选择在"业务"页签，点击"人力资源|人事管理|组织机构|岗位管理"。

（4）在"岗位列表"界面中，双击"003 招聘专员"的岗位记录，系统会显示 003 招聘专员岗位的岗位管理界面。

（5）点击"修改"按钮，点击"直接上级"的放大镜按钮参照选择"HR 经理"。点击"保存"按钮。如图 9-2 所示。

（6）点击"下页"按钮，系统显示"0004 人事专员"岗位的岗位管理界面。

(7) 点击"修改"按钮,点击"直接上级"的放大镜按钮参照选择"HR 经理"。点击"保存"按钮。

(8) 依此方法依次将"考勤主管、薪酬主管、绩效主管、培训主管"岗位的直接上级增加为"HR 经理";"会计、出纳"岗位的直接上级增加为"财务经理";"销售员"岗位的直接上级增加为"销售经理";"研发工程师"的直接上级为"研发部经理";"一车间主任、二车间主任、三车间主任"岗位的直接上级增加为"制造部经理";"班长"、"装配工"、"搬运工"、"打包工"岗位的直接上级增加为"三车间主任","采购员"岗位的直接上级增加为"采购经理"。

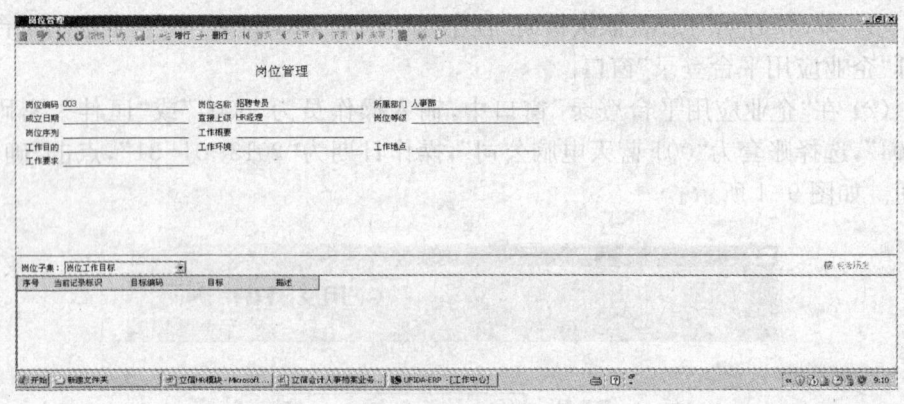

图 9-2　岗位管理

2. 查看组织机构图

对于公司的组织机构图及职位体系图由人事专员"0004 匡佳"在"企业应用平台"|"人事管理"模块中进行查看,并打印输出。操作步骤如下:

(1) 操作员"0004 匡佳"登录"企业应用平台"。

(2) 确认左下角选择在"业务"页签,点击"人力资源|人事管理|组织机构|组织机构图"。

(3) 在"组织机构图"界面中,点击"机构图|蓝天电脑有限公司",系统随即会显示"蓝天电脑有限公司的组织机构图"。如图 9-3 所示。

(4) 在"组织机构图"界面中,点击"机构图|公司职位体系",系统随即会显示"上海蓝天电脑公司的职位体系图"。如图 9-4 所示。

提示:

● 组织机构图是根据部门档案自动绘制而成的。

● 职位体系图是根据岗位档案自动绘制而成的。

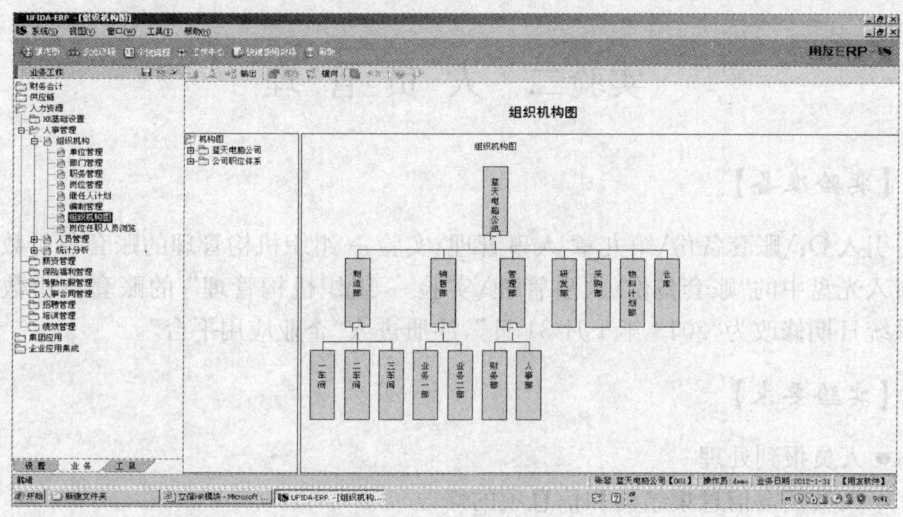

图 9-3　组织机构图

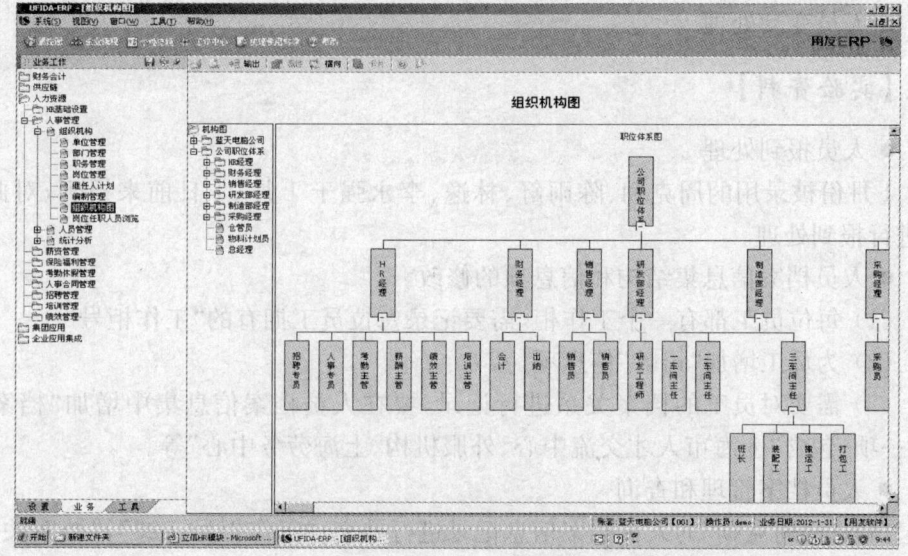

图 9-4　职位体系图

3. 账套备份

（1）在 D:\账套备份文件夹中新建"第九章 人事管理\实验一 组织机构管理"
文件夹。

（2）将账套输出至"实验一 组织机构管理"文件夹中。

实验二　人员管理

【实验准备】

引入 D:\账套备份\第九章 人事管理\实验一 组织机构管理的账套备份数据，或引入光盘中的"账套备份\人事管理\实验一 组织机构管理"的账套备份数据。将系统日期修改为"2013 年 1 月 31 日"，注册进入"企业应用平台"。

【实验要求】

- 人员报到处理
- 人员档案信息集结构和信息项的修改
- 人员档案管理和查询
- 人事业务定制
- 人员变动处理

【实验资料】

- 人员报到处理

1 月份被录用的周克勤、陈雨舒、林逸、李永强于 1 月 31 日前来报到，对此 4 人进行报到处理。

- 人员档案信息集结构和信息项的修改。

（1）每位员工都有一个工作柜，需要记录每位员工拥有的"工作柜号"。

（2）为员工增加"司龄"信息项。

（3）需要对员工的档案关系进行记录，要在人员档案信息集中增加"档案关系"一项，包含"上海市人才交流中心、外服机构、上海劳务中心"等。

- 人员档案管理和查询

（1）将"周克勤"的人员档案信息记录进行补充："工作柜号：023"，"档案关系：上海市人才交流中心"。

（2）查询人员档案中性别为"男"的人员信息。

（3）填写员工司龄（年为单位）。

- 人事业务定制

对员工晋升业务、离职业务进行定制。

- 人员变动处理

（1）将研发部刘轩的职务由原来的工程师晋升为高级工程师。

（2）将三车间郑义的职务由原来的操作工晋升为技术员。

（3）人事部的培训主管朱晓杰由于个人原因离职。

（4）将财务部会计苏晶萍调到人事部为薪酬主管。

【实验指导】

1. 人员报到处理

对于在招聘管理中被执行录用的人员由人事专员"0004 匡佳"在"企业应用平台"|"人事管理"模块中进行人员报到处理。操作步骤如下：

（1）操作员"0004 匡佳"登录"企业应用平台"。

（2）确认左下角选择在"业务"页签，点击"人力资源|人事管理|人员管理|人员报到管理"。

（3）点击"报到"按钮，系统会显示"人员报到"界面，点击"引入"按钮，系统会显示被录用人员信息参照框，点击"ALL"按钮，点击"保存"按钮。

（4）系统会将在招聘管理模块中被录用人员的应聘信息复制到"人员报到"界面中，再点击"到职日期"的日历参照按钮选择"2013-01-31"，点击"人员类别"的放大镜按钮参照选择"在职人员"。如图 9-5 所示。

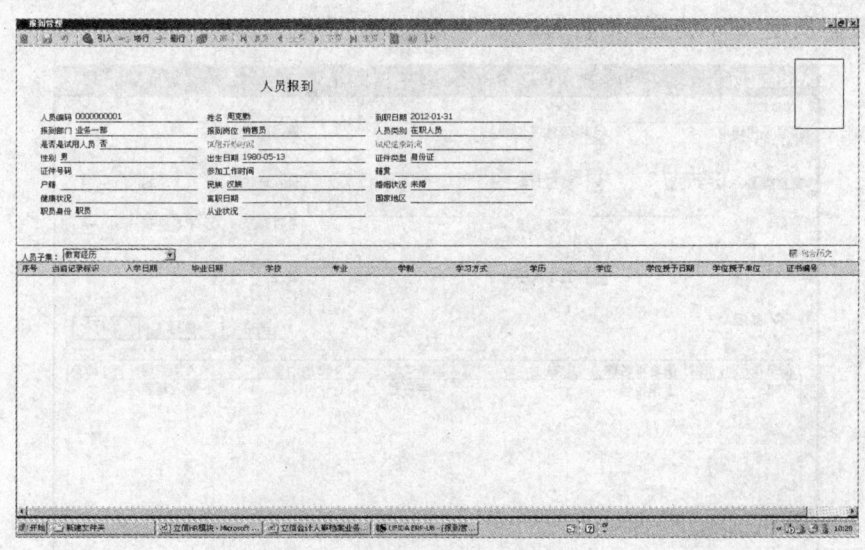

图 9-5 人员报到

（5）点击"保存"按钮。

（6）按照以上方案将其与人员进行人员报道处理

（7）完成后点击"退出"按钮

（8）在"报到人员列表"界面中，点击"ALL"按钮，点击"入库"按钮。

提示：

● 人员报到信息可通过"引入"按钮将在招聘管理模块中被录用人员的应聘信息复制过来，不可直接手工增加录入。

● 参照过来的人员信息中，默认的人员编码可修改。

● 到职日期，人员类别必须输入，不能为空。

● 点击"入库"按钮，系统会将人员报到信息自动转入人员档案进行管理。

2. 人员档案信息集结构和信息项的修改

对于人员档案信息集结构和信息项的修改在"企业应用平台"|"HR 基础设置"模块中完成。操作步骤如下：

（1）操作员"0004 匡佳"登录"企业应用平台"。

（2）确认左下角选择在"业务"页签，点击"人力资源|HR 基础设置|系统设置|信息结构"。

（3）点击"人员基本信息表"菜单，点击"增加倒三角"按钮，选择"信息项"，系统会显示"增加信息项"界面。

（4）输入"信息项代码"（自定），信息项名称"工作柜号"，数据类型"2 - 字符型"，数据长度"3"，点击"增行"按钮。如图 9-6 所示。

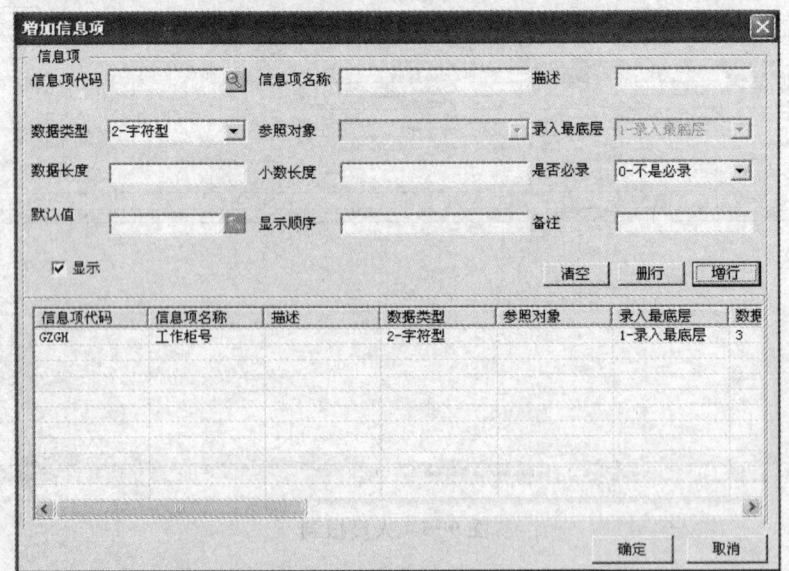

图 9-6　增加"工作柜号"信息项

（5）点击"确定"。按照以上方法增加"司龄"信息项，数据类型为"数值型"，数值长度3。

（6）点击"人力资源｜HR基础设置｜系统设置｜基础档案"。

（7）在"基础档案"界面中，点击"增加倒三角"按钮，选择"档案类"，系统会显示"增加档案类"界面。

（8）输入档案名称"档案关系"，点击"确定"按钮。如图9-7所示。

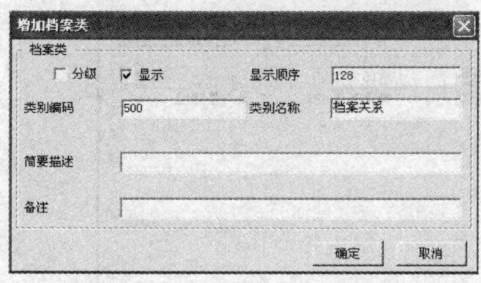

图9-7　增加基础档案

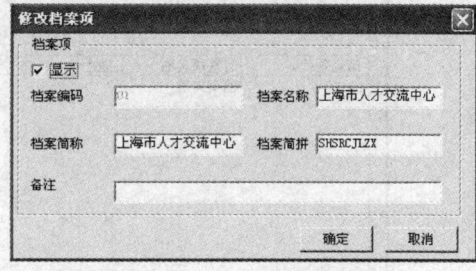

图9-8　增加档案项

（9）在左边框中点击"档案关系（HR_CT500）"，点击"增加倒三角"按钮，选择"档案项"，系统会显示"增加档案项"界面。

（10）输入档案编码"01"（自定），档案名称"上海市人才交流中心"，点击"确定"按钮。如图9-8所示。

（11）在"增加档案项"界面中，继续录入"02外服机构"，"03上海劳务中心"的基础档案。

（12）点击"人力资源｜HR基础设置｜系统设置｜信息结构"。

（13）点击"人员基本信息表"菜单，点击"增加倒三角"按钮，选择"信息项"，系统会显示"增加信息项"界面。

（14）输入"信息项代码"（自定），信息项名称"档案关系"，数据类型"10-参照型"，点击"参照对象"的下拉按钮，选择"档案关系-HR_CT500"，点击"增行"按钮。如图9-9所示。

（15）点击"确定"。

（16）点击"人力资源｜人事管理｜人员管理｜人员档案"。

（17）在"人员列表"界面中，双击任意一条人员信息。

（18）在"人员档案"界面，点击"人事"页签。

（19）在"人事"页签界面增加了"工作柜号"、"司龄"和"档案关系"三个信息项。如图9-10所示。

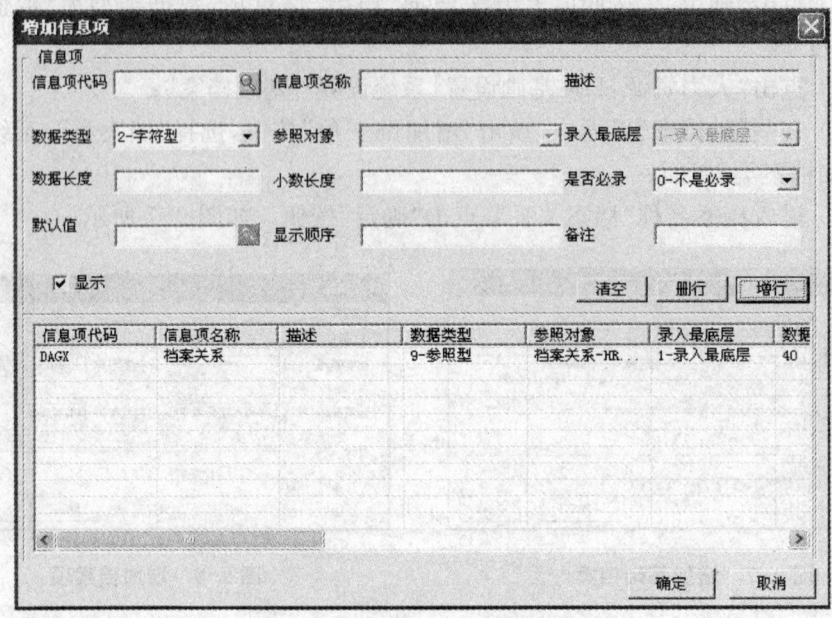

图 9-9　增加"档案关系"信息项

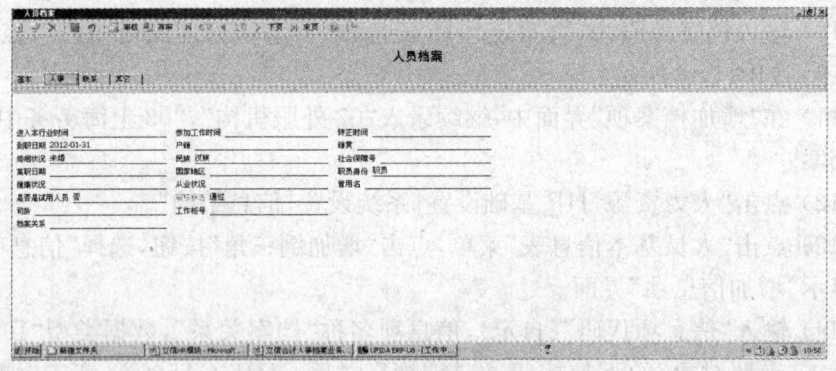

图 9-10　人员档案中新增的项目

提示：

● 增加的"信息项"一旦保存，"信息项代码"，"数据类型"不可修改。

● 要增加的"信息项"数据类型如果是"参照型"，则应先在"基础档案"中增加信息项所要对应参照的基础档案。

3. 人员档案管理和查询

对于人员档案的信息修改，查询可由人事专员"0004 匡佳"在"企业应用平台|

人事管理|人员管理"中进行处理。操作步骤如下:

(1)操作员"0004 匡佳"登录"企业应用平台"。

(2)确认左下角选择在"业务"页签,点击"人力资源|人事管理|人员管理|人员档案"。

(3)在"人员列表"界面中,双击"周克勤"人员档案信息记录,系统显示"周克勤的人员档案"界面。

(4)点击"人事"页签,点击"修改"按钮,输入"工作柜号:023",点击"档案关系"的放大镜按钮参照选择"上海市人才交流中心"。如图 9-11 所示。

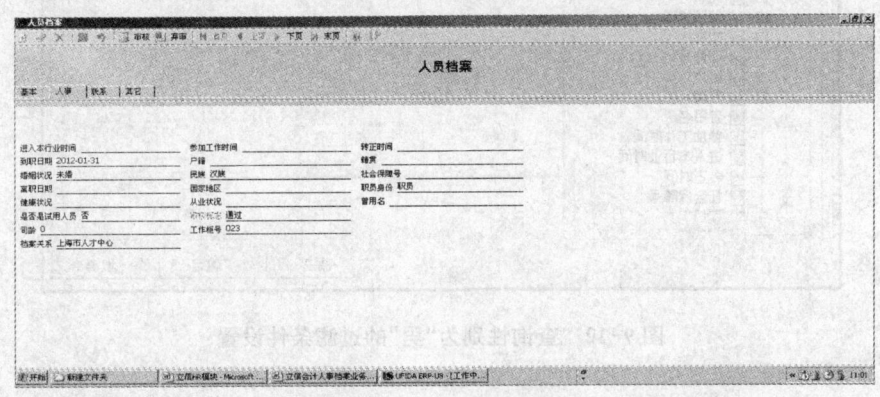

图 9-11　人员档案修改

(5)点击"保存"按钮。

(6)按照以上方法为所有人员设置"司龄"数据。其中"王高"的"司龄"为"6"、"严媛媛"和"杨勇"的"司龄"为"3"、"李逸帆"和"陈凯延"的"司龄"为"2",其余人员为"0"。

(7)点击"过滤倒三角"按钮,选择"高级过滤",系统会显示"查询定义"界面,在左边框中依次双击"指标集指标项|人员基本信息表|性别",在右边框的"关系符"中选择"等于",点击"右表达式"下的空白框,选择左边框中"性别"下的"男"。如图 9-12 所示。

(8)点击"确定"按钮。系统随即在"人员列表"中过滤出性别为男的人员记录。如图 9-13 所示。

提示:

● 人员档案确认信息正确后,需要进行"审核"处理。

4. 人事业务定制

对于人事业务的定制,由人事专员"0004 匡佳"在"企业应用平台|人力资源|HR 基础设置"模块中完成。操作步骤如下:

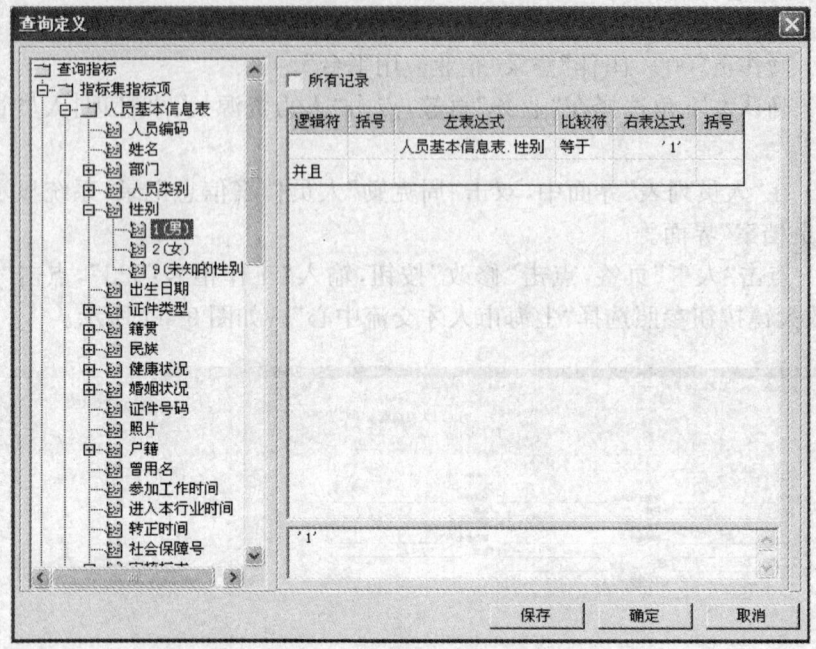

图 9-12　查询性别为"男"的过滤条件设置

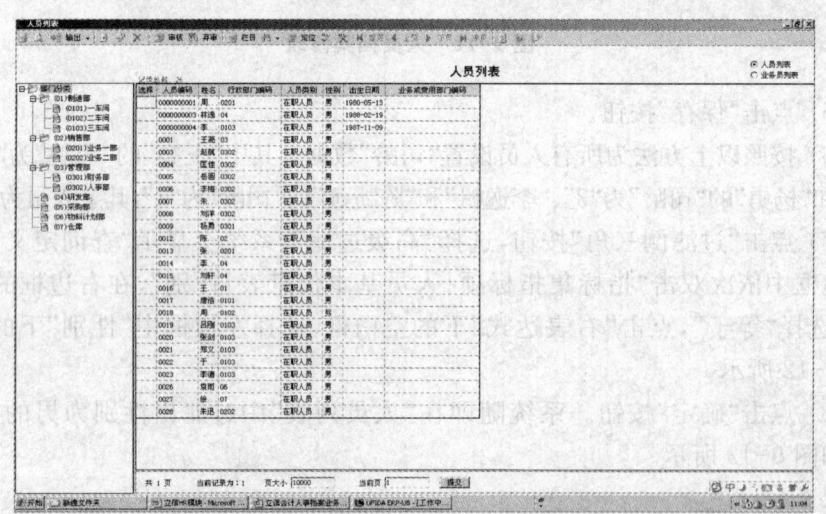

图 9-13　查询性别为男的人员档案

（1）操作员"0004 匡佳"登录"企业应用平台"。

（2）确认左下角选择在"业务"页签，点击"人力资源|HR 基础设置|系统设置

|人事业务定制"。

（3）在"人事业务定制"界面中，点击"员工调配|晋升"。如图9-14所示。

（4）点击"定制"按钮，系统显示"业务表单定制"界面，选择在做人事变动时需要显示的信息项（可按系统默认的选择）。

（5）点击"下一步"，在"业务处理信息范围"界面中选择"任职情况"（系统默认）。

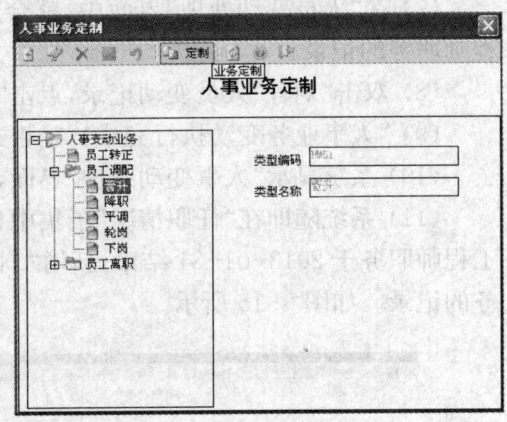

图9-14 人事业务定制

（6）点击"下一步"，在"业务处理人员范围设置"界面中，点击"设置"按钮，系统显示"查询定义"界面，在"所有记录"前打钩，点击"确定"按钮。

（7）点击"下一步"，系统显示"设置业务处理规则"界面。

（8）系统已默认设置有4条业务规则，点击"完成"按钮。

（9）按照以上步骤设置"离职"业务。

提示：
● 系统已经预置了"员工转正"，"员工调配"，"员工离职"三大类
● 员工变动的定制方案，企业可以根据自身业务情况进行增、删、改。

5. 人员变动处理

对于人员变动处理业务，由人事专员"0004 匡佳"在"企业应用平台|人力资源|人员管理|人员变动处理"中完成。操作步骤：

1）人员晋升

（1）操作员"0004 匡佳"登录"企业应用平台"。

（2）确认左下角选择在"业务"页签，点击"人事管理|人员管理|人员变动处理"。

（3）在"人员变动处理"界面，点击"人员调配|晋升"。

（4）点击"申请"按钮，系统显示"可选人员列表"，双击选择"刘轩"的人员记录。

（5）点击"填单"按钮，系统显示"晋升申请单"界面，点击"晋升后职务"放大镜按钮参照选择"高级工程师"，晋升时间修改为"2013-01-31"。

（6）点击"保存"按钮。点击"退出"按钮，退出"晋升申请单"界面，在"可选人员列表"界面中，再点击"退出"按钮。

（7）在"人员变动处理"界面中，就会产生申请将刘轩由工程师晋升为高级工程师职务的记录。

（8）双击"刘轩"人员变动记录，点击"执行"按钮。

（9）"人事业务变动执行完成！是否进行手工维护？"点击"是"。

（10）系统显示"人事变动维护"界面，点击"任职情况"子集边的历史纪录。

（11）系统随即在"任职情况"子集中显示有关"刘轩"的2条记录，将"刘轩"原工程师职务于2013-01-31结束，新增"刘轩"于2013-01-31晋升为高级工程师职务的记录。如图9-15所示。

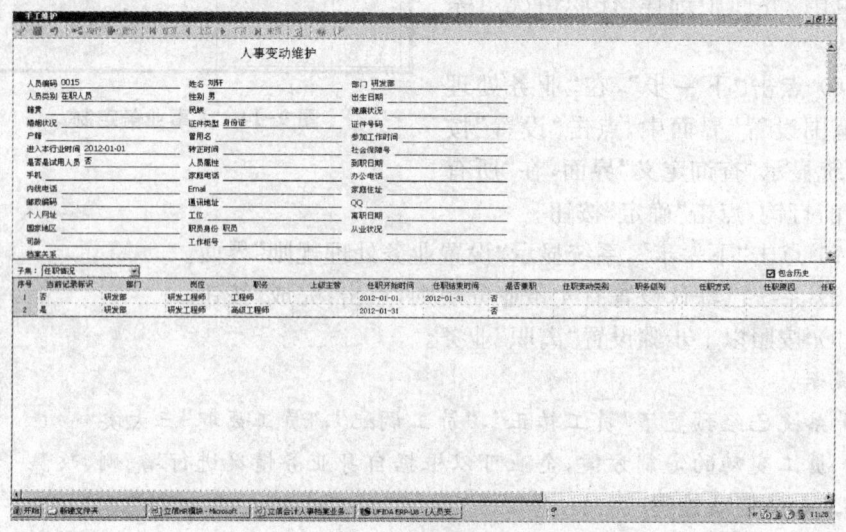

图9-15　人事变动

（12）根据上述步骤将三车间的"郑义"的职务由"操作工"提示为"技术工"。

2）人员离职

（1）操作员"0004匡佳"登录"企业应用平台"。

（2）确认左下角选择在"业务"页签，点击"人力资源|人员管理|人员变动处理"。

（3）在"人员变动处理"界面，点击"员工离职|离职"。

（4）点击"申请"按钮，系统显示"可选人员列表"，双击选择"朱晓杰"的人员记录。

（5）点击"填单"按钮，系统显示"离职"界面，离职时间修改为"2013-01-31"。

（6）点击"保存"按钮。点击"退出"按钮，退出"离职"界面，在"可选人员列表"界面中，再点击"退出"按钮。

（7）在"人员变动处理"界面中，就会产生朱晓杰离职申请的记录。

（8）双击选择"朱晓杰"人员变动记录，点击"执行"按钮。

（9）"人事业务变动执行完成！是否进行手工维护？"点击"是"。

（10）系统显示"人事变动维护"界面，点击"任职情况"子集的纪录。如图9-16所示。

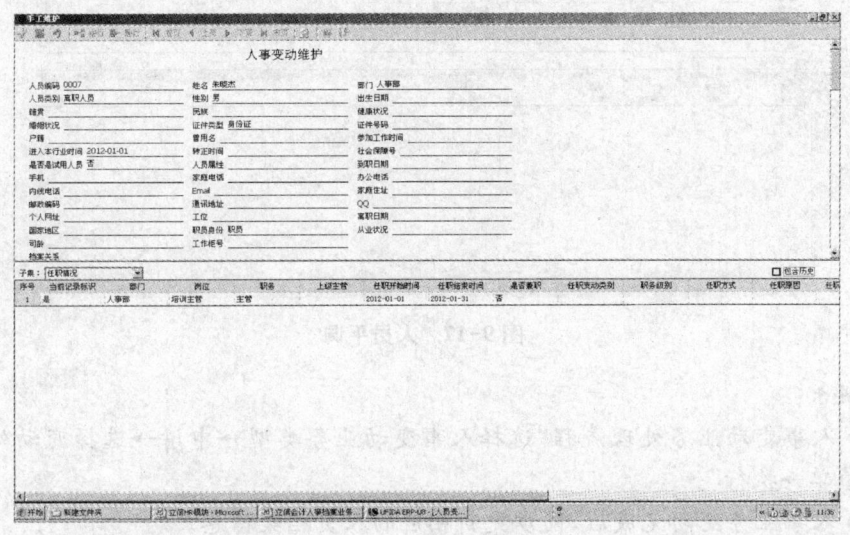

图9-16 人员离职

3）人员部门变动

（1）操作员"0004 匡佳"登录"企业应用平台"。

（2）确认左下角选择在"业务"页签，点击"人力资源|人员管理|人员变动处理"。

（3）在"人员变动处理"界面，点击"员工调配|平调"。

（4）点击"申请"按钮，系统显示"可选人员列表"，双击选择"苏晶萍"的人员记录。

（5）点击"填单"按钮，系统显示"平调"界面，平调时间修改为"2013-01-31"。平调后部门修改为"人事部"，平调后岗位修改为"薪酬主管"。

（6）点击"保存"按钮。点击"退出"按钮，退出"平调"界面，在"可选人员列表"界面中，再点击"退出"按钮。

（7）在"人员变动处理"界面中，就会产生苏晶萍平调申请的记录。

（8）双击选择"苏晶萍"人员变动记录，点击"执行"按钮。

（9）"人事业务变动执行完成！是否进行手工维护？"点击"是"。

（10）系统显示"人事变动维护"界面，点击"任职情况"子集的纪录。如图9-17所示。

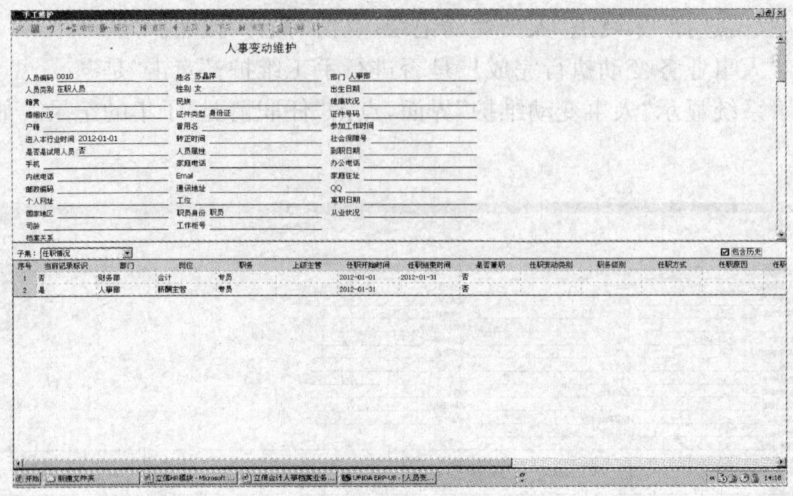

图 9-17 人员平调

提示:

● 人事变动业务处理流程"选择人事变动业务类型→申请→选择变动处理人员→填单→执行"。

● 人事业务变动完成后,同步更新相应的人员档案信息。

6. 账套备份

(1) 在 D:\账套备份文件夹中新建"第九章 人事管理\实验二 人员管理"文件夹。

(2) 将账套输出至"实验二 人员管理"文件夹中。

实验三 人事管理的统计分析

【实验准备】

引入 D:\账套备份\第九章 人事管理\实验二 人员管理的账套备份数据,或引入 QQ 平台中的"账套备份\人事管理\实验二 人员管理"。将系统日期修改为"2013 年 1 月 31 日",注册进入"企业应用平台"。

【实验要求】

● "固定统计表"的查询

● "动态报表"的查询

【实验资料】

● 查询"分类别结构人员统计表"（固定统计表）
● 查询"部门人员结构统计表"（动态报表）

【实验指导】

1. 查询"分类别结构人员统计表"（固定统计表）

人事专员"0004 匡佳"在"企业应用平台｜人事管理｜统计分析｜固定统计表"中查询分类别结构人员统计表。操作步骤如下：

（1）单击"开始"按钮，依次指向"程序"｜"用友 ERP-U8"｜"企业应用平台"，打开"企业应用平台登录"窗口。

（2）在"企业应用平台登录"窗口中，输入操作员为"0004"或"匡佳"，密码为"0004"，选择账套为"001 蓝天电脑公司"，操作日期为"2013-01-31"，点击"确定"按钮。

（3）确认左下角选择在"业务"页签，点击"人力资源｜人事管理｜统计分析｜"。

（4）点击"固定统计表"，系统显示"固定统计表-表样管理"界面，点击"（1）人事统计表"，点击"13 分类别结构人员统计表"，点击"统计"按钮。

（5）系统会显示"选择报表"界面，确认"13 分类别结构人员统计表"前打钩，点击"确定"按钮。

（6）在"选择部门"界面选择要包含查询的部门，点击"本单位"，点击"确定"。

（7）点击"窗口倒三角"按钮，选择"数据表"，双击"1 人事统计表"，双击"13 分类别结构人员统计表"，系统会查询出此张固定统计表的结果。如图 9-18 所示。

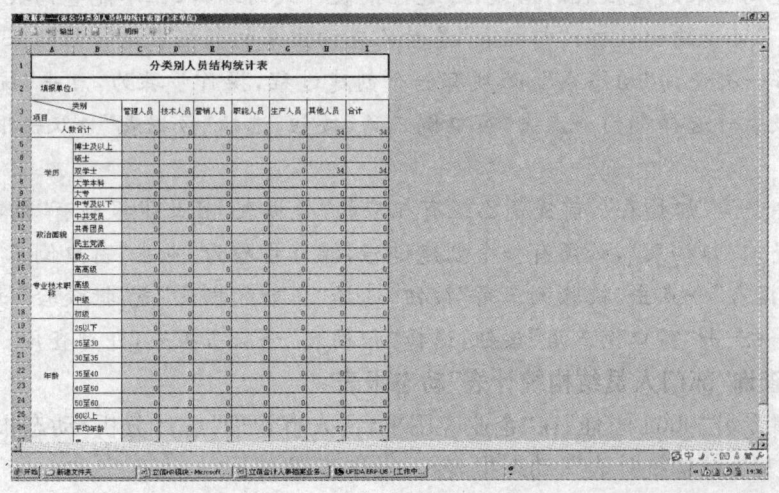

图 9-18　分类别人员结构统计表

（8）查询出固定统计表的数据，还可关联查询出明细人员记录。如点击"性别为男的合计数"单元格，点击"明细"，系统随即会显示 19 位"性别为男"的人员记录。如图 9-19 所示。

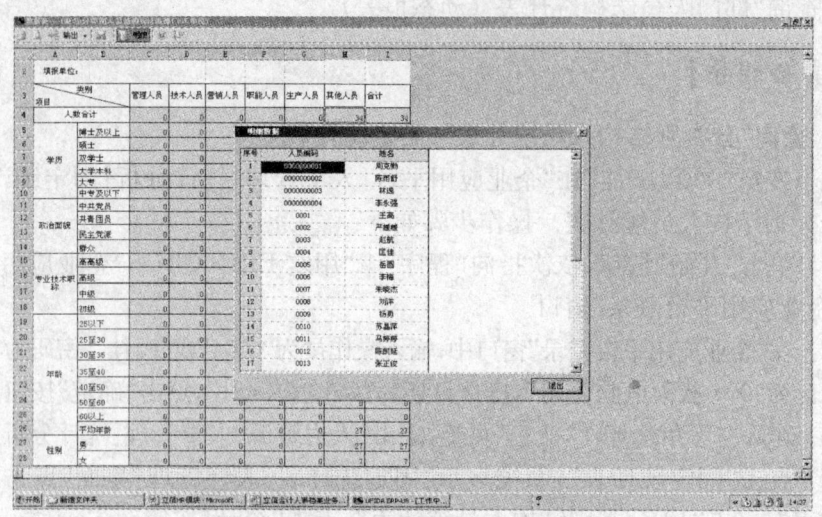

图 9-19　分类别人员结构统计表-明细数据

提示：

● 对于固定统计表，系统提供了三种报表状态：表样、数据表、归档表，可点击"窗口倒三角"按钮进行选择切换，在不同的状态下报表显示的内容不同。"表样"状态下查询出来的是报表的格式，可进行报表样式的编辑，但不能查询数据；"数据表"状态下可查询出数据；"归档表"是对已查询出来的数据表进行归档保存。

● 第一次查询"动态表"，必须有一个创建过程，操作步骤为：点击"统计"按钮→选择报表→选择部门→点击"窗口倒三角"按钮，选择"数据表"→双击报表，即可查询。

● 要查询"归档表"，前提是已经有相应的"数据表"且此张报表有"周期类型"，第一次查询"归档表"，必须有一个创建过程，操作步骤为：点击"窗口倒三角"按钮，选择"数据表"→点击"校验倒三角"按钮，选择"当前数据表"或"批校验"→点击"归档"按钮→点击"窗口倒三角"按钮，选择"归档表"→双击报表，即可查询。

2. 查询"部门人员结构统计表"动态报表

人事专员"0004 匡佳"在"企业应用平台|人事管理|统计分析|动态报表"中查询"部门人员结构统计表"（动态报表）。操作步骤如下：

（1）以下步骤用操作员 0004 操作。

（2）在"业务"选项卡中，点击"人力资源|人事管理|统计分析|动态报表"。

（3）点击"动态报表"，系统显示"动态报表管理"界面，点击"（4）动态报表"，点击"70部门人员结构统计表"，点击"输出"按钮。

（4）系统会显示"动态报表数据浏览"界面，查询出"部门人员结构统计表"。如图9-20所示。

图9-20　部门人员结构统计表

提示：

● 动态报表的查询是在"动态报表管理"界面点击"输出"按钮来查询结果的。

● 双击报表是对动态报表的格式进行修改，无法查询出数据。

第十章　保险福利管理

保险福利管理主要用于管理四险一金(基本养老保险、基本医疗保险、失业保险、工伤保险、住房公积金)等国家或地方政府规定的法定福利,也可以管理如补充养老保险、补充医疗保险等企业福利。对于临时性或一次性的企业福利如过节费、探亲补贴等直接在工资模块发放。

保险福利管理系统主要功能有:

(1)基础设置:设置新的福利类别,福利的缴费基数、缴费比例,福利费用的分摊规则;

(2)福利档案管理:新员工福利开户(缴费基数、比例确定),福利账户的销户、封存、启封、转出;根据工资数据计算员工/单位的缴费基数;

(3)福利缴费管理:生成每月的缴费数据;处理保险福利的补缴情况;

(4)费用分摊:根据设置的费用分摊规则及总账会计科目设置的辅助核算项目,生成费用一览表,填写福利费用的凭证并传递给总账系统;

(5)凭证查询:查看福利业务填写的凭证,冲销、删除凭证,联查凭证的原始单据;

(6)期末处理:结转到下月,或者执行反结账功能。

实验一　基　础　设　置

【实验准备】

引入 QQ 平台中的"账套备份\绩效管理\绩效管理的统计分析"账套备份数据。将系统日期修改为"2013 年 1 月 31 日",注册进入"企业应用平台"。

【实验要求】

● 福利业务设置

【实验资料】

● 养老保险、医疗保险、失业保险、住房公积金的缴交基数如下表所示;

人员编码	人员姓名	性别	社保基数	公积金
0001	王高	男	9 000	9 000
0002	严媛媛	女	6 500	6 500
0003	赵航	男	3 500	3 500
0004	匡佳	男	3 500	3 500
0005	岳圆	女	4 500	4 500
0006	李梅	女	4 500	4 500
0007	朱晓杰	男	4 500	4 500
0008	刘洋	男	4 500	4 500
0009	杨勇	男	6 500	6 500
0010	苏晶萍	女	4 000	4 000
0011	马婷婷	女	3 500	3 500
0012	陈凯延	男	6 500	6 500
0013	张正俊	男	3 500	3 500
0014	李逸帆	男	7 500	7 500
0015	刘轩	男	5 000	5 000
0016	王一飞	男	6 500	6 500
0017	唐浩	男	5 000	5 000
0018	周冬冬	男	5 000	5 000
0019	吕刚	男	5 000	5 000
0020	张剑	男	3 500	3 500
0021	郑义	男	2 599	2 599
0022	于学忠	男	2 599	2 599
0023	李德	男	2 599	2 599
0024	朱虹	女	6 500	6 500
0025	杨丽君	女	3 500	3 500
0026	袁雨	男	4 000	4 000
0027	徐向荣	男	4 000	4 000
0000000001	周克勤	男	3 500	3 500
0000000002	陈雨舒	女	4 000	4 000
0000000003	林逸	男	5 500	5 500
0000000004	李永强	男	2 599	2 599

● 将系统预置的养老保险金个人缴交比例修改为 8%，单位缴交比例修改为 22%；

● 将系统预置的医疗保险金个人缴交比例修改为 2%，单位缴交比例修改为 12%；

● 将系统预置的失业保险金个人缴交比例修改为 1%，单位缴交比例修改为 1.7%；

● 将系统预置的住房公积金个人缴交比例修改为 7%，单位缴交比例修改为 7%。

【实验指导】

1. 福利业务设置

保险福利的基础设置工作由薪酬主管"0005 岳圆"在"企业应用平台"|"保险福利管理"模块中完成。操作步骤如下：

（1）单击"开始"按钮，依次指向"程序"|"用友 ERP-U8"|"企业应用平台"，打开"企业应用平台登录"窗口。

（2）在"企业应用平台登录"窗口中，输入操作员为"0005"或"岳圆"，密码为"0005"，选择账套为"001 蓝天电脑公司"，操作日期为"2013-01-31"，点击"确定"按钮。如图 10-1 所示。

（3）确认左下角选择在"业务"选项卡，点击"人力资源|保险福利管理|基础设置|福利业务设置"。

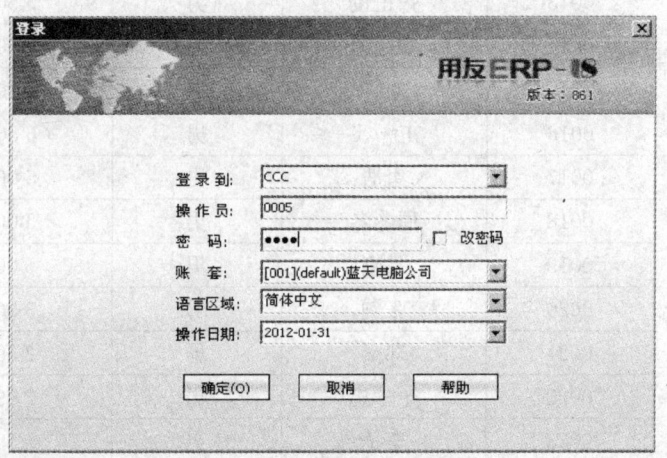

图 10-1　企业应用平台登录

（4）在"福利业务设置"界面中，点击"福利类别"下拉按钮，选择"养老保险"，点击"账户项目|缴费基数"，点击"修改"按钮项目数据来源选择"固定值"为"0"；点击"账户项目|个人缴纳比例%"，点击"修改"按钮，将系统预置的"项目数据来源中的固定值"修改为"8"，点击"保存"按钮。点击"账户项目|单位缴交比例%"，点击"修改"按钮，将系统预置的"项目数据来源中的固定值"修改为"22"，点击"保存"按钮。如图 10-2 所示。

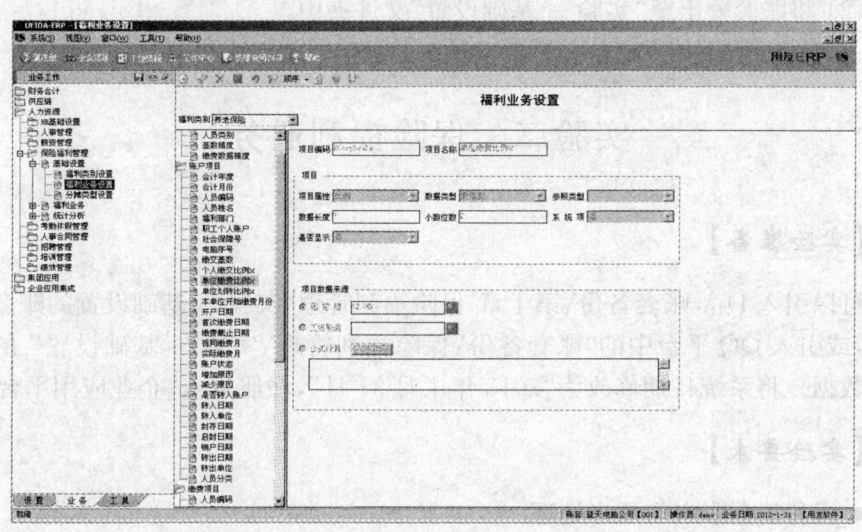

图 10-2　福利业务设置

（5）在"福利业务设置"界面中，点击"福利类别"下拉按钮选择"医疗保险"，点击"账户项目|缴费基数"，点击"修改"按钮项目数据来源选择"固定值"为"0"；点击"账户项目|个人缴纳比例％"，点击"修改"按钮，将系统预置的"项目数据来源中的固定值"修改为"2"，点击"保存"按钮。点击"账户项目|单位缴交比例％"，点击"修改"按钮，将系统预置的"项目数据来源中的固定值"修改为"12"，点击"保存"按钮。

（6）在"福利业务设置"界面中，点击"福利类别"下拉按钮选择"失业保险"，点击"账户项目|缴费基数"，点击"修改"按钮项目数据来源选择"固定值"为"0"；，点击"账户项目|个人缴交比例％"，点击"修改"按钮，将系统预置的"项目数据来源中的固定值"修改为"1"，点击"保存"按钮。点击"账户项目|单位缴交比例％"，点击"修改"按钮，将系统预置的"项目数据来源中的固定值"修改为"1.7"，点击"保存"按钮。

（7）依上述方法，将"住房公积金"个人缴交比例"修改为 7％，"住房公积金单位缴交比例"修改为 7％。

提示：

● 修改账户或缴费项目设置时，不允许修改项目属性、数据类型。

2. 账套备份

（1）在 D:\账套备份文件夹中新建"第十章 保险福利管理\实验一 基础设置"文件夹。

（2）将账套输出至"实验一 基础设置"文件夹中。

实验二　保险福利业务

【实验准备】

可以引入 D:\ 账套备份\第十章 保险福利管理\实验一 基础设置的账套备份数据，或引入 QQ 平台中的"账套备份\保险福利管理\实验一 基础设置"的账套备份数据。将系统日期修改为"2013 年 1 月 31 日"，注册进入"企业应用平台"。

【实验要求】

- 福利基金账户的开户处理
- 福利缴交

【实验资料】

- 福利基金账户的开户处理

为所有在职人员的养老保险、医疗保险、失业保险、住房公积金福利基金账户进行开户处理。

- 福利缴交

为所有在职员工进行 2013 年 1 月的福利缴交（养老保险、医疗保险、失业保险、住房公积金）。

【实验指导】

1. 福利基金账户的开户处理

福利基金账户的管理工作由薪酬主管"0005 岳圆"在"企业应用平台|人力资源|保险福利管理|福利业务|福利档案"中完成。操作步骤如下：

（1）单击"开始"按钮，依次指向"程序"｜"用友 ERP-U8"｜"企业应用平台"，打开"企业应用平台登录"窗口。

（2）在"企业应用平台登录"窗口中，输入操作员为"0005"或"岳圆"，密码为"0005"，选择账套为"001 蓝天电脑公司"，操作日期为"2013-01-31"，点击"确定"按钮。

（3）确认左下角选择在"业务"选项卡，点击"人力资源|保险福利管理|福利业务|福利档案"。

（4）在"福利档案"界面中，点击"福利类别"的下拉按钮，选择"养老保险"，点击"业务"倒三角按钮选择"开户"。

（5）在"开户"框中，点击"全选"按钮，点击"确定"按钮，关闭对话框。

（6）系统显示所有在职人员的养老保险福利档案。如图 10-3 所示。

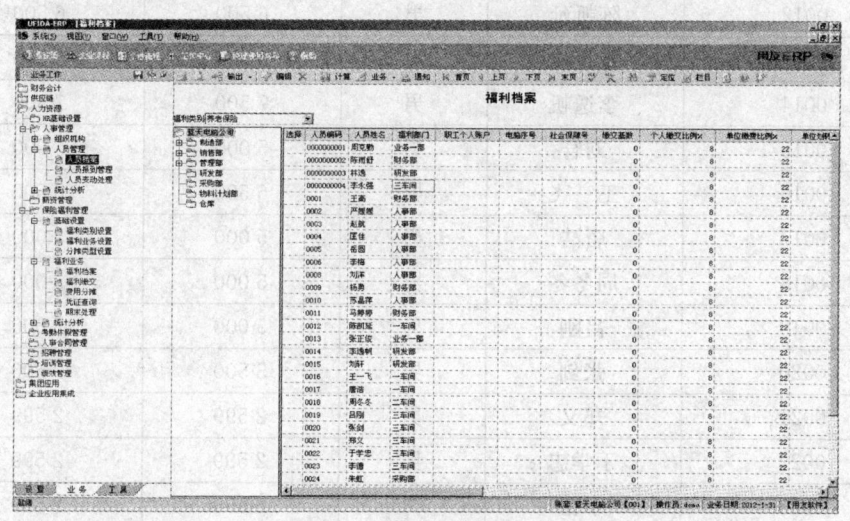

图 10-3　养老保险福利档案

（7）依此方法依次为所有在职员工的医疗保险、失业保险、住房公积金的基金账户进行开户处理。

（8）完成开户处理后，按照下表将各人员的医疗保险、失业保险、住房公积金的基数补充完整。

人员编码	人员姓名	性别	社保基数	公积金
0001	王高	男	9 000	9 000
0002	严媛媛	女	6 500	6 500
0003	赵航	男	3 500	3 500
0004	匡佳	男	3 500	3 500
0005	岳圆	女	4 500	4 500
0006	李梅	女	4 500	4 500
0007	朱晓杰	男	4 500	4 500
0008	刘洋	男	4 500	4 500
0009	杨勇	男	6 500	6 500
0010	苏晶萍	女	4 000	4 000

（续表）

人员编码	人员姓名	性别	社保基数	公积金
0011	马婷婷	女	3 500	3 500
0012	陈凯延	男	6 500	6 500
0013	张正俊	男	3 500	3 500
0014	李逸帆	男	7 500	7 500
0015	刘轩	男	5 000	5 000
0016	王一飞	男	6 500	6 500
0017	唐浩	男	5 000	5 000
0018	周冬冬	男	5 000	5 000
0019	吕刚	男	5 000	5 000
0020	张剑	男	3 500	3 500
0021	郑义	男	2 599	2 599
0022	于学忠	男	2 599	2 599
0023	李德	男	2 599	2 599
0024	朱虹	女	6 500	6 500
0025	杨丽君	女	3 500	3 500
0026	袁雨	男	4 000	4 000
0027	徐向荣	男	4 000	4 000
0028	朱迅	男	3 500	3 500
0000000001	周克勤	男	3 500	3 500
0000000002	陈雨舒	女	4 000	4 000
0000000003	林逸	男	5 500	5 500
0000000004	李永强	男	2 599	2 599

提示：

管理职工的基金账户，包括福利基金的开户、销户、封存、启封、转移等业务。

● 基金开户：本单位职工新参加保险，或将基金账户从原单位转移到本单位。

● 基金封存：封存账户就是被封存的账户从被封存的当月开始不再参与基金的每月计提缴存，但基金账户仍然保存。

● 基金启封：启封账户就是把被封存的账户重新开始使用，启封的账户从被启封的当月开始从新参与基金的每月计提缴存。

● 基金销户：销户的账户从被销户的当月开始停止参与基金的每月计提缴存，

但被销户账户的历史数据必须保存,不能删除。

● 基金转出:职工从本单位离开后,可以将基金账户从原单位迁到新的单位。

如果登录月份已经结账,则不能执行开户、销户、封存、启封、转出等业务操作,也不能修改个人账户或缴费数据。只有在人员档案中审核通过的员工才能开户。

2. 福利缴交

福利缴交工作由薪酬主管"0005 岳圆"在"企业应用平台|人力资源|保险福利管理|福利业务|福利缴交"中完成。操作步骤如下:

(1)单击"开始"按钮,依次指向"程序"|"用友 ERP-U8"|"企业应用平台",打开"企业应用平台登录"窗口。

(2)在"企业应用平台登录"窗口中,输入操作员为"0005"或"岳圆",密码为"0005",选择账套为"001 蓝天电脑公司",操作日期为"2013-01-31",点击"确定"按钮。

(3)确认左下角选择在"业务"选项卡,点击"企业应用平台|人力资源|保险福利管理|福利业务|福利缴交"。

(4)在"福利缴交"界面中,点击"福利类别"的下拉按钮选择"养老保险",点击"缴交类型"的下拉按钮选择"月缴",点击"ALL"按钮,点击"计算"按钮。

(5)系统显示所有在职人员 2013 年 1 月缴交的养老保险信息。

(6)依此方法依次为所有在职人员进行 2013 年 1 月的医疗保险、失业保险、住房公积金的福利缴交。

提示:

管理企业或职工个人的福利费用缴交情况。一般情况下,福利费用都是按月缴纳;但企业或个人经常因各种原因未能按时缴纳保险或者缴费基数、缴费比例等发生变化,需要补缴福利费。为区分上述两类福利费用的缴纳,在本套软件中将其分别命名为月缴和补缴。

● 月缴:每月只能有一条缴费记录。

● 补缴:每月可以有零到多条缴费记录。

如果登录月份已经结账,则不能修改缴费数据,也不能进行补缴操作。

月缴记录在账户开户、启封或期末处理时自动生成,不能手工删除;封存、销户或转移个人账户时,自动删除该账户当月的缴费记录。

在福利缴交界面中,只有将缴交类型设置为"补缴"时,才能进行补缴、删除(补缴记录)操作。

3. 账套备份

(1)在 D:\账套备份文件夹中新建"第十章 保险福利管理\实验二 保险福利业务"文件夹。

(2)将账套输出至"实验二 保险福利业务"文件夹中。

第十一章　薪　资　管　理

薪资管理系统适用于各类企业、行政事业单位进行工资核算、工资发放、工资费用分摊、工资统计分析和个人所得税核算等。可以与总账系统集成使用,将工资凭证传递到总账中;可以与成本管理系统集成使用,为成本管理系统提供人员的费用信息。

薪资管理系统是由工资管理系统更名而来,如果启用了人力资源下系统的HR基础设置和人事信息管理两个模块,则系统菜单下又会显示"薪资标准"和"薪资调整"两组功能节点,这两组功能中的信息与薪资管理系统中其他功能相互独立,不能直接引用,需要手工指定对应关系才可建立关联。

薪资管理系统有以下主要功能:

(1) 初始设置。设置人员基础档案、自定义工资项目及计算公式、提供账套参数设置、提供计件工资标准设置和工资方案设置。

(2) 业务处理。包括:工资数据变动、工资分钱清单、工资分摊、银行代发、扣缴所得税、计件工资统计等功能。

(3) 统计分析报表业务处理。提供自定义报表查询功能、提供按月查询凭证的功能、提供工资表、工资分析表等查询功能。

实验一　模块初始及基础设置

【实验准备】

引入 D:\账套备份\第十章 保险福利管理\实验二 保险福利业务的账套备份数据,或引入 QQ 平台中的"账套备份\保险福利管理\实验二 保险福利业务"的账套备份数据。将系统日期修改为"2013 年 1 月 31 日",注册进入"企业应用平台"。

【实验要求】

- 模块初始设置
- 基础设置
- 设置职务工资的薪资标准

（1）设置薪资中核算的人员档案；

（2）设置工资项目；

（3）定义工资项目从其他系统取数接口及公式定义。

【实验资料】

● 此薪资账套为进行单个工资类别核算；币别为人民币。

● 系统从工资中自动代扣个人所得税。

【实验指导】

1. 模块初始设置

薪资的模块初始化工作由薪酬主管"0005 岳圆"在"企业应用平台"｜"薪资管理"模块中完成。操作步骤如下：

（1）单击"开始"按钮，依次指向"程序"｜"用友 ERP-U8"｜"企业应用平台"，打开"企业应用平台登录"窗口。

（2）在"企业应用平台登录"窗口中，输入操作员为"0005"或"岳圆"，密码为"0005"，选择账套为"001 蓝天电脑公司"，操作日期为"2013-01-31"，点击"确定"按钮。如图 11-1 所示。

（3）确认左下角选择在"业务"选项卡，点击"人力资源｜薪资管理"。

（4）系统显示进行薪资模块初始化对话框，选择本账套所需处理的工资类别个数为"单个"，币别按默认选择为"人民币"，点击"下一步"。

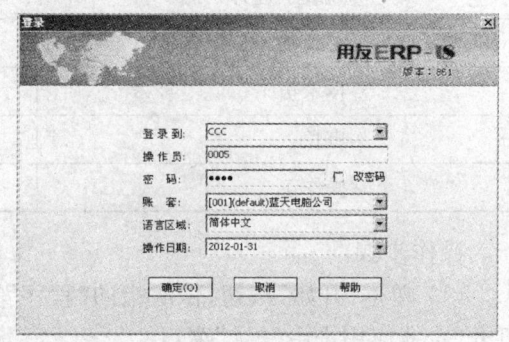

图 11-1　企业应用平台登录

（5）选择"从工资中代扣个人所得税，点击"下一步"。

（6）不选择"扣零"，点击"下一步"。

（7）点击"完成"。

提示：

系统提供处理多个工资类别管理，新建账套时或在系统选项中选择多个工资类别，可进入此功能。工资类别：指一套工资账中，根据不同情况而设置的工资数据管理类别。如某企业中将正式职工和临时职工分设为两个工资类别，两个类别同时对应一套账务。

同一工资类别中存在的多个发放次数的工资将统一计算个人所得税。

2. 基础设置

薪资的基础设置工作由薪酬主管"0005 岳圆"在"企业应用平台"|"薪资管理"模块中完成。

1）设置职务工资的薪资标准。

职　　务	职 务 工 资
总经理	3 000
部门经理	2 500
主任	2 000
主管	1 500
专员	1 000
业务员	1 000
高级工程师	1 500
工程师	1 000
技术员	1 000
班长	1 000
操作工	500

操作步骤：

（1）单击"开始"按钮，依次指向"程序"|"用友 ERP-U8"|"企业应用平台"，打开"企业应用平台登录"窗口。

（2）在"企业应用平台登录"窗口中，输入操作员为"0005"或"岳圆"，密码为"0005"，选择账套为"001 蓝天电脑公司"，操作日期为"2013-01-31"，点击"确定"按钮。

（3）确认左下角选择在"业务"选项卡，点击"人力资源|薪资管理|薪资标准"。

（4）在"薪资标准"界面中，点击"增加"按钮，在"增加薪资标准"框中，选择"薪资标准表"，在白框中录入"职务工资"，点击"确定"按钮。

（5）在"职务工资"框中，点击"对应工资项目"下拉按钮选择"职务工资"，在"薪资标准参照的项目"中选择"任职情况|职务"，在右边框中打钩全选，点击"完成"按钮。

（6）系统显示"职务工资的薪资标准"，在对应的职务上录入对应的职务工资。

如图 11-2 所示。

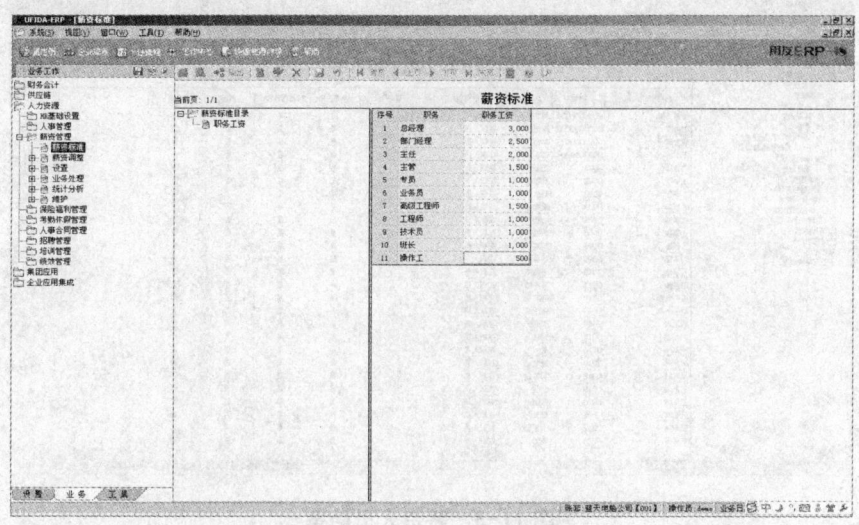

图 11-2　职务工资薪资标准

（7）点击"保存"按钮。

提示：

企业根据公司的经营状况，结合市场薪资调查数据，制订适合本公司的薪资制度、薪资结构以及薪资标准。薪资标准主要是为了解决等级工资制度的薪资标准确定的问题，当然，也可以利用薪资标准提供的薪资公式来计算工龄工资。薪资标准目录主要用于对各种薪资标准的组织管理，可将同类的薪资标准表、薪资公式归到一个薪资标准目录下。

2）设置薪资中核算的人员档案

（1）单击"开始"按钮，依次指向"程序"｜"用友 ERP-U8"｜"企业应用平台"，打开"企业应用平台登录"窗口。

（2）在"企业应用平台登录"窗口中，输入操作员为"0005"或"岳圆"，密码为"0005"，选择账套为"001 蓝天电脑公司"，操作日期为"2013-01-31"，点击"确定"按钮。

（3）确认左下角选择在"业务"选项卡，点击"人力资源｜薪资管理｜设置｜人员档案"。

（4）在"人员档案"界面中，点击"批增"按钮，在"人员批量增加"的对话框中，选择"在职人员"，点击"全选"按钮，点击"确定"按钮。

（5）系统显示"薪资中需核算的人员档案"。如图 11-3 所示。

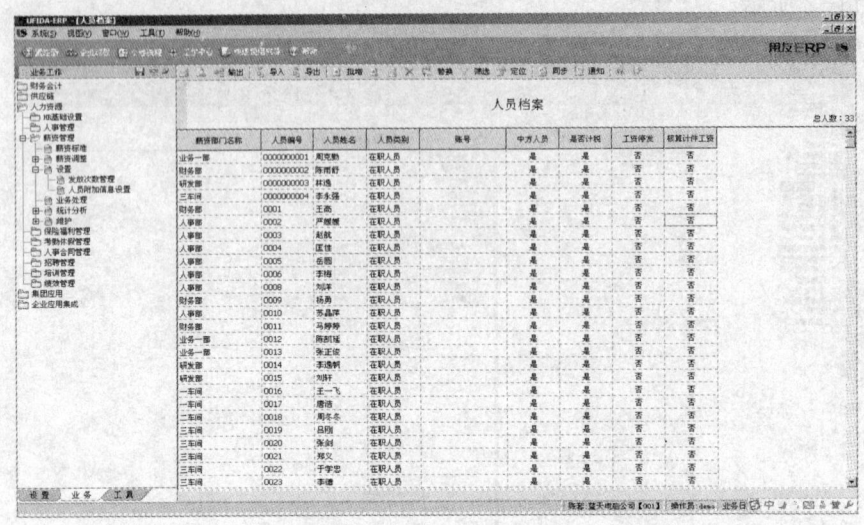

图 11-3　薪资人员档案

（6）选择"John"点击"人员信息修改"修改，在人员档案明细界面取消选择"中方人员"。完成后点击确定。按照此方法修改"Daisy"此选项。如图 11-4 所示。

提示：

人员档案用于登记工资发放人员的姓名、职工编号、所在部门、人员类别等信息，处理员工的增减变动等。

3）设置工资项目

应发合计、扣款合计、实发合计、代扣税、基本工资、奖金、事假时数、事假扣款、病假时数、病假扣款、普通加班时数、周末

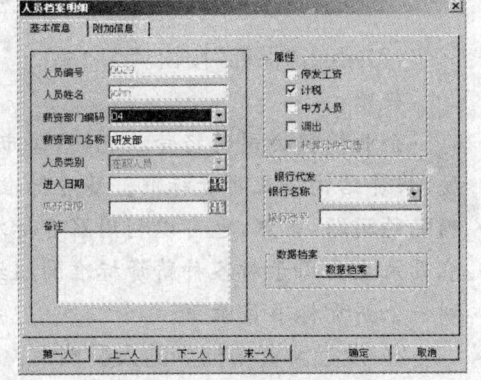

图 11-4　人员档案明显

加班时数、节日加班时数、加班费、职务工资、养老保险、医疗保险、失业保险、住房公积金、试用人员、司龄。操作步骤如下：

（1）单击"开始"按钮，依次指向"程序"｜"用友 ERP-U8"｜"企业应用平台"，打开"企业应用平台登录"窗口。

（2）在"企业应用平台登录"窗口中，输入操作员为"0005"或"岳圆"，密码为"0005"，选择账套为"001 蓝天电脑公司"，操作日期为"2013-01-31"，点击"确定"按钮。

（3）确认左下角选择在"业务"选项卡，点击"人力资源｜薪资管理｜设置｜工资

项目设置"。

（4）选择在"工资项目设置"选项卡中，点击"增加"按钮，点击"名称参照"下拉按钮选择"基本工资"。

（5）依此方法依次参照增加"基本工资"（增减项：增项）、"奖金"（增减项：增项）、"事假时数"（增减项：其他）、"事假扣款"（增减项：减项）、"病假时数"（增减项：其他）、"病假扣款"、（增减项：减项）"加班费"（增减项：增项）。

（6）点击"增加"按钮，在工资项目名称中录入"职务工资"。

（7）依此方法依次增加"加班时数"、"养老保险"、"医疗保险"、"失业保险"、"住房公积金"、"试用人员"、"司龄"，其中"试用人员""司龄"的"类型"为"字符"。

（8）增加"普通加班时数"、"周末加班时数"、"节日加班时数"修改"事假时数"、"病假时数"、、"试用人员"、"司龄"的增减项为"其他"。

（9）修改"事假扣款"、"病假扣款"、"养老保险"、"医疗保险"、"失业保险"、"住房公积金"的增减项为"减项"。如图 11-5 所示。

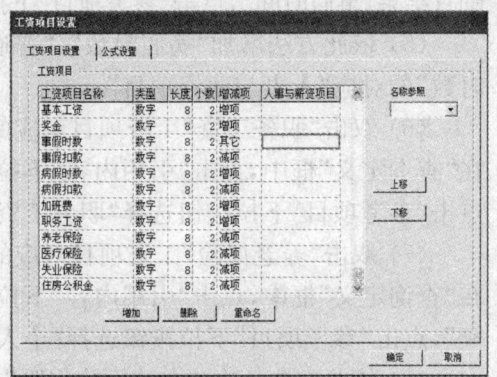

（10）点击"确定"按钮。

图 11-5　工资项目设置

提示：

● 即定义工资项目的名称、类型、宽度，可根据需要自由设置工资项目。

● 项目名称必须唯一。

● 工资项目一经使用，数据类型不允许修改。

● 如果在"选项"设置中选择"是否核算计件工资"为打钩，则在此界面可以看到"计件工资"项目属性。

Ⅳ 定义工资项目从其他系统取数接口及公式定义：

奖金＝iff(试用人员＝"是",0,基本工资 * 0.5)

事假扣款＝事假时数 * (基本工资/21.75/8)；

病假扣款＝iff(司龄＜"2",病假时数 * 基本工资/21.7/8 * 0.4,iff(司龄＜"4",病假时数 * 基本工资/21.7/8 * 0.3,iff(司龄＜"6",病假时数 * 基本工资/21.7/8 * 0.2,iff(司龄＜"8",病假时数 * 基本工资/21.7/8 * 0.1,0))))

加班费＝普通加班时数 * (基本工资/21.75/8)＋周末加班时数 * (基本工资/21.75/8) * 2＋节日加班时数 * (基本工资/21.75/8) * 3

操作步骤：

（1）单击"开始"按钮，依次指向"程序"｜"用友 ERP-U8"｜"企业应用平台"，打开"企业应用平台登录"窗口。

（2）在"企业应用平台登录"窗口中，输入操作员为"0005"或"岳圆"，密码为"0005"，选择账套为"001 蓝天电脑公司"，操作日期为"2013-01-31"，点击"确定"按钮。

（3）确认左下角选择在"业务"选项卡，点击"人力资源｜薪资管理｜设置｜工资项目设置"。

（4）选择在"工资项目设置"选项卡中，双击"事假时数"工资项目对应的"人事与薪资项目"框，点击放大镜按钮，在"查询定义"框中，点击"引用内容"下拉按钮选"考勤月结果｜事假时间"，点击"参考项目"下拉按钮选择"事假时间"，点击"确定"按钮。

（5）依此方法增加"病假时数"、"普通加班时数"、"周末加班时数"、"节日加班时数"的对应"人事与薪资项目"。

（6）双击"职务工资"工资项目对应的"人事与薪资项目"框，点击放大镜按钮，在"查询定义"框中，点击"引用内容"下拉按钮选择"工资基本情况表｜职务工资"，点击"参考项目"下拉按钮选择"职务工资"，点击"确定"按钮。

（7）双击"养老保险"工资项目对应的"人事与薪资项目"框，点击放大镜按钮，在"查询定义"框中，点击"引用内容"下拉按钮选择"养老保险缴交表｜个人缴费金额"，点击"参考项目"下拉按钮选择"个人缴费金额"，点击"确定"按钮。

（8）依此方法依次增加"医疗保险"、"失业保险"、"住房公积金"的对应"人事与薪资项目"。如图 11-6 所示。

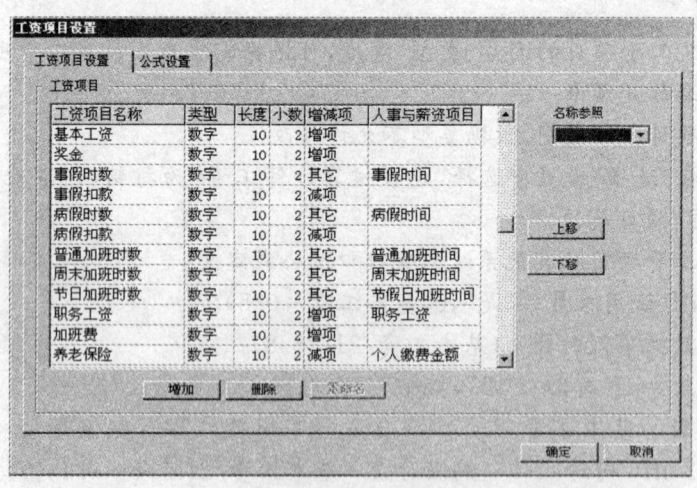

图 11-6　设置工资项目对应从其他系统取数接口

（9）双击"试用人员"工资项目对应的"人事与薪资项目"框，点击放大镜按钮，

在"查询定义"框中,点击"引用内容"下拉按钮选择"人员基本信息表|是否试用人员",点击"参考项目"下拉按钮选择"职务工资",点击"确定"按钮。按照此方法增加"司龄"的对应"人事与薪资项目"。

（10）点击"公式设置"选项卡,点击"增加"按钮,选择"事假扣款"工资项目,在"事假扣款"公式定义中录入"事假时数 * (基本工资/21.75/8)",点击"公式确认"按钮。

（11）依此方法增加"病假扣款"、"奖金"、"加班费"的公式定义。

（12）点击"确定"按钮。

提示:

● 只有在启用了人力资源下系统的 HR 基础设置和人事信息管理后,工资项目界面才会出现"人事与薪资项目"、建立与人事系统薪资项目的对应关系,设好了与人事系统项目的对应后,在工资变动中录入数据时将直接取 HR 设置好的薪资标准。

● 系统固定项目不能设置对应关系。

● 定义工资项目计算公式要符合逻辑,系统将对公式进行合法性检查。

● 应发合计,扣款合计和实发合计公式不用设置。

● 函数公式向导只支持系统提供的函数。

● 定义公式时要注意先后顺序,先得到的数应先设置公式。应发合计、扣款合计和实发合计公式应是公式定义框的最后三个公式,且实发合计的公式要在应发合计和扣款合计公式之后。

3. 账套备份

（1）在 D:\账套备份文件夹中新建"第十一章 薪资管理\实验一 模块初始及基础设置"文件夹。

（2）将账套输出至"实验一 模块初始及基础设置"文件夹中。

实验二　薪资业务处理

【实验准备】

引入 D:\账套备份\第十一章 薪资管理\实验一 模块初始及基础设置的账套备份数据,或引入光盘中的"账套备份\薪资管理\实验一 模块初始及基础设置"的账套备份数据。将系统日期修改为"2013 年 1 月 31 日",注册进入"企业应用平台"。

【实验要求】

● 调资处理

- 修改扣缴个人所得税的扣税基数
- 录入工资数据,取数,计算,汇总

【实验资料】

- 调资处理

对所有员工按照职务工资的薪资标准进行调资业务处理。

- 修改扣缴个人所得税的扣税基数

将个人所得税的扣税基数修改为"3500"。外国人员"4800"。

- 录入基础工资数据,取数,计算,汇总

人员编码	人员姓名	岗位	基本工资	奖金
0001	王高	总经理	6 000	3 000
0002	严媛媛	HR 经理	4 000	2 000
0003	赵航	招聘专员	2 500	1 250
0004	匡佳	人事专员	2 500	1 250
0005	岳圆	薪酬主管	3 000	1 500
0006	李梅	考勤主管	3 000	1 500
0007	朱晓杰	培训主管	3 000	1 500
0008	刘洋	绩效主管	3 000	1 500
0009	杨勇	财务经理	4 000	2 000
0010	苏晶萍	会计	3 000	1 500
0011	马婷婷	出纳	2 500	1 250
0012	陈凯延	销售经理	4 000	2 000
0013	张正俊	销售员	2 500	1 250
0014	李逸帆	研发部经理	5 000	2 500
0015	刘轩	研发工程师	3 500	1 250
0016	王一飞	生产部经理	4 000	2 000
0017	唐浩	一车间主任	3 000	1 500
0018	周冬冬	二车间主任	3 000	1 500
0019	吕刚	三车间主任	3 000	1 500
0020	张剑	班长	2 500	1 250
0021	郑义	装配工	2 000	1 000

（续表）

人员编码	人员姓名	岗位	基本工资	奖金
0022	于学忠	搬运工	2 000	1 000
0023	李德	打包工	2 000	1 000
0024	朱虹	采购经理	4 000	1 000
0025	杨丽君	采购员	2 500	1 250
0026	袁雨	物料计划员	3 000	1 500
0027	徐向荣	仓管员	3 000	1 500
0028	朱迅	销售员	2 500	1 250
0029	John	研发工程师	3 500	1 750
0030	Daisy	培训主管	3 000	1 500
0000000001	周克勤	销售员	2 500	
0000000002	陈雨舒	会计	3 000	0
0000000003	林逸	研发工程师	3 500	0
0000000004	李永强	装配工	2 000	0

【实验指导】

1. 调资处理

调资处理工作由薪酬主管"0005 岳圆"在"企业应用平台|人力资源|薪资管理|薪资调整"中完成。操作步骤如下：

（1）单击"开始"按钮，依次指向"程序"|"用友 ERP-U8"|"企业应用平台"，打开"企业应用平台登录"窗口。

（2）在"企业应用平台登录"窗口中，输入操作员为"0005"或"岳圆"，密码为"0005"，选择账套为"001 蓝天电脑公司"，操作日期为"2013-01-31"，点击"确定"按钮。

（3）确认左下角选择在"业务"选项卡，点击"人力资源|薪资管理|薪资调整|调资设置"。

（4）在"调资设置"界面中，点击"调资业务设置|薪资数额调整"，点击"增加倒三角按钮选择"调资业务"。

（5）在"增加调资业务"框中，录入"职务工资"，点击"下一步"。

（6）选择"薪资标准目录|职务工资"，点击"下一步"。

（7）选择"人员类别|在职人员"，点击"下一步"。

（8）选择"人员档案项目"，默认，点击"完成"。如图 11-7 所示。

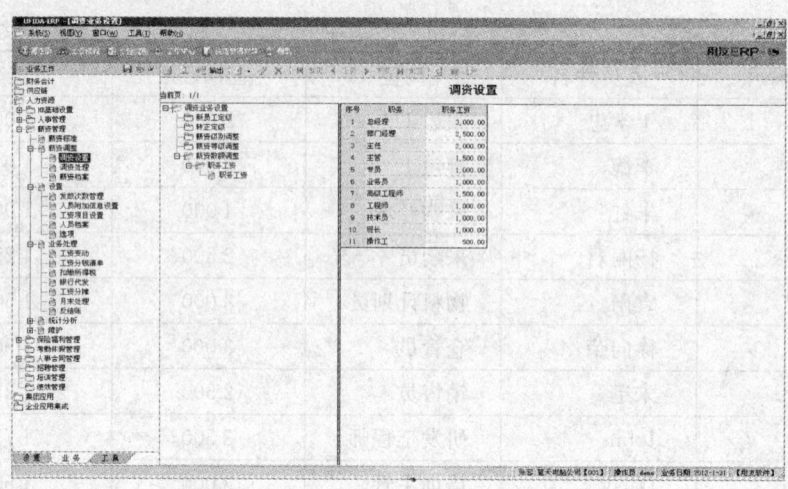

图 11-7　调资设置

（9）点击"人力资源|薪资管理|薪资调整|调资处理"，点击"选人"下拉按钮选择"查询选人"，点击"人员查询"按钮，点击"所有记录"，点击"确定"按钮，在"查询选人"界面中，点击"全选"，点击"确定"。

（10）点击"标准"下拉按钮选择"选择标准"，选择"职务工资"，点击"确定"。

（11）在所有人员记录的"工资标准类型"中双击，参照放大镜按钮选择录入"01 管理人员标准"。点击"保存"。

（12）选中所有记录，点击"试算"。系统显示有职务人员的职务工资。

（13）选中所有记录，点击"审核"。

提示：

● 对调资业务进行分类，每个调资类别下可以设置具体的调资业务。系统预置的类别有：新员工定级、转正定级、薪资级别调整、薪资等级调整、薪资数额调整等；用户也可以建立新的调资类别。调资类别不分级。

● 不同的员工适用不同的工资制度，对于同一类调资业务，不同的员工有不同的工资项目、不同的薪资标准表和薪资公式。为简化调资业务的处理，在调资类别下建立调资业务。

● 根据设置的调资业务规则，选择符合条件的员工执行调资业务。同时将薪资变动结果记录到人员薪资档案表和人员薪资变动档案表。同时支持对单人或多人的调资处理；调资处理时，可以选择执行单个或多个标准表/公式，并且可以调整这些标准表/公式的计算顺序，也可以定义新的公式来计算薪资。可以打开标准表，对照标准表手工调整工资。

● 一个员工不能同时执行多个调资业务；

● 除工资基本情况子集能修改以外,其他子集的内容不允许修改;

● 调资结果审核确认后,在本次调资处理过程中不允许再次修改已审核的调资结果。

2. 修改扣缴个人所得税的扣税基数

修改扣缴个人所得税的扣税基数工作由薪酬主管"0005 岳圆"在"企业应用平台|人力资源|薪资管理|业务处理|扣缴所得税"中完成。操作步骤如下:

(1)单击"开始"按钮,依次指向"程序"|"用友 ERP-U8"|"企业应用平台",打开"企业应用平台登录"窗口。

(2)在"企业应用平台登录"窗口中,输入操作员为"0005"或"杨敏",密码为"0005",选择账套为"001 蓝天电脑公司",操作日期为"2013-01-31",点击"确定"按钮。

(3)确认左下角选择在"业务"选项卡,点击"人力资源|薪资管理|业务处理|扣缴所得税"。

(4)点击"确定"按钮进入"个人所得税扣缴申报表"的界面,点击"税率"按钮,将基数修改为"3 500",附加费用修改为"4 800"。点击"确定"。如图 11-8 所示。

图 11-8 修改扣缴个人所得税扣税基数

提示:

● 在个人所得税扣缴申报表界面,点击〖税率〗按钮或从右键编辑菜单中选择【税率表定义】,可进入税率表定义功能。

● 级数及下限不允许改动。

● 系统设定上一级的上限与下一级的下限相同。

● 用户在删除时,一定要注意不能跨级删除,必须从末级开始删除。

● 税率表只剩一级时将不允许再删除。

● 同一工资类别下的发放次数税率设置必须一致,税率修改确认后同步本工资类别中其他发放次数中的税率设置,请从第一个发放次数开始依序重新计算。

● 税率修改不影响以前期间的税率设置,所得期间为以前期间时,仍根据原税率进行计算。

3. 录入基础工资数据,取数,计算,汇总

录入基础工资数据,取数,计算,汇总工作由薪酬主管"0005 岳圆"在"企业应用平台|人力资源|薪资管理|业务处理|工资变动"中完成。操作步骤如下:

(1)单击"开始"按钮,依次指向"程序"|"用友 ERP-U8"|"企业应用平台",

打开"企业应用平台登录"窗口。

（2）在"企业应用平台登录"窗口中,输入操作员为"0005"或"岳圆",密码为"0005",选择账套为"001 蓝天电脑公司",操作日期为"2013-01-31",点击"确定"按钮。

（3）确认左下角选择在"业务"选项卡,点击"企业应用平台|人力资源|薪资管理|业务处理|工资变动"。

（4）在"工资变动"界面中,分别录入每个人的"基本工资"基础数据。

（5）点击"取数"按钮,系统会将在工资项目中设置从其他系统取数的工资项目数据显示出来。

（6）点击"计算",点击"汇总"。如图 11-9 所示。

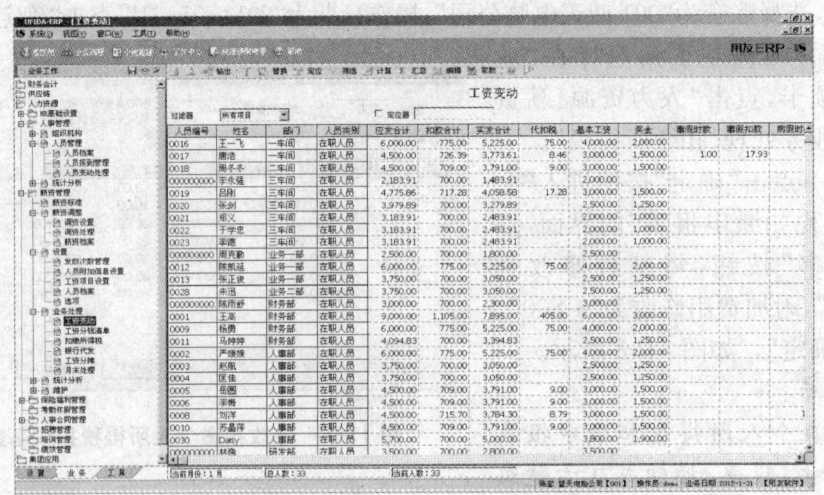

图 11-9　工资变动

4. 月末处理

月末处理工作由薪酬主管"0005 岳圆"在"企业应用平台|人力资源|薪资管理|业务处理|月末处理"中完成。操作步骤如下:

（1）单击"开始"按钮,依次指向"程序"|"用友 ERP-U8"|"企业应用平台",打开"企业应用平台登录"窗口。

（2）在"企业应用平台登录"窗口中,输入操作员为"0005"或"岳圆",密码为"0005",选择账套为"001 蓝天电脑公司",操作日期为"2013-01-31",点击"确定"按钮。

（3）确认左下角选择在"业务"选项卡,点击"企业应用平台|人力资源|薪资管理|业务处理|月末处理"。

（4）在"月末处理"对话框中,点击"确定",点击"继续月末处理",选择"清零项",将"事假时数"、"事假扣款"、"病假时数"、"病假扣款"、"加班费"作为清零项,点击"保存本次选择结果",点击"确定"。

提示：

● 月末结转是将当月数据经过处理后结转至下月。每月工资数据处理完毕后均可进行月末结转。由于在工资项目中,有的项目是变动的,即每月的数据均不相同,在每月工资处理时,均需将其数据清为0,而后输入当月的数据,此类项目即为清零项目。

● 月末结转只有在会计年度的1月至11月进行。

● 若为处理多个工资类别,则应打开工资类别,分别进行月末结算。

● 若本月工资数据未汇总,系统将不允许进行月末结转。

● 进行期末处理后,当月数据将不再允许变动。

● 月末结账后,您选择的需清零的工资项系统将予以保存,您不用每月再重新选择。

● 月末处理功能只有主管人员才能执行。

● 在多次发放的工资类别下,各个发放次数的结账要按照打开工资类别界面中设置的顺序依次进行。

● 同一个工资类别中必须将当月所有未停用的发放次数全部月结后,才能进行下月业务处理。

5. 账套备份

(1) 在 D:\001 账套备份文件夹中新建"第十一章 薪资管理\实验二 薪资业务处理"文件夹。

(2) 将账套输出至"实验二 薪资业务处理"文件夹中。

实验三　薪资管理的统计分析

【实验准备】

引入 D:\账套备份\第十一章 薪资管理\实验二 薪资业务处理的账套备份数据,或引入光盘中的"账套备份\ 薪资管理\实验二 薪资业务处理" 的账套备份数据。将系统日期修改为"2013 年 1 月 31 日",注册进入"企业应用平台"。

【实验要求】

● 账表查询

【实验资料】

● 查询 2013 年 1 月的工资发放条。

【实验指导】

1. 账表查询

薪资主管"0005 岳圆"在"企业应用平台|人力资源|薪资管理|统计分析|账表"中查询。操作步骤如下：

（1）单击"开始"按钮，依次指向"程序"|"用友 ERP-U8"|"企业应用平台"，打开"企业应用平台登录"窗口。

（2）在"企业应用平台登录"窗口中，输入操作员为"0005"或"岳圆"，密码为"0005"，选择账套为"001 蓝天电脑公司"，操作日期为"2013-01-31"，点击"确定"按钮。

（3）确认左下角选择在"业务"选项卡，点击"人力资源|薪资管理|统计分析|账表|工资表"。

（4）选择"工资发放条"，点击"查看"。

（5）选择"所有部门"，点击"确定"。

（6）系统显示 2013 年 1 月员工工资条。如图 11-10 所示。

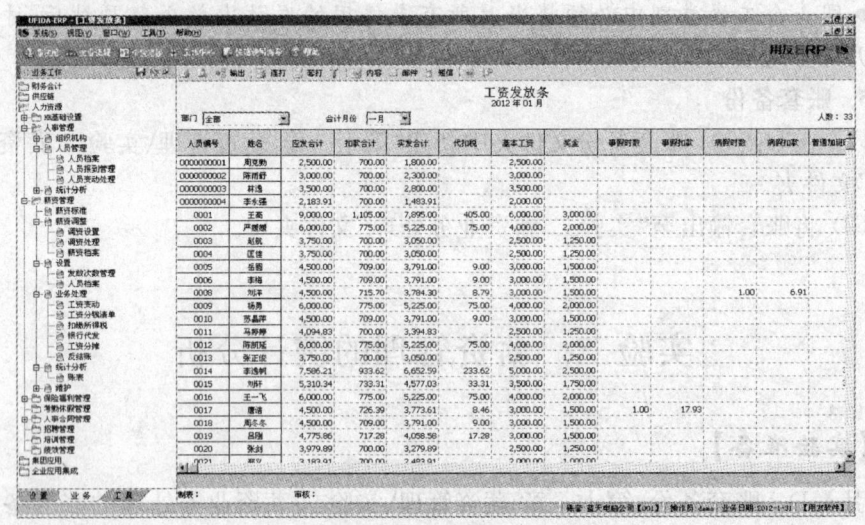

图 11-10 工资发放条

2. 账套备份

（1）在 D:\账套备份文件夹中新建"第十一章 薪资管理\实验三 薪资管理统计分析"文件夹。

（2）将账套输出至"实验三 薪资管理统计分析"文件夹中。

第十二章　月　末　结　账

　　企业的经理、投资者、债权人等决策者都需要关于企业经营状况的定期信息，我们通过月末结账，据以结算账目编制财务报告，核算财务状况和资金变动情况，以及企业的供应链管理所需要的各种相关数据报表等。在用友 ERP-U8 管理系统中，月末业务处理是自动完成的，企业完成当月所有工作后，系统将相关各个系统的单据封存，各种数据记入有关的账表中，完成会计期间的月末处理工作。

实验　月　末　结　账

【实验准备】

　　引入 D:\账套备份第十一章 薪资管理\实验三 薪资管理统计分析，将系统日期修改为"2013 年 1 月 31 日"，注册进入"企业应用平台"。

【实验目的与要求】

- 了解期末处理的作用
- 掌握各模块间的结账流程

【实验资料】

- 采购系统的月末结账
- 销售系统的月末结账
- 委外系统的月末结账
- 库存系统的月末结账
- 存货系统的月末结账
- 应收款系统的月末结账
- 应付款系统的月末结账

【实验指导】

以下操作由 0009 杨勇完成

1. 采购管理系统结账

（1）进入采购管理系统，执行"月末结账"命令，打开"结账"对话框，如图 12-1 所示。

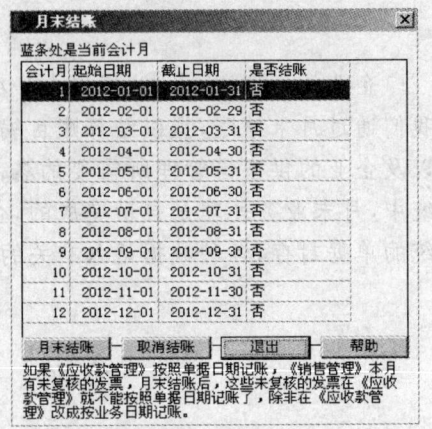

图 12-1　采购月末结账　　　　　　　图 12-2　销售月末结账

（2）选择会计月份为 1 月份，单击"选择标记"按钮，1 月份选择标记处显示"选中"。单击"退出"按钮退出结账界面。

2. 销售管理系统结账

（1）进入销售管理系统，执行"月末结账"命令，打开"结账"对话框，如图 12-2 所示。

（2）选中会计月 1，单击"月末结账"按钮，单击"退出"按钮退出结账界面。

3. 委外管理系统结账

（1）进入委外管理系统，执行"月末结账"命令，打开"月末结账"对话框，如图 12-3 所示。

（2）选择"月末结账"，点击"确定"。

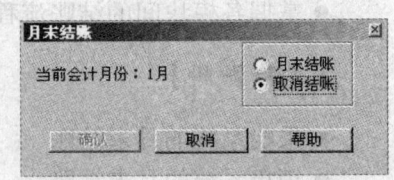

图 12-3　委外月末结账

4. 库存管理系统结账

（1）进入库存管理系统，执行"月末结账"命令，打开"结账"对话框，如图 12-4 所示。

（2）单击"结账"按钮，6 月份已经结账处显示"是"。单击"退出"按钮退出结账界面。

5. 存货核算系统结账

（1）进入存货核算系统，执行"业务核算"|"期末处理"命令，打开"期末处理"对话框。点击"全选"如图 12-5 所示。

图 12-4　库存月末结账

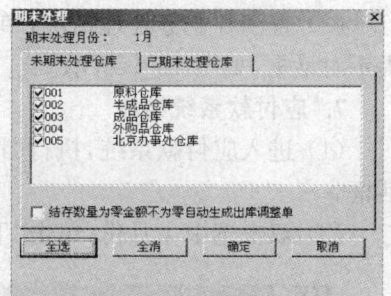

图 12-5　月末处理

（2）点击"确定"期末处理完毕。

（3）执行"业务核算"|"期末处理"命令，打开"月末结账"对话框。选择"月末结账"。如图 12-6 所示。

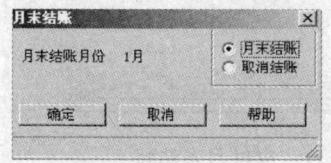

图 12-6　存货系统月末结账

图 12-7　系统提示

（4）单击"确定"按钮，弹出提示对话框，如图 12-7 所示。

6. 应收款系统结账

（1）进入应收款系统，执行"期末处理"|"月末结账"命令，打开"月末结账"对话框。

（2）双击选中 1 月，出现"Y"，单击"下一步"按钮，如图 12-8 所示。

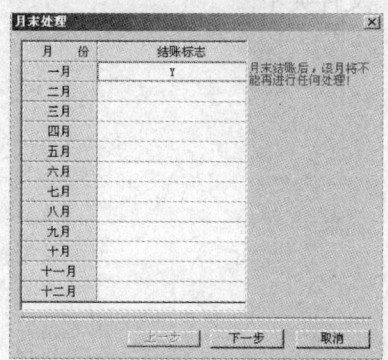

图 12-8　应收月末结账

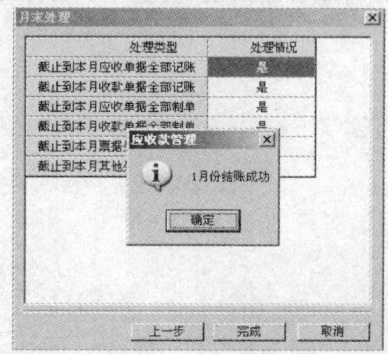

图 12-9　应收月末结账

（3）查询各业务处理情况，单击"完成"按钮。系统弹出"月末结账成功"信息提示对话框，如图 12-9 所示。

7. 应付款系统结账

（1）进入应付款系统，执行"期末处理"|"月末结账"命令，打开"月末结账"对话框。

（2）双击选中 1 月份，单击"下一步"按钮，如图 12-10 所示。

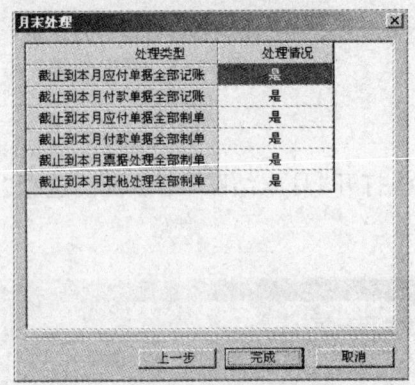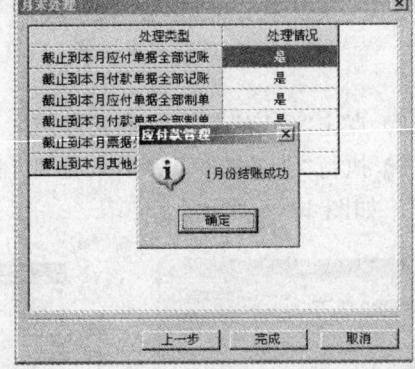

图 12-10　应付月末结账　　　　　　　图 12-11　应付月末结账

（3）查询各业务处理情况。单击"完成"按钮。系统弹出"月末结账成功"信息提示对话框，如图 12-11 所示。

8. 账套备份

（1）在 D:\账套备份文件夹第十二章 月末结账中新建"实验一　月末结账"文件夹。

（2）将账套输出至"实验一　月末结账"文件夹中。